भारतीय
ज्ञानपीठ

णाणं
पयासयं
वीर नि.सं.
2470
ई. सन्
1944
भारतीय ज्ञानपीठ

भारतीय लोककथाओं पर आधारित

उर्दू मसनवियाँ

(आलोचना)

भारतीय लोककथाओं पर आधारित

उर्दू मसनवियाँ

गोपी चन्द नारंग

अनुवाद

ख़ुर्शीद आलम

भारतीय ज्ञानपीठ

लोकोदय ग्रन्थमाला : ग्रन्थांक 1277

ISBN 978-93-263-5451-6

भारतीय लोककथाओं पर आधारित उर्दू मसनवियाँ
(आलोचना)
गोपी चन्द नारंग
अनुवाद : ख़ुर्शीद आलम

प्रकाशक : **भारतीय ज्ञानपीठ**
18, इन्स्टीट्यूशनल एरिया, लोदी रोड, नयी दिल्ली-110 003

मुद्रक : आर.के. ऑफसेट, दिल्ली

आवरण : महेश्वर

BHARATIYA LOK KATHAON PAR AADHARIT URDU MASNAVIYAN
(Criticism)
by Gopi Chand Narang

Published by
Bharatiya Jnanpith
18, Institutional Area, Lodi Road, New Delhi-110 003
Ph. : 011-24698417, 24626467; 23241619 (Daryaganj)
Mob. : 9350536020; e-mail : bjnanpith@gmail.com
sales@jnanpith.net; website : www.jnanpith.net

Second Edition : 2018
Price : Rs. 410

भूमिका

उर्दू में शोध की मौजूदा स्थिति को देखते हुए, यह बात अफ़सोसनाक है कि उर्दू मसनवी पर अभी तक कोई समूचित काम नहीं हुआ। ग़ज़ल के बाद हमारे शायरों ने जिस विधा पर सबसे ज़्यादा अभ्यास किया, वह मसनवी ही है। ग़ज़ल पर तो इन कुछ वर्षों में दफ़्तर सियाह कर दिये गये हैं, लेकिन मसनवी का कोई पुरसाने हाल भी नहीं। अमीर अहमद अलवी ने 'मसनवियात' पर एक आलेख 1935 ई. में निगार के लिए लिखा था, यही बाद में पुस्तक के रूप में प्रकाशित कर दिया गया। अब्दुल क़ादिर सरवरी की किताब 'उर्दू मसनवी का इर्तिक़ा' भी लगभग बीस वर्ष पूर्व लिखी गयी थी। जलालुद्दीन जाफ़री कि किताब 'तारीख़े मसनवियाते उर्दू' के नाम से दो बार प्रकाशित हो चुकी है। लेकिन इसकी ऐतिहासिक और शोधपरक विशेषता नहीं। इसमें ज़्यादा ध्यान मशहूर उर्दू मसनवियों का चयन प्रस्तुत करने पर दिया गया है।

इस मध्य उर्दू में शोध ने विकास की जो मंज़िलें तय की हैं, उनके समक्ष उर्दू मसनवी के ऐतिहासिक विकास का शोधपरक और साहित्यिक समीक्षा करना अति आवश्यक हो गया है। विभिन्न विश्व विद्यालयों में इस क्रम में काम जारी है। भोपाल में डॉ. ज्ञानचन्द जैन "शिमाली हिन्दुस्तान में उर्दू मसनवी का इर्तिक़ा" पर शोध कर रहे हैं।

उर्दू मसनवियों के मान-महत्ता को जानने और साहित्य के इतिहास में उनका उचित स्थान निर्धारित करने के लिए यह भी ज़रूरी है कि समीक्षा ऐतिहासिक व सामाजिक परिदृश्य के साथ की जाये। उर्दू साहित्य ने फ़ारसी से बहुत कुछ लिया। इसमें ईरानी और इस्लामी परम्पराओं का रंग भी गहरा है, लेकिन यह भारत से अपरिचित नहीं है। उसने यहाँ के परिवेश, सामाजिक जीवन, संस्कृति व सभ्यता के प्रभाव भी ग्रहण किये हैं। उर्दू की दूसरी विधाओं की तरह हमारी मसनवियाँ भी उस ग्रहण व स्वीकार, मेल-जोल और साझेदारी का पता देती हैं जो हिन्दुओं और मुसलमानों के आपसी मेल-जोल के बाद यहाँ सांस्कृतिक और सामाजिक स्तर पर भी सक्रिय रही। प्राचीन मसनवियों में साधारणत: क़िस्से कहानियाँ बयान की जाती थीं, जिनका

गहरा सम्बन्ध राष्ट्रीय परम्पराओं, धर्म और सामाजिक जीवन से होता था। हमारी मसनवियाँ चूँकि साझा संस्कृति और मिले-जुले सामाजिक जीवन के प्रभाव में लिखी गयीं, इसलिए उनमें इस्लामी क़िस्से कहानियों के अलावा भारतीय लोक कथाओं और लोक परम्पराओं से प्रभावित होने का रुझान भी पाया जाता है। इसी रुझान का वस्तुपरक और शोधपरक दृष्टि से जाँच परख करना प्रस्तुत पुस्तक का विषय है। इस विषय से सम्बन्धित बहस की सीमाओं का निर्धारण करने से पहले भारतीय विषयों पर आधारित उर्दू मसनवियों के युग दर युग विकास पर एक दृष्टि डालना ज़रूरी है।

संयोग की बात है कि उस ज़माने में जब उर्दू शायरी अभी अपने विकास की मंज़िलें, मज़हब व तसव्वुफ़ के सहारे तय कर रही थी, उर्दू की सर्वप्रथम मसनवी में एक भारतीय क़िस्से को विषयवस्तु बनाया गया। यह मसनवी बह्मनी दौर के एक शायर निज़ामी से सम्बद्ध की जाती है और उसमें कदमराव पदमराव का स्थानीय क़िस्से का वर्णन है। यह मसनवी सम्भवत: अहमद शाह सालिस बह्मनी (865-867 हि.) के ज़माने में लिखी गयी।

उर्दू अदब का ठीक ढंग से विकास क़ुतुब शाही और आदिल शाही सलातीन, की सरपरस्ती में दसवीं सदी हिज्री में शुरू हुआ। उसी ज़माने में एक दरबारी शायर वजही ने सुल्तान मुहम्मद क़ुली क़ुतुब शाह (988-1020 हि.) की इश्क़ की वारदात को मसनवी क़ुतुब मुश्तरी में शायराना अन्दाज़ से पेश किया। ग़वासी ने जहाँ अलिफ़ लैला की कहानियों पर आधारित एक मसनवी सैफ़ुलमलूक और बदीउल जमाल लिखी (1035 हि.) वहाँ दो और मसनवियाँ तूतीनामा (1049 हि.) और मैना व सत्वन्ती (पूर्व 1050 हि.) की रचना भारतीय विषयवस्तु पर की। नुसरती ने मनोहर और मधुमालती के मशहूर क़िस्से को कविता का आवरण दिया (1068 हि.) उसकी मसनवी 'अली नामा' एक महाकाव्य है, जिसमें अली आदिल शाह (1067-1083 हि.) और मुग़लों व शिवाजी की जंगों का वर्णन है।

उस दौर में इब्ने निशाती ने अपनी मशहूर मसनवी फूलबन लिखी (1076 हि.)। उसका पहला क़िस्सा ख़तन के सौदागर ज़ादे का, दूसरा जोगियों से श्रद्धा रखने वाले एक राजा का और तीसरा मिस्त्र के शहज़ादे का है, जो भारत में आकर बसा।

दखिनी साहित्य के दौर में इस्लामी क़िस्सों के साथ-साथ भारतीय लोक कथाएँ भी बहुत लोकप्रिय रहीं। अगर एक तरफ़ अमीन, दौलत और तबई ने बहराम गौर के फ़ारसी क़िस्सों को उर्दू में रूपान्तरित किया और मलिक खुश्नूद व हाशमी ने यूसुफ़ जुलेख़ा और अहमद ने लैला व मजनूं से सम्बन्धित मसनवियाँ लिखीं, तो दूसरी तरफ़ ग़ुलाम अली (1091 हि.) इशरती (1107 हि.) और मुहम्मद फ़ैयाज़ वली वेलोरी (पूर्व 1137 हि.) ने अपनी-अपनी मसनवियों में पद्मावत की दास्ताने इश्क़ को बयान किया। मुक़ीमी ने चन्द्रबदन और महियार के दख़िनी क़िस्से को छन्दोबद्ध करके (पूर्व 1050 हि.) आने वाले शायरों के लिए नई राह खोल दी। मुक़ीमी के बाद पाँच और

दख़िनी शायरों, मुहम्मद बाक़र आगाह, वाक़िफ़, बुलबुल, शाकिर और सैफ़ुल्लाह ने भी इस क़िस्से पर रचना की। इससे मिलती-जुलती सात और मसनवियाँ भी उसी दौर में लिखी गईं। उनके नाम हैं, मसनवी मुग़ल और नागरनी, मसनवी नाज़नीन व पठान, मसनवी हीरा लाल, मसनवी नत्थू बामनी, तालिब व मोहिनी, शम्ए इश्क़ और बहलोल सादिक़। इन मसनवियों में नायक व नायिका का सम्बन्ध आपस में विभिन्न धर्मों से दिखाया गया है। इसी तरह की चार मसनवियाँ उत्तर भारत में भी लिखी गयीं। मीर की मसनवी शोलए शौक़ में आशिक़ व माशूक़ का सम्बन्ध विभिन्न धर्मों से नहीं, लेकिन इस क़िस्से से मिलती-जुलती जो लोक परम्परा बाद में लोकप्रिय हुई और जिसे शौक़ नीमवी ने मसवी सोज़ व गुदाज़ में छन्दोबद्ध किया, इसमें आशिक़ का मज़हब उसके प्रिय से भिन्न बताया गया है। मीर की मसनवी शोलए शौक़ सआदत यार ख़ाँ रंगीन की मसनवी दिल पज़ीर, क़ाज़ी मुहम्मद सादिक़ अख़्तर की 'सरापा सोज़' और शौक़ नीमवी की मसनवी 'सोज़ व गुदाज़' के क़िस्से में नायिका का धर्म नायक के धर्म से भिन्न बताया गया है।

1097 हि. में मुग़लों के हाथों बीजापुर की सल्तनत का ख़ात्मा हो गया। इसके विघटन का उल्लेख एक शायर सैयद आलम बीजापुरी ने अपनी मसनवी 'जामेउलमुजेज़ात' में बड़े दर्द व पीड़ा से किया है।

1098 हि. में औरंगज़ेब आलमगीर ने क़ुतुब शाही सल्तनत को भी मुग़लिया सल्तनत में शामिल कर लिया और दोनों सल्तनतों से सम्बद्ध शायर आर्काट, वेलूर, सिद्धोट, कुर्नूल, कुडप्पा आदि विभिन्न रियासतों में बिखर गए। इस बिखराव और विघटन की स्थिति में जो मसनवियाँ लिखी गयीं, उनसे भी दखिनी शायरों की भारतीय विषयक सम्बद्धता का प्रमाण मिलता है। आरिफ़ुद्दीन आजिज़ ने इन्द्रसभा की शैली में एक मसनवी क़िस्सए लाल व गुहर लिखी (पूर्व 1129 हि.)। सैयद अहमद हुनर ने इब्ने निशाती की 'फूलबन' के जवाब में मसनवी 'नेहदर्पण' प्रस्तुत किया, जिसमें राजा राजकुँवर और रानी कामलता का क़िस्सा बयान किया गया है (1144 हि.)।

वली दखिनी जिसके दीवान की प्रसिद्धी से उत्तर भारत में शे'र कहने का पूर्णरूपेण आरम्भ हुआ, दो मसनवियों का रचनाकार है। उनमें से एक सूफ़ियाना है और दूसरी सूरत शहर की प्रशंसा व गुणगान में लिखी गई है।

स्थानीय विषयों पर सृजन का रुझान बारहवीं शताब्दी के दखिनी शायरों के यहाँ भी मिलता है। उस ज़माने में तूती नामा से मिलती-जुलती तीन और मसनवियाँ गुजरात में लिखी गयीं। मसनवी सौदागर की बीवी द्वारा सैयद अब्दुल्लाह (1164 हि.), तोता और मैना द्वारा रौशन अली (1188 हि.) और मसनवी रौशन सौदागर द्वारा जमालुद्दीन। तहसीनुद्दीन की मसनवी कामरूप और काम कला भी दखिनी ही में 1170 हि. में लिखी गयी। यह मसनवी यूरोप में बहुत लोकप्रिय रही है। दत्तासी का कथन है कि उर्दू

में इस क़िस्से को चार और शायरों ज़ैग़म, सिराज, हसन और आरज़ू ने भी छन्दोबद्ध किया था।

उत्तर भारत में पूर्णरूपेण उर्दू मसनवी का पहला नमूना मुहम्मद अफ़ज़ल की विकट कहानी को घोषित किया जाता है। उसमें बारह मासा की शैली में एक विरह से पीड़ित स्त्री की कहानी का वर्णन है। मीर जाफ़र ज़टल्ली के मिश्रित कलाम में एक मसनवी शरद ऋतु की निन्दा में पाई जाती है। शाह हातिम ने मसनवी बहारिया में होली और दीवाली का समाँ कमालेख़ूबी से प्रस्तुत किया है। उन्होंने जफ़र अली खाँ ज़की की शुरू की हुई मसनवी 'दास्तान इश्क़े हुक़्क़ा' को भी मुकम्मल किया और उस ज़माने की हुक़्क़ानोशी के लवाज़िमात और आदाब को बड़े पुरलुत्फ़ पैराए में बयान किया। सौदा ने मसनवी तिफ़्ले लकड़ी बाज़ लिखकर एक विशेष वर्ग के कर्म व चरित्र को बेनक़ाब किया। लेकिन बाद में लिखनेवालों में मसनवी का उत्कृष्ट नमूना मीर तक़ी मीर ने पेश किया। मसनवी 'दरियाए इश्क़' का क़िस्सा काल्पनिक है, लेकिन शोलए शौक़ परसराम के इश्क़ की एक ऐसी लोक परम्परा पर आधारित है, जिसे कुछ वर्गों में सत्य घटना का स्थान दिया जाता है। मीर ने अपनी दो मसनवियों में बरसात के चरम और सैलाब की तबाहकारियों का नक़्शा भी खींचा है। उन्होंने एक मसनवी 'दर बयाने होली' भी लिखी। होली का वर्णन जश्ने कदख़ुदाई से सम्बन्धित दो और मसनवियों में भी मिलता है। होली से सम्बन्धित उस ज़माने में कुछ और शायरों ने भी मसनवियाँ लिखीं। उनमें से फ़ाइज़ देहलवी, क़ाइम चाँदपुरी और राग़िब देहलवी की मसनवियाँ विशेष रूप से उल्लेखनीय हैं।

शेर अली अफ़सोस ने भी जश्ने होली से सम्बन्धित 228 अश्आर की एक मसनवी लिखी थी, जो उनके क़लमी दीवान 'कुतुबख़ाना मशरिक़िया, पटना' में मौजूद है। उसी कुतुबख़ाने में मुहम्मद जाफ़र ख़ाँ राग़िब के दीवान की दो पांडुलिपियाँ हैं। शुमारा 69 में मसनवी 'बयान अहवाल बज़्म होली' शामिल है। यह 97 अश्आर पर आधारित है, जिनमें 73 अश्आर क़ाज़ी अब्दुल वदूद साहब ने रिसाला *इशारा* (गया) में प्रकाशित किये हैं। क़ाइम चाँदपुरी की मसनवी *'दर तौसीफ़े होली'* उनके क़लमी दीवान, स्टेट लाइब्रेरी रामपुर में शामिल है और ये कुल 44 अश्आर की है। हातिम की मसनवी बहारिया भी अप्रकाशित है और यह मसनवी स्टेट लाइब्रेरी रामपुर के नुस्ख़ए दीवान ज़ादा में सुरक्षित है।

उसी ज़माने में मीर असर ने मसनवी 'ख़्वाब व ख़्याल' लिखी जिसमें नखशिख वर्णन के हिन्दी परम्परा का अनुसरण किया गया है। लक्ष्मी नारायण शफ़ीक़ औरंगाबादी की मसनवी तस्वीरे जानां की रविश भी यही है।

मीर हसन ने अपनी जग प्रसिद्ध मसनवी 'सहरुल बयान' (1199 हि. में) लखनऊ में मुकम्मल की। उसका क़िस्सा ईरानी ढंग का है, लेकिन उसकी गौण कथाएँ

राजा इन्दर के क़िस्सों और सरान्दीप से सम्बन्धित लोक कहानियों से मिलती जुलती हैं।

मुसहफ़ी ने हिन्दुस्तान के 'मौसमे गर्मा' और 'अफ़राते मौसमे सर्मा' पर बड़ी उम्दा मसनवियाँ लिखी हैं। उनसे पहले क़ाइम भी बरसात और सर्मा से सम्बन्धित दो उत्कृष्ट मसनवियाँ लिख चुके थे। सम्भवत: उनकी देखा-देखी जुरअत ने भी हिन्दुस्तानी मौसमों पर क़लम उठाया और अनगिनत मसनवियाँ लिखीं, जो उनके मसनवियों के संग्रह (हस्त लिखित) में शामिल हैं। इंशा ने रानी केतकी और कुँवर उदयभान जैसी एक कहानी ठेठ हिन्दुस्तानी में भी पद्यबद्ध करना शुरू की थी, मगर यह पूर्ण न हो सकी।

मुहब्बत ख़ाँ मुहब्बत शागिर्द जुरअत ने सस्सी पुन्नूं के मशहूर क़िस्से को 1197 हि. में 'असरारे मुहब्बत' के नाम से उर्दू में लिखा। उसी ज़माने में शकुन्तला के क़िस्से पर तीन मसनवियाँ लिखी गयीं। पहली सैयद मुहम्मद तक़ी की रश्के गुलज़ार, दूसरी ग़ुलाम अहमद की फ़रामोशे याद (पूर्व 1849 हि.) और तीसरी इनायत सिंह की ग़ाज़ए तअश्शुक़ (1884 हि.)। लखनवी रंग की मसनवियों की नुमाइन्दगी का श्रेय गुलज़ारे नसीम (1254 हि.) को प्राप्त है। उसमें मिश्रित प्रकार के क़िस्से का वर्णन है। शायर ने हिन्दी-ईरानी तत्त्वों के मिश्रण से एक नया आकार तैयार किया है। गुल बकावली का क़िस्सा नसीम से पहले भी उर्दू में मौजूद था। मसनवी 'तोहफ़ा मजलिसे सलातीन' (सम्भवत: 1151 हि.) और मसनवी 'ख़याबाने रेहान' (1212 हि.) दोनों मसनवियाँ गुलज़ारे नसीम से पहले की रचनाएँ हैं। गुलबकावली का एक और छन्दोबद्ध अनुवाद मुहम्मद दाऊद अली से भी सम्बद्ध किया जाता है, जो 1261 हि. में लिखा गया।

लगभग उसी ज़माने में मिर्ज़ा शौक़ लखनवी ने अपनी अमर मसनवियों, 'ज़हरे इश्क़', 'बहारे इश्क़', फ़रेबे इश्क़' के विषय लखनऊ के समाज व परिवेश से लिये और उन्हें अपनी रचनात्मक दक्षता से छन्दोबद्ध किया।

तेरहवीं सदी हिजरी में कुछ ग़ैर लखनवी शुअराए उर्दू ने भी हिन्दुस्तानी विषयों पर मसनवियाँ लिखीं। उनमें से नल दमन, पद्मावत, सिंहासन बत्तीसी, और हीर राँझा उल्लेखनीय हैं। परवर्ती क़िस्से को मूलचन्द मुंशी और नजीबुद्दीन नजीब ने अपनी-अपनी मसनवियों में लिखा। ज़ियाउद्दीन इब्रत और उनके देहान्त के बाद ग़ुलाम अली इशरत (1211 हि.) ने पद्मावत को उर्दू नज़्म में पेश किया। मुहम्मद क़ासिम बरेलवी की वृहद् उर्दू पद्मावत 1873 ई. में प्रकाशित हुई। नल दमन के क़िस्से पर उस सदी के दौरान छह विभिन्न शायरों ने अभ्यास किया। अहमद सरावी (1240 हि.) नियाज़ अली निकहत (शार्गिद शाह नसीर, पूर्व 1256 हि.), भगवन्त राय राहत काकोरवी (1244 हि.) मीर अली बंगाली, अहमद अली (पूर्व 1270 हि.) और काली प्रसाद ने 1286 हि. में नल दमन छन्दोबद्ध किया। मसनवी सिंहासन बत्तीसी की दो उर्दू पांडुलिपियाँ अलीगढ़ में हैं। लिटन प्रतिलिपि का रचनाकार ख़ुद को ख़्वाजा मीर दर्द का शागिर्द

बताता है। बश्शाश से रिवायत है कि मनसाराम नातवां और रंगीन लाल रंगीन ने भी सिंहासन बत्तीसी के क़िस्सों को उर्दू में रूपान्तरित किया था। रंग लाल चमन की मसनवी सिंहासन बत्तीसी 1869 ई. में प्रकाशित हुई। उसी दौर में रूप वसन्त के बहूचर्चित क़िस्से को सरधना के हरचन्द राय हरचन्द ने उर्दू मसनवी में बयान किया (1854 ई.), क़िस्स-ए-राजा चित्रमुकुट और रानी चन्द्र किरण से सम्बन्धित दो मसनवियाँ मिलती हैं, एक रौशन अली की और दूसरी सुमन लाल राग़िब अमरोहवी की जो 1847 ई. में लिखी गई। अम्बी प्रसाद मदहोश ने क़िस्सा गोपीचन्द भरतरि की मसनवी के रूप में बयान किया। यह मसनवी दिल्ली से 1876 ई. में प्रकाशित हुई।

इसी मध्य कुछ मसनवियाँ पंजाब में लिखी गयीं। सस्सी पुन्नूं के क़िस्से से सम्बन्धित केसरा सिंह, सालिक और लाल सिंह ने मसनवियाँ लिखीं। करम इलाही भोपाली ने 1905 ई. में हीर राँझा को फिर से नज़्म में पेश किया। इसी क़िस्से से सम्बन्धित अब्दुल ग़फ़ूर क़ैस की मसनवी 1909 ई. में प्रकाशित हुई। उनका नाम 'अरमुग़ाने गदा' है।

सन् 1857 के हंगामे के बाद से प्राचीन उर्दू शायरी का रंग तब्दील होने लगा, तो छन्दोबद्ध क़िस्से कहानियों का भी पहला सा ज़ौक व शौक़ बाक़ी न रहा! धीरे-धीरे उनकी जगह नॉवेल और अफ़साने ने ले ली। फिर भी मौजूदा दौर में जो इनी-गिनी मसनवियाँ लिखी गयीं, उनका सिलसिला भी स्थानीय विषयों के अभ्यास करने की उस प्राचीन परम्परा तक पहुँचता है, जिसका आरम्भ, वजही, ग़वासी और नुसरती के ज़माने में हुआ था। उनमें बेनज़ीर शाह वारसी की मसनवी 'अल्कलाम' विशेष रूप से उल्लेखनीय है। यह एक सूफ़ियाना मसनवी है, लेकिन उसमें हिन्दुस्तानी प्राकृतिक दृश्यों का ऐसा चित्रण हुआ है कि उर्दू में उसका दूसरा उदाहरण नहीं मिलता। मसनवी आलमे ख़्याल में, शौक़ क़िदवाई ने हिन्दी बारहमासे के तर्ज़ पर एक स्त्री की भावनाओं का वर्णन किया है। इक़बाल वर्मा सेहर हत्गामी ने मसनवी नैरंगे सहर में शकुन्तला का क़िस्सा बयान किया है, जो उन्होंने काली दास से लिया (1910 ई.)। जिगर बरेलवी की मसनवी पयामे सावित्री, उस दौर की और अपने रंग की आख़िरी मसनवी है, जिसमें सत्यवान सावित्री का पौराणिक क़िस्सा बयान किया गया है (1930 ई.)।

यह है, हिन्दुस्तानी ज़िन्दगी से माख़ूज़ उर्दू मसनवियों के ऐतिहासिक विकास की सर सरी रूप रेखा! इन मसनवियों के अध्ययन से ज्ञात होगा कि उर्दू मसनवी का दामन स्थानीय विषयों से कभी खाली नहीं रहा। उन विषयों से हमारे शायरों की सम्बद्धता सतही या औपचारिक नहीं। उनमें से अधिकतर ने 'दर बयाने सबबे तालीफ़ किताब' में स्पष्ट कर दिया है कि जिस क़िस्से को वह मसनवी के रूप में पेश कर रहे हैं, उसमें कैसी-कैसी ख़ूबियाँ हैं और वे उसे इतना ज़्यादा पसंद क्यों करते हैं। मुहब्बत ख़ाँ मुहब्बत ने सस्सी पुन्नूं के बारे में लिखा है कि इस क़िस्से को सुनकर संग दिल से

संग दिल इन्सान का कलेजा भी पानी हो जायेगा। ज़ियाउद्दीन इब्रत ने जब पद्मावत का क़िस्सा नज़्म करना शुरू किया, कुछ लोगों ने हिन्दू राजा-रानी का क़िस्सा लिखने पर आपत्ति की। जवाब में इब्रत ने कहा कि मुझे वतन से ज़्यादा कोई सरज़मीन प्रिय नहीं। जो कुछ अपने वतन में है, दूसरे मुल्कों में कहाँ, फिर क्यों हिन्दुस्तान के क़िस्से छोड़कर दूसरों के क़िस्से दुहराता रहूँ।

शोध व आलोचना की सुविधा के लिए स्थानीय विषयों पर आधारित उर्दू मसनवियों को निम्न छ: भागों में विभाजित किया जा सकता है :

1. धार्मिक मसनवियाँ : जैसे रामायण द्वारा जगन्नाथ ख़ुश्तर, रामायण द्वारा शंकर दयाल फ़रहत, महाभारत द्वारा तोता राम शायाँ, भागवत द्वारा ख़ुश्तर, भगवत गीता, गीता महात्म और बिशन लीला द्वारा राम सहाय तमन्ना, एकादशी माहत्म द्वारा राम प्रसाद, बल्लभ चरित्र द्वारा जवाहर लाल करामत, बृजछब द्वारा बनवारी लाल शोला।

2. ऐतिहासिक मसनवियाँ : जैसे अली नामा द्वारा नुस्रती, मेज़बानी नामा और ज़फर नामा निज़ाम शाह द्वारा शौक़ी, अज़राबे सुल्तानी, फ़तहनामा टीपू सुल्तान द्वारा हुसैन अली तरब दखिनी, तारीख़े सलातीन बेहमनिया द्वारा सुहैल, फूलनामा द्वारा राय बृज नारायण वर्मा नाज़िम, तारीख़ बदीअ द्वारा अमीरुल्लाह तस्लीम लखनवी आदि।

3. वह मसनवियाँ जिनमें हिन्दुस्तान के सामाजिक परिस्थितियों का विवरण मिलता है। जैसे शाह हातिम, मीर राग़िब देहलवी, फ़ाइज़ देहलवी, क़ाइम चाँदपुरी और शेर अली अफ़सोस की मसनवियाँ होली की प्रशंसा में। हातिम की मसनवी हुक़्क़े के बयान में, सौदा की मसनवी हजु तिफ़ले लकड़ी बाज़ और मीर की मसनवी मुर्ग़ बाज़ाँ में भी प्राचीन सामाजिक व्यवस्था के कुछ पहलुओं का वर्णन किया गया है।

क़ाज़ी अब्दुल वदूद साहब ने लेखक के नाम अपने पत्र में सूचित किया है कि सैयद इंशा अल्लाह ख़ाँ इंशा ने भी 'मुर्ग़नामा' लिखा था। एक मसनवी 'मुर्ग़नामा' पीर मुहम्मद मुरादाबादी जुरअत की रचना भी बतायी गयी है। क़ुदरुतुल्लाह शौक़ का बयान है, ''पीर मुहम्मद मुरादाबादी जुरअत तख़ल्लुस अज़ याराने मुराद अली हैरत... अश्आरिश बसमा नरसीदह मगर मसनवी मुर्ग़नामा ओ कि इख़तिताम आं अज़ हैरत अस्त, मशहूर व मारूफ़ अस्त।'' (तज़्किरा तबक़ाते सुख़न, क़लमी, वरक़ 276 अलिफ़, आसफ़िया)

मेला बहता के बयान में फ़ाइज़ देहलवी की मसनवी, छड़ियों के मेले के बारे में मीर हसन की 'गुलज़ारे इरम' और लखनऊ के मेले ठेलों से सम्बन्धित हादी अली बेख़ुद की मसनवी 'जलवए अख़्तर' भी इसी श्रेणी में आती हैं। नारी समुदाय के रंग-ढंग, लिबास-पोशाक, रहन-सहन और शादी-विवाह के रस्मों का विवरण उर्दू की निम्नलिखित मसनवियों में मिलता है : नुसरती की 'गुलशने इश्क़', इब्ने निशाती की 'फूलबन', मीर की 'दर बयान कद ख़ुदाई' बिशन सिंह पुत्र राजा नागर मल (विवादित कुछ अश्आर) दर बयान कद ख़ुदाई आसिफ़द्दौला, मीर हसन की सहरुल बयान और

मसनवीए शादी, मिर्ज़ा मोहसिन अली हिन्दी शागिर्द मुसहफ़ी की मसनवीए हिन्दी, नवाब बादशाह महल की मसनवीए आलम, हुसैन बख़्श वाक़िफ़ की मसनवी बहारिस्तान शादी, मिर्ज़ा शौक़ लखनवी की, ज़हरे इश्क़, बहारे इश्क़, फ़रेबे इश्क़, हातिम अली मेहर की शुआए मेहर, मुनीर शिकोहाबादी की हिजाबे ज़िनाँ और तस्लीम सहसवानी की मसनवी सादैन!

4. वह मसनवियाँ जो हिन्दुस्तान की प्राकृतिक दृश्यों या ऋतुओं के बारे में हैं, जैसे सौदा की मसनवी गर्मी के बयान में, मीर की 'दरमज़म्मते बर शगाल!' क़ाइम की मसनवी 'दर शिद्दते सर्मा' और 'मसनवी दर बयाने शिद्दते गुल वलाए।' मुसहफ़ी की मसनवी 'गर्मा व आतिशज़दगी', और 'दर बयाने मौसमे सर्मा' और जुरअत की मसनवी दरबारए सर्मा, गर्मा और बरसात। मुसहफ़ी की मसनवी अजवाइन, ग़ालिब की मसनवी अम्बा, और अब्दुल बाक़ी सहसवानी की मसनवी अम्बा नामा भी इसी श्रेणी में शामिल हैं। हिन्दुस्तानी मौसमों की दिलफ़रेबी और आकर्षण का वर्णन उर्दू के प्राचीन बारहमासों में किया गया है। उनमें से ख़ास-ख़ास ये हैं : बिकट कहानी, मुहम्मद अफ़ज़ल, बारह मासी अब्दुल वली उज़लत, बिकट कहानी इलाही बख़्श कान्धलवी, बारह मासा सुन्दर कली, बारह मासा काज़िम अली जवाँ, बारह मासा वहाब, डोरी लाल, बहादुर अली वहशत, लुत्फ़ अली, राय प्रसाद शाद, अब्दुल्लाह अंसारी, कन्हैया लाल तालिब वग़ैरह।

5. वह मसनवियाँ जिनमें देशभक्ति की भावनाएँ पायी जाती हैं, जैसे—हज़रत शाह मुराद की मसनवी दरबयाने लाहौर, सूरत की तारीफ़ में वली की मसनवी, हिदायत शागिर्द दर्द और सआदत यार ख़ाँ रंगीन की मसनवियाँ बनारस के सौन्दर्य व विशेषता के वर्णन में, मुहम्मद बख़्श शहीद, ख़्वाजा बादशाह ख़ल्फ़ वज़ीर की मसनवियाँ लखनऊ की प्रशंसा में, छुन्नू लाल तरब की मसनवी अमीनाबाद की तारीफ़ में, मोमिन की मसनवी जहादिया, वाजिद अली शाह की हुज़्ने अख़्तर और मौलवी लियाक़त अली की वह मसनवी जो ग़दर के दिनों में लखनऊ में बतौर इश्तहार शाया हुई थी।

6. हिन्दुस्तानी क़िस्से कहानियों पर आधारित मसनवियाँ : विषय की महत्ता एवं विस्तार को देखते हुए प्रस्तुत पुस्तक में केवल आख़िरी क़िस्म की मसनवियों को लिया गया है। अर्थात् यहाँ मात्र उन मसनवियों का शोधपरक एवं आलोचनात्मक विवरण प्रस्तुत किया जायेगा, जिनका सम्बन्ध पौराणिक कथाओं से है या जो हिन्दुस्तान की प्राचीन परम्पराओं और लोक कथाओं पर आधारित हैं। उन्हें और चार भागों में विभाजित किया जा सकता है। प्रस्तुत पुस्तक में पाठों का विभाजन इसी रूप में किया जाता है।

(अ) पौराणिक क़िस्से : इन कथाओं का सम्बन्ध महाभारत, रामायण और हिन्दुओं के दूसरे पुराणों से है। उनमें से उर्दू में अधिकतर नल दम्यन्ती, दुष्यन्त और शकुन्तला और सत्यवान व सावित्री के क़िस्से लिये गये हैं। सावित्री की कहानी से

सम्बन्धित एक, शकुन्तला पर चार और नल दम्यन्ती पर आधारित छः मसनवियाँ उर्दू में लिखी हैं, जिनका विवरण पुस्तक में मिलेगा।

(ब) लोक कहानियाँ : इस श्रेणी में वह क़िस्से कहानियाँ आती हैं, जो पंचतन्त्र, शक सप्तती, बैताल पच्चीसी, कथा सरित सागर या जातक कथाओं या हिन्दुस्तान के प्राचीन कथा साहित्य पर आधारित हैं या जो लोक परम्पराओं और क्षेत्रीय भाषाओं की लोकप्रिय कहानियों से ली गयी हैं। उन्हें दो भागों में विभाजित किया गया है। प्रथम भाग में दखिनी मसनवियात जैसे कदमराव पदम राव, तूती नामा, मैना सत्वन्ती, मनोहर और मधुमालती, ऊद व संदल, नेह दर्पण और कामरूप व कला काम से बहस किया गया है और दूसरे भाग में उत्तर भारत की मसनवियों का जाइज़ा पेश किया गया है, जिनमें से बहुत महत्त्वपूर्ण मसनवियाँ ये हैं : सिंहासन बत्तीसी, राजा बलवान मल व चतुरसने, क़िस्सा कुँवर व चन्द्र किरण, राजा चित्र मुकुट और रानी चन्द्र किरण, क़िस्सा राजा गोपी चन्द और क़िस्सा राजा कुँवर सेन व रानी चित्रावली।

(स) अर्धऐतिहासिक कथाएँ : इसमें वह क़िस्से लिए गये हैं जिन्हें लोक परम्पराओं की घटना समझा जाता है या जिनका सम्बन्ध किसी ऐतिहासिक घटना से है। उर्दू में ऐसी कुछ मसनवियाँ ये हैं : हीर राँझा, सस्सी-पुन्नूं, पद्मावत, सोहनी महिवाल, बुद्धू गुलफ़रोश, क़ुतुब मुश्तरी, चन्द्रबदन व महियार, नुदरते इश्क़, मुग़ल व नागरनी, तालिब व मोहिनी, बहलोल सादिक़, शोलए शौक़, सोज़ व गुदाज़, मसनवी दिल पज़ीर व मसनवी सरापासोज़।

(द) हिन्द-ईरानी क़िस्से : उपरोक्त कथाओं के अतिरिक्त उर्दू मसनवियों के कुछ क़िस्से ऐसे भी हैं, जिनमें दावा तो ये किया गया है कि क़िस्सा 'चीन व माचीन या ख़ता व ख़तन' का है लेकिन पात्रों के सामाजिक संकेत व चरित्र, प्राकृतिक दृश्य और मसनवी की घटनाओं से सिद्ध होता है कि क़िस्से का घटना स्थल हिन्दुस्तान ही है। ये क़िस्से कथानक के एतबार से मिश्रित हैं, न ये शुद्ध भारतीय हैं न ईरानी। ये क़िस्से मूल हैं, किन्तु वास्तव में इनमें हिन्दी और ईरानी क़िस्से कहानियों की परम्पराएँ कुछ इस ढंग से समाहित हो गयी हैं कि नया क़िस्सा बन गया है। अगर ध्यान से देखा जाये, तो ऐसे क़िस्सों में ईरानी क़िस्सों की उत्कृष्टता और हिन्दी लोककथाओं का रहस्यमयी विस्तार दोनों का प्रभाव नज़र आयेगा। इस लिहाज़ से उन्हें हिन्द-ईरानी कहा जा सकता है। उर्दू में इस प्रकार की अनगिनत मसनवियाँ लिखी गयी हैं। इन सबका उल्लेख चूँकि दुहराव व विस्तार का कारण होगा, इसलिए यहाँ दखिनी, देहलवी और लखनवी मसनवियों में से एक-एक का चयन किया गया है। दखिनी मसनवियों में से फूलबन, देहलवी रंग की मसनवियों में से सहरुल बयान और लखनवी मसनवियों में से गुलज़ारे नसीम का सांस्कृतिक अध्ययन प्रस्तुत करते हुए, इस बात का पूरा ध्यान दिया गया है कि क़िस्से के विभिन्न तत्त्वों की वास्तविकता पूरी तरह रोशनी में आ जाये।

उपरोक्त मसनवियों को हर अध्याय के अधीन क़िस्से की प्राचीनतम और ऐतिहासिक क्रम के रूप में प्रस्तुत किया गया है। कोशिश की गई है कि मसनवी से बहस करते हुए सम्बन्धित क़िस्से की प्राचीनतम परम्परा को सामने रखा जाये और विरोधाभास को रेखांकित भी कर दिया जाये। उर्दू की कुछ मसनिवयाँ चूँकि फ़ारसी से अनूदित हैं इसलिए फ़ारसी प्रतियों के नाम प्रस्तुत करना भी ज़रूरी समझा गया। हर क़िस्से से सम्बन्धित उर्दू के गद्यात्मक और पद्यात्मक परम्पराओं का भी विवरण दिया गया है। उर्दू की समीक्षात्मक मसनवियों में से चूँकि अधिकतर क़लमी हैं और उनका परिचय पहली बार कराया जा रहा है, इसलिए स्रोत के साथ सन् व पृष्ठ का उल्लेख कर दिया गया है। इस सिलसिले में विभिन्न प्राचीन व क़लमी तज़्किरों के अतिरिक्त कुतुब ख़ाना शाहाने अवध, ब्रिटिश म्युज़ियम, इंडिया ऑफ़िस, बाड्लिन, कैंब्रिज, एशियाटिक सोसायटी बंगाल, कर्ज़न कलेक्शन, बांकीपुर, कुतुब ख़ाना सालार जंग, उस्मानिया और आसफ़िया (हैदराबाद), की सूचियों से भी लाभ उठाया गया है, ताकि समीक्षात्मक मसनवियों के विभिन्न प्रतियों के बारे में समस्त आवश्यक जानकारियाँ उपलब्ध करा दी जायें। जहाँ तक मुमकिन था, कोशिश की गयी है कि विषय का कोई अंश तिश्ना न रहे और उर्दू मसनवियों का वह पहलू जो अब तक अन्धकार में था पूरी तरह सामने आ जाये।

मुश्किल शुदः अस्त कारे दिल अज़ इश्क़ व ख़ुश दिलम
शायद रसद ब ख़ातिरे मुश्किल पसन्दे तू

गोपी चन्द नारंग

दिल्ली यूनिवर्सिटी
2 अगस्त 1959 ई.

हिन्दी संस्करण के बारे में

उर्दू अदब ने फ़ारसी साहित्य से बहुत कुछ लिया है, इसमें ईरानी और इस्लामी परम्पराओं का रंग भी गहरा रहा है, लेकिन यह भारत से अपरिचित नहीं है। उसने यहां के परिवेश, सामाजिक जीवन, संस्कृति व सभ्यता के प्रभाव भी लिये हैं। इत्तफ़ाक़ की बात है कि जब उर्दू शायरी अपने विकास की मंज़िलें, मज़हब व तसव्वुफ़ के सहारे तय कर रही थी, उर्दू की मसनवी में एक हिन्दुस्तानी क़िस्से को विषय वस्तु बनाया गया। यह मसनवी बहमनी दौर के एक शायर निज़ामी से सम्बद्ध की जाती है और उसमें कदमराव पदमराव का स्थानीय क़िस्से को बयान किया गया है। यहां यह बता देना ज़रुरी है कि ग़ज़ल के बाद उर्दू शायरों ने जिस विधा पर सबसे ज़्यादा ज़ोर दिया, वह मसनवी ही है।

उर्दू मसनवनियों के अध्ययन से ज्ञात होता है कि इनका दामन स्थानीय विषयों और कथा साहित्य से कभी ख़ाली नहीं रहा। उन विषयों से हमारे शायरों की सम्बद्धता केवल सतही या औपचारिक नहीं रही है। उनमें से अधिकतर ने यह स्पष्ट कर दिया है कि जिस क़िस्से को वे मसनवी के रुप में पेश कर रहे हैं, उसमें कैसी कैसी ख़ूबियां हैं और वे उसे इतना ज़्यादा क्यों पसंद करते हैं। जो कुछ अपने वतन में है, दूसरे मुल्कों में कहां, फिर क्यों हिन्दुस्तान के क़िस्से छोड़कर दूसरों के क़िस्से दुहराते हैं।

हिन्दुस्तान की दो बड़ी ज़बानें हिन्दी और उर्दू हैं, जहां उर्दू हिन्दी की सबसे बड़ी ताक़त है वहीं हिन्दी भी उर्दू को एक संबल प्रदान करती है। चूंकि उर्दू मसनवियों का रंग शुद्ध हिन्दुस्तानी है, इसीलिए यह ज़रुरी समझा गया कि इसे हिन्दी पाठकों तक भी पहुंचाया जाये जिससे कि हिन्दी पाठक भी उर्दू के इस बड़े धरोहर से लाभान्वित हो सके। मेरी कोशिश रही है कि इन मसनवियों के अस्ल स्रोत को भी निशानज़द कर सकूँ और उनकी हस्त-लिखित प्रतियाँ ब्रिटिश म्युज़ियम, इंडिया ऑफ़िस और युरोप के संग्रहालयों में जहाँ-जहाँ हैं उनके बारे में भी मालूमात दे सकूँ। इसके अतिरिक्त मुग़लों के ज़माने में उनके जो अनुवाद फ़ारसी और दूसरी भाषाओं में हुए, उनमें से कुछ प्रकाशित रूप में आए, उनके तमाम एडिशनों और हस्तलिखित नुस्ख़ों के बारे में भी

जितनी जानकारी मुमकिन थी वह भी सब दे दी गई है ताकि उर्दू का यह मिला-जुला हिन्दुस्तानी रूप भी पूरी तरह सामने आ जाए।

मैं शुक्रगुज़ार हूं, भारतीय ज्ञानपीठ का विशेषरूप से इसके सक्रिय निदेशक श्री लीलाधर मंडलोई का जिनकी व्यक्तिगत दिलचस्पी से यह किताब हिन्दी पाठकों तक पहुंच सकी है। भारतीय ज्ञानपीठ के उन सभी सदस्यों का भी आभार व्यक्त करना चाहूंगा जिन्होंने इस पुस्तक के प्रकाशन में किसी न किसी तरह से सहयोग दिया है।

गोपी चन्द नारंग

नई दिल्ली
24 नवंबर 2015 ई.

अनुवादक की ओर से

आमतौर से उर्दू शायरी के बारे में कहा जाता रहा है कि इसमें इश्क़ व आशिक़ी, गुल व बुलबुल और आशिक़ व माशूक़ की बातें की जाती हैं, तथा इसके ख़मीर में ईरान व अरब की फ़ज़ा शामिल है, लेकिन यह बात अधूरा सच है। उर्दू अमीर ख़ुसरो के ज़माने से दो क़ौमों और दो तहज़ीबों के मिलाप से पैदा हुई। यह धनक के सात रंगों की तरह एक मिली जुली गंगा-जमुनी ज़बान है। इसमें अगर फ़ारसी या बाहरी भाषाओं का रंग है तो स्थानीय संस्कृति और विरासत का रंग भी है। प्रो. गोपी चन्द नारंग अपने डाक्ट्रेट के ज़माने से अब तक जो शोध कार्य करते रहे हैं और उन्होंने 80 से ज़्यादा पुस्तकें और ग्रंथ लिखे हैं, उनसे यह बात स्पष्ट हो जाती है कि उर्दू की जड़, बुनियाद हिन्दुस्तान की धरती है। इसमें अगर 30 प्रतिशत फ़ारसी-अरबी के शब्द हैं, वहाँ 70 प्रतिशत 'इंडिक' अर्थात् संस्कृत, प्राकृतों और भारतीय भाषाओं के शब्द हैं। इसका सौंदर्य ही इसी मिश्रण से बना है। इसकी आकृति अगर इस्लामी लगती है तो इसकी आत्मा में हिन्दुस्तानी प्यार मुहब्बत रूह बोलती है। उर्दू में ग़ज़ल के बाद जो विधा ज़्यादा लोकप्रिय रही है वह मसनवी ही है। प्रो. नारंग की यह पुस्तक इसी विधा के पुष्पित-पल्लवित के बारे में है जिसमें अक्सर और कथाएँ लिखी गई हैं।

मसनवी में जहाँ लैला-मजनूँ, शीरीं-फ़रहाद, युसुफ़-ज़ुलेख़ा के बाहरी क़िस्से हैं, वहाँ शकुन्तला, नल-दमयन्ती, पद्मावत, लोरक चन्दा, सिंहासन बत्तीसी, हीर-राँझा, सस्सी-पुन्नु, सोहनी-महिवाल, आला-ऊदल और पूर्ण भक्त जैसे स्थानीय क़िस्से कहानियों और कथाओं पर भी मसनवियाँ लिखी हैं। प्रो. नारंग ने अपनी इस अहम पुस्तक में साबित किया है कि उर्दू मसनवियों में हिन्दुस्तानी जड़ों का रंग हमेशा चोखा रहा है। उनके शोध कार्य से ऐसे ऐसे आयाम सामने आते हैं और ऐसी ऐसी बातों पर प्रकाश पड़ता है कि आज के युग में फैली हुई ग़लतफ़हमियाँ बेबुनियाद साबित होती हैं। यह पुस्तक उनकी उस Triology का अंग है जिसमें उन्होंने जवानी के ज़माने में मसनवी, ग़ज़ल और नज़्म पर महत्त्वपूर्ण तीन पुस्तकें लिखी थीं। मसनवी वाली पुस्तक पर उन्हें ग़ालिब अवार्ड से सम्मानित किया गया।

ग़ज़ल वाली पुस्तक पर अभी कुछ साल पहले उन्हें भारतीय ज्ञानपीठ के मूर्तिदेवी पुरस्कार से नवाज़ा गया। यह किताबें अभी तक हिन्दी में नहीं आई थीं। उर्दू मसनवियाँ इस सिलसिले की पहली कड़ी है जिसे भारतीय ज्ञानपीठ ने प्रकाशन का बीड़ा उठाया है।

प्रो. नारंग 85 वर्ष की आयु में भी अपने साहित्य कर्म में जुटे रहते हैं, हाल ही में ग़ालिब और भारतीय मानस पर ऐसी चकित कर देने वाली पुस्तक लिखी है जो सदियों में सामने आती है। आशा है कि वह पुस्तक भी जल्द ही हिन्दी पाठकों के लिए उपलब्ध कराई जाएगी।

मैं अनुवाद क्यों करता हूँ? यह सवाल बार-बार मुझसे पूछा जाता है। असल में इस बहुभाषी एवं बहुसांस्कृतिक देश में हम एक दूसरे के अदब/साहित्य, तहज़ीब को अनुवाद के द्वारा ही जान सकते हैं। ख़ासतौर से देश की दो बड़ी भाषाओं हिन्दी-उर्दू में साहित्य का इतना बड़ा ख़ज़ाना मौजूद है और निरन्तर उसमें वृद्धि भी हो रही है, मेरी कोशिश होती है कि दोनों भाषाओं की अच्छी कृतियों को दोनों भाषाओं के लोग जान सकें, लाभान्वित हो सकें। यह अनुवाद के द्वारा ही मुमकिन हो सकता है।

मुझे इस बात का गर्व है कि मैंने उर्दू के लगभग सभी बड़े कथाकारों की रचनाएँ हिन्दी पाठकों तक तथा हिन्दी के महत्त्वपूर्ण और अहम लेखकों की कृतियों को उर्दू क़ारईन तक पहुंचाया है और पहुँचा रहा हूँ।

प्रोफ़ेसर गोपी चंद नारंग हमारे गुरु, पीर व मुर्शिद सब कुछ हैं, उनकी इस पुस्तक को हिन्दी पाठकों तक पहुँचा कर गौरवान्वित महसूस कर रहा हूँ। मुझे यह स्वीकार करने में कोई झिझक, संकोच नहीं कि आज मैं जो कुछ भी हूँ अपने श्रद्धेय की बदौलत हूँ। यह अपने गुरु के लिए एक छोटी-सी भेंट है।

मैं आभारी हूँ भारतीय ज्ञानपीठ एवं इसके कर्मठ निदेशक श्री लीलाधर मंडलोई का जिन्होंने व्यक्तिगतरूप से इस पुस्तक के प्रकाशन में रुचि ली। मैं शुक्रिया अदा करूँगा भारतीय ज्ञानपीठ के प्रकाशन अधिकारी श्री महेश्वर का जिनके सहयोग से इस पुस्तक का प्रकाशन सम्भव हो सका। ज़्यादती होगी अगर अपने साथी श्री मूसा रज़ा का शुक्रिया अदा न करूँ जिन्होंने पुस्तक के कलेवर और उसके नख शिख को सँवारने की ज़िम्मेदारी ली।

ख़ुर्शीद आलम

नई दिल्ली
25 नवम्बर 2015

अनुक्रम

अध्याय-एक

पौराणिक कथाएँ

मसनवियात नल-दमन

हिन्दुस्तान का यह लोकप्रिय क़िस्सा हिन्दुओं के प्रसिद्ध धार्मिक ग्रंथ 'महाभारत' से लिया गया है। यह पांडवों को उनके निर्वासन के ज़माने में तफ़रीहन सुनाया गया था। इस लिहाज़ से नल-दमन की कहानी पुराणों के ज़माने से भी प्राचीन है। संस्कृत में इस क़िस्से की अनगिनत पांडुलिपियाँ मिलती हैं, लेकिन प्रामाणिक पाठ महाभारत ही का है। नल-दमन हिन्दुस्तान के उन चन्द क़िस्सों में से है, जिनकी प्रसिद्धि हिन्दुस्तान से बाहर भी है और जिनका विदेशी भाषाओं में बार-बार अनुवाद किया गया है।

क़िस्सा

नल-दमन के इस मशहूर क़िस्से का सारांश ये है :

नल मध्य भारत के निषाद्ध प्रदेश का राजा था। बहुत ही सुन्दर, हृष्ट-पुष्ट, वेदों का ज्ञाता, बहादुरी और मर्दानगी में फ़र्द और घुड़सवारी का इकलौता विशेषज्ञ था। रथ चलाने में हवा से भी तेज़ लेकिन चौसरबाज़ी और जुआ खेलने की लत थी।

दमयन्ती विदर्भ (बीदर) के राजा भीम की इकलौती बेटी थी, जिसके सौन्दर्य और गुण की सारी दुनिया में चर्चा थी। नल और दमयन्ती दोनों एक-दूसरे की प्रशंसा व बड़ाई सुन कर अदृश्य इश्क़ में मुब्तिला हो गये। संयोग से नल के हाथ एक ऐसा हंस लगा, जिसने दमयन्ती से जाकर नल के इश्क़ की बेचैनी का ज़िक्र किया। दमयन्ती उस आग में पहले ही फुँक रही थी। अतएव पत्रों का आदान-प्रदान शुरू हुआ और तमन्ना की बेताबी दोनों तरफ रंग लाने लगी।

राजा भीम ने फ़ैसला किया कि दमयन्ती स्वयंवर के द्वारा अपने वर का चयन करे। सैकड़ों राजा-महाराजा और कुँवर अपना भाग्य आज़माने के लिए बीदर पहुँचे। नल भी उनमें से एक था। चार देवता—अग्नि, इन्द्र, वरुण और यम भी इस स्वयंवर में सम्मिलित होने के लिए आये। रास्ते में नल की उनसे मुठभेड़ हुई। उन्होंने नल को

आदेश दिया कि वह दमयन्ती से कह दे कि दमयन्ती उन चारों में से किसी एक को वर चुने वर्ना ख़ैर नहीं।

बीदर पहुँच कर नल ने अनिच्छा से देवताओं के आदेश का पालन किया। मगर ख़ुद उसकी मौजूदगी में देवताओं का चिराग़ क्या जलता। दमयन्ती को नल की तरफ़ आकर्षित देखकर देवताओं ने नल का रूप धारण कर लिया। दमयन्ती अपने उम्मीदवारों में एक के बजाय पाँच नल देखकर दुविधा में पड़ गयी। मगर दिले मुब्तिला ने मार्गदर्शन किया और दमयन्ती ने चयन का सेहरा वास्तविक नल के गले में डाल दिया।

काली देवता स्वयंवर में देर से पहुँचा। नल की कामयाबी पर वह ईर्ष्या की आग में जलने लगा और उसने बदला लेने की ठानी।

शादी के बाद नल और दमयन्ती निषाद्ध में बड़ी निश्चिन्तता से ज़िन्दगी बसर करने लगे। उनको एक लड़का इन्द्रसेन और एक लड़की इन्दिरा पैदा हुई। कुछ वर्ष बाद नल की किसी छोटी भूल पर ईर्ष्यालु देवता काली को नल की इन्द्रियों पर काबू पाने का मौक़ा मिल गया और उसे अपने भाई पुष्कर से चौसर खेलने का लालच हुआ। नल को मात पर मात हुई, यहाँ तक कि वह तख़्तो ताज और माल व जायदाद हर चीज़ हार गया। राजा बनने के बाद पुष्कर ने ऐलान किया कि कोई व्यक्ति नल को पनाह न दे। नल के लिए निषाद्ध छोड़ने के सिवा कोई चारा न था। दमयन्ती ने भी उसका साथ दिया और दोनों ने जंगल की राह ली।

यात्रा के दौरान भूख ने ज़ोर किया तो नल ने परिन्दे पकड़ने के लिए उन पर अपनी चादर फेंकी, परिन्दे चादर सहित उड़ गये। इस दरिद्रता और बेबसी के आलम में नल से दमयन्ती की परेशानी न देखी गयी। ईर्ष्यालु देवता के कारण नल पर दीवानगी का प्रभुत्व तो था ही, उसने सोते में दमयन्ती को अकेला छोड़कर अपनी राह ली। दमयन्ती मुद्दतों जंगलों की ख़ाक छानती और तिनके चुनती फिरी। संयोग से उसे छिदी की शहज़ादी के यहाँ पनाह मिल गयी, जहाँ से उसके माता-पिता उसे ले गये।

उधर नल निरुद्देश्य दर बदर ठोकरें खाता फिरा। जंगल में उसने एक साँप की जान बचायी, उसे जलती आग से बाहर निकाला। लेकिन साँप ने नल को डस लिया, जिससे नल की शक्ल एक सियाह (काले) बौने की सी हो गयी। नल के सिटपिटाने पर साँप ने कहा, 'तुम्हारा भला इसी में है। तुम्हारी क़िस्मत का सितारा गर्दिश में है और इसी रूप में तुम आनेवाली कठिनाइयों से सुरक्षित रह सकोगे। जब तुम्हारे दिन फिरेंगे तो ज़हर का असर ख़ुद-ब-ख़ुद जाता रहेगा।' अत: नल उसी दशा में अयोध्या के राजा रितुपर्ण के यहाँ रथबान और रसोइया के रूप में नौकर हो गया।

दमयन्ती ने मयके पहुँच कर नल की तलाश में जगह-जगह जासूस भेजे मगर व्यर्थ। नल का रूप बदल चुका था। आख़िर बहुत दिनों बाद एक सूक्ष्मदर्शी ब्राह्मण जासूस को राजा रितुपर्ण के रथबान पर नल का सन्देह हुआ। दमयन्ती ने उसका प्रमाण

चाहा और राजा रितुपर्ण को अपने स्वयंवर की झूठी ख़बर पर बुला भेजा और समय इतना कम दिया कि दुनिया-भर में सिवा नल के इतना तेज़ रथ चलानेवाला कोई न था, जो राजा रितुपर्ण को रात की रात निर्धारित समय के अन्दर विदर्भ पहुँचा दे।

राजा रितुपर्ण गणित और चौसर में असाधारण अधिकार रखता था। यात्रा के दौरान वह नल को उन विधाओं के रहस्य भेद से आगाह करता रहा और नल ने उस एहसान के बदले में अपनी विस्मयकारी द्रुतगति रथबाजी का कमाल दिखाया और सुबह होने से पहले ही रितुपर्ण को विदर्भ पहुँचा दिया। यह देखकर दमयन्ती का सन्देह प्रबल हो गया, लेकिन नल अभी बौने के रूप में था। दमयन्ती ने उसकी असलियत पर विश्वास करने के लिए कई और आज़माइशें कीं और अन्ततः नल का पकाया हुआ खाना चखने से उसका सन्देह विश्वास में बदल गया। नल पहचाना गया। मुद्दतों से बिछुड़े आपस में मिले। नल ने साँप की बतायी हुई तरकीब से अपनी कुरूपता से मुक्ति पायी और अपनी वास्तविक स्थिति में आ गया।

दमयन्ती के पिता राजा भीम ने नल के साथ एक भारी लश्कर रवाना किया ताकि वह अपने कपटी भाई पुष्कर से युद्धरत होकर अपना राज्य प्राप्त कर सके। निषाद्ध पहुँच कर नल ने पुष्कर को फिर चौसर के लिए आमन्त्रित किया और इस बार राज्य के मुक़ाबले पर नल ने दमयन्ती को लगा दिया। नल पहले ही रितुपर्ण से इस खेल के रहस्य व भेद सीख चुका था, अतः सफल रहा। पुष्कर अपने किये पर पछताया और क्षमाप्रार्थी हुआ। नल न केवल स्नेह व प्रेम से पेश आया, बल्कि पुरस्कार व उपहार प्रदान करते हुए उसने पुष्कर को गाँव जाने की इजाज़त भी दे दी। उजड़ा चमन शादाब हुआ और नल व दमयन्ती पुनः निषाद्ध पर शासन करने लगे।[1]

नल-दमन के इस क़िस्से को संस्कृत के प्रसिद्ध कवि काली दास ने भी 'नल उदय' के नाम से पद्यबद्ध किया है।[2] काली दास के बाद इस क़िस्से की रचना करने वालों में श्री हर्ष का नाम उल्लेखनीय है। उन्होंने इस क़िस्से को 'निषाद्ध चरित्र' के नाम से लिखा।[3] नल-दमन के हिन्दी अनुवादों में सबसे प्रसिद्ध और महत्त्वपूर्ण अनुवाद कवि सूरदास का है।[4]

नल-दमन का क़िस्सा महाभारत के बाद भारतीय क़िस्से कहानियों की मशहूर किताब कथासरित सागर संकलनकर्ता सोमदेव में भी मिलता है। यहाँ से इसे Penzer ने अंग्रेज़ी में The Ocean of Story के नाम से चार खंडो में अनुदित किया। यह पुस्तक लंदन से 1926 में प्रकाशित हुई।

नल-दमन का अनुवाद अंग्रेज़ी, फ्रांसीसी, स्विडिश, पोलिश, यूनानी और हंगेरियन आदि भाषाओं में हो चुका है। अंग्रेज़ी में Norman E. Penzer[5] और Sister Nevidita के सारांश, लातीनी में Bopp Franz और जर्मन में Ruckert के अनुवाद उल्लेखनीय हैं।[6]

नल-दमन का पाठ Buhler ने 1877 ई. और Kellner ने 1885 ई. में प्रकाशित किया। Monier Williams का अंग्रेज़ी अनुवाद ऑक्सफोर्ड से 1876 ई. में प्रकाशित हुआ।[7]

फ़ारसी में इस क़िस्से को सबसे पहले अकबर महान की फ़रमाइश पर फ़ैज़ी ने 1003 हि. में लिखा।[8]

अबुल फ़ैज़ फ़ैज़ी (954 हि.- 1004 हि.) ने ख़मसा अर्थात् निज़ामी की पाँच मसनवियों का जवाब लिखने का इरादा किया था। उसका विवरण उसने स्वयं एक पत्र में लिखा है :

'असामी कुतुब ख़मसा इं सत, अव्वल मर्कज़ अदवार कि अक्सरे दर फ़तहपुर गुफ़्ता शुदःबूद, दोम सुलेमान व बिलक़ीस कि पेश अज़ीं हफ़्त साल दर लाहौर बुनियाद कर्दा बूद, व चीज़े चन्द अज़ां गुफ़्तः, सोम नल दमन कि तमाम शुद, चहारम हफ़्त किशोर, कि दर अहवाल हफ़्त अक़लीम गुफ़्तः ख़्वाहिद शुद, पंजम अकबरनामा कि आं हम जस्ता-जस्ता वक़ते गुफ़्तः बूद।[9]

अबुलफ़ज़ल ने अकबरनामा में लिखा है कि ये पाँचों मसनवियाँ अंजाम को पहुंची।[10] लेकिन यह सही नहीं। शिब्ली का बयान है कि 'उनमें से दो किताबें अर्थात् नल-दमन और मर्कज़े अदवार अंजाम को पहुँची। मर्कज़े अदवार की तर्तीब (संकलन) अबुलफ़ज़ल ने फ़ैज़ी के मरने के बाद की। 30 जलूस में फ़ैज़ी को ख़मसा का ख़याल पैदा हुआ और साथ-साथ मसनवियों की बुनियाद डाली। लेकिन चूँकि बहुत मशग़ले पेश आते रहते थे, कोई किताब अंजाम को न पहुँच सकी। 39 जलूस में अकबर ने आग्रह के साथ कहा कि सबसे पहले नल-दमन अंजाम पाये।।[11] अबुलफ़ज़ल ने लिखा है कि "...दरीं साल (39 जलूस) औरंग नशीं फर्हंग आरा आं दानाए रमूज़ा नफ़्सी व आफ़ाक़ी रा तलब दाश्तः, इहतिमाम पायान बर्दन आं पंजनामः फ़र्मूद। व इशारत हुमायूँ बरां रफ़्त कि नख़िस्त अफ़सानए नल-दमन बतराज़ुए सुख़न संजी बर सख़्तः आयद। दर चहार माह चहार हज़ार बैत बलग़ूनए अंजाम पैरास्तः ओ गश्त।"[12]

अकबर इस मनसवी से बहुत खुश हुआ। नक़ीब ख़ां को हुक्म हुआ कि वह पढ़ कर सुनाया करे। पूरा विवरण बदायूनी ने यूँ लिखा है :

'दरीं अय्याम (1003 हि.) बमलकुश्शुअरा हुक्म तस्नीफ़ पंजगंज फ़र्मूदन्द ता दर मुद्दते पंज माह कमोबेश किताब नल-दमन रा कि आशिक़ व माशूक़ बूदंद व आं क़िस्सा दर अह्ले हिंद मशहूर अस्त मुश्तमिल बर चहार हज़ार व दुईस्त बैत व कस्री मुरत्तिब साख्तः दर नज़र बाचन्द अशरफ़ी नज़्र गुज़राइंद व बिस्यार मुस्तहसिन उफ़ताद व हुक्म ब किताबत व तस्वीर आं व ख़्वान्दन दर मिस्ल ब नक़ीब ख़ाँ फ़र्मूदन्द... अलहक़ मसनवी सत कि दरीं सी सद साल मिस्ल आं बाद अज़ मीर ख़ुसरो शायद दर हिन्द कसे दिगर नगुफ़्तः बाशद।"[13]

फ़ैज़ी की यह जगप्रसिद्ध मसनवी पहली बार कलकत्ते से 1931 ई. में प्रकाशित हुई।[14] इस मसनवी के कुछ हिस्सों का अनुवाद Spiegel ने लिपिज़्ग से 1846 ई. में Chrestomathia Persica में प्रस्तुत किया। (पृ. 131-150)[15]

अकबर को यह मसनवी इतनी पसन्द थी कि ख़ास ख़ुशनवीसों (सुन्दर लिखने वालों) और चित्रकारों को हुक्म देकर चित्रों से चित्रित शाही पांडुलिपि तैयार करायी। फ़ैज़ी की यह मनसवी अपनी कलात्मक विशेषताओं और क़िस्से की दिलचस्पी के कारण बहुत मशहूर हुई। उर्दू में इस क़िस्से से सम्बन्धित जितनी भी पांडुलिपियाँ मिलती हैं, उनमें से अकसर में कहानी की बुनियाद फ़ैज़ी के पाठ पर ही रखी गयी है।

उर्दू की गद्यात्मक पांडुलिपियाँ

1. उर्दू गद्य में इस क़िस्से को सबसे पहले इलाही बख़्श शौक़ ने 1217 हि./ 1802 ई. में लिखा। यह प्रति फ़ैज़ी की नल-दमन से अनुवाद है। शौक़ मिर्ज़ा मज़हरबख़्त पुत्र मिर्ज़ा जवां बख़्त के मुलाज़िम थे। इनकी मृत्यु 1241 हि. में हुई। इस किताब का क़लमी नुस्ख़ा (हस्तलिखित प्रति) ब्रिटिश म्युज़ियम में मौजूद है।[16]
2. गारसां दत्तासी ने रघुनाथ की एक मुद्रित प्रति का सन्दर्भ दिया है।[17] लेकिन नल-दमन द्वारा रघुनाथ शोध का विषय है। यह भी मालूम नहीं कि यह प्रति गद्य में है या पद्य में।

उर्दू की पद्यात्मक पांडुलिपियाँ

1. नल-दमन (उर्दू ड्रामा) लेखक गौरी शंकर, कुल पृष्ठ, 36, कानपुर 1888 ई.।[18]
2. नल-दमयन्ती (उर्दू ड्रामा) विनायक प्रसाद, कुल पृष्ठ 71, लखनऊ 1885 ई.।[19]
3. तमाशाए नौनिहाले चमन (उर्दू ड्रामा) नल-दमन कथा पर आधारित, लेखक मिर्ज़ा नज़ीर बेग अकबराबादी, पृष्ठ 56, आगरा 1893 ई.।[20]
4. नल-दमन, मीर नियाज़ अली देहलवी तख़ल्लुस ब निकहत (क़लमी) पृष्ठ 115 मख़तूतए कुतुबख़ाना रिज़ाइया, रामपुर। नाक़िसुल आख़िर (1256 हि. पू.)[21]
5. नल-दमन, भगवन्त राय काकोरवी (क़लमी) रचनाकाल 1244 हि., 1856 ई. पृ. 66 पांडुलिपि लिटन लाइब्रेरी, अलीगढ़।[22]
6. बहारे इश्क़, मीर अली बंगाली (पू. 1854 ई.)[23]
7. नल-दमन, अहमद सरावी (क़लमी) पंजाब यूनिवर्सिटी लाइब्रेरी, लाहौर, पृष्ठ 45, किताबत का सन् 40 हि. सम्भवतः 1240 हि.।[24]

8. नल-दमन, अहमद अली, लखनऊ (पू. 1854 ई.)।[25]
गारसां दत्तासी ने सम्भवतः अहमद सरावी ही को अहमद अली लिखा है। हमारे नज़दीक मात्र अहमद सरावी की संशोधित मसनवी का अस्तित्व है।
9. नल-दमन, काली प्रसाद, पृष्ठ 36, प्रकाशन 1869 ई. लखनऊ।[26]
10. मुकर्रमुद्दौला सैयद अली अकबर ख़ाँ बहादुर मुस्तक़ीम जंग, अकबर तख़ल्लुस ने भी एक उर्दू मसनवी 'नल-दमन' लिखी थी। उन्होंने चालीस स्मृतियों (तज़्किरों) से मदद लेकर शोअराए रेख़्तः का एक तज़्किरा भी सम्पादित किया और एक फ़ारसी दीवान भी यादगार छोड़ा था। मगर अब उनमें से कोई किताब नहीं मिलती।[27]
अकबर, नवाब ताज महल बेगम के सगे भाई और मिर्ज़ा जवाँ बख़्त जहाँदार शाह वली अहद के मामूं थे। सारी उम्र ऐश व इश्रत में बसर की। संगीत में भी अच्छी रुचि थी। भरी जवानी में 1218 हि. तद्नुसार 1803 ई. में मृत्यु हुई।[28]
11. डॉ. मुख़्तारुद्दीन आरज़ू का बयान है कि भोलानाथ फ़राग़ ने भी एक मसनवी नल-दमन लिखी थी।[29] उसका विवरण अब भी शोध का विषय है। ब्लूम हार्ट ने भोलानाथ का तख़ल्लुस 'फ़ारिग़' बताया है और उनकी एक रचना 'फ़सानए अजाएब मंजूम' जो रजब अली बेग के 'फ़सानए अजाएब' पर आधारित है का उल्लेख किया है। यह किताब लखनऊ से 1870 ई. और कानपुर से 1877 ई. में 31 पृष्ठों पर प्रकाशित हुई थी।[30]
12. राजा नल हरियाणवी भाषा (गीतों और दोहों में) लेखक मिठ्ठन लाल चुन्नी लाल। इसे उर्दू लिपि में शम्भूदयाल दीनानाथ ने दरीबा कलाँ दिल्ली से उन्नीसवीं शताब्दी के अन्त में प्रकाशित किया।
13. राजा नल-दमयन्ती हरियाणवी भाषा (गीतों और भजनों में) द्वारा पंडित मौजी राम शिव चन्द। यह किताब भी उर्दू लिपि में दरीबा कलां दिल्ली से उन्नीसवीं शताब्दी के अन्त में प्रकाशित हुई।

मसनवी नल-दमन, अहमद सरावी

शिप्रगंर का कथन है कि सम्भवतः यह अहमद सरावी वही व्यक्ति है, जिसने 'गुल व सनोबर' और दो हिन्दुस्तानी नज़्में, 'मोरपंखी' और 'रश्के परी' लिखी हैं और जिनका उल्लेख गारसां दत्तासी ने किया है।[31] मोर पंखी, रश्क परी 1241 हि. में लिखी गयीं। मसनवी नल-दमन में किताबत का सन् स्पष्ट रूप से अंकित नहीं है। मात्र 40 हि. लिखा है। अगर 'रश्क परी' और मसनवी नल-दमन का लेखक एक ही अहमद सरावी है तो 'रश्क परी' की किताबत की सन् 1241 हि. के समक्ष यह स्वीकार करना चाहिए कि मसनवी नल-दमन के लेखन में 40 हि. से तात्पर्य 1240 हि. है।

मसनवी नल-दमन द्वारा अहमद सरावी में किताबत का सन् मात्र 40 हि. दर्ज है। डॉ. सैयद अब्दुल्लाह का अनुमान है कि यह मसनवी 1140 हि. में लिखी गयी।[32] श्प्रिंगर ने जिस अहमद सरावी का उल्लेख किया है, वह उसकी दो नज़्मों 'मोरपंखी' और 'रश्क परी' को 1241 हि. की रचना बताता है।[33] अतः निश्चित प्रमाण के अभाव में हमने मसनवी नल-दमन को 1240 हि. की रचना अनुमानित किया है।

इस मसनवी का पूरा पाठ डॉ. सैयद अब्दुल्लाह ने आज से अठराह वर्ष पहले ओरियन्टल कॉलेज मैग्ज़ीन में किस्तों में प्रकाशित किया था।[34] और इस रचना की भाषाई विशेषताओं से भी उपार्जित बहस की थी।[35] यद्यपि इस मसनवी का लेखक अहमद सरावी, सरावा ज़िला मेरठ का बाशिन्दा है, लेकिन मसनवी की भाषा में हरियाणवी तत्त्व गहरा है। अहमद सरावी ने क़िस्सा नल-दमन को हरियाणवी में पद्यबध करने का कोई कारण नहीं बताया। लेकिन अनुमान है कि नल-दमन फ़ैज़ी की प्रसिद्धि उसकी प्रेरणा सिद्ध हुई हो। अहमद सरावी ने फ़ैज़ी ही की मसनवी को अपने क़िस्से का आधार बनाया है। कहीं-कहीं फ़ैज़ी के फ़ारसी शब्दों को हू-ब-हू ले लिए हैं, लेकिन यह मसनवी फ़ैज़ी का पंक्तिबद्ध अनुवाद नहीं। अहमद ने क़िस्से के मामले में फ़ैज़ी का अनुसरण ज़रूर किया है, लेकिन फ़ैज़ी के दीर्घ लेखन से बचने की कोशिश की है। उसने भावों के वर्णन और दृश्यों को चित्रित करने में विस्तार वृद्धि की है, लेकिन असल क़िस्से में कोई तबदीली नहीं की। अपने ज़माने के रिवाज के मुताबिक़ अहमद सरावी भी कहानी की हर कड़ी के बाद भाषा के दोहरे दर्ज करता है, जो ख़ुद उसकी रचना है। इससे अनुमान होता है कि उसके समक्ष नल-दमन की कोई भाषा में लिखित प्रति रही होगी, लेकिन क़िस्से की आत्मा पर ग़ौर करने से यह हक़ीक़त खुलती है कि असल संस्कृत परम्परा और फ़ैज़ी के यहाँ जो हल्के से मतभेद हैं, वह अहमद सरावी के यहाँ भी देखे जा सकते हैं। अतः यह विश्वास के साथ कहा जा सकता है कि क़िस्से की घटनाओं के मामले में अहमद सरावी सिवा फ़ैज़ी के किसी दूसरी परम्परा से प्रभावित नहीं हुआ। डॉ. सैयद अब्दुल्लाह ने सही लिखा है कि, 'अहमद सरावी ने इस नज़्म को लिखते हुए फ़ैज़ी की किताब से शाब्दिक और आर्थिक रूप से बहुत फ़ायदा उठाया है।'[36]

मसनवी का आरम्भ रिति के अनुसार हम्द व नात से होता है। इस सन्दर्भ में यह दोहा बंद के आख़िर में आया है :

हों निर्गुण, अवगुण कही तू जग का करतार
इन निर्गुण के कारनी, अवगुण मोरी बिसार

इसके बाद भारत देश की यूँ प्रशंसा की है :

है किश्वरे हिन्द दिलकुशा तर बर्रु बहरिश फ़रह फ़ज़ा तर
इस ख़ाक से है ख़मीर मेरा ख़ुर्शीद है यां ज़मीर मेरा
है हिन्द बहिश्त की निशानी हर चश्मा आबे ज़िन्दगानी
हर शहर व क़रिया हाय ईं बूम फ़िरदौस है जा बजाये मक़सूम
ख़ूनीं निगहाँ इश्वः पर्दाज़ गुंचा दहनां शोख़ तन्नाज़
सौदागरे आशिक़ाने बेदिल लेते हैं ब नक़द, ग़मज़ः सद दिल
मशहूर है हिन्द में सरावा रखता है बहिश्त साथ दावा
हर तिफ़्ल ब इल्मे इश्क़ ओस्ताद हक़ उसको रखे हमेशा आबाद

नल के इश्क़ की बेताबी के बाद एक नदीम (साथी) संयोग से दमन के सौन्दर्य का वर्णन करता है। इस मौक़े पर अहमद सरावी ने नल का सरापा बड़ी ख़ूबसूरती और दक्षता से प्रस्तुत किया है। अश्लीलता नाममात्र नहीं, लेकिन नखशिख का वर्णन परम्परानुसार बड़ी खूबी से किया है। मसनवी की भाषा आरम्भिक युग की है। मिश्रित हरियाणवी के कारण मुश्किल और अजनबी मालूम होती है। वर्ना अगर ग़ौर कीजिए तो उस बुते तन्नाज़ (नाज़ नख़रेवाली हसीना) को चित्रित करने में शायर ने कोई कसर उठा नहीं रखी। हर नक़्श ज़िन्दा है और हर ख़त दिलकश। उपमा और रूपक साफ पुरज़ोर और अर्थपूर्ण। यद्यपि शायर के सामने फ़ारसी मसनवी थी, फिर भी सौन्दर्य भाव के वातावरण में हिन्दुस्तानी रंग साफ़ झलकता है।

क्या बाल कहूँ भोंग[37] कारे चन्दन पी करें कलोल सारे
वो माँग सफ़ेद जगमगावे बग पांट[38] घटा मने आवे
क्या वस्फ़ करूँ मैं उस जबीं का माथा नहीं, चाँद चौदहवीं का
अब्रू न, कि तेग़ मग़रिबी हैं जंगी सफ़ वे पलक सजे हैं
दो नयन गोया खजन[39] के जोड़े सुर्ख़ों सियह व सफ़ेद डोरे
है माँग गोया खड़ग[40] की धारा ....
रुख़सारः सफ़ेद, सुर्ख़ ख़ुश रंग बल खाये रहे दो नाग ऊन संग
वो कान में बालियाँ बिराजें मोती सच्चे उनके संग साजें
लब सुर्ख़ दहान तंग प्यारे दनदान की जोत से न्यारे
गर्दन न, कहूँ तरंग[41] सजदार कि बाग रखे हैं जैसे असवार
मेहन्दी में हथेलियाँ रचायें ख़ुर्शीद दपे[42] हैं जूँ सबा में
है पेट कंवलपत्र मुलायम पाँव से है कुव्वत इसका दायम
दो जांग[43] साक़ गोया कशीदा शमशाद क़द रास्त मिसाल सर्द आज़ाद
क्या हुस्न कि आग का भबूका लौटा है क़रार हर कसू का
सर खोल परी अगर उठावे दिन रात को एक ही दिखावे

मेहन्दी से नहीं क़दम को लाली   आये है ख़ल्क़ पे पायमाली
बिजली की झलक है मुस्कराना   अँधियार में फुलझड़ी दिखाना
लजवन्त सूरज से मुख छुपावे   तारों से परी को लाज आवे
मशहूर बनाम ख़ुद दमन है   बेशुब्हा जमाल का चमन है

मुर्ग़ के ज़रिये यार का पैग़ाम पाकर, दमन अपने प्रिय की कल्पना में यूँ आह व विलाप करती है :

ऐ तालए सख़्त तें जलाया   तू भी मेरे काम कुछ न आया
अस्तूर से नल सुख़न सुनावे   बैराग का राग ग़म से गावे
दम दम में दमन दमन पुकारे   पल याद सजन की न बिसारे
ऐ शम्मा कहाँ है तू कहाँ है   आतिशज़न ख़ानमां कहाँ है
बिन देखें ही ज़ख़्म तीन लगाया   बेदाद! तुझी रहम न आया
कारी लागो घाव, कित जाऊँ का सूँ कहूँ
तू सोवे सुख नींद हों तुम बिन दुःख ये सहूँ

स्वयंवर का दृश्य देखिये। दूर-दूर से राजा-महाराजा और कुँवर भाग्य आज़माने के लिए उपस्थित हुए हैं :

सब राजा व राव आरज़ू में   मशग़ूल दमन की गुफ़्तगू में
क्या जानिये दर्श कब दिखावे   अब कौन पसन्द उस को आवे
हों किसके नसीब बेदार   पावे शफ़ा हम में कौन बीमार
कोई हसब और नसब जतावे   कोई नशए मर्दुमी दिखावे
देस अपना कोई ज़बाँ पे आने   एक और ख़ज़ाने को बखाने
कोई कहे फ़ौज मुझ है भारी   मैं सबमें बड़ा हूँ राजधारी
सुघड़ाई कोई करे नमूदार   कोई करे अपना शौक़े इज़हार
ओले[44] से निकली दमन परी रूप झलकार
मानो सगली सभा कूँ गयी बिजली मार

मुस्कान में सब बहार लूटी   सूरज की किरण सुबह में फूटी
घूँघट तो अधिक उठाये दीनाँ   क़त्ले आम सभा का मुफ़्त कीनाँ
फूलों का लिये वो हार दरे दस्त   आवे गोया हूर नाज़नीं मस्त
सुन्दर की मैं चाल क्या बताऊँ   क्या हँस व कुबुक कूं लजाऊँ
हर तरफ़ निगाह को चलावे   तारों में गोया कि चाँद आवे

शादी के बाद फ़ैज़ी के यहाँ नल-दमन के प्रथम मिलन की रात्रि का वर्णन है। अहमद सरावी ने लबो रुख़सार की नयी बात के उस पहलू की तरफ़ सिर्फ़

नज़रों का इशारा ही काफ़ी समझा और उस कूचे में ज़्यादा देर ठहरना गवारा नहीं किया। मज़े की बात यह है कि मीर हसन और मीर असर के बाद यह दुष्ट परम्परा उर्दू शायरों के ऐसी मुँह लगी कि बहुत दिनों तक इसका लपका न गया।

अहमद सरावी ने ख़ूबसूरती व सौन्दर्य की आत्मविस्तृत सम्बन्धी दशाएँ बड़ी कामयाबी से उभारी हैं। दर्द व दाग़ व जुस्तजू व आरज़ू का वर्णन पुरज़ोर और प्रभावपूर्ण ढंग से प्रस्तुत किया है। निर्वासन की कठिनाइयाँ, यात्रा की परेशानियाँ और भाग्य के इन्द्रजाल के वर्णन में भाषा की लोच और ढंग का पूरा ख़याल रखा है। क़िस्से में दैवी तत्त्वों की भरमार है। उनमें से फ़ैज़ी ने कुछ घटनाओं को निकाल दिया था। अहमद सरावी ने भी कुछ गौण घटनाओं को छोड़ दिया है और अपनी मसनवी में सिर्फ़ उन्हीं ग़ैर अक़्ली घटनाओं को लिया है, जो मूल सामर्थ्य रखते हैं। जैसे उनके यहाँ पूरी मसनवी में दमन की अजगर से बातचीत और ईर्ष्यालु देवताओं का नल का रूप धारण करना दो कल्पित घटनाएँ हैं। अहमद सरावी ने संक्षेप पर विशेष नज़र रखी है। यह मसनवी कुल 10 पृष्ठों पर आधारित है और हर पृष्ठ में 18 लाइनें हैं। अनावश्यक घटनाओं से बचने और विस्तार से दूर रहने की बदौलत क़िस्से के क्रम में फ़र्क़ नहीं आता और मसनवी में आकर्षण बना रहता है। शायर कहीं-कहीं प्रशंसनीय गुणों या ज़िन्दगी के ऊँच-नीच पर चुभते हुए अन्दाज़ में इशारा कर जाता है। जैसे नल निर्वासन के दिनों में राजा रितुपर्ण के यहाँ मुलाज़िम है, तो वह जासूस ब्राह्मण से बातें करते हुए दोस्ती और वचन निर्वाह के बारे में अपने दिल का राज़ यूँ दे जाता है :

ऊतम है अज़ीज़ ज़ात तेरी — मिश्री की डली है बात तेरी
जिस यार में कुछ वफ़ा न होवे — वो फूल है पास नाग सोवे
जो यार पे गिर पड़ें पहाड़ाँ — कब सोएँ उदास यार याराँ
हाँ यार को यार का गिला क्या — उल्फ़त में जुदाई और मिला क्या
जो यार को एक यार जाने — अपने वो पराये कब बखाने

नल-दमन की दोबारा मुलाक़ात उज्जैन का साम्राज्य प्राप्त करने के बाद अहमद सरावी भी फ़ैज़ी की तरह नल को पद-प्रतिष्ठा से दुःखी होते दिखाता है। इसके बाद के कुछ पृष्ठ पांडुलिपि में नहीं हैं। वर्तमान स्थिति में मसनवी का अन्त ख़िज़ाँ (पतझड़) के वर्णन पर होता है। ख़िज़ाँ की यह स्थिति ज़िन्दगी के बहार की कमज़ोरी और अस्थिरता का प्रतीक है :

अब बादे ख़िज़ाँ चली चहूँ ओर — पतझड़ का बन में पड़ गया शोर
सब बाग़ो चमन उजाड़ कीनाँ — बुलबुल का मकाँ कुँओं को दींना
सब्ज़ः की शक्ल नज़र न आवे — हर बाग़ को देखकर डर आवे
नल हो के उदास अपने मन में — आ बैठा उदास हो चमन में
रा बेल न मोतिया न लाला — सब ... ... बाग़ डाला[45]

मसनवी नल-दमन, नक्हत

मीर नियाज़ अली नक्हत की मसनवी की रामपुर की पांडुलिपि त्रुटिपूर्ण है। इसमें रचनाकाल कहीं अंकित नहीं। शुरू में चन्द अश्आर नवाब अहमद अली ख़ाँ वालिए रामपुर की प्रशंसा में हैं। उक्त नवाब की मृत्यु का वर्ष 1256 हि. है। और नक्हत का स्वर्गवास इसके ग्यारहवें वर्ष बाद अर्थात् 1267 हि. में हुआ। अर्थात् यह मसनवी 1256 हि. से पहले लिखी गयी होगी। इसकी कोई मुद्रित परम्परा हमारी नज़र से नहीं गुज़री।

नक्हत शाह नसीर के शिष्य थे।

इस मसनवी के पहले 14 अश्आर हम्द व ना'त में हैं। इसके बाद इश्क़ की परिभाषा और फिर क़िस्सा यूँ शुरू होता है :

था किश्वरे हिन्द में कोई शाह मशहूर था माही से वो ता माह
वाली था वहाँ का वो नको बख़्त था उसका उज्जैन पायए तख़्त
रूस्तम से दिलेर फ़न उलमिस्ल था मशहूर जहाँ में नाम नल था

नक्हत ने पूरे क़िस्से को विस्तार से पद्यबद्ध किया है। भाषा अधिक स्पष्ट नहीं, लेकिन क़िस्से की दिलचस्पी में बाधक नहीं होती। जंगल में नल -दमयन्ती को छोड़ते हुए सोचता है :

जब लाला किनार उसको देखूँ क्युँकर सरे ख़ार उसको देखूँ
लेकिन ये सलाह है निहफ़्तः जूँ बख़्त उसे छोड़ जाऊँ ख़फ़्तः
पावेगी न मुझसे ख़स्तः तन को अपनी चली जायेगी वतन को

की नल ने दो नीम उसकी चादर ली आधी और आधी छोड़ दी तन पर
उस नीम से करके पर्दए तन ली राहे फ़रार जंगल व वन

नक्हत ने राहत की तरह क़िस्से को अध्यायों में विभाजित नहीं किया है। समस्त अभिप्राय क्रमबद्ध बयान कर दिये हैं। मसनवी में लगभग आधे क़िस्से के बाद के पृष्ठ नहीं हैं। जंगल में साँप के काटने से नल की शक्ल व सूरत बौने की सी हो जाती है और वह नौकरी के लिए राजा रितुपर्ण के पास पहुँचता है। आख़िरी शे'र यह है:

बस नल को भी ले गये वहाँ पर
सुल्ताँ की थी बारगाह जहाँ पर[46]

मसनवी नल-दमन, राहत

भगवन्त राय राहत, काकोरी के रहने वाले थे। उनके पिता मुंशी दीन दयाल शहर के

रईस थे। राहत जो आग़ा हसन अमानत लखनवी के शिष्य थे[47] और कविता कहने की कला में महारत हासिल कर ली थी।

देवी प्रसाद बशाश सम्पादक तज़्किरा आसारुल शुअराए हुनूद का कथन है कि भगवन्त राय राहत काकोरवी आग़ा हसन अमानत लखनवी के शागिर्द थे।[48] लेकिन क़ाज़ी अब्दुल वदूद साहब इसे स्वीकार नहीं करते। उनकी राय में 'उस राहत का शागिर्दे अमानत होना अनुमान के ख़िलाफ़ है।'[49]

हालाँकि अमानत के दीवान में एक ग़ज़ल ऐसी मिलती है जिसमें अमानत के पचीस शागिर्दों के तख़ल्लुस आ गये हैं। एक शे'र में राहत का तख़ल्लुस भी मौजूद है:

ग़म दोस्त है दिल रंज से राहत है जहाँ में
फ़रहत का सर अंजाम है आज़ार अमानत[50]

मसनवी नल-दमन के अलावा राहत ने मुहम्मद अकरम ग़नीमत कुँजाही की मसनवी का अनुवाद 'निगारिस्ताने राहत' के नाम से किया था (1899 ई.)।[51] कुँजाही की मनसवी 'नैरंगे इश्क़' है।[52] मसनवी 'ज़ोहरा व बहराम' और मसनवी 'सोज़े आशिक़ाना' भी उनकी रचनाएँ हैं। ख़ुमख़ानए जावेद से रिवायत है कि राहत वाजिद अली शाह के ज़माने तक जीवित थे। ग़दर के बाद उनका स्वर्गवास हुआ।[53] राहत के स्वर्गवास का वर्ष ख़्वाजा इशरत लखनवी के अनुसार 1884 ई. है।[54] राहत ने मसनवी मधुमालती और मसनवी बोस्ताने राहत भी लिखीं।[55] मसनवी बोस्ताने राहत 1880 ई. में नवल किशोर से प्रकाशित हुई थी।[56]

मसनवी नल-दमन का उल्लेख श्प्रिंगर ने कुतुब ख़ाना शाहाने अवध की सूची में किया है और उसका नाम 'दस्ताने राहत अफ़ज़ा' बताया है।[57] हालाँकि शब्द 'दास्तान' नाम का हिस्सा नहीं। श्प्रिंगर ने रचनाकाल 1229 हि. लिखा है और यह भी सही नहीं है। मसनवी नल-दमन का रचनाकाल 1244 हि. है जैसा कि मसनवी में उल्लेखित तारीख से सिद्ध है :

हुई जब मसनवी तैयार यक्सर — बन्धा तारीख़ का दिल में तसव्वुर
मिरे हैं एक मुश्फ़िक़ काली प्रसाद — हुए इस मसनवी को सुनके जो शाद
इनायत कर उसी दम ग़ौर फ़रमा — कहा 'ये दास्ताँ है राहत अफ़ज़ा'

1244 हि.

उनकी मसनवी नल-दमन अपने ज़माने में ख़ासी लोकप्रिय रही है। नवल किशोर और दूसरे प्रकाशकों से अब तक इसके बीसियों संस्करण निकल चुके हैं। सम्पादक 'मसनवियात' ने लिखा है कि नल-दमन मुद्रित मजीदी और फ़ख़रुल मताबेअ लखनऊ की प्रतियों में इसे ताज बहादुर साकिन नौबस्ता की रचना बताया

गया है।[58] लेकिन यह सही नहीं। इस सन्दर्भ में सम्पादक 'मसनवियात' से ग़लती हुई है। उपरोक्त प्रकाशनों से छपी हुई नल–दमन का उल्लेख ये है :

'क़िता तारीख़े तबअ नल–दमन उर्दू तस्नीफ़ ताज बहादुर मुतख़ल्लुस ब ताज साकिन मुहल्ला नौबस्ता, शहर लखनऊ' :

तबअ शुद चूँ ईं किताबे दिल पसन्द	गश्त हर कस तालिब व जुयाए ऊ
ताज तारीख़ेश बजस्ता गुफ़्त दिल	'हस्त तोहफ़ा नल दमन उर्दू बगो'

1343 हि.

यहाँ 'तस्नीफ़' नल–दमन के लिए नहीं, बल्कि क़तअ तारीख़ के लिए आया है। इस क़तअ से उपर सम्पादक ने जो तारीख़ पद्यबद्ध किया है, उसमें शब्द राहत मौजूद है, जिससे ग़लतफ़हमी की सम्भावना नहीं। अब्दुल ग़फ़ूर नस्साख़ ने भी तज़्किरा सुख़ने शुअरा में स्पष्ट कर दिया है कि यह मसनवी भगवन्त राय राहत की लिखी हुई है।[59]

राहत की मसनवी की हस्तलिखित पांडुलिपि या फ़त्ताह और बिस्मिल्लाहिर रहमानिर रहीम से शुरू होती है। हम्द के बाद कुछ शे'र 'दर बयान तौसीफ़ मुमालिके हिन्दुस्तान व मदह राजा नल औरंग नशीन मुल्क उज्जैन में हैं', मुलाहिज़ा हों :

अजब नुज़हत फ़ज़ा हिन्दुस्तान है	कि हर शह्र उसका रंगीं बोस्तान है
ग़ज़ब हैं बुत वहाँ के शोख़ बेबाक	कि हैं ज़ाहिद का दिल लेने में चालाक
दिया है हुस्न ऐसा हक़ ने नमकीं	कफ़े पा को न पहुँचे लुअबते चीं
अगर इस जा गुज़र होवे परी का	करे इक़रार अपनी बे परी का
अजब वो मुल्क है रुए ज़मीं पर	नहीं कोई विलायत उसके हम सर
नमूना है मगर ख़ुल्दे बरीं का	कि है रुतबा बुलंद इस सर ज़मीं का
ज़ बस है हुस्न में वो मुल्क नामी	बजा है गर करे किनआं ग़ुलामी

मसनवी एक हज़ार छः सौ पचहत्तर (1675) शे'रों पर आधारित है जो आख़िरी के इस शे'र से स्पष्ट है :

गिनी मैंने जो बैतें कह के यकसर
हुईं गिनती में सोलह सौ पचहत्तर

राहत की मसनवी नक्हत की मसनवी से कहीं अधिक लोकप्रिय हुई और कई बार विभिन्न प्रकाशनों से प्रकाशित हुई। इसकी जितनी मुद्रित प्रतियाँ हमारी नज़र से गुज़री हैं, सब बिस्मिल्लाहिर रहमानिर रहीम से शुरू होती हैं। राहत ने क़िस्से को 34 अध्याय में विभाजित किया है और हर फ़सल (अध्याय) का शीर्षक फ़ारसी में स्थापित किया है। किताब के सम्पादन के कारण के सन्दर्भ में राहत के ये अशआर मुलाहिज़ा हों:

जो देखा आज कल हिन्दी[60] का चर्चा
हुआ दिल एक दिन मुश्ताक़ उसका
कि इश्क़े नल जो है आलम में मशहूर
करे हिन्दी ज़बाँ में इसका मज़्कूर
अगरचे .फ़ारसी में सब बयाँ है
मगर तूल उसकी हर इक दास्ताँ है
इशारा दिल से यूँ मैंने जो पाया
सुख़न का जल्द तर दरिया बहाया

क़िस्से के लिहाज़ से राहत और नक्हत की मसनवियाँ एक दूसरे के बहुत समान हैं। दोनों ने सिवा एक घटना के अस्ल क़िस्से में कोई परिवर्तन नहीं किया है। नल-दमयन्ती का मेलजोल बढ़ाने में हंस का जो हिस्सा है, उसे दोनों ने स्थापित रखा है। मूल क़िस्से में हंस अपनी जान बचाने के लिए नल को दमयन्ती के सौन्दर्य से आगाह करता है। यही हंस दमयन्ती के पास जाकर नल के गुणों का वर्णन करता है, लेकिन नक्हत और राहत के यहाँ नल की 'जुनून की उग्रता' का आरम्भ एक ख़्वाब से होता है।

नक्हत :

लेकिन मिरे दिल में वो सितमगर
ग़मज़ा का गया है मार ख़ंजर
काकुल के हूँ बस्ता दाम से मैं
आगाह नहीं हूँ नाम से मैं
थे जितने कि नल के महरमे राज़
सब करने लगे दरे सुख़न बाज़
इक इनमें से हमजलीस बोला
इस तरह दरे सुख़न को खोला
है इक वो परी दकन में यानी
नाज़ाँ है बना के जिसको सानेअ
बारीक कमर है नाज़ुक अन्दाम
उस रश्के चमन का है दमन नाम
माइल न हो सोमनात पर वो
ठोकर भी न मारे लात पर वो
जोड़ा है पस ग्लूगिरह बन्द
संदल में है आबनूसी पैवन्द
ग़ुंचा है अभी गुल जवानी
फूला नहीं बागे ज़िन्दगानी
पास आने नहीं दिया हया ने
दामन को नहीं छुआ सबा ने

राहत :

क़ज़ा ने आख़िरश डाला बला में
फंसाया यानी इक ज़ुल्फ़े दो ता में
कि इक शब ऐश में लेटा था नागाह
हुआ पैदा उसे ग़म ख़्वाह ना ख़्वाह
जब आधी रात का फिर वक़्त आया
यकायक ख़्वाब ने आकर सताया
अजब सूरत की उस दम नींद आयी
कि बेदारी में हर्गिज़ कल न पायी
मलाल ऐसा हुआ ख़ातिर में पैदा
कि उस दम से हुआ उल्फ़त का शैदा
न जाना किस परी का है ये अफ़सूँ
हुई जिससे मेरी हालत दिगर गूँ
नमक छिड़का है किसने ज़ख़्मे दिल पर
जो बेताबी ने आ जी में किया घर
उठे जब गर्म तर शोले जिगर से
ख़याल आया मुहब्बत के असर से
कहा ये सब हरारत इश्क़ की है
उसी ने बेक़रारी मुझको दी है

उसी ने दिल को सौदाई बनाया उसी ने शोर ख़ातिर में उठाया
हुई थी बस कि पैदा बेक़रारी इन्हीं बातों में काटी रात सारी

उधर दमयन्ती भी ख़्वाब ही में फ़ितनये इश्क़ का शिकार होती है और उसके बाद 'नामः व पयाम बदस्ते मुर्ग़' (मुर्ग़ के द्वारा संदेशों का आदान-प्रदान) आरम्भ होता है। वाक़ेया यह है कि नक्हत और राहत दोनों नल-दमयन्ती की इस परम्परिक कथा से प्रभावित थे, जिसमें ईरानी दास्तानों के अन्दाज़ पर ख़्वाब का अफ़साना कर दिया गया था। इश्क़ के आरम्भ के बाद नल और दमन में जो पत्र-व्यवहार होता है, राहत ने उसमें इश्क़िया जज़्बात की जी खोलकर प्रशंसा की है और उन्हें समस्त शाइराना ज़रूरियात से अदा किया है।

शादी के बाद दोनों हँसी-ख़ुशी रहने लगते हैं, लेकिन आख़िर वह दिन भी आ पहुँचता है, जिसके लिए ईर्ष्यालुओं की आँखें लगी हुई थीं। इस मक़ाम के बाद निर्वासन और विवशता की स्थिति राहत ने बड़े दर्दनाक और मार्मिक ढंग से बयान किया है। भाषा स्पष्ट, सादा और सलीस है और दर्द व विछोह की स्थिति ने इसमें हल्की-सी तेज़ी पैदा कर दी है, मुलाहिज़ा हो, नल के छोड़ जाने पर दमयन्ती की मार्मिक स्थिति :

न पाया यार को जिस वक़्त बाहम रही आईना सां हैरत में हमदम
कहा जी में कि ये क्या माजरा है कि उस गुल का नहीं बिल्कुल पता है
कहाँ जाऊँ किधर ढूँढूँ निशाँ अब ख़ुदा जाने गया है वो कहाँ अब
फिरी हर चन्द सहरा में बहुत सा न देखा अपने मजनूँ को किसी जा
हुई जब ढूँढ़ के हैराँ निहायत लगी करने तसव्वुर में शिकायत
कि क्या वहशत तिरे दिल में समाई जो की इकबारगी मुझसे जुदाई
गया जिस दम न क्यों मुजको ख़बर की फ़क़त आराम पर अपने नज़र की
तुझे वाजिब न था जाना दग़ा से ख़बर करना था कुछ राहे वफ़ा से
कहाँ की दुश्मनी मुझसे निकाली जो ख़ातिर मेह्र से बिल्कुल उठा दी
गया है तू सनम से हो के आज़ाद किया सब इश्क़ का नामूस बर्बाद

मुद्दतों के बाद विदर्भ में दोनों का सामना होता है। अजगर के डसने से नल की रंगत सियाह पड़ चुकी है और वह पहचाना नहीं जाता। दमन अनुमान से नल को जान चुकी है, लेकिन फिर भी प्रमाण के लिए उससे सवाल-जवाब करती है। नज़रों ही नज़रों में दिल का राज़ खुल जाता है और वर्षों के बिछुड़े हुए आपस में मिलते हैं :

दमन यकबारगी बू उसकी लेकर ख़ुशी से हो गयी बस ताज़ा व तर
कहा क्यों तन पे छायी है सियाही कहा ये है तपे ग़म की गवाही

कहा है मिस्ले ग़ुंचा किसलिए तंग	कहा है दिल की हैरानी से ये रंग
कहा किस कारवाँ के साथ आया	कहा रेगे रवाँ के साथ आया
कहा कुछ याद है सौदा का दीवाँ	कहा है बैते अब्रू का मुझे ध्याँ
कहा हमदम तिरा कोई नहीं है	कहा अब ग़म सिवा कोई नहीं है
हुए जब ख़ूब बातों में इशारे	दिलों के खुल गये मज़्मून सारे
मुहब्बत में हुए बातिन में यक्साँ	नये सर से किया फिर अह्दो पैमाँ
ख़ुशा वक़्ते व ख़ुर्रम रोज़गारे	कि यारे बरख़ुरदारज़ वस्ल यारे[61]

राहत ने सारा क़िस्सा चार भागों में बयान कर दिया है। अश्आर की संख्या 1675 है। उन्होंने कहीं भी पेच देकर कहानी को अनावश्यक फैलाने की कोशिश नहीं की। शब्दों का उचित चयन है। चित्रांकन स्पष्ट है और भावों के वर्णन के सन्तुलन को हाथ से जाने नहीं दिया। दिल की स्थिति को निष्कपट ढंग से सादगी के साथ अदा किया है। राहत की कल्पना में वह ज़ोर और भाषा में वह परिवपक्वता नहीं कि शे'र माया व चमत्कार मालूम होने लगे। लेकिन सादगी, सफ़ाई और तत्थ्यपरकता ने मसनवी में असर पैदा कर दिया है और कहानी की दिलचस्पी क़ायम रहती है। यही कारण है कि यह मसनवी अपने ज़माने में बहुत पसन्द की गयी और बीसवीं शताब्दी के पूर्वार्ध तक बार-बार छापी जाती रही।

मसनवी नल-दमन, काली प्रसाद

हमारा ख़याल है कि मसनवी नल-दमन द्वारा काली प्रसाद कोई वास्तविकता नहीं रखती। ब्लूम हार्ट से चूक हुई है और उसने भगवन्त राय राहत काकोरवी ही की मसनवी को ग़लती से काली प्रसाद से सम्बद्ध कर दिया है। वाक़ेया यह कि नल-दमन राहत बीसियों बार विभिन्न-प्रकाशनों से प्रकाशित हुई और प्रायः पांडुलिपियों में रचनाकार के नाम को स्पष्ट नहीं किया गया। अतः नल-दमन प्रकाशक मजीदी और फ़ख़रुलमताबेअ लखनऊ की प्रतियों में उसे ताज बहादुर निवासी नौबस्ता की रचना बताया गया, हालाँकि ताज बहादुर ने मात्र तारीख़ का क़तअ कहा था। इसी तरह 'काली प्रसाद' का नाम भी स्वयं रचयिता के तारीख़ के क़तअ में आया है। काली प्रसाद मसनवी दल-दमन के लेखक राहत काकोरवी के दोस्त थे और उन्होंने मसनवी को सुनकर 'ये दास्ताँ है राहत अफ़ज़ा' के शब्दों से उसकी तारीख़ निकाली। ब्लूम हार्ट इस क़तअ तारीख़ को पढ़कर इस ग़लतफ़हमी में मुब्तिला हो गये कि काली प्रसाद ही मसनवी नल-दमन के लेखक हैं।

यह क़तअ तारीख़ यूँ है :

हुई जब मसनवी तैयार यक्सर	बंधा तारीख़ का दिल में तसव्वुर
मिरे हैं एक मुश्फ़िक़ काली प्रसाद	हुए इस मसनवी को सुनके जो शाद

इनायत कर उसी दम ग़ौर फ़रमा   कहा 'ये दास्ताँ है राहत अफ़ज़ा'

1244 हि.

ब्लूम हार्ट ने ब्रिटिश म्युज़ियम की किताबों की सूची में इस मसनवी के तीन प्रकाशनों का उल्लेख किया है।[62]

1. लखनऊ 1869 ई. कुल पृ. 36 [(3) 50 B 14106]
2. कानपुर 1872 ई. कुल पृ. 36 [(9) 17. E 14119]
3. कानपुर 1879 ई. कुल पृ. 36 [(3) 19. C 14112]

हमें इस मसनवी की कोई प्रति प्राप्त न हो सकी। पुस्तकालय इंडिया ऑफ़िस लंदन में इस मसनवी के निम्न सात संस्करण उपलब्ध हैं : दिल्ली 1845 ई. लखनऊ 1868 ई., कानपुर 1869 ई., लखनऊ 1869 ई., कानपुर 1871 ई., मेरठ 1875 ई., लखनऊ 1876 ई.।[63] यहाँ भी ब्लूम हार्ट ने लखनऊ 1868 ई. वाले संस्करण को काली प्रसाद से सम्बद्ध किया है, जो ग़लत है।

दत्तासी का कथन है कि नल-दमन के मशहूर क़िस्से को अहमद अली ने और मीर अली बंगाली ने भी पद्यबद्ध किया था।[64] लेकिन हम इसको प्रमाणित नहीं कर सके। भारत के जिन पुस्तकालयों से हमने लाभ उठाया है, वहाँ इसकी कोई प्रति नहीं है। यूरोपी पुस्तकालयों की सूची में भी अहमद अली और मीर अली बंगाली की नल-दमन का कोई उल्लेख नहीं मिलता।

मसनवियात शकुन्तला

शकुन्तला भारत की अमर कहानी है। उसकी प्रसिद्धि और लोकप्रियता में कुछ अंश काली दास के जादू और चमत्कार का भी है, जिसने उसे समय व स्थान के बन्धनों से सदा के लिए मुक्त कर दिया। असल क़िस्सा महाभारत से लिया गया है और इसमें भारत के प्रथम राजा 'भरत' के जन्म के कथानक का उल्लेख है। इसी 'भरत' की रिआयत से हिन्दुस्तान का नाम 'भारत वर्ष' प्रसिद्ध हुआ।

क़िस्सा

दुष्यन्त, एक राजा, एक दिन शिकार खेलते-खेलते जंगलों में अपने साथियों से बिछड़ गया। कनु ऋषि की झोंपड़ी के पास उसकी निगाहें शकुन्तला से दो चार हुईं और पहली ही नज़र में वह इश्क़ का शिकार हो गया।

शकुन्तला कनु ऋषि की झोंपड़ी में रहती थी, लेकिन वह विश्वामित्र की बेटी थी और इन्द्रलोक की सबसे सुन्दर अप्सरा मेनका के गर्भ से थी। उसकी पैदाइश के बारे में किंवदन्ती है कि एक बार ऋषि विश्वामित्र ने घोर तपस्या शुरू की, यहाँ तक कि राजा इन्द्र को अपने सिंहासन के छिन जाने का ख़तरा लगा। विश्वामित्र के त्याग

व परहेज़गारी और तपस्या व उपासना को नाकाम बनाने के लिए इन्द्रलोक की सर्वसुन्दर अप्सरा मेनका को नियुक्त किया गया। यह उपाय सफल हुआ और विश्वामित्र व मेनका के मिलाप का परिणाम शकुन्तला थी, जिसे जन्म के बाद मेनका ने जंगलों में छोड़ दिया, यहाँ पक्षियाँ उसका पालन-पोषण करते रहे। यहाँ तक कि कनु ऋषि उसे अपने झोंपड़ी में उठा ले गये और पाल-पोष कर बड़ा किया।

शकुन्तला के विचित्र सौन्दर्य को देखकर दुष्यन्त का सब्र व क़रार जाता रहा। उसने शकुन्तला से गन्धर्व विवाह का प्रस्ताव रखा (जो दोनों पक्षों की आपसी रज़ामन्दी से बिना ब्राह्मणवादी संस्कारों और औपचारिकताओं के तुरन्त किया जा सकता है) शकुन्तला ने इस शर्त पर यह प्रस्ताव स्वीकार कर लिया कि शकुन्तला की ही सन्तान तख़्त-ताज की वारिस होगी। राजा वापस जाते हुए वादा कर गया कि वह शीघ्र ही शकुन्तला को महल में मान-सम्मान के साथ बुलाएगा।

शकुन्तला राजा की याद में दिन-रात खोई-खोई रहने लगी। एक दिन दुर्वासा ऋषि कनु से मिलने आये, लेकिन शकुन्तला को उनके आवभगत का तनिक ध्यान न रहा। इस अपमान पर दुर्वासा ने अभिशाप दिया कि ऐ लड़की! तेरा प्रेमी तुझे भूल जाये। बाद में कहने सुनने पर उन्होंने यह दिलासा दिया कि दुष्यन्त अँगूठी दिखाने पर शकुन्तला को पहचान लेगा।

शकुन्तला चूँकि माँ बनने वाली थी, महीनों दुष्यन्त की राह देखने के बाद आख़िर वह उससे मिलने के लिए स्वयं ही रवाना हो गयी। रास्ते में एक पवित्र स्थान पर उसने स्नान किया, लेकिन दुर्भाग्य से अंगूठी पानी में गिरकर खो गयी। शकुन्तला दरबार में उपस्थित हुई। दुष्यन्त ने उसे पहचानने से इनकार कर दिया। यहाँ से उसकी माँ मेनका उससे अपने आश्रम जंगल में ले गयी, जहाँ 'भरत' पैदा हुआ।

संयोग से वह अंगूठी एक मछुवारे को एक मछली के पेट से मिली, वह उसे राजा के पास ले गया और अँगूठी देखते ही दुष्यन्त को शकुन्तला की याद आयी। अतः शकुन्तला और उसका बेटा भरत महलों में बुलाये गये। यही भरत दुष्यन्त के बाद उसका उत्तराधिकारी हुआ, जिसकी सन्तान सदियों तक भारतवर्ष के शासक रहे। महाभारत में शासकों की उसी पीढ़ी के कारनामों का वर्णन किया गया है।[65]

शकुन्तला के इस क़िस्से को काली दास ने महाभारत से लेकर संस्कृत में ड्रामे के रूप में लिखा था। भारत और यूरोप में इसकी बड़ी प्रसिद्धि हुई और काली दास के अनगिनत अनुवाद आदि प्रकाशित हुए जो सामान्यरूप से मिल जाते हैं। उनमें गिलक्राइस्ट और विलियम के अनुवाद बहुत लोकप्रिय हुए।

कालीदास के शकुन्लता नाटक का सबसे पहला अंग्रेज़ी अनुवाद 1789 ई. में सर विलियम जोंस ने किया।[66] दो वर्ष बाद 1791 ई. में इसे प्रोफ़ेसर जी फोरेस्टर ने जर्मन

भाषा में रूपान्तरित किया।[67] A. L. Chege का फ्रांसीसी अनुवाद 1831 ई. में प्रकाशित हुआ।[68] इसका संस्कृत पाठ Ott Boehtlingk ने जर्मनी में सम्पादित किया जो 1842 ई. में प्रकाशित हुआ।[69] शकुन्तला का सर्वाधिक प्रमाणिक पाठ बर्लिन यूनिवर्सिटी के प्रोफ़ेसर Richard Pischel ने हारर्वड ओरियन्टल सीरीज के लिए 1877 ई. में सम्पादित किया।[70] उन्नीसवीं शताब्दी में विलियम मोनियर का अनुवाद यूरोप में बहुत लोकप्रिय हुआ और उसका छठवाँ संस्करण 1890 ई. में लंदन से प्रकाशित हुआ।[71] Edgren का अंग्रेज़ी अनुवाद-न्यूयार्क से 1894 ई. प्रकाशित हुआ।[72] शकुन्तला का सर्वश्रेष्ठ अंग्रेज़ी अनुवाद प्रसिद्ध अमेरिकन आलोचक डॉ. राइडर का समझा जाता है।[73] शकुन्तला के अनुवादों के सन्दर्भ में Burkard[74] और Cappeller[75], Shengler[76] और Wilson[77] के नाम भी उल्लेखनीय हैं। नार्वे के एक भारतीय भाषाविद् Dr. Sten konow ने यूरोपी भाषाओं में शकुन्तला के अनुवादों की संख्या गिनवायी है। उनका कथन है कि मात्र जर्मन भाषा में शकुन्तला का तीस बार अनुवाद हो चुका है। इसी प्रकार फ्रांसीसी, डच, लातीनी, पोलिश, स्वीडिश, हिस्पानवी और हंगेरियन स्कालरों ने भी अपनी-अपनी भाषाओं को शकुन्तला के अनुवाद से समृद्ध किया है। रूसी भाषा में इसके कुछ अंशों का अनुवाद प्रसिद्ध इतिहासकार N. Karamzin ने 1792 ई. में किया था, लेकिन इसका सम्पूर्ण अनुवाद Alexei Pttyaua का कृतज्ञ हैं, जो 1879 ई. में समाप्त हुआ।[78]

प्रसिद्ध जर्मन कवि गोयटे, इस कृति के प्रशंसकों में से था। उसने प्रोफ़ेसर फोर्सटर के जर्मन अनुवाद से इसका अध्ययन किया है, जिसे वह 'अपने जीवन का महानतम अनुभव' कहा करता था। शकुन्तला की प्रशंसा में उसने निम्न विचारों को प्रगट किया है :

> Would'st thou the young year's blossom and
> the fruits of its decline,
> And all by Which the soul is charmed,
> enraptured, feasted fed,
> Would'st thou the Earth and Heaven itself in
> one sole name combine?
> I name thee, O Shakuntla! and all at
> Once said."[79]

शकुन्तला के क़िस्से को नेपाली में हरिहर आचार्य दिक्षित ने महाभारत के आदि पर्व से अनुवाद किया। यह पुस्तक बम्बई से 1908 में प्रकाशित हुई।[80]

ब्रजभाषा में काली दास की शकुन्तला को सबसे पहले नवाज कबीशर ने अनुवाद किया। इसके रचनाकाल के बारे में मतभेद है। ग्रेयर्सन 'मार्डन वर्नाक्युलर लिट्रेचर ऑफ हिन्दुस्तान' में लिखता है कि नवाज़ दोआब क्षेत्र का ब्राह्मण था।

उसने 1650 ई. में राजा छत्रसाल बुन्देले के दरबार में आज़म शाह के कहने पर शकुन्तला का अनुवाद किया। इसके विपरीत काज़िम अली जवाँ, शकुन्तला नाटक के हिन्दुस्तानी अनुवाद (1801 ई.) के प्रस्तावना में लिखता है कि नवाज कबीशर ने ब्रजभाषा में शकुन्तला का अनुवाद फ़र्रुख़ सेर के काल (1713 ई.-19) में एक अमीर मौला ख़ाँ पुत्र फ़िदा ख़ाँ के अनुरोध पर किया।[81]

फ़ारसी पांडुलिपियाँ

1. शकुन्तला या ख़ातम मफ़क़ूद (फ़ारसी रूपक) डॉ. हादी हसन, दिल्ली 1956 ई. पृष्ठों की संख्या 44।[82]
2. शकुन्तला अंगुश्तर गुमशुदा — अनुवाद सगद्य व सपद्य द्वारा अली असग़र हिकमत, दिल्ली।[83]

उर्दू की गद्यात्मक पांडुलिपियाँ

1. शकुन्तला द्वारा काज़िम अली जवाँ और लल्लू लाल। रचना काल 1801 ई. प्रकाशन वर्ष 1802 ई. (गद्य अनुवाद द्वारा नवाज) फ़ोर्ट विलियम कॉलेज कलकत्ता (ब्लूम हार्ट, ब्रिटिश लाइब्रेरी, फ़ोलियो 164 तथा परिशिष्ट, फ़ोलियो 206, क़लमी नं. 91)

   शकुन्तला (उर्दू) द्वारा काज़िम अली जवाँ। इसे J.B. Gilchrist ने रोमन लिपि में उपशीर्षक के साथ प्रकाशित किया। कलकत्ता 1826 ई. कुल पृष्ठ 104+16[84] तीसरा संस्करण बहमन जी दोसा जी बम्बई के सौजन्य से, 1848 ई.[85] चौथा संस्करण लखनऊ, 1875 ई., कुल पृष्ठ 31[86]
2. फ़रामोशे याद द्वारा ग़ुलाम अहमद इब्न ग़ुलाम हैदर इज़्ज़त (श्प्रिंगर पृ. 598) फ़रामोशे याद उर्दू मसनवी है, जिसमें राजा दुष्यन्त और शकुन्तला का क़िस्सा पद्यबद्ध किया गया है। इसकी एक प्रति का उल्लेख श्प्रिंगर ने किया है, जो कलकत्ता से 1849 ई. में प्रकाशित हुई थी। पृष्ठों की संख्या : 153, आरम्भः हज़ारों शुक्र है उस बेनिशां का।

   श्प्रिंगर के कथन से यह भी प्रतीत होता है कि कैटलाग के सम्पादन के समय अर्थात् 1853 ई. में इस मसनवी का लेखक ग़ुलाम अहमद, अहमद कलकत्ता में जीवित था।[87]
3. शकुन्तला द्वारा अख़तर हुसैन रायपुरी (संस्कृत) 1943 ई. दूसरा संस्करण।
4. शकुन्तला द्वारा बेगम क़ुदसिया ज़ैदी (ड्रामा) 1957 ई.
5. शकुन्तला (उर्दू गद्य) द्वारा जवाहर लाल, आगरा 1873 ई. कुल पृ. 300[88]
6. शकुन्तला (उर्दू गद्य) द्वारा हाफ़िज़ मुहम्मद अब्दुल्लाह, आगरा 1887 ई. पृ. 88[89] दूसरा संस्करण, आगरा, 1890।[90]

7. शकुन्तला (उर्दू उपन्यास) लेखक अज्ञात, अबुलअलाई स्टीम प्रेस, आगरा, कुल पृ. 70
8. शकुन्तला (उर्दू ड्रामा) द्वारा अक्सीर सियालकोटी, लाहौर, 1915 ई.[91]
9. शकुन्तला नाटक (उर्दू) नौशेरवाँ जी मेहरबान जी आराम[92]
10. शकुन्तला नाटक उर्दू द्वारा पं. नारायण प्रसाद बेताब बनारसी[93]
11. शकुन्तला (उर्दू ड्रामा) द्वारा मुहम्मद इब्राहीम महशर अंबालवी[94]

उर्दू की पद्यगत पांडुलिपियाँ

1. मसनवी रश्के गुलज़ार द्वारा मौलवी सैयद मोहम्मद तक़ी। यह पुस्तक नवल किशोर प्रेस से प्रकाशित हुई थी। अब अप्राप्य है।
2. मसनवी ग़ाज़ए तअश्शुक़ द्वारा इनायत सिंह (अधीन जनाब मसऊद हसन रिज़वी) 'मसनवी ग़ाज़ए तअश्शुक़' शकुन्तला नाम से परिचित, लेखक कुँवर इनायत सिंह रईस लखनऊ ताल्लुक़दार बरेली, मुद्रक क़ैसरी, बरेली, रचनावर्ष 1300 हि. (1833 ई.)

आरम्भिक अशआर :

बारी का है नाम लब पे हर बार — जिससे ये क़लम हुआ गुहरबार
है मालिके मुल्क बुदो नाबूद — है ज़ुमला जहानियों का माबूद
तक़रीर ज़बाँ ने उससे पायी — तहरीर क़लम के हाथ आयी
हिस्से में बुतों के हुस्न आया — रंगीं तब्ओं ने इश्क़ पाया
दरिया ने सदफ़, सदफ़ ने गौहर — पायी गुहर ने आब यक्सर

....

है ये गुल ताज़ए तअश्शुक़ — नाम इसका है 'ग़ाज़ए तअश्शुक़'
तारीख़ भी नाम से है पैदा — साल इसमें है ईसवी हवैदा

....

विश्वामित्र एक थे जो दरवेश — मरताज़, ख़ुदाशनास, हक़ केश
जंगल में वो गोशा गीर रहते — दाइम तकलीफ़ व रंज सहते
सर्दी से जब उनको पाला पड़ता — सर दाबे में होते जलवा अफ़ज़ा
लहर आ जाती मिज़ाज में जब — करते दरिया में ताअते रब
गर्मी में जला के आग जावेद — बैठे रहते थे पेशे ख़ुर्शीद
थे पारए बर्फ़ उनको अख़गर — जलता उस ग़म से था समन्दर
कुछ फ़िक्र न थी यहाँ वहाँ की — छोड़ीं सब नेमतें जहाँ की
जंगल में जो बर्गोबार पाते — रज़्ज़ाक़ का शुक्र करके खाते

आख़िरी अशआर :

ख़ालिक़ ! मिले जिस तरह ये महजूर	सब अपनी मुराद से हों मसरूर
सब पायें जहाँ में नेमतें चार	मय, चंग, शबाब वस्ले दिलदार
फुक़्रर्त का न पाये कोई आज़ार	छूटे न कभी किसी का दिलदार
कर सबकी इसी तरह हिमायत	दाइम हो बशाशत इनायत

पृष्ठों की संख्या = 1+93+8=102

अश्आर की संख्या लगभग =1500[95]

इनायत सिंह की उपरोक्त मसनवी 1884 ई. में 101 पृष्ठों पर बरेली ही से प्रकाशित हुई।[96]

5. शकुन्तला पद्यबद्ध द्वारा जगेश्वर नाथ, बेताब बरेलवी। इन्होंने काली दास से सीधा उर्दू कविता में स्वतन्त्र अनुवाद किया है।[97]
6. साग़र निज़ामी ने शकुन्तला के क़िस्से का सम्पूर्ण अनुवाद रेडियो ड्रामा के रूप में स्वतन्त्र पद्यबद्ध किया है।[98]
7. मसनवी नैरंगे सहर–इक़बाल वर्मा सहर हत्गामी(1910 ई.–16) ज़माना प्रेस, कानपुर, कुल पृष्ठ 84
8. शकुन्तला पद्यबद्ध द्वारा मुहम्मद फ़ारूक़, वहशत बरेलवी, (1950–51) कुल पृष्ठ 64

मसनवी नैरंगे सहर

इक़बाल वर्मा सहर हत्गामी की इस मसनवी के पहले दो अध्याय 1911 ई. में पत्रिका अदीब इलाहाबाद में प्रकाशित हुए थे। उसके बाद मार्च 1916 ई. में यह ज़माना प्रेस कानपुर से सम्पूर्ण प्रकाशित हुई।

सहर ने यह क़िस्सा काली दास की शकुन्तला से लिया है। यह मसनवी विश्वामित्र की साधना और शकुन्तला के जन्म से शुरू होती है। पारम्परिक क़िस्सों में दुष्यन्त और शकुन्तला की पहली मुलाक़ात का उल्लेख विभिन्न ढंग से हुआ है। इक़बाल वर्मा सहर ने भी इस सिलसिले में नक़्क़ाशी की है। स्वयं उनका कथन है :

'यह नज़्म क़रीब क़रीब बिल्कुल मेरी मूल रचना है। असली ड्रामा संस्कृत शकुन्तला काली दास का अनुसरण केवल इस हद तक किया गया है कि जहाँ तक मात्र विशेष घटनाओं से सम्बन्ध है। और क़िस्से का क्रम स्थापित रखने के लिए मुझे कुछ अध्यायों का स्वयं इज़ाफ़ा भी करना पड़ा है।'

शकुन्तला अपनी सहेलियों सहित बाग़ में शोभामान है। एक भँवरे को शकुन्तला के चेहरे पर कमल का धोखा होता है :

उड़कर नागाह एक भँवरा — चेहरे पे शकुन्तला के पहुँचा
भागी वो उधर से हट गयी फिर — झिझकी, ठिठकी सिमट गयी फिर
हाथों को पटक-पटक उड़ाया — आंचल को झटक-झटक उड़ाया
आख़िर चिल्लाई डर के मजबूर — सखियो दौड़ो इसे करो दूर
फिर हाय वो देखो आ रहा है — नाहक़ ये मुझे सता रहा है

सखियाँ मज़ाक़ में कहती हैं, कि पीड़ित की पीड़ा दूर करने वाला तो राजा दुष्यन्त है वही तेरी फ़रियाद सुन सकता है। यह सुनते ही दुष्यन्त को जो क़रीब ही से यह सब देख रहा था, शकुन्तला के सामने आने का बहाना मिल गया :

पहुँचा वहीं जो थी जाये उम्मीद — वारिद हुआ सुम्बुला में ख़ुर्शीद
पूछा 'ऐ महोशां ख़ुशरु! — क्यों शोर है, कौन है जफ़ा जू?
'क़ातेअ हुआ कौन आश्ती का? — दावा हुआ किसको सरकशी का?'

क़िस्से के निष्कर्ष में भी बाद में कई नक़्क़ाशी की गयी है। सहर के यहाँ क़िस्सा मूल रूप में नहीं मिलता। उनकी मसनवी गुलज़ारे नसीम के छन्द में लिखी गयी है। भाषा में कृत्रिमता की झलक स्पष्ट है। अर्थ कहीं अस्पष्ट नहीं, लेकिन अश्आर में प्रफुल्लता और विशेषता कम है :

वो मह्‌वे नज़्ज़ारए परी रू — यानी दुष्यन्त शाह ख़ुश ख़ू
देखी जो वो शाने हुस्ने दिल सोज़ — उल्फ़त हुई दिल में आतिश अफ़रोज़
मफ़्तूने शकुन्तला हुआ वो — दिलदादए दिलरुबा हुआ वो
आँखों से नज़र ने दिल उड़ाया — ख़ुश चश्म के बर में जा छुपा

सहर ने मसनवी को नौ अध्यायों में विभाजित किया है। हर अध्याय रूबाई से शुरू होता है। कहीं-कहीं ग़ज़ल भी आ गयी है। अन्त के अश्आर ये हैं :

बारे जो हुई मुराद हासिल — अलमास रहा गुहर से वासिल
कटते थे हँसी-ख़ुशी से औक़ात — दिन ईद तो शबबरात थी रात
सामाने तरब जो थे फ़राहम — सब रहने लगे ख़ुशी से बाहम
था शाहे भरत वो तिफ़ले खुशकाम — मशहूर है जिसका आज तक नाम[99]

मुहम्मद फ़ारूक़ वह्‌शत बरेलवी ने महाभारत को उर्दू नज़्म में लिखने का इरादा किया था। शकुन्तला नज़्म इस शृंखला की पहली कड़ी है। आरम्भ में बजाय हम्द के 'हज़रत कृष्ण से इल्तिजा' (निवेदन) के शीर्षक से एक नज़्म मिलती है। वह्‌शत ने क़िस्से की घटना अंग्रेज़ी अनुवादों से लिये हैं। मसनवी विधा से हटकर

उन्होंने मुसद्दस (एक प्रकार की छः चरणों वाली कविता) का ढंग अपनाया, जो कामयाब नज़र नहीं आता। हिन्दू धार्मिक नामों और शब्दावलियों को उचित रखा है और कहीं अस्थानीय वातावरण पैदा नहीं होने दिया। लेकिन नज़्म आरम्भिक प्रयत्न का परिणाम मालूम होती है और शाइराना एतबार से पस्त है।[100]

मसनवी सत्यवान-सावित्री

सत्यवान और सावित्री का क़िस्सा भी महाभारत से लिया गया है। ऋषि मारकंडे ने यह क़िस्सा राजा युधिष्ठिर को गृहस्थ नारी के गुणों के वर्णन में सुनाया था।[101] कहानी का कथानक साधारण है, लेकिन सावित्री के पात्र में जो असाधारण दृढ़ता, मज़बूती और साहस है इसके आधार पर यह बहुत लोकप्रिय रही है। हिन्दुओं में हर साल 'बरामावस' त्योहार पर औरतें इस क़िस्से को सुनती सुनाती हैं। इसका उद्देश्य औरतों को चरित्रता और कर्तव्य पालन के गुण सिखाना है।

सत्यवान-सावित्री का क़िस्सा देवी भागवत पर उनके स्कन्ध 9 (26-38) में भी मिलता है। इसका हिन्दी अनुवाद ज्वाला प्रसाद मिश्र ने बम्बई से 1902 ई. में 'सावित्री उपाख्यान' नाम से प्रकाशित किया।[102]

यूरोप में मूल कहानी Kellner ने लिपिज़्ग की भूमिका के साथ 1888 ई. में प्रकाशित किया।[103] सत्यवान-सावित्री के इसी क़िस्से को मुहम्मद अबदुल अज़ीज़ फ़ाइक़ और मुहम्मद इब्राहीम महशर अम्बालवी ने उर्दू में ड्रामे के रूप में लिखा।[104]

जहाँ तक हमें मालूम हुआ है उर्दू में इस क़िस्से को सिवा जिगर बरेलवी के किसी और ने पद्यबद्ध नहीं किया। जिगर बरेलवी की मसनवी का नाम 'पयामे सावित्री' है। (रचना वर्ष 1930 ई. प्रकाशन वर्ष 1954 ई.) जिगर ने अपनी मसनवी में असल क़िस्से से कोई विद्रोह नहीं किया।

मसनवी का विषय प्रेम की मृत्यु पर विजय है। सावित्री[105] का पात्र मसनवी की जान है। सावित्री मदर देस के राजा अश्वपत की इकलौती बेटी थी। सुन्दरता की दौलत से मालामाल और व्यवहार व गुणों में अनुमप थी। जब जवान हुई तो हुस्ने नज़र सोज़ का यह आलम था :

तिफ़्ली थी शबाब के असर मे — मिलती थी चाँदनी सहर में
चेहरा कि कंवल खिला हुआ था — या फूल कोई गुलाब का था
बूटा सा वो क़द बदन सुनहरा — कुन्दन सा दमक रहा था चेहरा
वो आँख का हुस्न रूह परवर — भंवरा सा कंवल की पंखुड़ी पर
वो बारे हया कि झुक गयी आँख — नर्गिस की थी नीम वा कली आँख
थे लाल लब इस तरह नुमायाँ — गुलनार की जैसे सुर्ख़ कलियाँ

था जाने वफ़ा हया का अन्दाज़ था जिस्म लतीफ़ सूरते राज़
जब ग़ुंचए लब को खोलती थी हर बात में क़न्द घोलती थी
रफ़्तारे नसीम को भी शर्माए इक मौजे शराब उठके रह जाये

बढ़ती उम्र को देखकर माँ-बाप को शादी की चिंता हुई। 'वर' की तलाश में हर ओर भाट व ब्राह्मण भेजे गये। सावित्री के सौन्दर्य की चर्चा सर्वत्र थी, लेकिन उसके सौन्दर्य व तेज को वश में करने का सामर्थ्य किसी में न था। ईश्वरीय आदेश यही था, अत:

बढ़ता जो चला सिने जवानी ग़मगीं हुए राजा और रानी
आख़िर ब हज़ार रंज व सद सोज़ बेटी से कहा पिदर ने इक रोज़
बूढ़ा हूँ, ज़ईफ़ हो गया हूँ मेहमान मैं सुब्हो शाम का हूँ
ग़म है तिरे हाथ पीले हो जायें पीरी की मेरी दुआएँ फल लायें
किस तरह कहूँ कि तू सफ़र कर ये बार उठाये अपने सर पर
मुमकिन है कि तीर्थों में जाकर पलटे तू मिरी मुराद पाकर

बाप के आदेश का पालन आवश्यक था। सहेलियों को साथ लिए रथ में सवार सावित्री सैर के पर्दे में वर के चयन के लिए घर से निकली :

गुज़रे कुछ रोज़ जब सफ़र में वीरानों में कोह व दश्तो दर में
इक शाम मुबारक ऐसी आयी पैग़ाम ख़ुशी का साथ लायी

और सावित्री की नज़र सत्यवान पर पड़ी :

बूटों में वो सरो क़द खड़ा था फूलों में गुलाब सा खिला था
यूँ जलवानुमा था रश्के नाहीद दामाने शफ़क़ में जैसे ख़ुर्शीद
पैकर में शबाब बस रहा था ग़ुँचा खिल-खिल के हँस रहा था

और फिर :

हैरत से नज़र उधर उठायी वो शम्मे जमाल कुछ लजायी
दो चार हुईं निगाहें उनकी नहरें मिलीं शहद व शीर की सी
बिछड़ी हुई रूहें थीं मक़ाबिल मिलते ही निगाहें मिल गये दिल

सत्यवान शालूह के राजा दमित सेन का बेटा था। नेत्र विकार के कारण दमित सेन का साम्राज्य जाता रहा था और अब वह जंगल में तपस्या में व्यस्त था। सावित्री जब घर लौटी तो सारी व्यथा माँ-बाप से कही। संयोग से वहाँ ऋषि नारद भी मौजूद थे। उन्होंने सावित्री के चयन पर दु:ख प्रगट किया और कहा :

इक साल के बाद आज के दिन
मर जायेगा सत्यवान कमसिन

भाग्य के सामने किसका चला है। पिता ने सावित्री को फिर से चयन करने के लिए कहा। यह प्रेम के नियम के विरुद्ध था। सावित्री बोल उठी :

वो ज़र हो कि क़ौल हो कि दुख़्तर वापस लेता है कोई देकर
देखा जब उन्हें समझ के शौहर रिश्ता मिरा हो चुका मुक़र्रर
रिश्ता है ये मेरी जान के साथ मैं बिक चुकी सत्यवान के हाथ
व्याहूँगी किसी को तो उन्हीं को उम्र उनकी ज़्यादा हो कि कम हो

अन्ततः विवाह हो गया। जंगल में सत्यवान के पास आकर सावित्री ने शाही लिबास उतार फेंका और राजकुमारी या दुल्हन की कोई शान बाक़ी न रहने दी। उपर से देखने पर वह हँसती बोलती, किन्तु पति के मृत्यु की भविष्यवाणी दिल में तीर की तरह गड़ी थी। आख़िरकार वह मन्हूस दिन भी आ पहुँचा जब सत्यवान के भाग्य में मरना लिखा था। प्रेम की अग्नि में जल-जलकर सावित्री कुन्दन बन चुकी थी। आत्मा की पवित्रता के लिए वह कई दिन से व्रत रख रही थी, चेहरा पीला था और शरीर नीरीह। सत्यवान ईंधन लाने के लिए घर से निकलता है, सावित्री रोक तो नहीं सकती, स्वयं भी साथ चल पड़ती है। झुट-पुटे का समय है और बहार के दिन। दूर-दूर तक उषा अपना सोना लुटा रही है। सत्यवान मुहब्बत के बोल बोलता है। सावित्री के दिल में दुःख और होंठों पर मुस्कराहट है। अठखेल करते-करते दोनों एक स्थान पर रुक जाते हैं। सत्यवान पेड़ पर चढ़ जाता है और लकड़ियाँ काटने लगता है। अचानक उसे सिर में दर्द होता है, लड़खड़ाता है और पेड़ से नीचे आ गिरता है। सावित्री की परीक्षा की घड़ी है। वह संभलती है, और पति के सिर को घुटनों पर रखकर दबाने लगती है। रात का अँधेरा बढ़ता है। भयानक जंगल और दरिन्दों की आवाज़ें दिल दहलाये देती हैं। लेकिन सावित्री दिल को कठोर किये, आँखों में विश्वास का प्रकाश जलाये, वहाँ जमी हुई है। मौत का दूत सत्यवान के प्राण निकालने के लिए आता है, सत्यवान के प्राण निकालता है और चल देता है। सावित्री छाया की तरह उसका पीछा करती है। यमराज उसे टोकता है और कहता है : 'पति के अधिकार तुमने पूरे कर दिये, मिट्टी से दिल मत लगा, वापस लौट जा।' लेकिन सावित्री जवाब देती है :

ज़न पर जो हुक़ूक़े शौहरी हैं वो क़ैदे ज़माना से बरी हैं
जिस इश्क़ के रंग में वफ़ा है उस इश्क़ का मुद्दआ ख़ुदा है
चमकाऊँगी मैं मुक़द्दर अपना पाऊँगी ज़रूर शौहर अपना
बेवा होकर न जाऊँगी मैं दुनिया को न मुँह दिखाऊँगी मैं

इस आग्रह को टालने के लिए यमराज सावित्री को पति के जीवन के अलावा कोई वर माँगने को कहता है। सावित्री श्वसुर की आँखें माँगती है, लेकिन पीछा करने से फिर भी नहीं रुकती। इस पर एक के बाद दूसरा यमदूत उसकी तीन और इच्छाएँ पूरी करता है जिनमें एक यह है : 'सावित्री सौ बेटों की माँ बनेगी।' इस पर भी सावित्री यमराज का पीछा करने से नहीं रुकती तो वह झल्ला उठता है। सावित्री नारी की सचरित्रता, सद्व्यवहार के गुणों का वर्णन करती है और कहती है की जब तक सत्यवान जीवित नहीं होता मैं सौ बेटों की माँ कैसे बन सकती हूँ। यमदूत वचन हार चुका है, बेबस है और सत्यवान के प्राण वापस करता है। इस तरह सावित्री की प्रेम भावना ने मृत्यु पर विजय प्राप्त की और सद्कर्म से अपनी, अपने पति की और अपने श्वसुर के भाग्यों को भी बदल दिया।

पूरा क़िस्सा जिगर बरेलवी ने क्रमबद्ध, योजनाबद्ध, सुगमता और सफ़ाई से पद्यबद्ध किया है। प्रवाह पूर्ण, खिला हुआ और स्पष्ट व प्रचलित शे'रों पर कहीं-कहीं जादू व चमत्कार का धोखा होने लगता है। सावित्री का पात्र क़िस्से की जान है, जिससे कर्तव्यपालन व सचरित्रता के श्रेष्ठ गुणों का संदेश मिलता है।

सन्दर्भ

1. महाभारत, भंडारकर रिसर्च इन्स्टिट्यूट, पुणे, 1942, दान पर्व नल उपाख्यान पर्व
2. जॉन ब्रो, चेम्बर्स खंड 9, पृ. 653
3. अमरिकाना खंड 19, पृ. 685
4. बम्बई नम्बर 13, पृ. 278
5. ओरियन्टल कालेज मैग्ज़ीन विशेषांक नवम्बर 1941, पृ. 20
6. तदैव, अगस्त 1942, पृ. 4
7. हिस्ट्री ऑफ़ संस्कृत लिट्रेचर ए. ए. मॅकडानॅल्ड, पृ. 445
8. एशियाटिक 696 (एन. ए. 106) तथा कर्ज़न 257 (III 18) रियु. ब्रिटिश पृ. 671, श्प्रिंगर पृ. 402, बम्बई पृ. 278
9. शेरुलअजम खंड 3, पृ. 55
10. अकबरनामा खंड 3, पृ. 661
11. शेरुलअजम खंड 3, पृ. 56
12. अकबरनामा, खंड 3, पृ. 662
13. मुन्तख़िबुत्तवारीख़ खंड 2, पृ. 396 फ़ैज़ी के हालत आदि के लिए और देखें मासरुलउमरा खंड 2, पृ. 582 बेल पृ. 84
14. इंसाइक्लोपीडिया ऑफ़ इस्लाम खंड 2, पृ. 44
15. बोहार, पृ. 274
16. ब्लूम हार्ट, ब्रिटिश, 97
17. तारीख़ अदबियाते हिन्दी व हिन्दुस्तानी खंड 2, पृ. 522-524 बहवाला मआसिर 11
18. इंडिया मतबूआत पृ. 98
19. -वही-, पृ. 98

20. इंडिया मतबूआत पृ. 100, तथा उर्दू ड्रामा, इशरत रहमानी पृ. 223
21. कुतुबख़ाना रिज़ाइया रामपुर, निशान 582
22. लिटन लाइब्रेरी, अलीगढ़, निशान 55
23. 'हिन्दुस्तानी मुसन्नीफ़ीन और उनकी तसानीफ़' मशमूला ख़ुतबात गारसां दत्तासी पृ. 155, खुतबा सोम में दत्तासी ने बहारे इश्क़ को नूर अली से सम्बद्ध किया है, पृ. 23
24. ओरियन्टल कॉलेज मैग्ज़ीन, परिशिष्ट नवम्बर 1941, पृ. 21
25. 'हिन्दुस्तानी मुसन्नीफ़ीन और उनकी तसानीफ़' मशमूला ख़ुतबात गारसां दत्तासी, पृ. 155
26. ब्लूम हार्ट, कुतुब ब्रिटिश, पृ. 153
27. ख़ुमख़ाना अव्वल, पृ. 375
28. देखें, 'मजमूअए नग्ज़' 1, पृ. 67, तबक़ाते शोअराए हिन्द 282, वक़ाए आलमशाही 19 और 200
29. लेखक के नाम पत्र
30. इंडिया मतबुआत, पृ. 154
31. यादगारे शोअरा, पृ. 20
32. ओरिएन्टल कॉलेज मैग्ज़ीन (परिशिष्ट) नवम्बर 1941 ई.
33. यादगारे शोअरा, पृ. 20
34. ओरियन्टल कॉलेज मैग्ज़ीन (परिशिष्ट) नवम्बर 1941 पृ. 20-36, फरवरी 1942 पृ. 37-52, मई 1942 पृ. 53-68, अगस्त 1942, पृ. 69-84, नवम्बर 1942, पृ. 85-98
35. देखें, ओरियन्टल कॉलेज मैग्ज़ीन अंक अगस्त 1942, पृ. 3-43
36. -वही-, पृ. 11
37. सांप
38. बगुलों की क़तार
39. एक छोटी चिड़िया जो जाड़ों में दिखायी देती है
40. तलवार
41. घोड़ा
42. रौशन
43. पिंडली
44. परी चेहरा दमन पर्दे से बाहर आयी, जैसे सारी महफ़िल पर बिजली कौन्ध गयी।
45. ओरियन्टल कॉलेज मैग्ज़ीन, सन्दर्भ
46. मसनवी नक्हत क़लमी सन्दर्भ
47. तज्किरा आसारुल शुअराए हुनूद, बशाश, पृ. 63
48. -वही-
49. मक्तूब बनाम मुअल्लिफ़ (लेखक के नाम लिखा पत्र)
50. दीवान अमानत, पृ. 34
51. ब्लूमहार्ट, ब्रिटिश परिशिष्ट, पृ. 301
52. शिप्रंगर, पृ. 410, नं. 231
53. ख़ुमख़ानए जावेद खंड 3, पृ. 31
54. हिन्दू शुअरा, पृ. 61
55. -वही-
56. लेखक के नाम डॉ. मुख़्तारुद्दीन आरज़ू का पत्र
57. शिप्रंगर, पृ. 643

58. मसनवियात, पृ. 41
59. सुख़न शुअरा, पृ. 175
60. यहाँ हिन्दी से तात्पर्य उर्दू भाषा है।
61. मसनवी नल दमयन्ती हस्तलिखित
62. ब्लूम हार्ट, कुतुब ब्रिटिश, फ़ोलियो 153
63. इंडिया मतबूआत, पृ. 159
64. ख़ुतबात, पृ. 23
65. महाभारत सन्दर्भ 1, 71
66. हिस्ट्री ऑफ द संस्कृत लिट्रेचर, ए.ए. मैक्डानल्ड, पृ. 3
67. -वही-
68. मुक़द्दमा शकुन्तला, फ़ारसी, अली असग़र हिकमत
69. शकुन्तला, बर्लिन 1842 ई.
70. शकुन्तला, हारवर्ड ओरियन्टल सीरीज़ न. 16.
71. इंसाइक्लोपीडिया अमरीकाना
72. -वही-
73. इंडियन, पी. ई. एन. जनवरी 1960 ई., पृ. 8
74. -वही-
75. इंडियन, पी. ई. एन. जनवरी 1960 ई., पृ. 8
76. मुक़द्दमा शकुन्तला, फ़ारसी अली असग़र हिकमत
77. -वही-
78. इंडियन, पी. ई. एन. जनवरी 1960 ई., पृ. 9
79. डॉ. महाजनी भूमिका (अंग्रेज़ी) 'शकुन्तला' फ़ारसी अली असग़र हिकमत
80. हिन्दी, पृ. 175
81. ब्लूम हार्ट, पृ. 53, नवम्बर 91
82. और देखें 'मजमुआ मक़ालात अज़ डॉ. हादी हसन 'दिल्ली 1956 ई. पृ. 1-32
83. यह अनुवाद दिल्ली विश्वविद्यालय से 1957 में प्रकाशित हुआ
84. इंडिया मतबूआत, पृ. 99
85. उर्दू ड्रामा, इशरत रहमानी, पृ. 114
86. इंडिया मतबूआत, पृ. 99
87. शिप्रंगर, पृ. 598 नवम्बर 585
88. इंडिया मतबूआत, पृ. 99
89. -वही-
90. इदारा मतबूआत, खंड 1, पृ. 145
91. -वही-, पृ. 142
92. उर्दू ड्रामा, इश्रत रहमानी, पृ. 204
93. -वही-, पृ. 239
94. -वही-, पृ. 252
95. बशुक्रिया जनाब मसऊद हसन रिज़वी अदीब, लखनऊ
96. इंडिया मतबूआत, पृ. 154
97. हस्तलिखित पांडुलिपि लेखकाधीन, बहारीपुर, बरेली

98. हस्तलिखित पांडुलिपि लेखकाधीन, दिल्ली
99. मसनवी नैरंगे सहर, इक़बाल वर्मा सहर हत्गामी, कानपुर, 1919 ई.
100. शकुन्तला कविता सन्दर्भ
101. महाभारत सन्दर्भ, 3, 293
102. हिन्दी, पृ. 233
103. हिस्ट्री ऑफ़ संस्कृत लिट्रेचर, ए. ए. मैक्डानल्ड, पृ. 445
104. उर्दू ड्रामा, इशरत रहमानी, पृ. 248 और पृ. 253
105. सावित्री, वेद के पवित्र श्लोक को भी कहा जाता है। कभी-कभी ब्रह्मा की बेटी सतरुप को भी सावित्री के नाम से याद किया गया है। (हिन्दू मैथालॉजी, जॉन विल्क़िज, लंदन 1957 ई. पृ. 291)

अध्याय-दो

प्राचीन लोक कथाएँ

दखिनी मसनवियाँ

मसनवी कदमराव पदमराव

इस मसनवी की एक अपूर्ण प्रति नसीरुद्दीन हाशमी ने लतीफ़ुद्दीन इद्रीसी के पास देखी थी। उन्होंने इसका परिचय सबसे पहले अक्तूबर, 1932 ई. की पत्रिका मुआरिफ़ में कराया। प्रति अपूर्ण व त्रुटिपूर्ण है और वर्तमान स्थिति में अश्आर की संख्या 825 पायी गयी। लेखक ने मसनवी के नाम की व्याख्या नहीं की, लेकिन कहानी चूँकि कदमराव और पदमराव से सम्बन्धित है इसलिए इसी नाम से सम्बद्ध किया गया।

मसनवी के आरम्भ में एक शीर्षक है : 'सुल्तान अलाउद्दीन बह्मनी नुरुल्लाह मरक़दहू' इसमें दूसरे अश्आर के साथ दो शे'र यूँ हैं :

शहंशह बड़ा अहमद कुँवर　　　प्रत्याल सेंसार करतार उद्धार
धनीं ताज का कौन राजा बहंग　　　कुंवर शाह का शाह अहमद भुजंग

इन अश्आर से मालूम होता है कि यह मसनवी अलाउद्दीन के इन्तक़ाल के बाद लिखी गयी। 'शाह अहमद' जिसका नाम इन अश्आर में आया है, ख़ानदान बह्मनी के ग्याहरवें शासक अलाउद्दीन ही का उत्तराधिकारी था और अहमद शाह सालिस बह्मनी के नाम से 865 हि. से 867 हि. तक शासक रहा। इस मसनवी की रचना सम्भवत: उसी युग में हुई।

निज़ामी के हालात किसी तज़्किरे और इतिहास में नहीं मिलते। चूँकि मसनवी अपूर्ण है, इसलिए रचना वर्ष और किताबत के वर्ष का भी पता नहीं चल सका। त्रुटि पूर्ण होने के कारण क़िस्से का विवरण प्रस्तुत करना भी कठिन है।

नसीरुद्दीन हाशमी का कथन है कि 'मसनवी हम्द व नात से शुरू होती है। इसके बाद अलाउद्दीन बह्मनी की प्रशंसा है। भाषा प्राचीन है और अरबी व फ़ारसी के बजाय हिन्दी और स्थानीय शब्दों की भरमार है, जिस कारण उसका समझना

कठिन है।[1] उपरोक्त विद्वान इसे उर्दू की सबसे प्राचीन मसनवी क़रार देते है।[2] कहानी के केन्द्रीय नामों से स्पष्ट है कि निज़ामी ने अपनी इस मसनवी की बुनियाद किसी लोक परम्परा पर रखी होगी। इस मसनवी की एक पांडुलिपि अंजुमन तरक़्क़ी उर्दू पाकिस्तान में सुरक्षित है।[3]

मसनवियात तूतीनामा

तूतीनामा का सम्बन्ध 'शकसप्तती' एक संस्कृत किताब तक पहुँचता है जिसके अर्थ हैं तोते की कटी हुई सत्तर कहानियाँ। संस्कृत में इसकी दो पांडुलिपियाँ मौजूद हैं। एक कठिन व दूसरा सरल व आसान। पहला चिन्तामणि भट् से और दूसरा श्वेताम्बर जैन से सम्बद्ध है। अनुमान है कि इन दोनों पांडुलिपियों से पहले शकसप्तती की मूल पांडुलिपि संस्कृत गद्य में होगी। डॉ. ज्ञान चन्द जैन का कथन है कि शकसप्तती की उन सत्तर कहानियों में से अधिकतर भारत के क़िस्से-कहानियों के प्राचीन संग्रहों से लिये गये हैं। उदाहरण के लिए चिन्तामणि भट् ने कुछ कहानियाँ पूर्ण भद्र के पंचतन्त्र से ली हैं। तूतीनामा का मूल भाग राधा जातक 145 और 198 में मिलता है। इनके अतिरिक्त शकसप्तती के कुछ बैताल पच्चीसी और हितोप्देश से भी मिलते-जुलते हैं।[4]

शकसप्तती की यह कहानियाँ अधिकतर औरतों की चरित्रहीनता से सम्बन्धित हैं और मानवीय प्रकृति कुछ मूल कमज़ोरियों का पर्दाफ़ाश करती हैं। संस्कृत के अतिरिक्त हिन्दी में भैरव प्रसाद, गुजराती में सामल भट्, मराठी में किसी अज्ञात लेखक, और पूर्वी राजस्थानी में देवदत्त के प्राचीन अनुवाद मौजूद हैं। तोते की कही हुई यह सत्तर कहानियाँ यूरोप और दूसरे देशों में भी बहुत लोकप्रिय रही हैं। अतः तुर्की, अंग्रेज़ी, जर्मनी, फ्रांसीसी, यूनानी और जावी में उनके अनगिनत अनुवाद या संक्षेप प्रकाशित हुए हैं। फ़ारसी और उर्दू की पांडुलिपियों को मिलाकर तूतीनामा के पांडुलिपियों की कुल संख्या 28 तक पहुँचती है। जैसा कि संलग्न नक़्शे में स्पष्ट कर दिया है। तूतीनामा के विभिन्न अनुवाद आदि का यह नक़्शा सबसे पहले शम्सुल्लाह क़ादरी ने उर्दू ए क़दीम में परिशिष्ट के रूप में प्रकाशित किया था।[5] उन्होंने कुल 13 पांडुलिपियों के नाम गिनवाए थे। उनके बाद संकलनकर्ता तूतीनामा (प्रकाशक मजलिसे इशाअत दकनी मख़तूतात, हैदराबाद) ने अपने नक़्शे में चार और पांडुलिपियों की निशानदेही की। डॉ. ज्ञानचन्द जैन ने अपनी किताब के परिशिष्ट नं. 3 में तूतीनामा के पांडुलिपियों का विवरण प्रस्तुत करते हुए ब्लूम हार्ट और ईथे की सूचियों की सहायता से नौ और पांडुलिपियों की वृद्धि की।[6] संलग्न नक़्शे में उन समस्त पांडुलिपियों के नाम प्रस्तुत किये गये हैं। इनके अलावा दो और पांडुलिपियों की वृद्धि भी कर दी गयी है। उनमें से एक जावी भाषा का अनुवाद है जिसे मल्का अच्छी (सुमात्रा) ने नुरुद्दीन अलज़ेरी से करवाया था।[7] दूसरा सैयद मुहम्मद क़ादरी (फ़ारसी)

का उर्दू अनुवाद है जिसे जीवन राम नारनौली ने 1873 ई. में प्रकाशित किया।[8] इस तरह तूतीनामा के संक्षेपों और अनुवादों की कुल संख्या 28 तक पहुँच गयी है। इनके अलावा तूतीनामा से मिलते-जुलते क़िस्सों पर आधारित तीन और मसनवियों का भी पता चला है, जिनका विवरण आगे प्रस्तुत किया गया है।

क़िस्सा

मूल शकसप्ती तक पहुँच न होने की स्थिति में इस क़िस्से की परम्परा हिन्दी शक बहतरी से प्रस्तुत किया जाता है, जो संस्कृत से सीधा अनुवाद है।

क़िस्से का हीरो सेठ हरदत का लड़का मदनसेन है। हीरोइन प्रभावती है। मदनसेन राजा के लिए जवाहर ख़रीदने जाता है और सात दिन में आने का वादा करता है। प्रभावती की मन्त्री पुत्र से आँख लड़ जाती है और एक कुटनी की मार्फ़त मुलाक़ात तय हो जाती है। जाने से पहले प्रभावती मीना से इजाज़त चाहती है। मीना डाँटती है, जिसकी वजह से प्रभावती उसे मार डालती है। फिर तोते से पूछती है। वह इस शर्त पर एक कहानी सुनाता है कि वह आज न जाये। इस तरह वह रोज़ाना इस बहाने से प्रभावती को रोकता है। जब मदनसेन वापस आता है तो प्रभावती ख़ुद बताती है कि तोते ने उसकी इज़्ज़त बचायी। दोनों ख़ुशी से रहने लगते हैं। तोता एक पहाड़ पर जाकर अपना शरीर त्याग गंधर्व हो जाता है। इस तरह मैना भी गंधर्व हो जाती है। यह दोनों वास्तव में गंधर्व ही थे जो एक ऋषि के अभिशाप से पशुवत शरीर में गिरफ़्तार हो गये थे। किंवदन्ती यूँ है कि नारद ऋषि ने तोते के रूप में यह कहानियाँ इन्द्र के दरबार में सुनायी थीं और कहा कि जो भी इन्हें सुनेगा, उसकी अभिलाषा पूरी होगी।'[9]

फ़ारसी पांडुलिपियाँ

1. तूतीनामा, ज़ियाउद्दीन नख़्शबी (730 हि.) उन्होंने एक प्राचीन फ़ारसी पांडुलिपि से बावन कहानियाँ कठिन फ़ारसी में लिखीं। यह पांडुलिपि बाड्लीन लाइब्रेरी में सुरक्षित है।[10]

   शेख़ ज़ियाउद्दीन नख़्शबी (मृत्यु 751 हि.)[11] ने अपने फ़ारसी तूतीनामा की भूमिका में लिखा है कि एक साहब उनके पास तूतीनामा की एक प्राचीन फ़ारसी पांडुलिपि लाये और अनुरोध किया कि वह इसे फिर से लिखें। क्योंकि प्राचीन पांडुलिपि की भाषा साहित्यिक दृष्टि से बेमज़ा थी। अत: नख़शबी ने 52 कहानियों को 'रुचिकर और अनुप्रासयुक्त फ़ारसी में लिखा। उन्होंने वह कहानियाँ जो उनकी दृष्टि से अरुचिकर थीं, निकाल दीं और कुछ दूसरी कहानियों की वृद्धि की।[12]

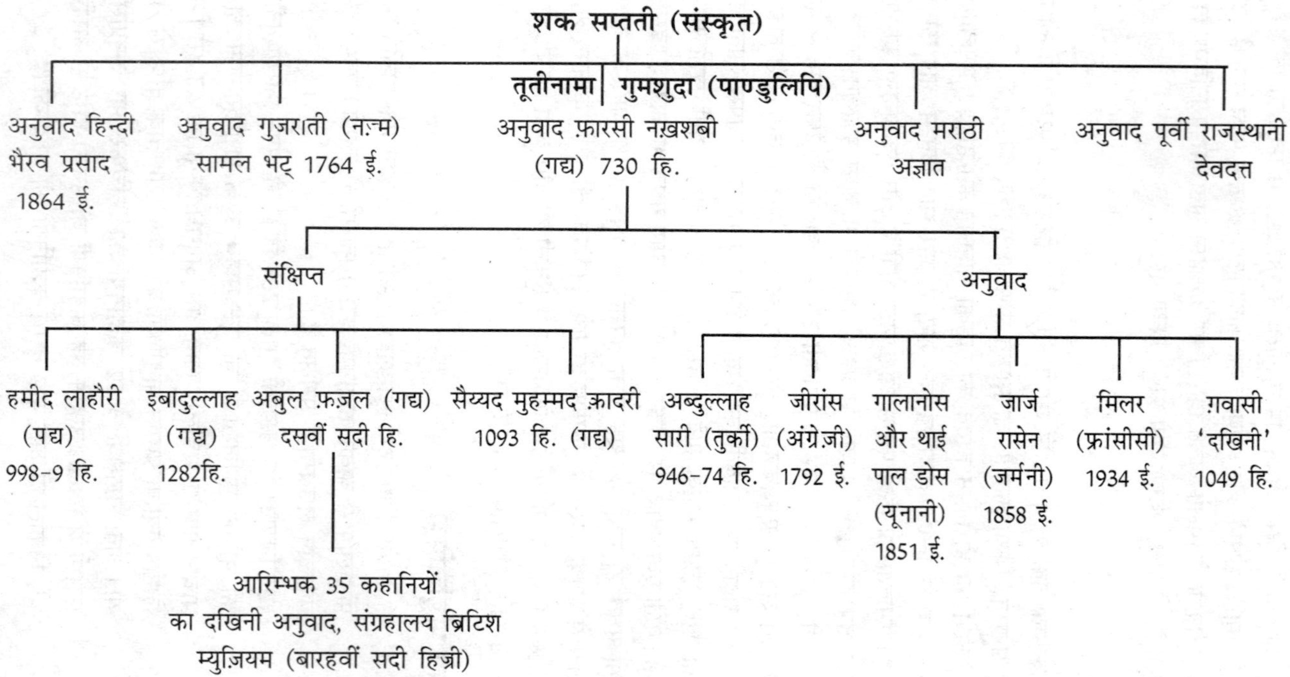
शक सप्तती (संस्कृत)
तूतीनामा
गुमशुदा (पाण्डुलिपि)
अनुवाद हिन्दी भैरव प्रसाद 1864 ई.
अनुवाद गुजराती (नज़्म) सामल भट् 1764 ई.
अनुवाद फ़ारसी नख़शबी (गद्य) 730 हि.
अनुवाद मराठी अज्ञात
अनुवाद पूर्वी राजस्थानी देवदत्त
संक्षिप्त
अनुवाद
हमीद लाहौरी (पद्य) 998–9 हि.
इबादुल्लाह (गद्य) 1282हि.
अबुल फ़ज़ल (गद्य) दसवीं सदी हि.
सैय्यद मुहम्मद क़ादरी 1093 हि. (गद्य)
अब्दुल्लाह सारी (तुर्की) 946–74 हि.
जीरांस (अंग्रेज़ी) 1792 ई.
गालानोस और थाई पाल डोस (यूनानी) 1851 ई.
जार्ज रासेन (जर्मनी) 1858 ई.
मिलर (फ्रांसीसी) 1934 ई.
ग़वासी 'दखिनी' 1049 हि.
आरिम्भक 35 कहानियों का दखिनी अनुवाद, संग्रहालय ब्रिटिश म्युज़ियम (बारहवीं सदी हिज्री)

अनुवाद द्वारा सैयद मुहम्मद क़ादरी (फ़ारसी गद्य)

दखिनी पांडुलिपि उस्मानिया 1142 हि.	दखिनी-पांडुलिपि इदारा अदबियात 1220 हि.	उर्दू गद्य हैदर बख़्श हैदरी, 1216 हि.	उर्दू गद्य जीवनराम 1873 ई.	अंग्रेज़ी फ़ारसी पाठ के साथ ग्लाडविन 1800 ई.	अंग्रेज़ी-जार्ज हिडेन 1806 ई.	जर्मनी-ईकन 1822 ई.	जावी-नुरुद्दीन ज़ंजेरी

हिन्दी शक बहतरी 1874 ई.	हकायाते सुख़ने संज अम्बा प्रसाद रसा 1845 ई.	अंग्रेज़ी जी. स्माल 1875 ई.	बंगाली-तोता इतिहास चन्दी चरण 1806 ई.

नोट : इस नक़्शे में इब्ने निशाती से सम्बद्ध दखिनी अनुवाद को सम्मिलित नहीं किया गया है। स्टुवार्ट और दत्तासी की परम्पराओं के बावजूद उसकी असलियत अप्रमाणित है। विभिन्न भाषाओं में अनुवाद की संख्या इस तरह है : फ़ारसी 5, उर्दू 7, अंग्रेज़ी 4, जर्मनी 2, हिन्दी 2, बंगाली 1, गुजराती 1, मराठी 1, राजस्थानी 1, तुर्की 1, युनानी 1, फ्रांसीसी 1, जावी 1, कुल=28

नख़शबी के तूतीनामा का एक संस्करण 1328 हि. अनुसार 1910 ई. में प्रकाशित हो चुका है।[13]

2. तूतीनामा, शेख़ अबुल फ़ज़ल बिन मुबारक—इन्होंने शहंशाह अकबर की फ़रमाइश पर नख़शबी के कठिन और मुश्किल तूतीनामे का दसवीं सदी हि. के मध्य में सुगम फ़ारसी में संक्षेप किया।[14]
3. मुंतख़ब तूतीनामा द्वारा हमीद लाहौरी। रचना वर्ष 998-9 हि. (तीस कहानियाँ नख़शबी से और दो गुलिस्ताँ से)[15]
4. तूतीनामा, सैयद मुहम्मद क़ादरी। इन्होंने भी नख़शबी की किताब को रोज़मर्रा फ़ारसी में संक्षिप्त किया (35 कहानियाँ) 1093 हि.[16]

   सैयद मुहम्मद क़ादरी के फ़ारसी तूतीनामा की एक मुद्रित प्रति इदारा अदबियात उर्दू, हैदराबाद में मौजूद है। कुल पृष्ठ 83 और मुद्रण वर्ष 1284 हि. है। इसके कवर पृष्ठ पर लेखक का नाम इस प्रकार अंकित है। 'नम्र मन तालीफ़ सैयद मुहम्मद ख़ुदावन्द क़ादरी।'[17] बाड्लीन के कैटलाग में भी नाम 'मुहम्मद ख़ुदावन्द क़ादरी' बताया गया है।[18] और इंडिया ऑफ़िस फ़ारसी प्रकाशन में भी 'मुहम्मद ख़ुदावन्द' अंकित है।[19]
5. तूतीनामा द्वारा इबादुल्लाह मुद्रित 1282 हि. (लगभग 52 कहानियाँ)[20]
6. हैबत क़ुली खाँ हस्रत तख़ल्लुस शागिर्द मीर बाक़र हज़ीं और मिर्ज़ा मज़हर जान ज़ानां देहलवी (मृत्यु 1210 हि.) ने फ़िलन के अनुसार एक क़िस्सा तूतीनामा लिखा था।[21]
7. 'चहल तूती' के नाम से ईरान में चालीस कहानियों का जो संग्रह प्रसिद्ध है, वह तूतीनामा ही से लिया गया है।[22] ऐसे ही एक संग्रह को V. Zhukovski ने St. Petersburg से 1901 ई. में प्रकाशित किया था।[23]

उर्दू पांडुलिपियाँ

1. तूतीनामा, ग़वासी, 1049 हि. (अनुवाद द्वारा नख़शबी, 45 कहानियाँ)[24]
2. तूतीनामा, इब्न निशाती। (नख़शबी द्वारा लिया गया) दत्तासी ने इसका रचना काल 1049 हि. बताया है। लेकिन स्टुवर्ट के कथन से 1064 हि. में इसकी रचना स्पष्ट होती है।[25] यह पांडुलिपि अप्रमाणित है। दत्तासी और स्टुवर्ट से भूल हुई है।
3. तूतीनामा, दखिनी भाषा में, लेखक अज्ञात, 1142 हि. (गद्य अनुवाद) संग्रहालय कोष, जामिया उस्मानिया, हैदराबाद और ब्रिटिश म्युज़ियम।[26]
4. तूतीनामा, अबुल फ़ज़ल की आरम्भिक 35 कहानियों का दखिनी अनुवाद फ़ारसी पाठ के साथ, लेखक अज्ञात (बारहवीं सदी हि.)[27]

5. तूतीनामा, हैदर बख़्श हैदरी, 1216 हि. (गद्य अनुवाद द्वारा सैयद मुहम्मद क़ादरी) यह अनुवाद जान गिलक्राइस्ट के आग्रह पर फ़ोर्ट विलियम कॉलेज के लिए किया गया।[28]

   पुस्तकालय इंडिया ऑफ़िस में हैदर बख़्श हैदरी की तोता कहानी के 1804 ई. से 1883 ई. तक के सोलह विभिन्न संस्करण उपलब्ध हैं।[29]
6. हकायाते सुख़न संज, अम्बा प्रसाद रसा 1845 ई. (गद्य अनुवाद द्वारा हैदर बख़्श हैदरी)[30]
7. तोता कहानी, लेखक अज्ञात (फ़ारसी से अनुवाद दखिनी में) कुल पृष्ठ 78, 1220 हि. पूर्व।[31]
8. तोता कहानी, जीवनराम नारनोली। (गद्य अनुवाद द्वारा सैयद मुहम्मद क़ादरी)[32]

उर्दू पांडुलिपियों के इस विवरण से स्पष्ट है कि तूतीनामा से सम्बन्धित उर्दू में मात्र एक मसनवी लिखी गयी है, जो ग़वासी के ज़ोरे क़लम का नतीजा है।

मसनवी तूतीनामा ग़वासी

ग़वासी को सुल्तान अब्दुल्लाह क़ुतुब शाह (1035–83 हि.) के ज़माने में शिखर प्राप्त हुआ। मसनवी तूतीनामा इसी बादशाह के युग में 1049 हि. में लिखी गयी। ग़वासी की शाही दरबार में पहुँच थी और उसे मलकुश्शुअरा के ख़िताब से भी नवाज़ा गया। तूतीनामा के अलावा उसकी एक और मसनवी 'सैफ़ुल मलूक व बदीउल जमाल' भी हैदराबाद से प्रकाशित हो चुकी है।

ग़वासी की मसनवी तूतीनामा की हस्तलिखित प्रति यूरोप और भारत के पुस्तकालयों में साधारणत: मिल जाते हैं, जिनमें से कुछ की व्याख्या उपर कर दी गयी है। यह मसनवी 1939 ई. में मजलिसे इशाअत दखिनी मख़तूतात, हैदराबाद ने मीर सआदत अली रिज़वी से सम्पादित करा के प्रकाशित करा दी है। (पृष्ठों की संख्या 290)

ग़वासी ने तूतीनामा की मूल कहानी नख़शबी से ली है, लेकिन इसमें कहीं-कहीं आवश्यकतानुसार अपनी इच्छानुसार घटा या बढ़ा भी दिया है। विशेषत: मसनवी का आरम्भिक और अन्तिम भाग ग़वासी की कल्पना के ज़ोर का पता देता है। नख़शबी ने संस्कृत की सत्तर कहानियों में से सिर्फ़ बावन का फ़ारसी में अनुवाद किया था। उन बावन में शकसप्तती के अलावा कुछ कहानियाँ सीधा पंचतन्त्र, हितोपदेश, बैताल पचीसी और जातक से भी लेकर शामिल कर दी गयीं। एक-आध पर फ़ारसी बख़्तियार नामा और अलिफ़ लैला के क़िस्सों का भी प्रभाव है। ग़वासी ने नख़शबी की उन बावन कहानियों में से मात्र पैंतालीस को अपनी मसनवी में बयान किया है।

मसनवी का आरम्भ हम्द व ना'त से होता है। उसके बाद बादशाहे वक़्त सुल्तान अबदुल्लाह क़ुतुबशाह की प्रशंसा है। संकलन का कारण बताते हुए ग़वासी कहता है :

जो दिल तूतीनामा पो दौड़ाइया मुनासिब मिरी अक़्ल के आइया
स्वाप में किया मस्त बन मई वहीं हुआ बाद अज़ां नज़्म के पै वहीं
हुए क्यों न आलम में मशहूर यू न क्यों जावे मुल्के मुल्क दूर यू
कि हर बैत में है समा याँ जुदा हर एक बात म्याने है माया जुदा
नहीं दास्ताँ है यो है बोस्ताँ अजब क्या जो ख़ुश इस ते होवे जहाँ
कि पानी में अपने कलेजे कूँ कर किया उस नवे बाग़ शाही कूँ तर[33]

ग़वासी ने क़िस्से की भूमिका यूँ बाँधी है : भारत के एक दौलतमन्द और धनाढ्य सौदागर के यहाँ बड़ी मिन्नतों, मुरादों से लड़का पैदा हुआ। जवान होने पर बाप ने उसकी शादी एक बहुत हसीन लड़की से कर दी। सौदागर का बेटा एक तोते और मैना को बहुत प्रिय रखता था, जो उसे समझ व बुद्धि के विचित्र बिन्दुओं से आगाह करते थे। नौजवान को व्यापार के काम से यात्रा पर जाना पड़ा और वह दोनों पक्षियों को अपनी सुन्दर पत्नी के संरक्षण में छोड़कर रवाना हो गया। सौदागर की वापसी में देर हुई। उधर जवान पत्नी की किसी दूसरे से आँख लड़ गयी। कुटनी की मार्फ़त मुलाक़ात तय हुई। मैना ने सौदागर की पत्नी को इस इरादे से मना करना चाहा तो उसकी हत्या कर दी गयी। उसके बाद सौदागर की पत्नी ने तोते से मश्विरा किया। वह मैना का परिणाम देख चुका था, कहने लगा, मैं तुम्हें मना नहीं करता, लेकिन इसकी चर्चा किसी से न करना, वर्ना तुम्हारा भी वही हाल होगा जो अमुक रानी का हुआ था और फिर वह उस रानी का क़िस्सा सुनाने लगा। इसमें सुबह हो गयी। इस तरह तोते ने 45 कहानियाँ सुनायीं। उनमें औरतों की मक्कारी, धोखेबाज़ी और चरित्रहीनता की घटनाओं का वर्णन है। आख़िरी रात सौदागर का बेटा वापस आ गया और तोते ने अपनी आज़ादी का वादा लेकर उसे सारे अहवाल बता दिये। नौजवान को बहुत दुःख व अफ़सोस हुआ। उसने पत्नी की हत्या कर दी और धन-दौलत दान करके दरवेश बन गया। संस्कृत कहानी में यूँ नहीं है बल्कि स्वयं पत्नी ने पति को चेताया कि तोते की बुद्धिमानी की बदौलत उसकी इज़्ज़त बच गयी। तोता रिहा कर दिया गया और पति-पत्नी दोनों ख़ुशी से रहने लगे।

अनुवाद प्रति अनुवाद में असल किताब का रंग बहुत बदल गया है। पात्रों के नाम बदल दिये गये हैं। कई जगह ईरानी समाज की झलक भी मिलती है। तोता इस्लामी धर्मशास्त्र से परिचित है। मसनवी से ग़वासी के क़ादिरुलकलाम शायर होने का सबूत मिलता है। भाषा शैली सादा और बनावट से दूर है। किन्तु भाषा प्राचीन

है। जिस कारण कहीं–कहीं उलझाव पैदा हो जाता है। ग़वासी गौण क़िस्सों को ज़्यादा विस्तार नहीं देता, बल्कि संक्षिप्त रूप से उन्हें क्रमबद्ध रूप में प्रस्तुत करता है। शायराना कोमलता को हाथ से जाने नहीं देता। उदाहरण स्वरूप सत्ताइसवीं कहानी सुनिये :

सूरज डूबते ही सौदागर की जवान पत्नी विरह की आग में जलने लगी। तोते को सम्बोधित कर बोली कि अगर मैं इज़्ज़त का ख़याल करती हूँ तो जीना कष्टदायक मालूम होता है और अगर ग़ैर मर्द के पास जाती हूँ, तो सतीत्व पर दाग़ लगता है। तोते ने जवाब दिया कि मक्कारी और धोखेबाज़ी से सतीत्व के धब्बों को भी छुपाया जा सकता है जैसे प्राचीन युग में एक सौदागर की पत्नी ने किया था। वह चन्द्रमुखी की तरह सुन्दर थी, उसका पति बहुत बड़ा व्यापारी था और घर में सोने–जवाहर और माल–दौलत की कोई कमी न थी, लेकिन औरत चरित्रहीन थी और ग़ैर मर्दों से अनुचित सम्बन्ध रखती थी। होते–होते व्यापारी की कानों में इसकी भनक पड़ी और अपनी पत्नी को आज़माना चाहा। पत्नी से बोला :

कहिया एक दिन यूँ कि ऐ गुल अज़ार	न कर मैं सफ़र कईं हुए बरस चार
हवस है जो मैं आज जाऊँ सफ़र	तमाशा देखूँ होकर फ़िरूँ बह्‌रोबर

लेकिन यह एक चाल थी, वह रात को पत्नी के पलंग के नीचे छुप रहा। उसकी अनभिज्ञ पत्नी ने अपने प्रेमी को बुलवाया और उससे प्रेमलाप में व्यस्त होना चाहती ही थी कि उसने पलंग के नीचे अपने पति को छुपा देखकर मामला भाँप लिया और तुरन्त बहुत मक्कारी से अपने प्रेमी से कहने लगी :

कि ऐ बाप होर ऐ मिरे भाई आज	मैं यक काम ते याँ तुझे लियाई आज
बुरी आँक सूँ मुँज किधन तूँ न देख	मँजे यूँ समज ले जो बेटी हूँ एक
कि मैं मर्द की बिरह ले हो निढाल	सती थी दो फार आज अँझू ढाल–ढाल
सो यक पीर मर्द आकर सपने मने	ज़बान खोल मँज सूँ लगिया बोलने
तिरे मर्द की उम्र तो सब श्री	हयात आज के दिन थी ओस की भरी[34]

मक्कार औरत, सपने में पीर से यह सुनकर कि उसके पति के दिन पूर हो गये, उससे पूछने लगी, क्या उसके जीवित रहने का कोई उपाय भी है। पीर ने कहा :

अगर एक पीर मर्द सूँ घर मने	ले जा आपने पाक बिस्तर मने
दे हुरमत दयानत सूँ बिसलाएगी	तो जीता तिरा मर्द कूँ पायेगी[35]

अतः चरित्रहीन पत्नी ने अपने पति को इस तरह चकमा दिया और पलंग के नीचे छुपा हुआ पति भी उसकी बातों में आ गया। वह सदा के लिए अपनी पत्नी के सतीत्व, पवित्रता और कर्तव्य परायणता का क़ाइल हो गया और उसने पत्नी के प्रेमी को अपना भाई बनाकर भविष्य में घर आने–जाने की इजाज़त दे दी।

अवधारणा : पृष्ठ 57 पर अंकित नक़्शे में तूतीनामा की 28 परम्पराओं को चिह्नित किया गया है। इनके अतिरिक्त दो और फ़ारसी परम्पराओं का उल्लेख ऊपर किया गया। निम्न में विदेशी भाषाओं के सात और अनुवादों का उल्लेख किया जाता है। इस तरह तूतीनामा के अनुवादों आदि की कुल संख्या 37 तक पहुँच गयी है।

1. क़िस्सा तूतीनामा–मुल्ला गुल अहमद तराही, पृष्ठों की संख्या 20, प्रकाशन दिल्ली 1879 ई. [36]
2. जर्मन भाषा में नख़शबी के तूतीनामा की आठवीं रात का क़िस्सा फ़ारसी पाठ सहित H. Bockhaus ने लिप्ज़िग से 1843 ई. में प्रकाशित किया।[37]
3. जर्मन भाषा का एक और अनुवाद H. Blatt का किया हुआ है। उन्होंने क़िस्सा सैयद मोहम्मद खुदावन्द क़ादरी के 'तूतीनामा' से लिया। यह अनुवाद कोचीन से 1933 ई. में प्रकाशित हुआ।[38]
4. शक सप्तती का एक अँग्रेज़ी अनुवाद Kiel ने 1894 ई. में किया जो Stuttgart से 1898 ई. में प्रकाशित हुआ।[39]
5. तूतीनामा चेक भाषा में प्राग से प्रकाशित।
6. तूतीनामा नख़शबी का पूर्ण रूसी अनुवाद E. Berthels ने किया है, लेकिन यह अभी प्रकाशित नहीं हुआ।[40]
7. म्युनिक में तूतीनामा नख़शबी के एक दो फ्रांसीसी अनुवाद की हस्तलिखित प्रति मौजूद है, जो अभी तक प्रकाशित नहीं हुई।[41]

तूतीनामा के तुर्की अनुवादक का सही नाम यूँ है : सारी अबदुल्लाह आफ़न्दी।[42]

तूतीनामा से मिलती-जुलती दूसरी मसनवियाँ

मसनवी सौदागर की बीबी

तूतीनामा के ढंग की कुछ और मसनवियाँ भी उर्दू में उपलब्ध होती हैं। उनमें से एक का नाम 'सौदागर की बीबी' है। उसकी प्रति ब्रिटिश म्युज़ियम में सुरक्षित है। रचना काल 1164 हि., लिखित 1170 हि. और 1172 हि. कुल पृष्ठ 196। इसमें भी एक सौदागर की बीबी और उसके प्रेम प्रसंगों का वर्णन है। लेखक का नाम सैयद अबदुल्लाह है। तख़ल्लुस क़यासी। आरम्भ :

क़िस्सा कता हूँ अजब हर सुख़ने गौहर सार का
कैसे करी है छन्द ओ देखो तमाशा नार का

लेखक ने पुस्तक के अन्त में रचना वर्ष, अपना नाम और तख़ल्लुस यूँ व्यक्त किया है :

अथासन इग्यारा सौ चौसट दे साल बतारीख़ इग्यारा ओ माहे शवाल
सैयदी अबदुल्लाह ने यू क़िस्सा बना किया ख़ुश सनन्हार कीतन सना
सैयदी अबदुल्लाह करके मेरा ही नावं तख़ल्लुस क़यासी कुकर दाल (?) नांव[43]

मसनवी क़िस्सा तोता व मैना द्वारा रौशन अली

इसकी पांडुलिपि ब्रिटिश म्युज़ियम में सुरक्षित है। इसमें भी तोता और मैना की कहानियों का वर्णन है। आरम्भ :

बनाम ख़ुदावन्द बख़शन्दहा
शुनो शरह क़िस्सा बन्दहा

रचना काल 1188 हि.[44]

मसनवी क़िस्सा तोता मैना मशहूर किताब तूतीनामा का अनुवाद नहीं, अलबत्ता उसमें भी पक्षियों की ज़बानी कहानियाँ बयान की गयी हैं। तोता औरतों की बदचलनी और मैना मर्दों की बेवफ़ाई की घटनाएँ सुनाती है।

मसनवी रौशन मियाँ सौदागर और शम्सुद्दा

यह मसनवी गुजरात के एक शायर जमालुद्दीन की रचना है। इसमें तोता कहानी से मिलता-जुलता एक क़िस्सा बयान किया गया है। डॉ. ज़हीरुद्दीन मदनी ने इस मसनवी के अलावा जमालुद्दीन की तीन और मसनवियों (1) सिकन्दर ज़ुलक़र नैन, (2) क़िस्सा शाहजहाँ व रौशन ज़ुहल और (3) क़िस्सा ईसा गौहर व अच्छू गुलाब की विस्तृत समीक्षा भी नवाए अदब बम्बई, जुलाई, 1954 में प्रस्तुत किया था। हमारा स्रोत डॉ. उक्त का यही आलेख है।

जमालुद्दीन का युग बारहवीं शताब्दी का उत्तरार्द्ध बताया गया है। उसकी उल्लेखित चारों मसनवियाँ मत्बा करीमी, बम्बई से 1313 हि. में प्रकाशित हो चुकी हैं।

मसनवी 'क़िस्सा रौशन मियाँ सौदागर और शम्सुद्दा' आठ सौ अश्आर पर आधारित है। उसमें औरत के त्रियाचरित्र को व्यक्त किया गया है। मसनवी से रचना वर्ष का पता नहीं चलता। क़िस्सा ये है :

एक सौदागर रौशन मियाँ को उसकी बदचलन बीबी ने व्यापार के बहाने यात्रा पर भेज दिया। साथ ही यह भी फ़रमाइश की कि जब तक त्रियाचरित्र न मिले वापस न आना। मुद्दतों बाद जब सौदागर घर लौटने लगा, तो उसे त्रियाचरित्र का ख़याल आया। उसकी तलाश के दौरान सौदागर का वास्ता एक कुटनी शम्सुद्दा से पड़ा जो उसे ज़नाना लिबास पहना कर बादशाह के यहाँ यह कहकर ले गयी कि इस औरत, रौशन कुँअर का पति मेरे पास इसे नक़द राशि के बदले गिरवी रख गया है। अत: जब तक वह न आये इसे महल में रखा जाये। बादशाह ने उसे अपने मन्त्री गुलफ़ील शेर के पास मुसाहिब के रूप में रखवा दिया। मन्त्री शाही काम के सिलसिले में बाहर गया हुआ

था, पहली ही रात रौशन मियाँ का रहस्य खुल गया। लेकिन मन्त्री की पत्नी के लक्षण भी खराब थे। उसने रौशन मियाँ की असलियत को छुपाये रखा। जब मन्त्री आया तो उसकी पत्नी ने उसकी हत्या करके उसे दफ़न कर दिया और यह व्यक्त किया कि उसका पति रौशन कुँअर के साथ फ़रार हो गया है। अब कुटनी शम्सुद्दा रौशन मियाँ को साथ लिये बादशाह के सामने फ़रियादी हुई। आख़िर बादशाह ने तय किया कि रौशन मियाँ से मन्त्री की पत्नी का निकाह कर दिया जाये। शम्सुद्दा ने सौदागर रौशन मियाँ को त्रियाचरित्र का एक और भी अनुभव कराया और अब की बार बादशाह की बेटी हबीबा के साथ उसकी शादी करा दी। अतः एक मुद्दत के बाद रौशन मियाँ अपनी नयी बेगमात को साथ लिए वतन वापस आया। नयी बेगमों ने कहा कि आओ पहले चलकर तुम्हारी पहली बीबी का हाल देख लें। ये रात को चोरी छुपे घर पहुँचे तो बीवी को एक हब्शी के साथ प्रेमलाप करते हुए पाया। रौशन मियाँ ने हब्शी का सिर काट लिया और लौट आया। सुबह अपनी बीवी को बुला भेजा और उससे कहा कि बीवी, तुम्हारी फ़रमाइश पर मैं 'त्रिया चरित्र' लाया हूँ। यह सन्दूक़ खोलकर देख लो। बीवी ने सन्दूक खोला तो अपने प्रेमी हब्शी का सिर पाया। कुछ वर्षों के बाद रौशन मियाँ की मृत्यु हो गयी और उसकी बेगमों ने भी उसकी याद में घुल-घुल कर जान दे दी।

अन्त के अश्आर ये हैं :

शाबां की चाँद रात को क़िस्सा के तईं पूरा किया
सुनियो तुम्हीं ऐ दोस्ताँ करियो मेरे हक़ में दुआ
आख़ूंद जमालुद्दीन तू क़िस्सा के तईं कर दे ख़त्म
अहमद नबी के नाम पर भेजो दरूदाँ और सलाम[45]

एक मसनवी तूतीनामा, जाफ़र अली हस्रत से भी सम्बद्ध है। लेकिन लोकप्रिय शक सप्तती से उसका कोई सम्बन्ध नहीं। उसका उल्लेख उत्तर भारत की मसनवियों के सन्दर्भ में आगे किया जायेगा।

मसनवी चन्दा और लोरिक (मैना सत्वन्ती) ग़वासी

चन्दा और लोरिक की इस लोक कथा को सबसे पहले मुल्ला दाऊद ने सुल्तान फ़िरोज़ शाह के युग 789 हि. में 'चंदायन' के नाम से पद्यबद्ध किया। इसकी भाषा अवधी है, लेकिन इसे फ़ारसी लिपि में लिखा गया है। लेखक ने यह किताब जूना शाह वज़ीरे आज़म फ़िरोज़ शाह को पेश की थी।

अब्दुल क़ादिर बदायूनी ने 'मुन्तख़िबुत्तवारीख़' में इसका वर्णन इन शब्दों में किया है और उसकी आश्चर्यजनक लोकप्रियता के बारे में एक पुनर्कथन को भी नक़ल किया है :

'दर 772 हि. ख़ानजहाँ वज़ीर वफ़ात याफ़्त व पिसरश जूना शाह नाम बहमां ख़िताब मुख़ातब गश्तो किताबे चन्दायन रा कि मसनवी सत बज़बान हिन्दवी दर बयान इश्क़ लोरिक व चन्दा नाम आशिक़ व माशूक़ वल्हक़ ख़ीली हालत बख़्श अस्त, मौलाना दाऊद बनाम ओ नज़्म कर्दा व अज़ निहायत शोहरत दरीं दयारे एहितयाज तारीफ़ नदारद व मख़दूम शेख़ तक़ीयुद्दीन वाइज़ रब्बानी दर देहली बाज़ी अबियात तक़रीबिए और अब्र मेम्बर मैख़वानद व मुर्दम रा अज़ इस्तमाअ आं हालत ग़रीब:रवी मी दाद। चूं बाज़े अफ़ाज़िल आं अह्द शेख़ रा पुर्सीदन्द कि सबबे अख़्तियारे ईं मसनवीए हिन्दीवी चेस्त? जवाबदाद कि तमाम आं हक़ाइक़ व मआनी ज़ूक़ीस्त व मवाफ़िक़ बवजदाने अह्ले शौक़ व इश्क़ व मुताबिक़ बतफ़्सीर बअज़ी अज़ आयात कुरआनी व ख़ुश आवाज़ाने हिन्द। हाला हम बस्वादे ख़्वानिए आं सैदो लहामी नुमाइंद।'[46]

मुल्ला दाऊद की इस मसनवी की एक अपूर्ण प्रति ख़ानक़ाह मुनीर शरीफ़ (पटना), एक काला भवन, बनारस और एक लाहौर में है। बम्बई म्युज़ियम की प्रति अपेक्षाकृत अधिक पृष्ठों पर आधारित है। इन सबको पुस्तकाकार रूप से आगरा हिन्दी रिसर्च इन्स्टीट्यूट प्रकाशित कर रहा है।[47]

इस क़िस्से से सम्बन्धित भाषा की दूसरी परम्परा साधन नामी एक शायर की है, जिसने इसे 'मीनास्त' के नाम से रचना की। इसकी एक हस्तलिखित पांडुलिपि ख़ानक़ाह मुनीर शरीफ़ पटना में सुरक्षित है। हाल ही में यह क़िस्सा पुस्तक के रूप में प्रकाशित हो गया है।

फ़ारसी की प्राचीन परम्परा 'मलकुश्शुअरा हमीद' की है, जिसने इसे जहाँगीर के युग में पद्यबद्ध किया। इस फ़ारसी मसनवी का नाम 'मैना व लोरिक' है और इसकी हस्तलिखित पांडुलिपि अलीगढ़ विश्वविद्यालय के पुस्तकालय में सुरक्षित है। अनुमान है कि ग़वासी ने अपने दकिनी मसनवी का क़िस्सा उसी फ़ारसी परम्परा से लिया हो।

ग़वासी के अलावा दकिनी उर्दू में इसे एक और शायर मेहदवी ने भी मसनवी के रूप में पद्यबद्ध किया है। उसका नाम भी 'मैना व लोरिक' है। इसकी हस्तलिखित प्रति बम्बई विश्वविद्याय के पुस्तकालय में सुरक्षित है। पृष्ठों की कुल संख्या 23, आरम्भ :

सुनिया हूँ कि यक शहर का ताजदार
धरी माल होर मुमलिकत बेशुमार[48]

मसनवी लोरिक चन्दा ग़वासी बहुत लोकप्रिय रही है। इसकी पाँच प्रतियाँ सालार जंग पुस्तकालय[49] में और दो इंडिया ऑफ़िस में[50], एक पुस्तकालय आसफ़िया[51] और एक प्रति अंजुमन तरक़्क़ी उर्दू हिन्द के पुस्तकालय में मौजूद है।[52] अंजुमन के सूचीकार ने ग़लती से इसे किसी दखिनी शायर अली वजूदी की रचना बताया है। अंजुमन की प्रति पर कहीं रचनावर्ष या किताबत का वर्ष अंकित नहीं है। सम्भवतः यह 1640 ई. (1050 हि.) से पहले लिखी जा चुकी थी।

यह मसनवी अब भी मुद्रित नहीं हुई है। इसमें मैना नामी एक नारी के सत्वंत अर्थात् सतीत्व की दास्तान बयान की गयी है। क़िस्से का सार ये है :

बादशाह बाला कुँअर की बेटी चन्दा एक ग्वाले लोरिक पर मोहित हो गयी और उसके साथ फ़रार होने का इरादा किया। लोरिक ने पहले तो इन्कार किया, क्योंकि उसकी अपनी पत्नी सत्वन्त, चरित्र व रूप के गुणों से परिपूर्ण थी, लेकिन ज़रो जवाहर का लालच बुरा होता है। आख़िर एक दिन वह चन्दा के साथ भाग गया। बाला कुँअर ने इसका इन्तक़ाम लोरिक की पत्नी मैना से लेना चाहा और कुटनी के द्वारा उससे मिलने का इच्छुक हुआ। मैना बड़ी सतीत्व वाली थी, राज़ी न हुई। आख़िर हार कर बाला कुँअर ने लोरिक को पत्र लिखा और उसे बुला भेजा। चन्दा को उसके जुर्म की सज़ा दी और मैना को सम्मानित किया। मैना और कुटनी के वार्तालाप में कई कहानियाँ भी आयी हैं और उपदेश भी। जैसे माता-पिता को चाहिए कि बच्चों को नेक और शरीफ़ औरत का दूध पिलायें, शरीफ़ों की संगत में रखें, अच्छी शिक्षा दें, अच्छे व्यक्ति से विवाह करें आदि।

मसनवी में पहले हम्द व ना'त है। फिर खुलफ़ाए राशदीन और हज़रत शेख़ अब्दुल क़ादिर जीलानी रह. की प्रशंसा है। लेखक ने व्याख्या की है कि क़िस्सा फ़ारसी से लिया गया है। क़िस्से के वातावरण से अनुमान होता है कि फ़ारसी में इस क़िस्से की बुनियाद किसी भारतीय लोक कथा पर रखी गयी होगी।

आरम्भ :

करुँ हम्द मैं पाक रहमान का — कि ओ हम्द है ज़ेवर ईमान का
जमीअ हम्द उसको सज़ावार है — कि जिस जग कूं पैदा करनहार है

अन्त :

सतर ऐब उस कूं यू पोश्त में — कतीं ऐब उसमें देखीं तुमन
मुरत्तब किया यांसे क़िस्सा तामाम — जो बोलो नबी पर दरुदो सलाम[53]

कुँअर मनोहर और मधुमालत

उर्दू में जो भारतीय लोक कथाएँ मसनवी की शैली में बयान की गयी हैं, उनमें से एक कुँअर मनोहर और मधुमालत के प्रेम की यह कथा भी है। इसका मूल किसी संस्कृत पुस्तक तक नहीं पहुँचता। ख़याल है कि यह क़िस्सा उन लोक कथाओं पर आधारित होगा, जिन्हें प्राचीन युग के कथिक सुनाया करते थे। पहले किसी व्यक्ति शेख़ मंझन ने इसे हिन्दी में लिखा था। यह पुस्तक अब तक उपलब्ध नहीं हुई। 'वार्ड ने लिखा है कि एक पुस्तक मधुमालती जयपुरी बोली में है।'[54] सम्भवतः वह

यही है। बाद में एक फ़ारसी पांडुलिपि में जो 1059 हि. में लिखी गयी है, लेखक ने स्पष्ट किया है कि उसने यह क़िस्सा शेख़ मंझन की हिन्दी किताब से अनुवाद किया। (देखें, रिवायते अव्वल, फ़ारसी और उर्दू नुस्ख़े)

मंझन की 'मधुमालती' की चूँकि अभी तक कोई सम्पूर्ण प्रति उपलब्ध नहीं हुई है इसलिए इसका रचना वर्ष मालूम नहीं। रामचन्द्र शुक्ल की राय है कि यह सं. 1550 और 1595 के मध्य लिखी गयी होगी।

'मधुमालती' का उल्लेख जायसी ने 'पद्मावत' और उस्मान ने 'चित्रावली' में किया है।[55]

क़िस्सा

राजा विक्रम को दुनिया की सारी सुख-सुविधाएँ उपलब्ध थीं, लेकिन उसकी रानी बाँझ थी। एक दिन एक फ़क़ीर ने इस आधार पर दान लेने से मना कर दिया कि राजा निरवंश हैं। राजा के दिल पर चोट लगी और वह राजपाट रानी को देकर जंगलों में चला गया। राह में एक बाग़ नज़र आया, जिसमें एक हौज़ था। यहाँ परियाँ नहाने के लिए आयीं। राजा ने उनका लिबास छुपा दिया और उसे वापस करने से पहले परियों से मदद का वादा ले लिया। परियों ने उसे अपने बाल दिये, जिन्हें जलाने पर वे हाज़िर हो जायेंगी। उसी जंगल में राजा को एक साधू मिला, जिसने इच्छापूर्ति के लिए विक्रम को एक फल दिया। विक्रम ने घर आकर वह फल रानी को खिलाया। राजा की मनोकामना पूरी हुई और कुँअर मनोहर पैदा हुआ। पंडितों ने बताया कि चौदह वर्ष की उम्र में उस पर भारी विपत्ति पड़ेगी। भाग्य का लिखा होकर रहा। परियाँ सोते में कुँअर को उठा ले गयीं और कुमारी मधुमालती के बग़ल में लिटा दिया। नज़रें चार होते ही दोनों तीरे इश्क़ से घायल हुए, लेकिन आँख लगते ही परियों ने उन्हें फिर अलग कर दिया। अब विरह व विद्रोह और दुःख-दर्द का सिलसिला शुरू हुआ। कुँअर मनोहर, कुमारी मधुमालती की तलाश में वतन से निकला। युगों जंगलों उजाड़ों के तिनके चुनने, झक्कड़ों और तूफ़ानों का मुक़ाबला करने, परियों और जिन्नों से वास्ता पड़ने, पक्षियों से मदद लेने, हज़ारों मीलों की दूरी तय करने और क़दम-क़दम पर हिम्मत व बहादुरी से काम लेने के बाद कुँअर मनोहर ने अपने उद्देश्य में सफलता प्राप्त कर ली। शादी के बाद वापसी हुई। कुँअर मनोहर राजा बना और दोनों हँसी-खुशी ज़िन्दगी बसर करने लगे।

ईथे ने नम्बर 803 पर 'क़िस्सा मधुमालत' की जिस पांडुलिपि का परिचय कराया है, वह इस परम्परा से भिन्न है जिसका उल्लेख रिव ने नम्बर 700 और 803 के अधीन किया है। इंडिया ऑफ़िस की प्रति का रचना वर्ष या किताबत का वर्ष मालूम नहीं। यह फ़ारसी नस्र में है और इसी क़िस्से पर आधारित किसी फ़ारसी मसनवी से लिया है। ईथे के अनुसार उसके मूल में वह मसनवी भी हो सकती है,

जिसका परिचय ब्रिटिश म्युज़ियम की सूची में रिव ने नम्बर 700 और 803 पर कराया है और जो सन् 1059 में लिखी गयी।

फ़ारसी और उर्दू प्रतियाँ

फ़ारसी

1. मसनवी 'क़िस्सा मधुमालत' रचना वर्ष 1059 हि.। यह मसनवी ब्रिटिश संग्रहालय में मुंशी अली रज़ा की कुछ अन्य रचनाओं के संग्रह में सम्मिलित है। लेखक ने स्पष्ट कर दिया है कि उसने क़िस्सा शेख़ मंझन की एक हिन्दी पुस्तक से लिया है।[56]
2. मसनवी मेहरो माह द्वारा आक़िल ख़ाँ राज़ी आलमगीरी। रचना वर्ष 1065 हि.। इसमें भी क़िस्सा मनोहर व मधुमालत का वर्णन किया गया है। राज़ी ने मनोहर को संक्षिप्त करके मेहर कर दिया है। इस मसनवी की हस्तलिखित प्रतियाँ ब्रिटिश संग्रहालय और इंडिया ऑफ़िस में हैं।[57]
3. मसनवी कुँअर मनोहर व मधुमालत (फ़ारसी) ब्रिटिश संग्रहालय में इस मसनवी का सिर्फ़ पहला भाग नासिर अली के संग्रह मसनवियात के हाशिये पर अंकित है।[58] इसकी पूर्ण हस्तलिखित प्रति बोहार लाइब्रेरी कलकत्ता में सुरक्षित है। परिशिष्ट में इसे शेख़ नूर मुहम्मद की रचना बताया गया है। समापन वर्ष 1059 हि. और अश्आर की संख्या लगभग एक हज़ार है। कुल पृष्ठ 36।[59]
4. 'मसनवी हुस्न व इश्क़' द्वारा हिसामुद्दीन हिसारी। रचना वर्ष 1071 हि.।[60]
5. मीका व मनोहर द्वारा माधवदास गुजराती। रचना वर्ष 1098 हि., प्रति इंडिया आफ़िस।[61]
6. क़िस्सा मधुमालत, लेखक अज्ञात। गद्य पांडुलिपि इंडिया ऑफ़िस।[62]
7. पद्मावती व मनोहर W. Pertsch का बर्लिन कैटलाग (पृ. 929)।[63]
8. मनोहर व मदमाला 'हस्तलिखित' (मसनवी फ़ारसी) द्वारा असग़री।[64]
9. मसनवी मनोहर व मधुमालत हस्तलिखित (लेखक अज्ञात) लेखन 1218 हि.[65]

उर्दू

उर्दू में इस क़िस्से को नुस्रती ने 'गुलशने इश्क़' के नाम से 1068 हि. में पद्यबद्ध किया है। उसकी पांडुलिपियाँ ब्रिटिश संग्रहालय[66], बाड्लीन लाइब्रेरी[67] और इंडिया ऑफ़िस[68] में सुरक्षित हैं।

मसनवी गुलशने इश्क़ की एक हस्तलिखित प्रति पुस्तकालय टीपू सुल्तान में भी थी। उसमें लेखक का चित्र भी शामिल था, जिसमें वह स्टुआर्ट के अनुसार 'वृद्ध मालूम होता है और उसे लम्बी दाढ़ी में दिखाया गया है।' मसनवी गुलशने इश्क़ के साथ उसी पांडुलिपि में 'गुलदस्ता इश्क़' के नाम से लेखक द्वारा रचित क़सीदे और ग़ज़लों का एक संग्रह भी सम्मिलित था।[69]

मसनवी गुलशने इश्क़ की आठ हस्तलिखित प्रतियाँ सालार जंग पुस्तकालय में और पाँच इदारा अदबियाते उर्दू हैदराबाद में सुरक्षित हैं।[70] हाल ही में (1952 ई.) यह मसनवी शुद्धियों और हाशियों के साथ द्वारा मौलवी अब्दुलहक़ अंजुमन तरक़्क़ी उर्दू, कराची से प्रकाशित हुई है। लेखक उपरोक्त ने इसे एक प्राचीन प्रतिलिखित 1093 हि. के आधार पर सम्पादित किया है।

दत्तासी ने लिखा है कि मेकेंज़ी के पास भी क़िस्साए मदमालती की एक प्रति फ़ारसी हिन्दुस्तानी बन्द के साथ थी।[71]

ख़्वाज़ा इश्रत लखनवी का कथन है कि भगवन्त राय राहत काकोरी लेखक मसनवी नल दमन उर्दू ने मसनवी 'मधुमालती' उर्दू में भी लिखी थी।[72]

मसनवी गुलशने इश्क़

कुँअर मनोहर और मधुमालती के क़िस्से पर आधारित नुस्रती की यह मसनवी उसकी साहित्यिक कृतियों में उच्च स्थान रखती है। नुस्रती का पूरा नाम मुहम्मद नुस्रत था। उसने तीन आदिलशाही बादशाहों अर्थात् मुहम्मद आदिल शाह, अली आदिल शाह, और सिकन्दर आदिल शाह का ज़माना देखा और लम्बी उम्र पायी। गुलशने इश्क़ के अलावा दो और मसनवियाँ, अलीनामा और तारीख़े इस्कन्दरी और ग़ज़लियात, क़सीदों आदि का एक संग्रह भी उसकी रचनाओं में से है। मृत्यु 1095 हि.।[73]

नुस्रती ने क़िस्सा कहाँ से लिया, इस सन्दर्भ में उसने कोई व्याख्या नहीं की। सिर्फ़ इतना लिखा है कि यह क़िस्सा उसने अपने एक दोस्त मुसम्मा बनी इब्न अब्दुस्समद की प्रेरणा से लिखा है। मौलवी अब्दुलहक़ का कथन है कि यद्यपि सब किताबों में क़िस्सा एक है, लेकिन हर लेखक ने किसी प्रकार रद्दोबदल या संक्षेप से वर्णन किया है। इन सबमें गुलशने इश्क़ बहुत गठित और वृहत्त है। नुस्रती ने मूल कहानी में चम्पावती और चन्द्रसेन की कहानी गौण रूप से बड़ी ख़ूबी से मिलायी है। यह कहना कठिन है कि किसने किससे इस कहानी को लिया। ऐसा प्रतीत होता है कि एक ज़माने में यह क़िस्सा बहुत लोकप्रिय व मशहूर था और हर लेखक ने इसका वर्णन इस तरह कर दिया जैसा कि स्थायी रूप से मशहूर चला आ रहा था। मेरा विचार है कि आक़िल ख़ाँ को भी क़िस्सा दकिन ही में मिला है। जब आलमगीर बुरहानपुर में था, तो

वह भी वहीं था और सम्भवत: वहीं उसने अपनी मसनवी लिखी। यह सम्भव है कि नुस्रती की नज़र से आक़िल ख़ाँ की 'मसनवी मेहरोमाह' गुज़री हो और उसने कुछ और मिलाकर ज़्यादा रोचक बना दिया हो या जिस तरह उसने अपने वतन में यह दास्तान सुनी हो, उसी को किसी प्रकार ठीक करके पद्यबद्ध कर दिया हो।[74]

साधारण लोक कथाओं की तरह इस कथा में भी स्वाभाविक श्रेष्ठता और तिलिस्मी बातें पायी जाती हैं। क़िस्सा शुद्ध भारतीय है और लेखक ने अपने व्यक्तिगत आस्थाओं के आधार पर इसमें कोई मिश्रण नहीं किया है। इस मसनवी की सांस्कृतिक महत्ता तो है ही, कुछ विशेषताओं के आधार पर इस मसनवी की गणना दकन की श्रेष्ठतम अदबी मसनवियों में भी की जा सकती है। मसनवी का आरम्भ रीति के अनुसार हम्द व ना'त व मुनाजात से हुआ है। कुछ अश्आर हज़रत बंदा नवाज़ की प्रशंसा में हैं। अली आदिल शाह की दीर्घ प्रशंसा है। कुछ शे'र अपने हाल के मुताबिक़ हैं। फिर अक़्ल की तारीफ़ की है और क़िस्सा शुरू हो जाता है। शीर्षक भी शे'रों के द्वारा स्थापित किये हैं। हर शे'र में पूरे अध्याय का सारांश आ जाता है। उन सारे शे'रों को अगर मिला दिया जाये, तो एक क़सीदा बन जाता है। बाद के शायरों ने इस विधि की पैरवी की है। नुस्रती को प्राकृतिक दृश्यों के वर्णन में विशेष दक्षता प्राप्त है। हिन्दुस्तानी क़िस्सा फिर हिन्दुस्तान के ही दृश्य, विचित्र आनन्द पैदा हो गया है। सर्दी-गर्मी की स्थिति, बाग़ों-फूलों और पक्षियों-जानवरों का हाल, कश्ती की रवानी, खानों, तरकारियों, पकवानों और फलों का विवरण और चाँदनी का समाँ जगह-जगह वर्णन किया है। मसनवी के हर अध्याय का समापन नैतिक अश्आर पर होता है। नुस्रती को मानवीय भावनाओं की स्थिति दिखाने में भी निपुणता प्राप्त है। मौलवी अब्दुलहक़ के अनुसार 'कलाम में विस्तार ज़रूर है, लेकिन वह एक उबलता हुआ चश्मा है, जिसको रोकना मुश्किल है।'

इस मसनवी में गौण रूप से हिन्दुस्तानियों के शिष्टाचार, रहन-सहन, खान-पान, लिबास व शादी-विवाह की रीतियों का जो उल्लेख हुआ है, बहुत महत्त्वपूर्ण है। इससे मालूम होता है कि शायर के दिल में अपने वतन और उसके सांस्कृतिक संस्थाओं से कितनी गहरी रुचि और प्रेम है। एक जगह शादी की सभा में राग-रंग का उल्लेख किया गया है। उस स्थान से कुछ अश्आर नक़ल किये जाते हैं :[75]

तरब बख़्श मुतरिब मीठे तान उचायें सो ज्ञानी बजा ज्ञान सुरगुन से गायें	सुरूर बख़्श मुतरिबों ने मीठी तानें लेनी शुरू कीं और ज्ञानी लोगों ने ज्ञान और गुण से गाना बजाना शुरू किया।

चतुर नाज़नीन पात्रां छन्द बाज़ जू थियाँ लाख खूबी सूँ आशिक़ नवाज़	हुनरवर जादू कार नाज़नीन नाचने वालियाँ, हज़ारहा ख़ुबियों से आशिक़ का दिल छीनने वालियाँ थीं।
लटकतियाँ चलीं छब की जब चाव सूँ ख़मीं क़द जोबन बार के ताव सूँ	जब वो नाज़ो अदा से मटकती चलती थीं तो जोबन के बार से उनके क़दम ख़म हो जाते थे।
किया यूँ मीठा राग-रंग रस भरा बिसुर सुद सुबुक सेर चन्द्रहरिया	जब मीठा रसीला राग गाया तो, सुबुक सेर चाँद की भी अक़्ल गुम हो गयी।

मालती का नखशिख मुलाहिज़ा हो :

सहीं नर्म केस उसके मफ़्तूल सियाम सिणहार ज़ुल्फ़ां सूं बादल पे दाम	उसकी ज़ुल्फ़ें नर्म और सियाह हैं और वो उन लम्बी ज़ुल्फ़ों से बादल पर जाल फेंकती है।
सुरंग माँग यूँ तिस में देवे शहूद उचाया है जूँ सुब्हे सादिक़ नुमूद	बालों में सीधी माँग यूँ मालूम होती है जैसे सुबह के समय पौ फट रही हो।
सदंग धार खंडे की नासिक नोल चम्बे की कली ज़र्द रू जिस उगल	नाज़ुक नाक सीधी तलवार की तरह है, जिसके आगे चम्पा की कली का हुस्न भी फीका है।
कलाई देखत नर्म तिस हात कीच कंवल डाल डूबे झुलों जल के बीच	नर्म-नर्म कलाई पे उँगलियाँ यूँ मालूम होती हैं जैसे पानी में डूबी हुई डाल पर कमल का फूल।
दीसे गंग का पेट पुर पेट ढाल बहता नीर सो तिस में चोटी के बाल	उसकी पीठ गंगा के पेट की तरह है (जब पानी कम रह जाता है तो कहते हैं कि पेट तक है) तात्पर्य यह कि उसकी ज़ुल्फ़ के बाल जो पीठ पर बिखरे हुए हैं, पानी की तरह जारी हैं।

मसनवी ज़फ़रनामा इश्क़ (हस्तलिखित) द्वारा सैय्यद मुज़फ़्फ़र तख़ल्लुस मुज़फ़्फ़र[76]

शायर के हालात मालूम नहीं हो सके। अलबत्ता मसनवी से इतना मालूम होता है कि इसका लेखक औरंगज़ेब के ज़माने में मौजूद था और उसके पिता का नाम सैय्यद अय्यूब शाह था।

शायर ने स्पष्ट कर दिया है कि वह फ़ारसी क़िस्सा 'मेह्र व माह' को दख़िनी में अनुवाद करना चाहता था, ताकि एक ऐसी यादगार स्थापित हो सके, जिसे पढ़कर आशिक़ बेक़रार हो जायें। लेकिन फ़ारसी क़िस्सा ग़लत लिखा हुआ था। इसलिए शायर ने उसे अपनी रुचि के अनुसार सही ढंग से पद्यबद्ध किया। मसनवी के सम्बन्धित शे'र ये हैं :

दिस्या क़िस्सा फ़ारसी मेह्र व माह	मँगिया करने दख़िनी सूँ में तर्जुमा
सो दिसे में दिल मुझ दिया यूँ ख़बर	न कर तर्जुमा फ़ारसी का ज़फ़र
लिखा है ग़लत क़िस्सए फ़ारसी	तू पढ़ देख दिल है तेरा आरसी
लिखा हूँ ग़लत क़िस्सा सरापा सही	है मानी बलीग़ व इबारत फ़सीह
लिखा हूँ मैं ये क़िस्सा मेह्र व माह	मुताला करें ता गदा होर शाह
रखिया तू ज़फ़र नामए इश्क़ नाम	तूजे इश्क़ याँ अक़्ल का नईं है काम

इन अश्आर में जिस फ़ारसी क़िस्से की ओर संकेत किया गया है वह सम्भवत: आक़िल ख़ाँ राज़ी की फ़ारसी मसनवी मेह्र व माह (1065 हि.) है। इस मसनवी में कुँअर मनोहर और मधुमालती की कहानी बयान की गयी है। यही कहानी लगभग इसी तरह, जैसे इसे राज़ी ने पद्यबद्ध किया है, छः फ़ारसी लेखकों और एक उर्दू शायर (नुस्रती) ने भी बयान की है। लेकिन उनमें से किसी ने भी इसे ग़लत नहीं बताया। ख़याल है कि सैयद मुज़फ़्फ़र को क़िस्सा कुँअर मनोहर और मधुमालती का हिन्दी रंग पसन्द नहीं था और वह उसे इस्लामी दास्तान के रूप में प्रस्तुत करना चाहता था मगर ऐसा करने के लिए क़िस्से में मूल परिवर्तन करना आवश्यक था, जिनके परिणाम स्वरूप सैयद मुज़फ़्फ़र का क़िस्सा कुँअर मनोहर की मूल कहानी से भिन्न हो गया। अत: इसे प्रमाणित और विश्वसनीय स्वीकार कराने के लिए उसने आक़िल ख़ाँ राज़ी की परम्परा को ग़लत घोषित किया। हाँलाकि इस क़िस्से की सही परम्परा वही है, जो राज़ी के यहाँ या मामूली मतभेद से नुस्रती के यहाँ मिलती है। सैय्यद मुज़फ़्फ़र ने क़िस्से के स्थानीय रंग को परिवर्तित कर दिया है। राजा के बजाय बादशाह, साधु के बजाय ज़ाहिद और इसी तरह के दूसरे शब्द प्रयोग किये हैं। राजा की आरम्भिक कठिनाइयाँ परियों की मदद से नहीं, बल्कि परोक्ष की आवाज़ के द्वारा आसान होती हैं। सत्रह वर्ष की आयु में शहज़ादा दरिया के सफ़र पर रवाना होता है। इसी यात्रा के मध्य वह इश्क़

में मुब्तिला होता है और सफलता की मंज़िल तक पहुँचता है।

इस मसनवी की दो अपूर्ण पांडुलिपियाँ पुस्तकालय सालार जंग में सुरक्षित हैं।[77] उनमें से एक प्रति 1220 हि. में लिखी गयी। उसी मसनवी की एक सम्पूर्ण प्रति 1313 हि. की लिखित इदारा अदबियाते उर्दू के पुस्तकालय में सुरक्षित है।[78]

उन्हीं सैयद मुज़फ़्फ़र ने क़िस्सए आफ़ताब भी लिखना शुरू किया था, लेकिन पूरा न कर सके।[79]

मसनवी सुन्दर सिंगार

द्वारा शाह अली गुजराती, लिखित 1719 ई., पुस्तकालय मांचेस्टर, हिन्दुस्तानी पांडुलिपियाँ[80]

मसनवी ऊद संदल

इस मसनवी की पांडुलिपि अंजुमन तरक़्क़ी उर्दू के पुस्तकालय की सम्पत्ति है।[81] दखिनी उर्दू में यह शुद्ध हिन्दुस्तानी क़िस्सा है। मसनवी आख़िर से त्रुटिपूर्ण है और क़िस्सा अधूरा है। (कुल पृष्ठ 8) लेखक ने कुछ जगह अपना तख़ल्लुस अमीरी इस्तेमाल किया है। लेखक के बारे में कोई विवरण प्राप्त नहीं हो सका। मसनवी से रचना वर्ष का भी पता नहीं चलता। भाषा प्राचीन है, जिससे अन्दाज़ा, होता है कि मसनवी सत्रहवीं शताब्दी के पूर्वाद्ध में लिखी गयी होगी। रचना का कारण :

जलाऊं ऊद तें अब बास आवे   धिसूं सन्दल जो जग ठंड यक पावे
जले न ऊद अगर संदल घिसे ना   मुकद्दर है कली जूँ गुल हँसे ना

भारत में ब्राह्मण राजा था, उसकी पत्नी बहुत सुन्दर व रूपवान थी और इस विचार से वह सन्दल कहलाती थी। यह ब्राह्मणी एक नौजवान 'ऊद' पर मोहित हो गयी। अतः,

नज़र सन्दल की जब हुई देक पर ऊद
लगी जलने अगर मानिन्द हुई दूद

इसके बाद के पृष्ठ नहीं हैं। अन्तिम पंक्ति है :

अजब भांतों जले मिल सन्दल व ऊद

मसनवी लअल व गौहर

क़िस्साए लअल व गौहर को हुसैन अली निवासी श्रंगापट्नम ने फ़ारसी में पद्यबद्ध किया था। उसकी एक हस्तलिखित प्रति पुस्तकालय टीपू सुल्तान में थी। स्टुआर्ट का कथन है कि यह 1778 ई. में टीपू सुल्तान को पेश करने के लिए लिखी गयी।[82]

इस मसनवी की एक पांडुलिपि इंडिया ऑफ़िस लंदन में भी सुरक्षित है। रचना वर्ष 1192 हि. है। ईथे ने लेखक का नाम 'हसन अली इज़्ज़त' लिखा है।[83]

उर्दू में यह मसनवी 1129 हि. से पूर्व एक दकिनी शायर आरिफ़ुद्दीन ख़ाँ आजिज़[84] ने लिखी। इसका क़िस्सा इन्द्रसभा की तरह का है। शहज़ादा लअल बंगाल के बादशाह ज़मुर्दरो का बेटा था। एक रात जब वह सो रहा था तो ऊपर से परियों का तख़्त गुज़रा। परियों के बादशाह की लड़की गौहर शहज़ादे को देखकर उस पर आशिक़ हो गयी। पलंग उठवा मँगवाया। मुद्दतों परेशान रहने और मुश्किलें सहने के बाद आखिर दोनों की शादी हुई और लाल, गौहर को लेकर वतन वापस आया।

इस मसनवी की पांडुलिपियाँ यूरोप और भारत के पुस्तकालयों में साधारण रूप से मिलती हैं।[85] यह मसनवी मद्रास से 1873 ई. और बम्बई से 1877 ई. में प्रकाशित हो चुकी है।[86]

आरिफ़ुद्दीन ख़ाँ आजिज़ की मसनवी की एक हस्तलिखित प्रति अंजुमन तरक़्क़ी उर्दू अलीगढ़ के पुस्तकालय में सुरक्षित है, लिखित 1231 हि. कुल पृष्ठ 16।[87]

और देखें, श्प्रिंगर पृ. 599। आरम्भ :

इलाही दे मुझे रंगीं बयानी[88]

इस मसनवी का एक संस्करण मुस्तफ़ाई प्रेस, मुज़फ़्फ़र नगर से भी प्रकाशित हुआ था। यह हमारी नज़र से गुज़रा है। इस पर मुद्रण वर्ष कहीं अंकित नहीं है। मसनवी का नाम भी लअल व गौहर के बजाय लाल व गौहर लिखा है।[89] शायर का नाम मुखपृष्ठ या अंत में कहीं भी नज़र नहीं आता। अलबत्ता कुछ अश्आर में आरिफ़ुद्दीन ख़ाँ आजिज़ ने अपना तख़ल्लुस इस्तेमाल किया है।

अरे आजिज़ यहाँ तू लाल को छोड़
सुखन के संग से हीरे का सर फोड़

....

अरे आजिज़ ये क्या है गा बखेड़ा
कि तू हीरा का फिर अफ़साना छेड़ा

यह मसनवी 32 पृष्ठों पर प्रकाशित हुई है और हर पृष्ठ पर 17 अश्आर हैं। इस मसनवी की जितनी हस्तलिखित प्रतियाँ उपलब्ध हुई हैं। उनमें समापन इस शे'र से होता है :

इलाही आशिक़ों की आबरू रख
उनूं कूं दोजहाँ से सुरख़ुरु रख[90]

लेकिन प्रस्तुत मुद्रित प्रति में इस शे'र के बाद 'मार्फत' शीर्षक से किसी दूसरे

शायर के 32 अश्आर अधिक मिलते हैं। उस शायर का तख़ल्लुस अमीन था जो यूँ इस्तेमाल हुआ है :

उठा अब तू अपना क़लम ऐ अमीं
दुआ अपने ख़ालिक़ से बस है यही (कज़ा)

आजिज़ ने मसनवी का समापन प्रेमी-प्रेमिका की सफलता और सिद्धी पर किया है। अमीन ख़ुदा से दुआ माँगते हैं कि दोनों में एक बार फिर जुदाई हो जाये। वियोग व विद्रोह के ऐसे ऐसे आघात उठाने पड़ें कि आत्मा शरीर से अलग हो जाये। क़ब्र व प्रलय की मंज़िलें कामयाबी से तय हों और उसके बाद 'क़ाज़ी हाजात रब्बुलअला' आशिक़ से उसका माशूक़ मिला दे और दोनों को जन्नत नसीब हो। इस स्थिति में मसनवी का समापन इन अश्आर पर होता है :

मैं चाहूँ हूँ जो दर से तेरे मिले   मिरा भी कहीं ग़ुँचए दिल खिले
हुई मसनवी अब (ये) बिल्कुल तमाम   तिरा शुक्र पयम्बर को तेरे सलाम (कज़ा)

आरिफ़ुद्दीन ख़ां आजिज़ के कलाम का नमूना ये है :

गयी जब रात घुट-घुट कर अदम से   खिला ग़ुँचए नसीम सुब्ह दम से
जगी गौहर न देखा यारे मूनिस   और आँखों को जो खोले मिस्ल नरगिस
हिकायत रात की कर याद रोयी   कहे मैं नींद पाकर लाल खोयी

इस मसनवी के क़िस्से को नौशेरवाँ जी मेहरबान जी आराम ने उर्दू में रूपक के रूप में लिखा है, जो बम्बई से प्रकाशित हुआ। इससे पहले ढाका में यह किसी दूसरे नाटककार के नाम से मंचित किया जा चुका है। इसके बाद आराम ने इसको अपने नाम से रूपक किया और प्रकाशित कराया।[91] इसी क़िस्से को आधार बनाकर मुहम्मद अली मुराद लखनवी शिष्य हुसैनी मियां ज़रीफ़ ने भी एक उर्दू ड्रामा लिखा।[92]

मसनवी नेह दर्पण

यह क़िस्सा सैयद अहमद हुनर ने 1731 ई. (1144 हि.) में लिखा। हुनर सैयद मुहम्मद इशरती के पुत्र और सरकार आसफ़िया के मनसबदारों में शामिल थे। इस मसनवी की हस्तलिखित प्रति पुस्तकालय सालारजंग हैदराबाद में सुरक्षित है। हुनर ने इसे इब्न निशाती के फूलबन के जवाब में लिखा था :

मुझे इब्न निशाती का सुख़न ख़ूब   लगिया दिल में बहुत महबूबो मरग़ूब
किताब उसकी जो है नाम उसका फूलबन   नज़ाकत की है वह गुलबन का गुलशन
मुझे जो धानूं उसका ख़ूब आया   क़लम कूँ भी उसी गत पर नचाया

वो गुलशन का रखिया जो नाउँ फूलबन — रखिया मैं नाँव इसका नेहदर्पन

शम्सुल्लाह क़ादरी के अनुसार इस मसनवी में राजा राज कुँअर और रानी कामलता देवी की कहानी का वर्णन है। हुनर ने स्पष्ट कर दिया है कि यह क़िस्सा उसने किसी फ़ारसी दास्तान से लिया, लेकिन उसके मूल हिन्दुस्तानी होने में संदेह नहीं। देखें:

'एक बादशाह था, जिसके पास ज़रो जवाहर, ख़ज़ाना व फ़ौज सब कुछ था, मगर सन्तान नहीं थी। एक फ़क़ीर से वह दुआओं का इच्छुक हुआ। दिन-रात इसी चिन्ता में बीतता। आख़िर फ़क़ीर की दुआ क़बूल हुई और उसके लड़का पैदा हुआ। लड़का बड़ा होकर सैर व शिकार में व्यस्त रहने लगा। अन्ततः सपने में एक सुन्दर लड़की को देखकर वह उस पर मोहित हो गया। इश्क़ से उसकी दशा शोचनीय होने लगी। दवा-दारु किया मगर कोई फ़ायदा नहीं हुआ। आख़िर एक ब्राह्मण आया। उसने शहज़ादे के दिल का भेद मालूम करने की कोशिश की और शहज़ादे के प्रेम को जान गया। शहज़ादा लड़की की तलाश में रवाना हुआ। उसके बाद सैकड़ों कठिनाइयों और तिलिस्मों से निकलने के बाद उद्देश्य प्राप्त हुआ और शहज़ादा सपने की प्रेमिका के मिलन से प्रसन्नचित होकर वतन वापस आया।'

आरम्भ :

इलाही, या इलाही, या इलाही — तुजे साजे जगत की बादशाही
तकब्बुर होर मनम है तुज सज़ावार — कि नहीं कोई दूसरा तुज सा करतार

अन्त :-

ख़ुदावन्द! तुफ़ैल अपने नबी के — नबी के होर शह मर्दां अली के
दुनिया और दीन के कामां बने सब — मिरा कर ख़ात्मा बिल ख़ैर या रब[93]

मसनवीयात कामरूप और कलाकाम

यह भारत का अत्यन्त प्राचीन और लोकप्रिय क़िस्सा है। गारसां दत्तासी इसके बारे में कहता है : 'यह विचित्र कथा है और हिन्दुस्तानी गद्य-पद्य में बहुत-से लेखकों ने इसे लिखा है। ...कहते हैं कि सिन्दबाद का क़िस्सा जो अलिफ़ लैला में है और सन ब्रान दीन का क़िस्सा जो मैरी द फ्रांस का संकलन है, उनका मूल यही है।'[94] दत्तासी इस क़िस्से के प्रेमियों में से था। उसने अपने अभिभाषणों में इसकी बार-बार प्रशंसा की है और वह इसे Ulysses से उपमा देता है।[95] उसकी नज़र से इस क़िस्से की फ़ारसी और उर्दू की कई पांडुलिपियाँ गुज़री थीं। लेकिन वह इस सबमें से तहसीनुद्दीन की मसनवी को श्रेष्ठ घोषित करता है। अतः उसने इसका अनुवाद

फ्रांसीसी भाषा में Les Adventures De Kamprup के नाम से किया जो पेरिस से 1834 ई. में प्रकाशित हुआ।[96] इसके साथ-साथ 1835 ई. में दत्तासी ने तहसीनुद्दीन की मसनवी का दखिनी पाठ भी प्रकाशित किया।[97] यह पांडुलिपि अबी बर्टन्र्ड की कोश के साथ 1859 ई. में पुनः प्रकाशित हुई।[98] कामरूप के फ्रांसीसी अनुवाद से लगभग चालीस वर्ष पूर्व डब्लू फ्रेंकलिन इस क़िस्से को अंग्रेज़ी में अनुवाद करके 1793 ई. में लंदन से प्रकाशित कर चुका था।[99] डब्लू फ्रेंकलिन का अंग्रेज़ी अनुवाद शुद्धरूप और हाशिये के साथ महाभारत दत्त, बर्दवान से पुनः 1909 ई. में प्रकाशित हुआ।[100] अंग्रेज़ी का एक संक्षिप्त संस्करण 1889 ई. में कलकत्ता से प्रकाशित हुआ।[101] जर्मनी भाषा में क़िस्सा कामरूप की भूमिका का अनुवाद Prof. Rose Garten ने किया था, जिसे नामवर गोएटे ने देखा और बहुत आनंदित हुए। गोएटे ने इस नज़्म की प्रशंसा में शब्द Unchatzbare का प्रयोग किया है।[102]

कामरूप के क़िस्से को पंजाबी भाषा में अहमद यार ने पद्यबद्ध किया। यह क़िस्सा 1875 ई. में अमृतसर में प्रकाशित हुआ।[103] हिन्दी में इसे 'कहानी कला काम की' के नाम से श्याम लाल चक्रवर्ती ने पद्यबद्ध किया। यह किताब आज़मगढ़ से 1879 ई. में प्रकाशित हुई।[104] यही क़िस्सा हिन्दी गद्य में फ़िरोज़ाबाद के क्षेत्रपाल शर्मा ने भी लिखा जो कलकत्ता से 1890 ई. में प्रकाशित हुआ।[105]

कामरूप के फ़ारसी और उर्दू पांडुलिपियों का विवरण यह है :

फ़ारसी पांडुलिपियाँ

1. क़िस्सा कामरूप (गद्य) द्वारा मीर मुहम्मद काज़िम हुसैनी, तख़ल्लुस करीम। यह अब्दुल्लाह कुतुबशाह (1626-72) का सेवक था। रिव का कथन है कि करीम ने क़िस्सा संस्कृत से लिया।[106] मीर मुहम्मद काज़िम हुसैनी की फ़ारसी मसनवी क़िस्सा कामरूप, दिल्ली से 1849 ई. में प्रकाशित हुई। यह मुद्रित प्रति इंडिया आफ़िस लंदन में सुरक्षित है।[107]
2. क़िस्सा कामरूप (गद्य) द्वारा हिम्मत ख़ाँ मीराँ बिन इस्लाम ख़ाँ। हिम्मत ख़ाँ का पूरा नाम यूँ है :
   'मीर ईसा बिना इस्लाम ख़ाँ मशहदी अलमुख़ातिब ब हिम्मत ख़ाँ'[108]
   हिम्मत ख़ाँ मीराँ के क़िस्सए कामरूप व काम लता (फ़ारसी गद्य) की एक हस्तलिखित प्रति इदारा अदबियाते उर्दू हैदराबाद के पुस्तकालय में भी है। किताबत का सन् 1261 हि. स्थान हैदराबाद, कुल पृष्ठ 135[109]
   हिम्मत ख़ाँ आलमगीर के युग में एक मीर मुंशी थे (मृत्यु 1092 हि.) प्रतिलिपि बांकीपुर लिखित 1159 ई.[110] मीर ईसा, मीरन तख़ल्लुस करते थे।
3. मसनवी दस्तूर हिम्मत द्वारा मुराद। तज़्किरा शमा अंजुमन में मीर मुहम्मद

मुराद का तख़ल्लुस लायक़ बताया गया है।[111] मसनवी दस्तूर हिम्मत के एक शे'र में भी यह तख़ल्लुस मौजूद है :

बया लायक़ सुख़न रा मुख़्तसर कुन
ज़िदिल अंदेशए दीगर बदर कुन[112]

मसनवी दस्तूरे हिम्मत की एक हस्तलिखित प्रति इदारा अदबियाते उर्दू, हैदराबाद के पुस्तकालय में भी सुरक्षित है। यह पांडुलिपि हर प्रकार से त्रुटिपूर्ण है और वर्तमान स्थिति में 114 पृष्ठों पर आधारित है।[113]
मुराद हिम्मत ख़ाँ का सेवक था। अपनी मसनवी में उसने स्पष्ट कर दिया है कि मेरे संरक्षक हिम्मत ख़ाँ ने क़िस्सा कामरूप को फ़ारसी गद्य में लिखा। चूँकि यह क़िस्सा उसे बहुत पसन्द था, इसलिए उसने मुराद से इसको पद्यबद्ध करने की फ़रामइश की। मगर अफ़सोस कि मसनवी के सम्पूर्ण होने से पहले हिम्मत ख़ाँ का देहान्त हो गया। श्प्रिंगर इसे हिम्मत ख़ाँ, लायक़ बिन इस्लाम की मसनवी घोषित करता है, जो ग़लत है।[114] रचना वर्ष 1096 हि.[115]
दत्तासी ने भी मसनवी दस्तूरे हिम्मत को ग़लती से हिम्मत ख़ाँ से सम्बद्ध किया है।[116]

4. मसनवी फ़लक आज़म, द्वारा अजब, बदीउलअस्र, हाजी रबी, रचना वर्ष 1157 हि. लिखित 1173 हि.[117]
5. मसनवी कामरूप द्वारा मुंशी अली रज़ा लिखित 1192 हि.[118] Captain John Ritchie की फ़रमाइश पर 'हिन्दवी' से अनुवाद किया गया।
6. क़िस्सा कामरूप द्वारा कौड़ामल (देहान्त 1848 ई.)। यह पुस्तक लेखक के पुत्र काली राय डिप्टी कलक्टर ने दिल्ली से 1265 हि. में प्रकाशित की। कुलपृष्ठ 136।[119]
   क़िस्सा कामरूप फ़ारसी की दो गद्य पांडुलिपियाँ दत्तासी के पास थीं। उसका कथन है कि इस क़िस्से की एक चित्रित प्रति मोसयो Jomard ने शाही पुस्तकालय पेरिस में जमा कराया था।[120] मसनवी कामरूप फ़ारसी की एक पांडुलिपि पुस्तकालय सालार जंग, हैदराबाद में भी सुरक्षित है।[121]
7. बिन्द्राबन दास ख़ुशगो से सम्बद्ध है कि क़िस्सा कामरूप व कामलता का गुरबख़्श हुज़ुरी शिष्य बेदिल ने मसनवी शीरीं ख़ुसरो के अंदाज़ पर लिखा था।[122] इस तज़्किरे की रचना के समय यह मसनवी पूर्ण नहीं थी। यह तज़्किरा 1137 हि. से 1147 हि. तक रचनाधीन रहा है।
   तज़्किरा गुले राना (हस्तलिखित-1186 हि.) में भी इस मसनवी के

सन्दर्भ में यह इबारत मिलती है : 'गुरबख्श हुज़ुरी...तर्बियत याफ़्ता मिर्ज़ा बेदिल...क़िस्सा हिन्दी तअश्शुक़ कामरूप व कामलता दर ज़मीन शीरीं ख़ुसरो गुफ़्ता...हनूज़ ना तमाम अस्त।'[123]

8. क़िस्सा कामरूप व कामलता को शेख़ हिसामुद्दीन हिसामी (पिता सिराजुद्दीन आरज़ू ने भी पद्यपद्ध किया था। शफ़ीक़ औरंगाबादी ने उनके अनुवाद में लिखा है, 'क़िस्सा कामरूप व कामलता, अज़ अफ़सानहाए मशहूर हिन्दी अस्त, मंजूमसाख़्त।'[124]
9. क़िस्सा कामरूप व लता राम (फ़ारसी गद्य) लेखक अज्ञात। इसकी एक हस्तलिखित प्रति टीपू सुल्तान के पुस्तकालय में थी।[125]
10. मसनवी कामरूप व काम लता (फ़ारसी) द्वारा अली शेर क़ानेअ ठठवी (जन्म 1140 हि.) उन्होंने अपनी फ़ारसी तारीख़ तुहफ़तुलकराम की भूमिका में अपनी पद्यात्मक और गद्यात्मक रचनाओं का उल्लेख करते हुए लिखा है कि उन्होंने यह मसनवी जो लगभग 3000 छन्दों पर आधारित है, 1169 हि. में लिखी।[126]
11. मसनवी कुँअरकाम व कलाकाम (हस्तलिखित) द्वारा प्रिया दास। इस फ़ारसी मसनवी की रचना इलाहाबाद में हुई और 7, रबीउल अव्वल 1238 हि. को इलाहाबाद के अंग्रेज़ डिप्टी कमिश्नर की सेवा में प्रस्तुत की गयी। कुल पृष्ठ 101 हैं और हर पृष्ठ में लगभग 13 शे'र हैं। 'नुस्ख़ा क़िस्सा कुँअर काम व कलाकाम मन तस्नीफ़ बाबू प्रिया दास अज़ दस्तख़त ख़ाम बन्दा नियाज़ख़िसाल कन्हैया लअल बतारीख़ पाँज़ दहम शहर मुहर्रमुलहराम 1230 हि. बातमाम रसीद।

    बरपुश्त बयाज़ मी नवेसम   ईं क़तअ ज़ बह्र यादगारी
    शायद कि बईं बहाना रोज़े   बर ख़त नगरी व यादम आरी[127]

12. इंडिया ऑफ़िस लाइब्रेरी में एक नाम अज्ञात और लेखक अज्ञात हस्तलिखित फ़ारसी संग्रह में सत्रहवें क़िस्से का शीर्षक यह है :
    'दर बयान राजा सुधर मावालिए मुल्क कामरु (प)'[128]
13. कामरूप व कामलता (फ़ारसी) लेखक अज्ञात, पृष्ठों की संख्या 73 मुद्रण कलकत्ता, 1889 ई.[129]

उर्दू पांडुलिपियाँ

1. मसनवी कामरूप और कलाकाम द्वारा तहसीनुद्दीन। गारसां दत्तासी के पास तहसीनुद्दीन की मसनवी की दो हस्तलिखिति पांडुलिपियाँ थीं, उनमें मसनवी का रचना वर्ष 1170 हि. बताया गया है, जिसकी संख्या 'गुल व ख़ुश बहार' से प्राप्त किये गये हैं।[130] तहसीनुद्दीन की मसनवी का मुराद की

फ़ारसी मसनवी दस्तूरे हिम्मत से अनुदित होना अनुमान के विपरीत है, क्योंकि मुराद की मसनवी में शहज़ादी का नाम 'कामलता' आया है।[131] इसके विपरीत तहसीनुद्दीन के यहाँ प्रेमिका का नाम 'कलाकाम' बताया गया है। तहसीन की मसनवी की दो पांडुलिपियाँ इंडिया ऑफ़िस में,[132] एक पुस्तकालय मांचेस्टर में,[133] और एक अंजुमन तरक़्क़ी उर्दू, अलीगढ़ में सुरक्षित है।[134] रचना वर्ष 1170 हि. है।

2. कामरूप, नज़्मे उर्दू, द्वारा ज़ैग़म[135]
3. कामरूप, नज़्मे उर्दू, द्वारा आरज़ू[136]
4. कामरूप, नज़्मे उर्दू, द्वारा हसन[137]
5. कामरूप, नज़्मे उर्दू, द्वारा सिराज[138]
6. मर्ग़ूबुत्तबअ (गद्य) द्वारा सैयद हुसैन अली ख़ाँ हैदराबादी (हस्तलिखित) इदारा अदबियात उर्दू, हैदराबाद, रचना वर्ष 1248 हि. है।[139]
7. नुस्ख़ा नस्र (दखिनी उर्दू) लेखक अज्ञात (रचना वर्ष सम्भवतः 1211 हि.-48) पुस्तकालय, सालार जंग, हैदराबाद।[140]
8. क़िस्साए कामरूप (गद्य) द्वारा कुन्दनलाल (रचना वर्ष 1849 ई.) यह किताब मुराद की फ़ारसी मसनवी 'दस्तूरे हिम्मत' के पहले अध्याय का अनुवाद है।[141]
9. क़िस्सा कुँअर कामरूप द्वारा कमाल ख़ाँ उर्फ़ मुन्ने ख़ाँ (हस्तलिखित) यह पांडुलिपि 1914 ई. में पुस्तकालय आसफ़िया में मौजूद थी और इसका उल्लेख पुस्तकालय की विस्तृत सूची मुद्रित 1333 हि. में मिलता है,[142] लेकिन अब मालूम करने पर पता चला है कि इसे 1937 ई. में पुस्तकालय उपरोक्त के संग्रह से निकाल दिया गया।
10. मसनवी कामरूप व कामलता (ह.लि.) लेखक अज्ञात, पृष्ठों की संख्या 81, 15 लाइनें प्रति पृष्ठ, इदारा अदबियात उर्दू, हैदराबाद।[143]

प्रस्तुत मसनवी में प्रेमिका का नाम हर जगह कामलता लिखा हुआ है न कि कलाकाम। इस पांडुलिपि में आरम्भिक कुछ शे'र सुरक्षित नहीं हैं।

यह पांडुलिपि इस तरह शुरू होती है :

कहा हक़ में उनके ख़ुदाए करीम — ये लौलाक व यासीन व ताहा अज़ीम
जो बाग़ अज़ल के हैं सरदार वाँ — बहारे अदब उन पे है जाविदाँ

कामरूप के पिता के हाल का वर्णन

तो सुन बाद इसके अरे ख़ुश सरूप — क़िस्सा कामलता और कुँअर कामरूप
अव्वल सुन तू उसके पिदर का बयाँ — मैं देता हूँ हालत से उसके निशाँ
अथा गर्द में हिन्द के आश्कार — अवध नामी इक मुल्क रंगी बहार

यह पांडुलिपि बहुत ही सुन्दर देसी काग़ज़ पर नस्तालीक़ सुलेख में सम्भवत: 1200 हि. के लगभग नक़ल की गयी है। आरम्भिक एक पृष्ठ इसमें सुरक्षित नहीं। वर्तमान स्थिति में इसमें दो हज़ार चार सौ छंद हैं। इसका समापन इस छंद पर होता है:

कहा अपनी ख़िदमत में इस कूं ऐ शाह रखो साया में अपनी बेशक व शुबाह
दिया ख़ुश रज़ा से मैं उस कूं तुजे तूं कर ख़ुश रज़ा से भी रुख़्सत मुझे[144]

इस पांडुलिपि में चूँकि आरम्भिक और अन्तिम अश्आर नहीं हैं, इसलिए लेखक का नाम और रचना वर्ष मालूम नहीं हो सका। डॉ. ज़ोर का विचार है कि यह मसनवी तहसीनुद्दीन की रचना है,[145] हालाँकि ऐसा नहीं है। तहसीनुद्दीन की मसनवी मुद्रित पेरिस की एक पांडुलिपि स्टेट सेन्ट्रल लाइब्रेरी हैदराबाद में सुरक्षित है।[146] इन दोनों के अश्आर का तुलनात्मक अध्ययन करने से मालूम हुआ है कि इदारा अदबियात की पांडुलिपि तहसीनुद्दीन की मसनवी से बिल्कुल भिन्न है। और तहसीन के यहाँ प्रेमिका का नाम 'कलाकाम' है और पांडुलिपि इदारा की मसनवी में इसे हर जगह काम लता लिखा है। सम्भव है यह मसनवी कमाल ख़ाँ उर्फ मुन्ने ख़ाँ की रचना हो या उन चारों शायरों में से किसी एक की सोच का परिणाम हो, जिनका उल्लेख गारसां दत्तासी ने किया है।[147] लेकिन उन मसनवियों में से किसी की कोई प्रतिलिपि उपलब्ध नहीं। इसलिए प्रतिलिपि इदारा के लेखक के बारे में अधिकृत रूप से कुछ नहीं कहा जा सकता।

मीरे दास्ताँ का नाम विभिन्न परम्पराओं में 'कुँअर कामरु', 'राजकुँअर' 'कुँअर', 'कामरु' विभिन्न ढंग से आया है। इसी तरह किसी ने प्रेमिका को 'कलाकाम' किसी ने 'कामलता' किसी ने 'लताराम' किसी ने 'कमलता देवी' और किसी ने मात्र 'कला' लिखा है।

11. मसनवी नेह दर्पण द्वारा सैयद अहमद हुनर (ह.लि.) 1144 हि. पुस्तकालय सालार जंग, हैदराबाद।[148] (इस मसनवी का उल्लेख पिछले पृष्ठों में किया जा चुका है) मूलतः यह मसनवी भी क़िस्सा कामरूप पर आधारित है। शहज़ादे का नाम 'राजकुँअर' और शहज़ादी का 'कमलता देवी' बताया गया है। शेष क़िस्सा वही है जिसे तहसीन ने हुनर की मसनवी के 26 वर्ष बाद 1170 हि. में पद्यबद्ध किया। हुनर ने व्याख्या कर दी है कि उसने यह क़िस्सा फ़ारसी परम्परा से लिया है।
12. मसनवी कामरूप और कलाकाम (उर्दू) की एक अपूर्ण हस्तलिखित पांडुलिपि का वर्णन प्रोफ़ेसर अख़्तर ओरिनवी ने भी किया है। यह पांडुलिपि पटना के एक व्यक्ति जो पेशे से सिपाही था, की सम्पत्ति थी।[149]
13. क़िस्सा कामरूप व कामकला उर्दू (ह. लि.) संग्रह पंडित उदय शंकर शास्त्री यह पांडुलिपि 1959 ई. में पटना में आयोजित उर्दू नुमाइश में प्रस्तुत की गयी थी।

मसनवी कामरूप और कलाकाम द्वारा तहसीनुद्दीन

तहसीनुद्दीन की यह मसनवी यूरोप में बहुत लोकप्रिय रही है। दत्तासी इसके क़िस्से को अजीब व लाजवाब कहता है। उसका कथन है : 'एक प्रकार से इस क़िस्से में हमारे लिए मानवज्ञान की मालूमात नीहित हैं। सम्भव है कि इस विषय की विशेष किताबों में हमें उतना पठनीय अंश न मिलें जितना की इस क़िस्से से। इस प्रकार की काल्पनिक कहानियाँ हमें प्राच्य के रहने वालों की ज़िन्दगी को समझने में बहुत मदद दे सकती हैं।[150]

यूरोप में तहसीनुद्दीन की इस मसनवी के तीन संस्करण प्रकाशित हुए।

हिन्दुस्तानी पाठ 1835 ई. में फ्रांसीसी अनुवाद 1834 ई. में और शब्दकोश सहित 1849 ई. में प्रकाशित हुआ। दत्तासी ने इस मसनवी का सारांश अपने दसवें अभिभाषण में बयान किया है।[151]

इस मसनवी की एक प्रतिलिपि अवध के नवाबों के पुस्तकालय में थी।[152] इंडिया ऑफ़िस में इसकी दो पांडुलिपियाँ हैं। एक का किताबत का सन् 1193 हि. है (कुलपृष्ठ 38)।[153] पुस्तकालय मांचेस्टर की हस्तलिपि प्रति 1225 हि. की लिखी हुई है।[154] भारत में इस मसनवी की केवल एक पांडुलिपि उपलब्ध हुई है जो अंजुमन तरक़्क़ी उर्दू हिन्द, अलीगढ़ की सम्पत्ति है।[155] किताबत सन् 1221 हि. है और पृष्ठों की संख्या 48 हैं। मसनवी में लेखक ने कहीं अपना नाम और तख़ल्लुस नहीं लिखा। इस मसनवी से सम्बन्धित मुहम्मद इबरार हुसैन फ़ारूक़ी अज़हरी का एक लेख पत्रिका मआसिर अंक 3 में प्रकाशित हुआ था (पृ. 145) और लेखक उपरोक्त ने निवेदन किया था कि समकालिक पाठक, लेखक का नाम, तख़ल्लुस और रचना वर्ष का पता चलायें। दत्तासी ने उस मसनवी का जो पाठ प्रकाशित किया था, वह भारत में उपलब्ध नहीं, न भारत के किसी पुस्तकालय में इस मसनवी की किसी दूसरी पांडुलिपि का हमें ज्ञान है। इसलिए विश्वस्त रूप से नहीं कहा जा सकता है कि अंजुमन की प्रतिलिपि तहसीन की ही रचना है। अलबत्ता युक्तियाँ इसके पक्ष में है। दत्तासी की कथन है कि यह मसनवी दखिनी भाषा में है।[156] अंजुमन वाली प्रति की भाषा दखिनी है। दत्तासी ने क़िस्से का जो सारांश अपने दसवें अभिभाषण में बयान किया है[157] वह मूल रूप से अंजुमन की प्रतिलिपि से मिलता-जुलता है। दोनों ने कामरूप के बाप का नाम महाराजा पत लिखा है। दोनों उसे उदयपुर का शासक बताते हैं। शहज़ादे की पैदाइश दत्तासी भी फ़क़ीर के दिए हुए फल का परिणाम बताता है। दोनों कहानियों में छ: वज़ीरों और उनके छ: बेटों का उल्लेख है, जो शहज़ादे के हमजोली थे। दोनों के यहाँ कामरूप बारह वर्ष की आयु में इश्क़ का शिकार होता है और दोनों के यहाँ नायिका सरान्दीप की शहज़ादी है। इस गहरी समानता के आधार पर यह कहा जा सकता है कि अंजुमन की प्रतिलिपि, तहसीनुद्दीन ही की रचना है। अगर यह मसनवी किसी दूसरे लेखक के चिंतन का परिणाम होती तो क़िस्सा बिल्कुल यही न होता, क्योंकि प्राचीन

युग में जब एक ही परम्परा पर विभिन्न शायर रचना करते थे, तो क़िस्से को ताज़ा और रंगीन बनाने के लिए केन्द्रीय पात्रों और स्थानों के नामों और कुछ अंशों में परिवर्तन व परिवर्धन ज़रूर कर लेते थे। ऐसी किसी बदलाव की अनुपस्थिति में अंजुमन की प्रतिलिपि को तहसीनुद्दीन से सम्बद्ध करना विचार संगत है।

तहसीनुद्दीन की मसनवी की वह मुद्रित प्रतिलिपि जिसे गारसां दत्तासी ने 1835 ई. में पेरिस से प्रकाशित किया था, बाद में मुझे स्टेट सेंट्रल लाइब्रेरी हैदराबाद में उपलब्ध हो गयी।[158] अंजुमन तरक़्क़ी उर्दू, अलीगढ़ की हस्तलिखित प्रति[159] से इसकी तुलना के बाद अब यह विश्वस्त रूप से कहा जा सकता है कि अंजुमन की प्रतिलिपि तहसीन ही की मसनवी है और तहसीन की मसनवी की यह एकमात्र पांडुलिपि है जो भारत के किसी पुस्तकालय में सुरक्षित है।

क़िस्से का सारांश

उदयपुर के राजा (मूल मसनवी में अवधपुर[160] लिखा हुआ है। गारसां दत्तासी ने इसे 'मुल्क अवध' बताया है,[161] जो ग़लत है) 'राजपत' के कोई सन्तान नहीं थी। इस उद्देश्य के लिए उसने साधुओं, संन्यासियों को भोज दिया। एक दरवेश ने उसे 'श्रीफल' दिया, जिसे खाने से रानी सुन्दररूप का पाँव भारी हो गया। चूँकि राजा के छः मन्त्री भी निःसन्तान थे, उनकी पत्नियों ने भी यह फल चखा और निर्धारित अवधि के बाद सभी के यहाँ लड़के पैदा हुए। शहज़ादे का नाम कामरूप (कामरूप वास्तव में ब्रह्मपुत्र नदी की घाटी में आसाम प्रान्त के एक क्षेत्र का नाम है। उसके उत्तर में भूटान और दक्षिण में खोसी की पहाड़ियाँ स्थित हैं, जो जंगलों से ढकी हुई हैं) रखा गया। पंडितों ने जन्मपत्री देखकर बताया कि बारह वर्ष के बाद शहज़ादे के ग्रह भारी हैं और बड़ी कठिनाइयों का सामना करना पड़ेगा। शहज़ादे को एक आलीशान महल में मन्त्रियों के छः बेटों के साथ रखा गया और उनके पालन पोषण और देखभाल के उत्तम प्रबन्ध किये गये। लेकिन होनी हो के रही। बारह वर्ष की अवस्था में एक दिन कामरूप ने सपने में एक शहज़ादी को देखा, जो सुन्दरियों में अतिसुन्दर थी। उसका चेहरा कमल जैसा, आँखें हिरनी जैसी, और गर्दन हंस जैसी थी। संयोग ऐसा कि उसी दिन शहज़ादी कलाकाम ने भी शहज़ादे कामरूप को सपने में देखा उस पर दिल व जान से मोहित हो गयी।

कामरूप की आँख खुली तो उसकी दुनिया बदल चुकी थी। उस परी चेहरा की याद उसे रह-रह कर सताने लगी और वह हज़ार कोशिश के बावजूद भी उसे भुला न सका। शहज़ादे के दिन परेशानी और रातें अनिद्रा में गुज़रने लगीं। आख़िर मन्त्री पुत्र के द्वारा बादशाह पर यह रहस्य खुला तो वह बहुत सिट पिटाया। देशदेश के परदेसियों, जोगियों और फ़क़ीरों को निमंत्रित किया गया कि कोई शहज़ादी का पता बता सके। आख़िर सुमित नामी एक ब्राह्मण ने जो सरान्दीप का रहने वाला था, कलाकाम का

अता-पता दिया। यह ब्राह्मण वास्तव में कलाकाम ही का भेजा हुआ था। अत: शहज़ादा कामरूप छ: साथियों और सुमित के साथ सरान्दीप को रवाना हुआ।

दूर-दराज़ की यात्रा थी, समुद्र पार करते हुए तूफ़ान का सामना हुआ और जहाज़ टुकड़े-टुकड़े हो गया। एक को एक की ख़बर न रही। कामरूप तख़्ते के सहारे बहता हुआ किनारे पर आ लगा। रात जंगल में बीती। यह त्रियाराज रानी रावता का स्थान था, जो शहज़ादे पर आशिक़ हो गयी और दोनों मिलजुल कर रहने लगे। शहज़ादा कलाकाम को भूल चुका था कि एक रात वह सपने में आयी और कामरूप को भला-बुरा कहा।

इस घटना के बाद कामरूप रावता के चंगुल से निकल भागा, लेकिन एक परी की हवस का शिकार हुआ। यहाँ से एक ईर्ष्यालु राक्षस ने उसे समुद्र में फेंक दिया और वह सरान्दीप के किनारे जा लगा। उस द्वीप में तिस्मा पा रहते थे, जो कामरूप के कन्धे पर सवार होकर उसे कोड़े मार-मार कर हाँकने लगे। कामरूप ने अँगूरों का रस निकाल कर शराब बनायी, जिसे पी कर तिस्मा पा मदहोश हो गये। कामरूप और दूसरे गिरफ़्तार लोगों ने इस मौक़े को ग़नीमत समझा और तिस्मा पावों को चुन-चुन कर क़त्ल किया और भाग निकले। इन आज़ाद होनेवालों में मन्त्री का बेटा मित्रचन्द भी था। उसे एक देव ने गिरफ़्तार कर लिया था, जो बाद में उसका हमदर्द बन गया और अपने बालों के द्वारा ज़रूरत के समय मदद देने का वादा भी किया। अभी मित्रचन्द और कामरूप बातें कर रहे थे कि उनका तीसरा साथी भी आ मिला। यह तोते के रूप में था और पाँव का धागा खोलने पर इंसान बन गया। वह एक परी का शिकार रहा जिसकी क़ैद से आख़िर वह उड़ निकला था। इसी मध्य उन्हें वह ब्राह्मण भी मिला जिसके रहस्यम फल की बदौलत कामरूप और उसके छ: हमजोली पैदा हुए थे, उसने उन्हें रसायनिक पत्थर दिया ताकि शहज़ादा निर्धनता और दरित्रता में परेशान न हो।

कुछ दिनों बाद शहज़ादे के बाक़ी साथी भी मिल गये। उनमें से एक नक़्क़ाश था और एक हकीम। दोनों बादशाह कामराज के दरबार में नौकर हो गये थे। नक़्क़ाश ने शाही महल में नक़्श व निगार बनाये और हकीम शहज़ादी कलाकाम का इलाज करता रहा। उसने बादशाह को बताया कि शहज़ादी इश्क़ के मर्ज़ में मुब्तिला है। बादशाह ने नक़्क़ाश से शाही महल में जगह-जगह कामरूप की तस्वीरें बनवायीं, जिन्हें देखकर कलाकाम के मर्ज़ में कुछ कमी हुई। आख़िर स्वयंवर मनाने का निर्णय किया गया। कामरूप ने अपने एक साथी को तोता बनाकर शहज़ादी के पास भेजा कि वह इस आयोजन के अवसर पर फ़क़ीर के भेष में आयेगा। अत: जब शहज़ादी ने मोतियों का हार बजाय राजाओं, महाराजाओं के एक फ़क़ीर के गले में डाला, तो उसके बाप कामराज के क्रोध की सीमा न रही। लेकिन देव के बालों और रासायनिक पत्थर की सहायता से कामरूप ने तत्काल

शहज़ादों जैसी धन–दौलत, ऐश्वर्य, शानो–शौकत पैदा कर ली। कामराज को जब शहज़ादे की असलियत मालूम हुई, तो बहुत ख़ुश हुआ। अर्थात् इस तरह मुद्दतों के संघर्ष के बाद कामरूप और कलाकाम अपने इरादों में कामयाब हुए।

तहसीनुद्दीन की मसनवी रीति के अनुसार हम्द व ना'त से शुरू होती है :

इलाही बहक़ तूं ही करतार है　　दो आलम का पैदा करनहार है
न कोई करे तेरी क़ुदरत बयाँ　　नहीं इल्म तेरा किसी पर अयाँ

इसके बाद कुछ अश्आर इश्क़ की तारीफ़ में हैं। मसनवी की भाषा दख़िनी है, लेकिन कठिन और मुश्किल नहीं। शायर के अंदाज़े बयान में सादगी, कोमलता, प्रवाह और सफाई है। वह क़िस्से की दिलचस्पी हर जगह मौजूद रखता है और दृश्यों व घटनाओं को अछूते और आकर्षक ढंग से वर्णन करने में अभ्यस्त है। कुछ उपमाएँ आधुनिकता व विलक्षणता का पता देती हैं। शहज़ादी कलाकाम के सरापा से कुछ अश्आर मुलाहिज़ा हों :

सकुचती चले चाल वो पग उठाये　　बजें पग में घुंघरु महल छनछनाये
भरें हाथ मेहंदी के वो लअल लाल　　भरें केस मोती गुंधे बालबाल
दो नैनों में काजल दिये मन हिरन　　मिस्सी मल के नीली फिरे वो प्रन
सुरज देख सूरत खड़ा थरथराये　　चन्द्रमाँ बदन देखकर मुख छुपाये

कामरूप के सफल व सिद्धि वापस आने पर :

सुनी फ़ौज की राजपत ने ख़बर　　कहा अपने दीवान को देखकर
बुलाकर करमचन्द दीवान कूं　　कहा फ़ौज में जा के पहचान तूं
कहाँ का महाराज क्या नाम है　　उदयपुर में आया है, क्या काम है
कहो जा के किस देस में तुम रहो　　कुँअर कामरू की ख़बर कुछ कहो

यह वास्तव में कामरूप की फ़ौज थी, युगों के बिछुड़े मिले, कामरूप ने अपनी जंगलों और उजाड़ जगहों पर इधर–उधर फिरने और कामयाबी की दास्तान सुनायी, अन्तत:

बिथा सुन महाराज ने तब कहा　　करम में तेरे था यही दु:ख बदा
बहुत ध्यान करके किया था जतन　　कि तुझ पर न आये बिरह की कठन
कभी फ़िक्र और अक़्ल से कुछ न होए　　बिधाता जो चाहे करे सोई सोए
रहो सुख में ख़ुश हो के अपने नगर　　करो राज अब बैठकर बे फ़िकर

समापन :

करे इश्क़ इस तरह सें जो कोई   नहीं शक यक़ीं औलिया वो जो होई
मुक़र्रर है मेहनत में राहत मिले   वरे नेक बख़्ती ब ताअत मिले[162]

पेरिस वाली प्रतिलिपि में मसनवी का नाम 'क़िस्सा कामरूप व कला' अंकित है। भूमिका और पाठ 58+96 पृष्ठों में प्रकाशित हुआ है। उसके दाहिने तरफ़ के मुखपृष्ठ की ज्यों कि त्यों नक़ल ये है :

क़िस्सा कामरूप व कला कि जो तहसीनुद्दीन ने तस्नीफ़ की अब ग़र्सैन दत्तासी का तस्हीह किया हुआ शहर पारेज़ की पादशाही छापी खानी में छापा गया ही सन् 1835 ई. मुताबिक़ सन् 1251 हिज्री की

आरम्भ :

इलाही बहक़ तू करतार है   दो आलम का पैदा करनहार है
न कोई करे तेरी क़ुदरत बयाँ   नहीं इल्म तेरा किसी पर अयाँ

शीर्षक फ़ारसी में हैं। पहला अध्याय यूँ शुरू होता है : 'दर ज़िक्र नमूदन सदा बरत व आमदन फ़क़ीर चर्म पोश व दादन श्रीफल व ख़ोरानीदन रानी व तवलिद शुदन कुँअर कामरूप।'

सुनो अब कथा इश्क़ के नाम की   कुँअर कामरू और कलाकाम की
अवधपुर रखता था वो राजपत   कहें नाम उसका महाराज पत
रहे राजपत नित इसी फ़िक्र से   कि देवे ख़ुदा एक फ़र्ज़न्द उसे

कुँअर कामरूप के माँ-बाप से बिछुड़ने और सफ़र पर रवाना होने का दृश्य :

सुन्दर रूप ने तब गले से लगा   गले सीं लगाकर कुँअर से कहा
तू जाता है मानता[163] के तईं छोड़कर   कुँअर जा शताबी सीं फ़िरयो ईधर
बुलाकर सुन्दर रूप ने तब कही   लिया दीं कुँअर के शकुन[164] की दही

दही ले के मानता ने टीका दिया | शकुन में कुँअर कूँ बिदा तब किया
कुँअर नीं[165] लिया कूंच[166] अवधपुर सों | चला अब ख़ुशी हो सरान्दीप कूँ

....

कुँअर कूँ ख़बर कुछ न दिन रात की | उसे थी वही धुन उसी बात की
कुँअर तब वो बाँम्ह्म[167] से बोला बचन | कलाकाम का अब कहाँ है वतन
कुँअर कुछ न आराम पर चें[168] करे | कलाकाम का नाम सुमिरन करे
कलाकाम की बात भावे उसे | कला बिन न कुछ बात आवे उसे
चला कूच दर कूच वाँ से कुँअर | गया चन्द मुद्दत में हुजली[169] नगर

तहसीनुद्दीन ने मसनवी का समापन आशीर्वचन पर किया है। मुलाहिज़ा हो :

मिरी आल औलाद को शाद रख | मिरे दोस्तों को तू आबाद रख
मैं खाता हूँ जिसका नमक ऐ करीम | सदा रहम कर उस पे तू ऐ करीम
जिऊँ आबरू और हुरमत के साथ | रहूँ मैं अज़ीज़ों में इज़्ज़त के साथ
बर आवें मिरे दीन व दुनिया के काम | बहक़ मुहम्मद अलै हिस्सलाम[170]

उत्तर भारत की मसनवियाँ

मसनवियात सिंहासन बत्तीसी

सिंहासन बत्तीसी 32 कहानियों के उस संग्रह का नाम है, जो राजा विक्रमाजीत की उदारता और साहस व बहादुरी के बारे में प्राचीन काल से मशहूर रही हैं। इनका मूल संस्कृत है। ईथे संस्कृत प्रतिलिपि का नाम 'सिंहासन उद्वात्र निश्ति' बताता है।[171] लेकिन दत्तासी ने सिंहासन बत्तीसी का मूल संस्कृत पुस्तक 'विक्रमाचरित्रम्' को घोषित किया है।[172] संस्कृत में तेरहवीं और चौदहवीं शताब्दी ईस्वी की लिखी हुई अनेक प्रतिलिपियाँ मिलती हैं। भारत की विभिन्न क्षेत्रीय भाषाओं, विशेषतः बंगाली, मराठी में भी सिंहासन बत्तीसी के अनुवाद मिलते हैं। ब्रजभाषा में सिंहासन बत्तीसी को सुन्दर दास कबीशर ने 1631 ई. के लगभग लिखा।[173] फ़ारसी में इसकी नौ और उर्दू में आठ पांडुलिपियों का ज्ञान है, जिन्हें आगे स्पष्ट कर दिया गया है। जर्मन, फ्रांसीसी और अंग्रेज़ी में भी इन कहानियों के अनुवाद प्रकाशित हुए हैं। जर्मन अनुवाद जलग (1868 ई.) से सम्बद्ध है। फ्रांसीसी भाषा में अनुवाद Boron Lescallier ने किया। यह 1817 ई. में न्यूयार्क से प्रकाशित हुआ।[174] R. Roth ने सिंहासन बत्तीसी का सारांश ज़ोरनाल (1845 ई.) में प्रस्तुत किया था।[175] दत्तासी ने अपने दसवें अभिभाषण (1860 ई.) में कहा है कि Fitz E. Hall ने हाल ही में सिंहासन बत्तीसी का एक संस्करण प्रकाशित किया है।[176] अंग्रेज़ी के दूसरे अनुवाद Miss Busk और एडगिर्टन के हैं।[177] फ्रैंकलिन

एडगिर्टन ने चार विभिन्न पांडुलिपियों की सहायता से सिंहासन बत्तीसी का अनुवाद अंग्रेज़ी में किया था। यह अनुवाद संस्कृत पाठ के साथ हारवर्ड ओरियन्टल सीरीज़ के अधीन दो भागों में 1926 में प्रकाशित हुआ। मंगोली भाषा में सिंहासन बत्तीसी का अनुवाद अरजी बोरजी ख़ाँ के नाम से किया गया।[178]

सिंहासन बत्तीसी यद्यपि संस्कृत की स्थायी रचना पर आधारित है, लेकिन उसकी कई कहानियाँ बैताल पचीसी, जातक कथाओं और कथा सरित सागर से मिलती जुलती हैं।[179] किंवदन्ती है कि यह कहानियाँ महादेवजी ने गौरी अर्थात् पार्वती जी को सुनायी थीं। क़िस्से की भूमिका यह है :

चन्द्र किरण एक आकाशीय बादशाह ने एक सोने का सिंहासन बनवाया जो उसने महादेव जी को भेंट कर दिया। महादेव जी ने उसे राजा इन्द्र को दिया और इन्द्र ने उज्जैन के राजा विक्रमाजीत की किसी बात से ख़ुश होकर यह सिंहासन उसे दे दिया। विक्रमाजीत के बाद उसका लड़का कर्मसेन बादशाह हुआ और उस सिंहासन पर बैठना चाहा, लेकिन उस सिंहासन में लगी हुई 32 पुतलियों ने उसे मना किया। सिंहासन धरती में गाड़ दिया गया और कर्मसेन यही इच्छा लिये दुनिया से विदा हुआ। उसकी मृत्यु के बाद यह सिंहासन राजा भोज के हाथ आया। उसने भी इस पर बैठने की कोशिश की। सिंहासन में लगी हुई 32 पुतलियाँ प्रतिदिन राजा भोज को विक्रम की बहादुरी और उदारता की एक घटना सुनातीं और इस तरह उसे सिंहासन पर बैठने से मना करती थीं। सत्ताइसवें दिन राजा भोज ने इनके रोकने के बावजूद सिंहासन पर बैठना चाहा, तो अन्धा हो गया। विक्रम का नाम लेते ही उसकी आँखें ठीक हो गयीं, लेकिन बाद के पाँच दिन उसने फिर सिंहासन पर बैठने की कोशिश की। आख़िरी दिन यह रहस्य खुला कि उस सिंहासन पर बैठने का अधिकार केवल विक्रमाजीत को था और यह पुतलियाँ राजा इन्द्र की परियाँ थीं, जो अपने कर्मों के कारण पत्थर के बुत बन गयी थीं। राजा भोज को विक्रम की उदारता के क़िस्से सुनाने के बाद उन्हें वापस अपने मूलरूप में आ जाना था। अतः ये सब परियाँ बनकर उड़ गयीं और सिंहासन गाड़ दिया गया।

फ़ारसी पांडुलिपियाँ

1. 'शाहनामा' द्वारा 'चतुरभुज दास पुत्र मेहर चन्द कायत (कायस्थ)' साकिन दर शहरे सोन (सोनी) पत' अकबरे आज़म का काल।[180]
2. 'नामए ख़िरद अफ़ज़ा'[181] द्वारा अब्दुल क़ादिर बदायूनी। इन्होंने एक विद्वान ब्राह्मण की सहायता से सिंहासन बत्तीसी को फ़ारसी गद्य-पद्य में अनुवाद किया। रचना वर्ष 982 हि. मुन्तख़िबुत्तवारीख़ (खंड 1 पृ. 67) में लिखा है कि 1003 हि. में इस पर पुर्नविक्षा कर के नयी पांडुलिपि संकलित की गयी।[182]
3. 'गुल अफ़शां' लेखक अज्ञात।[183] ख़ुलासतुत्तवारीख़ में इसका उल्लेख

मिलता है। अब्दुल क़ादिर बदायूनी ने 'गुल आफ़शां' नाम की एक मसनवी को क़ासिम काही की रचना बताया है।[184]

सुब्हान राय भंडारी ने लेखक का नाम नहीं बताया, मात्र इतना लिखा है : '...गुल अफ़शां तजुर्मा सिंहासन बत्तीसी मुतज़म्मिन अहवाल राजा विक्रमाजीत कि मुख़्तरअ आं ब्रज पंडित वज़ीर राजा भोज अस्त।'[185]

4. सिंहासन बत्तीसी द्वारा भाड़ा मल पुत्र राजमल खत्री। रचना वर्ष 1019 हि.।[186] सिंहासन बत्तीसी द्वारा भाड़ा मल की एक हस्तलिखित प्रतिलिपि बोहार लाइब्रेरी में सुरक्षित है। लिखित 1826 ई.। इसमें लेखक का नाम बहार मल लिखा हुआ है।[187] प्रतिलिपि आसफ़िया में नाम यूँ अंकित है : 'भाड़ा मल इब्न राजमल औलाद मलिक साखू साकिन उम्दा सीतापुर सरकार सूबा पंजाब।'[188]
5. सिंहासन बत्तीसी द्वारा इब्न हर किरन।[189] ब्रिटिश संग्रहालय की एक पांडुलिपि में यूँ दिया हुआ है : 'बिसब राय इब्न हरकरबदास कायथ' यह क़न्नौज का बाशिन्दा था। उसने यह अनुवाद शाहजहाँ के काल में 1061-62 हि. में किया।[190]
6. सिंहासन बत्तीसी द्वारा किशन दास पुत्र मूलचन्द तम्बोली, बाशिन्दा लाहौर, बाद जहाँगीर।[191]
7. सिंहासन बत्तीसी द्वारा चाँद पुत्र माधोराम प्रतिलिपि कोपन हैगन (सूची पृ. 29)[192]
8. सिंहासन बत्तीसी द्वारा 'सैयद इमदाद अली और शिव सहाय कायस्थ निवासी गुलावठी, बुलन्द शहर, जिला मेरठ।' इन्होंने यह अनुवाद सीधा संस्कृत से Edward Clive Bayley[193] के लिखित आदेश दिनांक 10 अप्रैल, 1945 ई. के पालन में किया। लिखित 1845 ई.[194]
9. सिंहासन बत्तीसी (पद्य) मुसम्मा ब 'काने वजूद' संग्रह सालार जंग संग्रहालय[195]
10. मिफ़्ताहुल क़ुलूब 'अनुवाद सिंहासन बत्तीसी' (फ़ारसी) लेखक अबादुल्लाह। इसकी एक हस्तलिखित प्रतिलिपि जिसमें 'भाड़ मल इब्न राजमल' की सिंहासन बत्तीसी (रचनाकाल 1019 हि.) गड्मड् हो गयी है, स्टेट सेंट्रल लाइब्रेरी हैदराबाद में सुरक्षित है। आरम्भिक पंक्तियाँ जिनमें पुस्तक का नाम और रचना वर्ष अंकित है, यह हैं :

    'बन्दः कमतरीन अबादुल्लाह चुनीं गोयद कि मेल ख़ातिर तबअज़ाद अज़ीज़ां रा दर अख़बार क़दीमी व अस्मा माज़ी मायल बूद। बिना बर ईं चन्द कलमा रा आरास्ता ब ज़बान फ़ारसी दर आवुर्दा व क़ब्ल अज़ां ईं मज्मुआ रा सिंहासन बत्तीसी हिन्दवी मी गुफ्तन्द... अकनूं बताईद रब्बानी व अज़ आतिफ़त सुब्हानी मुसम्मा मिफ़्ताहुल क़ुलूब मारूफ़ शुद... तारीख़

ईं ज़ हिज्रत यकहज़ार वसी व पंजस्त...'[196]

11. फ़ारसी गद्य अनुवाद (ह. लि.) लेखक अज्ञात (पांडुलिपि में चूँकि भूमिका आदि नहीं है, अनुवादक, कातिब का नाम और रचना काल ज्ञात न हो सका) किताबत का सन् 1225 हि.। आरम्भ : 'यक वक़्त श्री महादेव बर कैलाश परबत...'[197]

उर्दू पांडुलिपियाँ

गद्य :

1. सिंहासन बत्तीसी–लेखक अज्ञात। यह पांडुलिपि प्राचीन दख़िनी उर्दू में है। लेखक ने स्पष्ट कर दिया है कि उसने क़िस्सा चतुरभुज दास की फ़ारसी सिंहासन बत्तीसी 'शाहनामा' नामक से अनुवाद किया है। रचना वर्ष 1200 हि. से पूर्व है।[198]
2. सिंहासन बत्तीसी को काज़िम अली जवान और लल्लू लाल ने 1804 ई. में सुन्दर दास कबीशर की ब्रज रचना से फोर्ट विलियम कॉलेज के लिए अनुवाद किया। इसके जो संस्करण प्रकाशित हुए, उनमें से दिल्ली 1866 ई. और लखनऊ 1868 ई. के संस्करण पुस्तकालय ब्रिटिश म्युज़ियम में मौज़ूद हैं। सिंहासन बत्तीसी द्वारा काज़िम अली जवां और लल्लू लाल के निम्नलिखित संस्करण पुस्तकालय इंडिया ऑफ़िस, लंदन में हैं :
कलकत्ता 1805 ई., लखनऊ 1870 ई., लखनऊ (दूसरा) 1870 ई., लखनऊ 1873 ई., दिल्ली 1875 ई. और लखनऊ 1877 ई.।[200] इसी पुस्तकालय में देवनागरी लिपि के 14 और गोरखी लिपि के 5 संस्करण सुरक्षित हैं।[201] ब्रिटिश म्युज़ियम लंदन में भी बाराबंकी से 1903 ई. का छपा हुआ एक संस्करण सुरक्षित है।[202]
3. सिंहासन बत्तीसी (उर्दू गद्य) राजा दुर्गा प्रसाद, आगरा 1862 ई.[203]
4. सिंहासन बत्तीसी चित्रित (उर्दू गद्य) लेखक अज्ञात, नवल किशोर, लखनऊ 1870 ई.। पृष्ठों की संख्या 142 (इसी प्रकाशन से इस पांडुलिपि के कई संस्करण निकल चुके हैं)।
5. सिंहासन बत्तीसी (उर्दू गद्य) द्वारा अब्दुल्लाह फ़र्ज़ी।[204]
6. सिंहासन बत्तीसी (आसान और सामान्य उर्दू गद्य) द्वारा मजनूं गोरखपुरी लखनऊ 1941।[205]

पद्य

1. सिंहासन बत्तीसी विक्रमाजीत (हस्तलिखित) लेखक अज्ञात (शिष्य मीर दर्द) किताबत का सन् 1267 हि., पृष्ठों की संख्या 91।[206]

2. वीर विक्रम (हस्तलिखित) इसके लेखक और रचना वर्ष ज्ञात नहीं। पृष्ठों की संख्या 92।[207]
3. सिंहासन बत्तीसी द्वारा मुंशी मन्सा राम नातवाँ पुत्र लखपत राय पुत्र राय हृदय राम खत्री सरहिन्दी, निवासी दिल्ली। बश्शाश का कथन है कि नातवाँ ने सिंहासन बत्तीसी का अनुवाद उर्दू मसनवी में किया था।[208]
4. सिंहासन बत्तीसी द्वारा मुंशी रंग लाल चमन। यह मसनवी 1869 में प्रकाशित हो चुकी है।[209]
5. सिंहासन बत्तीसी द्वारा रंगीं लाल तख़ल्लुस रंगीं। यह मसनवी अवध अख़बार प्रकाशन लखनऊ से छपी थी।[210]
6. सिंहासन बत्तीसी द्वारा मुंशी मखन लाल[211]

मसनवी सिंहासन बत्तीसी, विक्रमाजीत

लिटन लाइब्रेरी की यह प्रतिलिपि 'या फ़त्ताहो' और 'बिस्मिल्लाहिर रहमानिर रहीम' से शुरू होती है। पहले पृष्ठ पर यह शीर्षक अंकित है :

'अज़ अस्ल किताब लाला भूरी मल बराए दिलचस्पी ख़ुद दर छापा ख़ाना गुमनाम तहरीर शुद।'

इससे मालूम होता है कि यह मूल प्रति की नक़ल है। लेखक का नाम रचना वर्ष कहीं अंकित नहीं। अलबत्ता मसनवी के अश्आर से सिद्ध होता है कि यह शाह आलम के ज़माने में लिखी गयी थी और लेखक ख्वाजा मीर दर्द का कोई शागिर्द था। हम्द के पहले दो शे'र मुलाहिज़ा हों :

दिलआरामे जहाँ रज़्ज़ाक़े मुतलक़   बनायी आस्मां की जिसने जो सक़
महो ख़ुर्शीद कर रौशन दिखाये   रखा अपने तईं सबसे छुपाये

तारीफ़ हज़रत ख्वाज़ा मीर दर्द कुद्दूस सरहु :

जनाब पाक दर्दे इश्क़ बाज़ां   असर...जान मेह्र साज़ां (कज़ा)
हर इक दम अदंलीबो गुल का दमसाज़   करे है अर्श पर दरक उसका परवाज़
ज़मीनो आस्माँ तक उस पे रौशन   नुमायाँ उसकी नज़रों से हो गुलशन
गया है उसके दर तक जो कोई यां   फिर आया जमा कर जाने परेशां
कोई उक़दा जो लायख़्ल रहे है   उन्हीं के हाथ से आख़िर खुले है
अजब तौहीद का रंगीं चमन है   वही समझे खिला याँ जिसका मन है
नहीं देखा कोई इन्सान ऐसा   जहाँ में आप ही है आप जैसा
कहाँ तारीफ़ बंदा कर सके है
कि अक़्ले गुल सुख़न कहती थके है

तारीफ़ शाह आलम बादशाह :

शहंशाहे ज़माना शाहे आलम	कि जिसके अद्ल से आबाद आलम
दखिन से ले के ता ईराँ है महकूम	नहीं इस अह्द में कोई भी मग़्मूम
फ़लक ने उसका जो दुशमन उठाया	ज़फ़र ने ख़ाको खूँ में है मिलाया
अदालत से है उसकी अमन में ख़लक़	तले ख़ंजर के है बदख़्वाह का हलक़

मसनवी का समापन इन अश्आर पर होता है :

ऐ साक़ी ज़री पीना है मय	सो दे अब कब तग़ाफ़ुल की जगह है (कज़ा)
ख़मोशी से करूँ हूँ गर्म सोहबत	सुख़न गोई से ता के मेह्रो उल्फ़त

सारांश : तमाम शुद किताब सिंहासन बत्तीसी दर तारीफ़ राजा विक्रमाजीत 1267 हि. बतारीख़ 19 ज़ीक़दह मुताबिक़ 16 सितम्बर, 1851 ई. यानी सोज बदली जेठ 1989 रोज़े सह शम्बा बवक़्त यक घड़ी रोज़ बाक़ींमान्दा बपास ख़ातिर अज़ीज़ुल क़द्र अज़ जान लाला लखपत राय[212] तहरीर याफ़्त, ख़ताए व सहवे अगर शुदह बाशद, पोशीदा साख़्तह इस्लाह बायद दाद।[213]

मसनवी वीर विक्रम

सिंहासन बत्तीसी की यह हस्तलिखित प्रति अंजुमन तरक़्क़ी उर्दू (हिन्द) की है। इसका लेखक भी ज्ञात न हो सका। भूमिका में उल्लेख है कि यह फ़ारसी मसनवियों का अनुवाद है। पांडुलिपि दोषपूर्ण है। इसलिए कोई परिशिष्ट नहीं जिससे लेखक का नाम, रचना वर्ष या किताबत का काल ज्ञात हो सके। यह प्रतिलिपि लेखक की व्यक्तिगत मालूम होती है। हाशिये पर संशोधित शब्द दिए हुए हैं और पूरी पांडुलिपि जगह-जगह से कटी-फटी है। भाषा दखिनी है।

आरम्भ :

ज़बां से न हो हक़ हम्दो सिपास	कि बे चूने क़ुदरत वो है बे क़यास
ज़मीं आस्माँ उसने पैदा किया	महो मेह्र परवीं हुवैदा किया
अजाइब ग़राइब बनाया जहाँ	बशर को किया ख़ाक से फ़िर अयाँ

समापन :

ये सुनकर बनाया निशां शाद शाद	लगाया ख़ुदा पर ओ रख एतिक़ाद
....	गया तीर सोफ़ार से पार ओ
ज़ बस देखकर वो उठा ख़्वाब से	रिहाई हुई क़ह्र के बाब से[214]

मसनवी सिंहासन बत्तीसी, चमन

रंग लाल चमन की मसनवी का रचना काल 1864 ई. है, जैसा कि निम्नलिखित तारीख़ के क़तअ से स्पष्ट है :

हुआ आरास्ता ये बाग़े नव जब   हर इक किश्वर में पहुँची बुए तारीफ़
कही मैंने सरीरे दीं से तारीख़   हुई ये नज़्मे नव क्या उम्दा तस्नीफ़

मसनवी के शुरू में कुछ शे'र वाजिद अली शाह की प्रशंसा में अंकित हैं। उनसे मालूम होता है कि मसनवी का आरम्भ 1856 ई. से पहले हुआ। वर्ना पद्च्युत बादशाह को 'माहो माही का फ़रमा रवा और अफ़सरे शाहाने आलम' के ख़िताबों से नवाज़ना निरर्थक है। प्रशंसा के आख़िरी अश्आर से इसकी और भी पुष्टि होती है :

लिखें अब मिद्हते सुल्ताने आलम   कि है वो अफ़सर शाहाने आलम
तहे फ़रमां है इसके माहो माही   शहंशाहे जहाँ, ज़िल्ले इलाही
यही मेरी दुआ शामो सहर है   कि जब तक जलवए शम्सो क़मर है
रहे वाजिद अली दुनिया में क़ायम   फ़ुज़ूँ हो शौकतो इक़बाल दायम

यह मसनवी सबसे पहले मुद्रक नवल किशोर कानपुर से 1869 में प्रकाशित हुई।[215] दूसरा संस्करण कानपुर से 1871 में प्रकाशित हुआ।

मुंशी रंग लाल चमन, मुंशी रामसहाय रौनक़ के शिष्य और रौशन लाल पुत्र मुंशी जगन्नाथ ख़ुश्तर साहिबे रामायण, उर्दू पद्यबद्ध के समकालिक थे।[216] चमन ने संकलन का कारण बताते हुए स्पष्ट कर दिया है कि सिंहासन बत्तीसी का मशहूर क़िस्सा उन्होंने अपने प्रियजनों की फ़रमाइश पर नज़्म किया। स्रोत के बारे में मसनवी ख़ामोश है।

मुखपृष्ठ पर 'बिस्मिल्लाहिर रहमानिर्रहीम' अंकित है। वाजिद अली शाह की प्रशंसा और संकलन के कारण बाद नवल किशोर और उनके प्रकाशनगृह की प्रशंसा है। कुछ अश्आर अपने गुरु राम सहाय रौनक़ के बारे में हैं। फिर साक़ी नामा और महादेव जी व कैलाश पर्वत की प्रशंसा है। उसके बाद विक्रमाजीत का जन्म और राजा इन्द्र के वर्णन से कहानी चल निकलती है। राजा भोज को सिंहासन पर बैठने से रोकने के लिए पुतलियाँ जो कहानियाँ सुनाती हैं, उनमें से अट्ठाइसवीं कहानी यूँ है :

अट्ठाइसवें दिन सुबह होते ही राजा भोज ने फिर सिंहासन पर कदम रखना चाहा। अट्ठाइसवीं पुतली ज़ोहरा बोली, 'इस सिंहासन पर वह बैठे जो इंसाफ़ की ख़ातिर जान क़ुर्बान कर सके।' भोज ने पूछा यह कैसे? पुतली बोली, 'एक बार विक्रमाजीत इन्द्रलोक में आमन्त्रित थे। समस्त देवों के सामने राजा इन्द्र ने विक्रमाजीत के गुणों की प्रशंसा की। इस पर दो देवों ने ईर्ष्यावश विक्रमाजीत को नीचा दिखाने के लिए चाल चली, एक गाय बन गया और एक शे'र। अतः

म्याने राह बैठे बन के दीवार नज़र थी आमदे बिक्रम पे हर बार
शहंशह इस तरफ़ जिस वक़्त आये हुए होशियार दोनों चार पाये
कहा लो आज बिक्रम का मिज़मा (क़ज़ा) न जाने दो इन्हें मैदां से असला
करामात इनकी देखो आज यकसर कि हैं मद्दाह उनके शाह यकसर
किया ये गाव ने इक मर्तबा ज़ोर कि भागी शेरे नर के पास से दूर
हुई पोशीदा ज़ैले शह में जाकर अमाने जान चाही उनसे यक्सर
वो दामन में शहंशह के छुपी जब ये शेरे नर हुज़ुरे शह गया तब
कहा ये गाव मादा मुझको दो तुम ख़ुशी से राह अपने घर की लो तुम
शहंशाह ने कहा ऐ शेरे अय्यार न पायेगा ये गाव मादा ज़िन्हार
हमें तू क्या नहीं पहचानता है हमारा नाम आलम जानता है

इस बहस की स्थिति यहाँ तक पहुँची कि शेर गाय पर झपट कर उसकी हत्या करने में सफल हो गया। विक्रमाजीत ने यह सोचकर कि कमज़ोर की रक्षा न करने से मरना श्रेष्ठ है। ख़ंजर अपने सीने में घोंप लिया :

जो देखा शेरे नर ने शह का ये रंग शिकम अपना भी फाड़ा होके दिल तंग
हुए जब तीन तन इक दश्त में ढेर विक्रमाजीत व गाव मादा व शेर
श्री शिव और श्री गोरा क़ज़ारा हुए इस दश्तो बर में जलवा आरा

अत: श्री शिव (महादेव जी) की कृपा दृष्टि से तीनों फ़िर जीवित हुए और :

मलाइक ने जो देखा ये तमाशा रहे हैरत में वो आईना आसा
कहा बेजा ये उनका इम्तहाँ था हमें बेफ़ायदा वहमो गुमां था
ब लुत्फ़े बेश जब शिव पेश आये हमें क्योंकर तसव्वुर में वो लाये
हुए नादिम बहुत वो क़िस्सा कोताह हुए हाज़िर हुज़ुरे शाहे ज़ीजाह

जैसा कि स्पष्ट है यह कहानियाँ बजाय ख़ुद पूर्ण नहीं हैं। इन सबका उद्देश्य विक्रम की महानता, दानशीलता या वीरता का वर्णन है। विक्रमाजीत को न्याय प्रिय, सत्यवादी और बहुत ही वीर व बहादुर दिखाया गया है। वह हर मुश्किल का सामना करता है और अपनी असाधारण शक्ति के कारण सफल रहता है। वह कमज़ोरों का मददगार, और बेसहारों का सहारा है और सच्चाई की ख़ातिर जान कुर्बान करने से भी नहीं चूकता।

उर्दू के दूसरे अनुवादकों की तरह रंग लाल चमन ने भी केन्द्रीय पात्र अर्थात् विक्रमाजीत के अलावा दूसरे बहुत से नाम बदल दिये हैं। उदाहरण के लिए वह पुतलियों को ज़र्मुद, जवाहर, याक़ूत, ज़ोहरा, मुश्तरी, नादिर, नसरीन, सनोबर, राना

आदि नामों से याद करता है। इसके बावजूद इन कहानियों में भारतीय फ़िज़ा बहुत गहरी है। वास्तव में इनकी बुनियाद हिन्दू देवमाला पर है और इन्द्र, इन्द्रलोक, पाताल, अमरलोक, बैताल, ब्राह्मण, योगी, यज्ञ, यक्षिणी आदि का उल्लेख बार-बार आता है जिससे कहानियों का पुरातन वातावरण बराबर स्थिर रहता है। रंग लाल चमन ने कहानियों को अनावश्यक विस्तार नहीं दिया। यद्यपि कलाम दोष से ख़ाली नहीं, लेकिन भाषा साफ़ और प्रवाहपूर्ण है और क़िस्से की रुचि में बाधक नहीं होती।

मसनवी मोरनामा

स्टेट पुस्तकालय रामपुर में कुल्लियाते मीर की दो हस्तलिखित प्रतिलिपियाँ हैं। पांडुलिपि नं. 384 में एक मसनवी मोरनामा सम्मिलित है, जो अब्दुलबारी आसी द्वारा संकलित नवल किशोर संस्करण में नहीं। इसका पाठ डॉ. ज्ञानचन्द जैन ने पत्रिका उर्दू अदब, जून 1975 ई. में प्रकाशित कर दिया है। इसकी कहानी अस्वाभाविक और सीधी-सादी है, जिसमें एक रानी का मोर से इश्क़ करना और उस पर जान देना दिखाया गया है। कहानी के केन्द्रीय पात्र राजा-रानी और मोर शुद्ध स्थानीय वातावरण का प्रतिनिधित्व करते हैं। भारतीय क़िस्सों में मिलते-जुलते पात्र पाये जाते हैं, जैसे पद्मावत में सिंघल द्वीप के राजा गंधर्व सेन की बेटी पद्मावती एक तोता हीरामन पाल लेती है, जो उसे रोज़ इश्क़ व आशिक़ी के क़िस्से सुनाता है। राजा उसकी हत्या करने के उपाय सोचता है, लेकिन शहज़ादी उसकी जान बचाने के लिए उसे घर से उड़ा देती है। हो सकता है कि रानी और मोर के इश्क़ की कोई लोक कथा मीर तक किसी स्थानीय परम्परा के द्वारा पहुँची हो, मगर इसका लिखित प्रमाण नहीं। यह भी सम्भव है कि क़िस्सा मीर ही की रचना हो। बहरहाल इसमें दो बातें ऐसी ज़रूर हैं, जिन्हें मीर की बौद्धिक हादसे से विशेष लगाव है। एक तो यही इश्क़ की वैश्विक हंगामा आराई अर्थात् मानव तो क्या जीव-जन्तु भी इश्क़ के सौदाई हैं। दूसरे कहानी का पीड़ादायक और त्रासद परिणाम जिसमें प्रेमी-प्रेमिका दोनों जान से जाते दिखाये गये हैं।

कहानी का सांराश ये है : एक मोर जंगल से बस्ती में आया। यहाँ भी रानी सौन्दर्य व गुणों में अद्वितीय थी। मोर उसके दर्शन के लिए शाही महल पहुँचा। रानी का सामना हुआ तो मोर आश्चर्य की तस्वीर बना, जहाँ खड़ा था, वहीं का वहीं रह गया। रानी ने एक मूक पक्षी को अपने सौन्दर्य का ऐसा चाहने वाला पाया, तो वह भी उसे प्यार-दुलार करने से रह न सकी और मोर वहीं महल में रानी के पास ख़ुशी-ख़ुशी रहने लगा। लेकिन :

मुख़्तलत रहने से बाद अज़ चन्द रोज़   शोरे बदनामी उठा इक सीना सोज़
खुल गयी ग़म्माज़ लोगों की ज़बाँ   सब पे ज़ाहिर हो गया राज़े निहाँ

राजा लोगों के लगाने बुझाने से ईर्ष्या के अंगारों पर लोटने लगा और मोर की जान का लागू हो गया। रानी ने ये रंग-ढंग देखे तो दिल पत्थर करके मोर को चोरी छुपे महल से निकाल दिया :

हुज़्न के साथ इक हज़ीं आवाज़ की गिरते-पड़ते दो क़दम परवाज़ की
दैर सर दीवार से मारा किया सब्र से नाचार फिर चारा किया
पास से कुछ दूर ही रहने लगा जोर हिज्रे यार के सहने लगा

लेकिन राजा तो उसकी जान पे लगा हुआ था, उसने जगह-जगह मोर की तलाश में जासूस दौड़ाये। रानी दु:ख से अन्दर ही अन्दर घुलने लगी। उधर मोर की दशा भी ख़राब थी। उसने जंगल में जाकर दाना-पानी त्याग दिया और पूर्वा के हाथों रानी को संदेश देने लगा :

जाये तू रानी से कहियो वाशगाफ़ फीके ख़त के हर्फ़ सा मिटता हूँ साफ़
अब तलक जीता तो हूँ पर ज़िन्दगी दूर तुझसे हो गयी शर्मिन्दगी
आँखें रहती हैं लगी तेरी ही ओर करता हूँ अन्धा सा मैं फ़रियादो शोर
अब कोई इस राह से जाता नहीं आ निकलता है तो फिर आता नहीं
शोर करते-करते फाटा है गला अब जो नाले करता हूँ सो तिलमिला

जासूस मोर का अता-पता ले आये कि वह अजगरों के अँधेरे व अँधकारपूर्ण जंगल में शरणागत है। राजा ने तुरन्त फ़ौज कूच करने का आदेश दिया और स्वयं मोर का वध करने चला। उधर उस दिलजले का दिल जलने से जंगल में आग लग गयी और सैकड़ों साँप-अजगर-शेर-गेंडे जल कर राख हो गये। मोर बेचारा भी उसी आग में जल मरा और राजा को मात्र उसका शव हाथ आया। अत:

फिर पड़ी जो आग सब लश्कर जला और राजा का भी उधर घर जला
यानी रानी ने सुनी जो ये ख़बर आतिशे ग़म से जला उसका जिगर
क्या लगी दिल को कि रानी जल गयी ख़ाक होकर ख़ाक ही में रल गयी
इश्क़ ही की हैं ये ताज़ा कारियाँ इश्क़ ने पर्दे में जानें मारियाँ
इश्क़ से क्या मीर इतनी गुफ़्तगू ख़ाक उड़ा दी इश्क़ ने हर चार सू
ताइरो ताऊस व हैवाँ अज़दहे सब खपे क्या इश्क़ की कोई कहे
ये फ़साना रह गया आलम के बीच बाज़ मान्दा उनके हैं सब ग़म के बीच

यह मसनवी मीर के उपरोक्त कुल्लियात (समग्र) के पाँचवें दीवान में शामिल है, जिससे अनुमान होता है कि इसे उन्होंने अपनी आख़िरी उम्र में लखनऊ में लिखा होगा। वैसे तो इस मसनवी की कहानी अस्वाभाविक मालूम होती है,

लेकिन हमारे नज़दीक मीर ने इसे उपमा (Allegory) के रूप में पद्यबद्ध किया है। मसनवी के केन्द्रीय पात्रों की अगर ध्यान से समीक्षा की जाये तो मालूम होगा कि राजा-रानी और मोर मात्र नाम ही नहीं हैं। मीर ने इन्हें हुस्नो इश्क़ की मूल ताक़तों का रूपक बनाकर प्रस्तुत किया है। मसनवी में एक जगह वह ख़ुद कहते हैं :

फ़ितनः दर सर इश्क़ के ये काम हैं
मोर अज़ दर राजा-रानी नाम हैं
इश्क़ है हंगामा साज़ शोरो शर
क़िस्से क़ज़िये इश्क़ से हैं मुख़्तसर

मोर वास्तव में इश्क़ है, रानी हुस्न है और राजा ईर्ष्या का प्रतिनिधित्व करता है। मीर ने हुस्न व इश्क़ के सोज़ व साज़ और ईर्ष्या व द्वन्द्व के योग व संघर्ष की शाश्वत कहानी को एक नये ढंग से बयान करते हुए इश्क़ की महत्ता व महानता की उसी भूमिका को फिर दोहराया है, जिसे वह अपनी इश्क़िया मसनवियों में इससे पहले कई बार प्रस्तुत कर चुके थे। अर्थात् सृष्टि की मूल शक्ति इश्क़ है। यहाँ धरती से आकाश तक इश्क़ ही इश्क़ भरा है। नाज़ के उपवन की बहार और दिन-रात का चक्र, संसार में सब कुछ इश्क़ ही के दम क़दम से है। प्रस्तुत मसनवी का आरम्भ भी परम्परानुसार इश्क़ की प्रशंसा से हुआ है और मीर ने इस पर 41 अश्आर कहे हैं। अलबत्ता एक दृष्टि से यह मसनवी मीर की दूसरी मसनवियों से भिन्न है। अर्थात् इससे पहले मीर इश्क़ की उत्तेजना कहानियों में दिखाते आये थे, अब वह ख़ासतौर से यह बताना चाहते हैं कि बुद्धिमान तो क्या पशु व पक्षी भी इसकी हंगामा आराई से बच नहीं सकते। मसनवी के आरम्भ में कहते हैं :

वो हक़ीक़त सब में यां सारी हुई — है गी हर शय इश्क़ की मारी हुई
चार सू हंगामा आरा इश्क़ है — इश्क़ क्या कहिये कि क्या-क्या इश्क़ है
इश्क़ ज़ोर आवर से सब हैं हर सनाक — कुश्ते उसके हो गये आलम से पाक
क्या दरिन्दा क्या चरिन्दे क्या परिन्द — दिल है जिनके इश्क़ है उनका कशन्द

दूसरी जगह फिर इसी बात को दोहराया है :

ताइरो ताऊसो हैवां अज़दहे
सब खपे क्या इश्क़ की कोई कहे

पाल हारवे का कथन है कि रूपक में लौकिक स्तर के नीचे कोई न कोई उद्देश्य अवश्य सक्रिय रहता है। मीर ने भी अपनी इस उपमायुक्त मसनवी में सबसे ज़्यादा ज़ोर इस बात पर दिया है कि सृष्टि की मूल शक्ति इश्क़ है। यह

केवल इन्सानों की जागीर नहीं, पक्षी भी इसकी चिनगारियों से अपना नशेमन फूंक सकते हैं। देखें वह मोर के इश्क़ की हलचल का वर्णन किन शब्दों में करते हैं :

दिल लगी तो इक ख़ुदा का है ग़ज़ब — इससे फिर या रब, है लब पर रोज़ो शब
दिल ग़िरफ्तः दिल शिकस्तः दिल ज़दः — इन ने मारे मर्द क्या कार आमदः
है गी ये दिल बस्तगी ख़ाना ख़राब — दर बदर फिरने का कर देवे है बाब
क्या उड़ाया है तुझे ऐ मुश्ते पर — ख़ाक से लेकर गया अफ़लाक पर
वां से पटके देखिये क्योंकर तुझे — साथ आवारा करे किधर मुझे

राजा की ईर्ष्या और असन्तुष्टि को भी मीर ने पूरी सावधानी से उजागर किया है। किसी इन्सान का परिन्दे को अपने पास रखना या उसे चाहना ऐसा जुर्म नहीं कि गर्दन मारने की नौबत आये। लेकिन ग़ैरते इश्क़ के भी कुछ तक़ाज़े हैं। ईर्ष्या व प्रतिद्वन्द्विता और इश्क़ में चोली-दामन का साथ है। इश्क़ दूसरे की शिरकत कहाँ गवारा करता है, चाहे वह जीव-जन्तु या पक्षी ही क्यों न हो। मुलाहिज़ा हो, सन्देह के ज़ोर से राजा का दिमाग़ शून्य हो जाता है और उचित बात भी उसे अनुचित मालूम होती है :

कान राजा के भरे दुश्मन हुआ — बदगुमान व बद बर व बदज़न हुआ
कारे ज़न्ने बद खिंचा इक तूल को — समझा नामाक़ूल वो माक़ूल को
आना जाना घर में अब का हो चुका — पासे रब्तो राबिता सब हो चुका
घर में लाते हैं कभो तो घेर कर — बात कहता है तो मुँह को फेर कर
राह में है या कभो फिर जाये है — फिर गया तो दैर में फिर आये है

....

दुश्मनी की बात ही कुछ और है — बे तरहहुम है न मुत्लक़ ग़ौर है
जानवर का उन्स कुछ साबित नहीं — उन्से इंसाँ की सी ये तोहमत नहीं

अब रानी का चरित्र देखें। मीर ने इसे भी बड़ी दक्षता से प्रस्तुत किया है। रानी की विशेषता और सुन्दरता का एक आलम में शोर था। मीर अगर किसी इन्सान को रानी पर दीवानावार क़ुर्बान होते हुए दिखाते तो कोई असाधारण बात न थी। क्योंकि इन्सान का इन्सान पर मोहित होना कौन-सी नयी और चौंका देने वाली बात है। अतः मीर ने एक पक्षी को रानी पर मोहित व आसक्त होते दिखाकर मानवीय सौन्दर्य के असाधारण आकर्षण की ओर संकेत किया है। वह चूँकि क़िस्से का स्थानी रंग स्थापित रखना चाहते थे, उन्होंने पक्षियों में से भी मोर का चयन किया, ताकि उसके बाल व पर की रंगीनी व आकर्षण कहानी की रुमानियत का साथ दे सके। सौन्दर्य यूँ तो दयाहीन और निष्ठुर होता है, लेकिन प्रेम अगर सच्चा हो तो असर किये बिना नहीं रहता। देखें मोर की बेचैनी से रानी का कलेजा कैसे पसीजता है :

इज़्तिराबे इश्क़ ने तासीर की दिल दही करने उठी दिल गीर की
प्यार से कहने लगी मत हो उदास पास रह मेरे करूँगी मैं भी पास
तू है वह्शी इस क़दर मानूस है उन्स इंसाँ को न हो अफ़सोस है
पास रहने से तिरे है दिल ख़ुशी है बला इस बालो पर में दिलकशी

मीर रानी को प्रेम में सुदृढ़ दिखाना चाहते हैं। भारतीय परम्परा के अनुसार यह तभी सम्भव था जब रानी को सती होते हुए दिखाया जाये। मीर को इस स्थिति का शुरू ही से आभास था। अतः वह मसनवी के आरम्भिक भाग में उसकी ओर यूँ संकेत करते हैं :

आशिक़ो माशूक़ रफ़्तः इश्क़ के यानी दोनों सीना तफ़्तः इश्क़ के
भर के आतिश इश्क़ के दोनों चले डूबे दरिया में हों गो पानी तले
या जलाया एक हिन्दुस्ताँ के तौर जा जले है ज़न भी उस बेजां के तौर
जल चुके को हिन्दी कहते हैं सती सत बमानी इस्तक़ामत वाक़ई
आग में जा बैठे ज़न का ज़र्फ़ क्या इश्क़ ही का जज़्बा दे है जिला

औरत का पति के शव के साथ सती हो जाना प्रेम का चरम है। लेकिन किसी औरत का पक्षी के दुख में सती हो जाना अत्यन्त सम्बद्धता और कर्तव्यपरायणता का असाधारण नमूना है। मीर रानी के मोर पर क़ुर्बान हो जाने का वातावरण तो पहले ही तैयार कर चुके थे। अन्त में उसे राख होते दिखाकर चरित्र चित्रण के कर्तव्य से सेवामुक्त हो गये :

यानी रानी ने सुनी जो ये ख़बर आतिशे ग़म से जला उसका जिगर
खींच आहे सर्द ये कहने लगी इश्क़ की भी आग क्या बहने लगी
बन जला कर बस्तियों में आ लगी फैल कर याँ दिल जिगर को जा लगी
जमा कर ख़ाशाको ख़र व ख़स शताब जल गयी दे आग वो भी बस शताब
क्या लगी दिल को कि रानी जल गयी ख़ाक होकर ख़ाक ही में रल गयी

अर्थात् क़िस्से में रूपक के रंग को निभाने और प्रेम को विजयी सिद्ध करने में मीर सफल रहे हैं। यद्यपि उपमा (Allegory) के आधुनिक सिद्धांत के अनुसार इस कहानी में एक कमज़ोरी है। उपमा की आधुनिक परिभाषा के अनुसार इसमें आन्तरिक अभिप्राय के होते हुए उसका सांसारिक अर्थ भी संगठित व सम्बद्ध होना चाहिए। मोरनामा का क़िस्सा इस शर्त पर पूरा नहीं उतरता। एक इंसान से मोर का इश्क़ प्रत्यक्ष रूप से तो अबौद्धिक बात है, लेकिन यह विशेषता प्राच्य साहित्य के उन समस्त उपमाओं में मिलती है, जिनमें कुछ पात्र इंसान हैं और कुछ हैवान जैसे शक सप्तती में तोता ही दास्तानों के रूप में बुद्धि के रहस्य व बिन्दु बयान करता है। पद्मावत में मात्र तोता

अमानवीय पात्र है, जो वास्तव में सही बुद्धि की संरचना है और राजा रतन सेन अर्थात् व्यक्तिगत अस्तित्व को पद्मिनि अर्थात् सत्य के ज्ञान की ओर आकर्षित करता है। इसी तरह मोरनामा में मोर जीवन व सृष्टि के मूल इश्क़ भावनाओं का सागर है, जिसका समर्थन क़िस्से की घटनाओं और परिणामों से स्पष्ट रूप से हो जाता है.।

मसनवी का क़िस्सा संक्षिप्त और दिलचस्प है। चरित्र चित्रण के एतबार से मसनवी बहुत दिलचस्प है, लेकिन मीर का 'शे'रे शोर अंगेज़' वाला अन्दाज़ इसमें नहीं मिलता। हालाँकि कहानी का त्रासद परिणाम मीर के स्वभाव से पूरी उपयुक्तता रखता है और इसमें दर्द अंगेज़ और प्रमाण पूर्ण अश्आर निकालने के बड़े अवसर थे। लेकिन ऐसा नहीं हुआ। मसनवी के अकसर वर्णन विस्तृत हो गये हैं और मीर का लबो लहजा बुझा-बुझा और उदास मालूम होता है। जिसे देखते हुए कहना पड़ता है कि बुढ़ापे और बीमारी के कारण या किसी दूसरे कारण मीर इस मसनवी में अपनी तबीयत का पूरा ज़ोर लगाने और वाक्शक्ति का चमत्कार दिखाने में असमर्थ रहे हैं।

मसनवी गुलशने इश्क़ अर्थात् क़िस्सा राजा बलवान मल व चतुरसेन

इस समनवी में बदायूँ के इनायतुल्लाह रौशन ने राजा बलवान मल और चतुरसेन की कहानी बयान की है कहानी के आरम्भ के अश्आर ये हैं :

अब सुनिये ख़ामा की ज़बानी ताज़ा क़िस्सा, नयी कहानी
था हिन्द में इक साहिबे तख़्त राजा बलवान मल, जवाँ बख़्त
करता ये दुआ ब आहो ज़ारी इक लाल देदे जनाबे बारी

हज़ारों मन्नतों मुरादों से बेटा पैदा हुआ। चतुरसेन नाम रखा गया। चौदह साल के बाद तख़्त व ताज का वारिस हुआ। संयोग से सिंगल द्वीप की एक परी को दिल दे बैठा। परी के सम्बन्धियों को ख़बर हुई तो उसे ज़ंजीर से क़ैद कर दिया। सन्देशों का आदान-प्रदान शुरू हुआ। चतुरसेन सिंगल द्वीप पहुँचा। दाया की सहायता से परी के माता-पिता को राज़ी करने में सफल हुआ और शादी करके घर लौटा।

इस पारम्परिक क़िस्से में शायर ने नयापन पैदा करने की कोशिश नहीं की। यह एक निम्न कोटि की मसनवी है। शायर की भाषा अस्पष्ट और अप्रवाहपूर्ण है और मसनवी में आकर्षण पैदा न हो सका।[217] मसनवी गुलशने इश्क़ (क़िस्सा राजा बलवान मल व चतुरसेन) के लेखक ईनायतुल्लाह रौशन बदायुनी की एक और मसनवी ख़ुर्शीद रौशन भी हमारी नज़र से गुज़री है। रचना वर्ष 1317 हि. है। नामी लखनऊ प्रकाशन से दूसरी बार 1904 ई. में 16 पृष्ठों पर लेखक की ग़ज़लों के साथ प्रकाशित हुई। इसमें इश्क़ के एक साधारण क़िस्से का वर्णन है। लेकिन भाषा व शिल्प के लिहाज़ से यह मसनवी गुलशने इश्क़ पर श्रेष्ठता रखती है।

मसनवी अफ़सानए ग़म अर्थात् क़िस्सा रूप बसन्त

उर्दू में इस क़िस्से को मुंशी हर चन्द राय हर चन्द (बन्दोबस्त विभाग से सम्बन्ध सागर दुला राय सिंह, क़ौम अग्रवाल, निवासी क़स्बा सरधना ज़िला, मेरठ) ने पद्यबद्ध किया है। मसनवी का नाम 'अफ़सानए ग़म' और रचनावर्ष 1854 ई. है। यह मसनवी, नवलकिशोर कानपुर से प्रकाशित हुई थी। हर चन्द राय, हर चन्द (पुत्र राय सिंह) ने मसनवी अफ़सानए ग़म (क़िस्सा रूप वसन्त) के अलावा चार और मसनवियाँ भी लिखीं। गुलज़ारे बेख़ार (1826 ई.), सितम नामा (1855 ई.), नामए इश्क़ (1856) कशफ़ुल्दक़ाइक़ (1867 ई.)। वे आठ मोटे संग्रहों के लेखक भी थे। 1. रश्के गुलशन, 1864 ई. 2. शाइस्ता पा सिख़ 1869 ई. 3. मुहब्बते मज़हर, 1870 (दो खंड) 4. गुलदस्तए अंजुमन, 1871 ई. 5. बहार शफ़क़ी, 1872 ई. (दो खंड), 6. मरग़ूब तबीअत 1874 ई. 7. दरियाए सुख़न 1875 ई. और 8. मख़ज़ने शौक़ 1877 ई.। इनमें से दूसरा दीवान नासिख़ के जवाब में, तीसरा बहादुर शाह ज़फ़र, पाँचवाँ मीर तक़ी मीर, छठा जुर्रत और आठवाँ ज़ौक़ के जवाब में लिखा गया। इनका कथन है कि उन्होंने किसी से इस्लाह नहीं ली।[218]

मसनवी 'बिस्मिल्लाहिर रहमानिर रहीम' से शुरू होती है। हम्द व मुनाजात के बाद सम्पादन का कारण है। शायर ने स्पष्ट कर दिया है कि यह क़िस्सा कवित्त और दोहरा की शक्ल में मौजूद था। कुछ लोग इससे आनन्दित नहीं हो सकते थे। इसलिए इसे उर्दू में विस्तार से लिखा गया :

कबित्त और दोहरा में था वो मर्क़ूम
न होता था मुफ़स्सल हाल मालूम

हरचन्द राय हरचन्द ने क़िस्सा रूप बसन्त मजलिस राय बक़ाल की हिन्दी परम्परा से लिया। हिन्दी की दूसरी परम्परा लक्ष्मण सिंह और हरदेव सहाय की है, जो मेरठ से 1876 ई. में प्रकाशित हुई।[219]

राजा रतन सेन के यहाँ बुढ़ापे में बड़ी मन्नतों से दो बेटे हुए, रूप और बसंत नाम। बचपन ही में माँ का साया सर से उठ गया। माँ मरते वक़्त राजा से कह गयी कि बेटों को ख़ुद से जुदा न करना। बेटों के नौजवान होने पर राजा ने दूसरी शादी की। संयोग से नयी रानी बड़े लड़के रूप पर आसक्त हो गयी, लेकिन रूप ने ध्यान न दिया। रानी ने उल्टा रूप पर बदचलनी का आरोप लगाकर लड़कों को घर से निकलवा दिया। दोनों भाइयों की पहली रात एक जंगल में बसर हुई। बसन्त को साँप डस गया और रूप संयोग से रियासत भुपावली के सन्तानहीन राजा का उत्तराधिकारी बन गया। उधर एक योगी ने वसन्त के शरीर से साँप का ज़हर उतारा। कुछ समय बाद बसन्त ने एक

सौदागर की मदद की और सौदागर ने उसे अपना बेटा बना लिया। इसी मध्य महल पूरी के राजा की बेटी मालती वसन्त पर आशिक़ हुई और दोनों की शादी कर दी गयी। बसन्त सौदागर के साथ जहाज़ में सफ़र कर रहा था कि सौदागर मालती पर आशिक़ हो गया और उसने बसन्त को समुद्र में फेंक दिया, जहाँ उसे एक मगरमच्छ निगल गया। यह मगरमच्छ एक मछुवारे के जाल में फँसा। मछुवारे ने मगरमच्छ का पेट चीर कर वसन्त को जीवित बाहर निकाला और भुपावली शहर में जहाँ राजा रूप था, बेच दिया। इसी मध्य सौदागर का जहाज़ भी भुपावली पहुँच गया। बसन्त ने एक मालिन के द्वारा मालती को अपने हाल से आगाह किया। उधर सौदागर मालती को शादी के लिए मजबूर कर रहा था। वसन्त का इशारा पाकर मालती ने सौदागर से शादी करने की यह शर्त रखी कि वह उसे राजा और शहर के प्रतिष्ठितों की उपस्थिति में रूप-बसन्त का क़िस्सा सुनवाए। ढिंढोरा पिटवाया गया। बसन्त ने भेष बदलकर राजा रूप के दरबार में सबके सामने यह क़िस्सा सुनाया। अन्ततः दोनों भाइयों ने एक-दूसरे को पहचान लिया और मालती वसन्त को वापस मिल गयी।

समापन :

यक़ीं है जो पढ़े हो चश्मे पुरनम तो रखा नाम मैं अफ़सानए ग़म
गिनी मैंने जो कहकर शौक़ के सात हुईं चौदह सौ पूरी जुमला अबयात

मसनवी में क्रम मौजूद है। संक्षेप से काम लिया है। वर्णन करने का ढंग बहुत आकर्षक नहीं। बसन्त के साँप से डसे जाने की दशा इन अश्आर में मुलाहिज़ा हो :

जगा जब रूप रश्के माह पारा बसन्त को प्यार से उसने पुकारा
कि हो बेदार तू ज़ोहरा जबीं अब गयी नूरे सहर से ज़ुलमते शब
मलाहट तन पे जो देखी नमूदार तो जाना डस गया है मार खुंख़्वार[220]

उर्दू गद्य में इस क़िस्से को 'फ़साना रूप बसन्त' के नाम से किशोरी लाल रुक्न ने लिखा। यह किताब दिल्ली से 1890 ई. में प्रकाशित हुई। कुल 80 पृष्ठ हैं।[221]

अब उत्तर भारत की कुछ ऐसी मसनवियों का उल्लेख किया जाता है, जिनके बारे में हमारी मालूमात सीमित हैं और जिनसे सीधा लाभ उठाने का अवसर नहीं मिला।

मसनवी क़िस्सा राजा राम और कंवल दई

बिहार के क़स्बा फुलवारी शरीफ़ के एक बुज़ुर्ग हज़रत आयतुल्लाह जौहरी (1707 ई.-1801 ई.) ने राजा राम और कंवल दई के स्थानीय क़िस्से को पद्यबद्ध किया था। रचना काल 1748 ई. है। मसनवी का नाम 'गौहर जौहरी' है, जिसका उल्लेख एक शे'र में यूँ आया है :

किया रेख़्ता बीच ये मसनवी
रखा नाम मैं 'गौहर जौहरी'

हज़रत आयातुल्लाह जो शश के समकालिक थे। मसनवी की भाषा साफ़ है, लेकिन शैली पर बारह मासे का प्रभाव स्पष्ट है।

अषाढ़ आया लगा बादल गरजने   अँधेरी रात में बिजली चमकने
घटा सावन की कारी जब पड़ी झूम   मिरे जी बीच बिरहा आ करे धूम
अकारत जाये है मेरी जवानी   पिया परदेस, ये क्या ज़िन्दगानी[222]

हज़रत आयतुल्लाह और उनकी मसनवी 'गौहर जौहरी' के बारे में और विवरण निम्नलिखित हैं :

उनका पूरा नाम हज़रत गुलाम सरवर अलमारूफ़ ब शाह आयतुल्लाह था। शाह मुहम्मद मख़दूम क़ुद्दूस सर्रहू के बेटे थे, 1126 हि. (1714 ई.) में पैदा हुए।[223] उर्दू के अलावा फ़ारसी में भी शे'र कहते थे और शोरिश तख़ल्लुस रखते थे। इश्क़ी के अनुसार मर्सियों में तख़ल्लुस मज़ाक़ी था।[224] उर्दू मसनवी 'गौहर जौहरी' में जौहरी तख़ल्लुस इस्तेमाल किया है। चौरासी वर्ष की उम्र में 1210 हि. (1795 ई.) स्वर्गवास हुआ। मसनवी गौहर जौहरी के अलावा उर्दू में उनके मर्सिये, मुन्क़बत, शहरे आशोब और क़सीदे भी उपलब्ध हुए हैं।[225]

मसनवी गौहर जौहरी की एक पांडुलिपि पटना यूनिवर्सिटी लाइब्रेरी और एक अपूर्ण पांडुलिपि शाह मुज्तबा हसन के पुस्तकालय बिहार शरीफ़ में सुरक्षित है। इस मसनवी का विस्तृत परिचय प्रोफ़ेसर सैयद हसन अस्करी ने रिसाला उर्दू, अप्रैल, 1940 ई. में कराया था।[226]

निम्नलिखित सूचनाएँ उसी सन्दर्भ के आधार पर प्रस्तुत की जा रही हैं।

मसनवी का आरम्भ हम्द व ना'त से हुआ है। उसके बाद 'मदह सुख़न' है और मसनवी का क्रम शुरू हो जाता है। पूरी मसनवी विभिन्न वर्णनों और दास्तानों पर आधारित है। उदाहरण के लिए : सैरे गुलशन, पीर व मुर्शिद की प्रशंसा, वस्फ़े इश्क़, दास्ताने पीर, दास्ताने गदा, दास्ताने मलिक हड़बोंग, दास्ताने इश्क़ आदि। हर बयान या दास्तान का आरम्भ आवश्यक सारांश के साथ क़रीब के बह्रों (छन्दों) में कुछ शे'रों पर ख़त्म करके बह्रे हज़ज (एक प्रकार का छन्द) में विस्तृत विवरण समस्त घटनाओं के साथ पद्यबद्ध किये गये हैं। मसनवी की जान आख़िरी क़िस्सा अर्थात् 'दास्ताने इश्क़' है, जिसमें कँवल दई और राजा राम के इश्क़ का क़िस्सा नज़्म किया गया है। प्रोफ़ेसर सैयद हसन असकरी का कथन है : 'मसनवी (गौहर जौहरी) पर मुहम्मद अफ़ज़ल झनझानवी के बारह मासे का असर घटना के विपरीत नहीं प्रतीत होता। भाषा मिलती-जुलती है। फ़ारसी तर्कीबों का अन्दाज़, शब्दों का

प्रयोग, सब बातें बिकट कहानी में बहुत हद तक पायी जाती हैं। इसलिए अनुमान है कि लेखक ने यह मसनवी बिकट कहानी की शैली पर लिखी।'

क़िस्से का सारांश ये है कि अकबराबाद में एक सुन्दर नौजवान राजा राम रहता था। वह एक सुन्दर औरत कँवल दई पर आशिक़ हो गया। धीरे-धीरे प्रेमी-प्रेमिका दोनों इश्क़ की आग में जलने लगे। एक दिन कँवल दई पूजा के बहाने घर से निकली। राह में किसी के रोने की आवाज़ सुनी। तुरन्त दिल में दर्द उठा :

असर उस नाम में क्या कुछ बला है   शिकस्ते चीनी दिल की सदा है
मिरे जी बीच क्या-क्या दर्द बांटा   किसी काटे गले का है ख़र्राटा

कँवल दई अपने आशिक़ के पास पहुँच गयी, तो दोनों ने एक दूसरे को देखा :

जो खोला आँख यार अपने को देखा   दिलो दिलबर निगार अपने को देखा
जुनूँ भड़का पड़ी दीवानगी जाग   जले जी में पुकारा आग रे आग

मुहब्बत जब सब्र व क़रार की हदों से आगे बढ़ गयी तो एक रात राजाराम ने कंवल दई को ख़्वाब में देखा। दोनों में शिकवे शिकायतें हुईं। कंवल दई ने राह सुझाई कि अपने पिता के द्वारा मेरे माता-पिता को सन्देश भेजवाओ। वे स्वीकार कर लेंगे। अत: ऐसा ही किया गया और बहुत कुछ इन्तज़ार के बाद दोनों की शादी हो गयी।

प्रेमी-प्रेमिका खुशी-खुशी रहने लगे लेकिन प्रकृति को यह कब मंज़ूर था। राजा राम को काम से बाहर जाना पड़ा। अत: विरह व जुदाई के दुख व शोक का क्रम आरम्भ हुआ। इस अवसर पर शायर ने कंवल दई की ज़बानी बारह मासा पद्यबद्ध किया है और परिकल्पना की प्रखरता दिखाई है। विरह की विपत्तियों और कठिनाइयों का तड़पा देने वाला बयान है। कुछ अश्आर देखें :

अषाढ़ आया लगा बादल गरजने   अँधेरी रात में बिजली चमकने
गगन पर बर्क़ नहीं है गा चमकता   मिरा शौक़ों सतीं है दिल फड़कता
पिया बिन मैं भरी बरसात रोऊँ   न है बर साथ क्योंकर साथ सोऊँ
हरा जंगल हवा पानी मैं और रूख   मिरा हृदा गया बरसात में सूख
घटा सावन की कारी जब पड़ी झूम   मिरे जी बीच बिरहा आ करे धूम
कोई झूमर कोई गावे मलारें   सब अपने पिव संग कुहकें धमारें
पिया मुझ घर अगर आवे सबेरा   चढ़ाऊँ ऐ ख़िज़्र तेरा मैं बीड़ा

एक वर्ष की जानलेवा प्रतीक्षा के बाद कँवल दई की इच्छा पूरी हुई और राजा राम घर आया, लेकिन कँवल दई कमज़ोर और दुबली-पतली हो चुकी थी, बीमार पड़ गयी। इलाज शुरू हुआ। राजा राम ने बड़े हाथ-पाँव मारे, लेकिन लाभ न हुआ और मृत्यु की घड़ी पास आ ही पहुँची। अन्तिम समय में कँवल दई ने राजा राम को बुलाया अत:

दमे आख़िर में वो शोरीदः तस्वीर
हुआ माशूक़ से जाकर बग़ल गीर
लगी कहने कि ऐ दीवाना मेरा
मैं तेरी शम्मा तू परवाना मेरा
कोई साअत में आवेगी क़यामत
मैं जाती हूँ सदा तू रह सलामत
तिरी तईं देखकर आती रुवाई
कि देगी अब अजल दाग़े जुदाई
रहेगा क्योंकि बे लैला के मजनूँ
फिरेगा किस तरह हामूँ ब हामूँ

और यह कहते कहते दम निकल गया। रोने धोने के बाद लाश को श्मशान लाया गया और चिता की आग में फूल की पत्ती सी वह कोमल शरीर देखते ही देखते राख का ढेर बन गयी। राजा राम की निगाहों में दुनिया अंधकारमय हो गयी। कुछ दिनों के बाद लोगों ने उसे ख़बर की कि राख से एक शोला निकलता है और राजा राम, राजा राम कहकर पुकारता है। अतः राजा राम वहाँ पहुँचा और जब शोला प्रकट हुआ, वह उससे लिपटने के लिए लपका और भड़क कर समाप्त हो गया।

दिखो कस्रत में वह्दत का तमाशा
दो शोले जूँ हुआ इक शोला पैदा

इसके बाद मसनवी समाप्त है। इसकी सबसे बड़ी विशेषता प्रभावपूर्ण चित्रण, मिठास और कोमलता है। जैसे एक मसनवी में कई दास्तानें बयान की गयी हैं, लेकिन क्रम में कहीं फ़र्क़ नहीं आने पाया। मूल क़िस्से में स्थानीय वातावरण और समाज का सफल चित्रण किया गया है। मसनवी की भाषा प्राचीन है और कुछ स्थान सन्देहास्पद भी हैं, लेकिन जो अश्आर स्पष्ट हैं, आनन्द दे जाते हैं और शायर का कलाम पर सिद्धहस्त, शीरीं बयानी का क़ाइल होना पड़ता है।

मसनवी तूतीनामा

यह मसनवी जाफ़र अली हस्रत के लेखन में से है। श्प्रिंगर ने इसका उल्लेख अपनी सूची में किया है। पृष्ठों की संख्या 160 और किताबत का सन् 1216 हि. है।[227] प्रसिद्ध क़िस्से शक सप्तती (तूतीनामा) से जिसका उल्लेख पहले किया जा चुका है, इसका कोई सम्बन्ध नहीं बल्कि यह मसनवी किसी तोता राम और उसकी प्रेमिका शकर पारा के इश्क़ पर आधारित है।

आरम्भ :

या इलाही ये इश्क़ ख़ाना ख़राब
किसने माँगा था याँ किसे थी ताब

इसकी एक पांडुलिपि एशियाटिक सोसायटी कलकत्ता के पुस्तकालय में है।

कुल्लियाते हस्रत पांडुलिपि कैम्ब्रिज में मसनवी तूतीनामा के सम्मिलित होने का यक़ीन नहीं।[228] अलबत्ता यह मसनवी लखनऊ की पांडुलिपि में है।[229]

मसनवी इंशा

सैयद इंशा अल्लाह ख़ाँ, इंशा ने 'रानी केतकी और कुँअर उदयभान' की कहानी की तरह ठेठ हिन्दुस्तानी भाषा में एक छन्दोबद्ध कहानी भी कहना चाही थी। क़ाज़ी अबदुल वदूद का कथन है, 'अमिश्रित भाषा की मसनवी या तो पूर्ण न हो सकी, या पूर्ण हुई तो उसके कुछ अश्आर अब तक नज़रों से ओझल हैं।' यह मसनवी कुल्लियाते इंशा के मुद्रित प्रतिलिपियों में नहीं है और यही हाल उसकी अधिकतर पांडुलिपियों का है। इस वक़्त तक कुल्लियात की दो हस्तलिखित प्रतियाँ मिली हैं, जिनमें उस मसनवी के अश्आर पाये जाते हैं और दोनों कुतुब ख़ानए मश्रिक़िया पटना में हैं :

क्रम 13, 1230 हि. का लिखा है और क्रम 37, 1261 हि. फ़स्ली का लिखा हुआ है...क्रम 13 में शीर्षक 'मसनवी दर लहजा उर्दू' है।[220]

आरम्भ :

बनाया ये सब जिसने होवे भला   सराहे उसे क्या कोई जी जला
भले लोग उसको सराहा किये   तो चुपके ही चुपके कराहा किये

इस अपूर्ण मसनवी में कुल 51 अश्आर हैं। भूमिका के बाद लिखा है :

मुझे नींद आती न थी एक रात   मिरे जी ने मुझको सुनाई ये बात
कहानी वो कहिये के हिन्दी के छुट   न रखे किसी और बोली की पुट

इसके बाद ठेठ हिन्दुस्तानी में क़िस्सा छन्दबद्ध करने की कठिनाइयों का वर्णन है। दोस्त अहबाब ने इन्हें सुनने के बाद कहा कि यदि तुम्हें अपने उद्देश्य में सफलता प्राप्त हो गयी तो सबमें तुम्हारी 'नाक ऊँची' हो जायेगी। यह वर्णन 19 अश्आर में आया है। क़िस्से का आरम्भ इस तरह किया है :

हुआ एक दुल्हा दुल्हन का ब्याह   तो बढ़ने लगी दिन ब दिन उनकी चाह
जो चाहत हुई एक को एक की   जो आने लगी लाज को भी हँसी
बिछुड़ जाते थे, जो कभी इक घड़ी   तो लगती थी सावन की ऐसी झड़ी
निकलते थे आँखों से उनके धुएँ   उबल उठीं बरसात में जो कुएँ
जो कुछ चाहिए पास था उनके सब   पर उनको ये लपका पड़ा था कुढब
न हँसते थे जब तक वो रोते न थे   बिछुड़ने के धड़के से सोते न थे
भड़कने लगी तिलमिलाहट की आग   लगा होने आपस में गहरा सुहाग

मलोले मसोसे बहुत बढ़ चले   लगे सूजने सैकड़ों अड़ तले
नया दुल्हा था और दुल्हन थी नयी   तो इक सुभ घड़ी की लगन लग गयी।[231]

कुल्लियाते इंशा के उपरोक्त वर्णित प्रतियों में यह मसनवी इसी शे'र पर ख़त्म हो जाती है। इंशा ने पात्रों के नाम नहीं लिए, लेकिन क़िस्से की उठान से स्पष्ट है कि वह स्थानीय रंग के किसी क़िस्से का वर्णन करना चाहते थे। यह क़िस्सा उनका मूल था या किसी स्थानीय परम्परा से लिया गया था, इस सन्दर्भ में अनुमान से काम लेना ग़लत होगा। अलबत्ता यह स्वीकार किया जा सकता है कि अपनी गद्यात्मक कहानी 'रानी केतकी और कुँअर उदय भान' की तरह वह इस मसनवी को भी स्थानीय रंग रूप में प्रस्तुत करना चाहते होंगे और इसे 'हिन्दी' या शुद्ध हिन्दुस्तानी भाषा में बयान करने के लिए उन्होंने मसनवी के प्लाट पात्र, दृश्य और घटनाओं का जो नक़्शा तैयार किया होगा, वह भारतीय स्वभाव एवं वातावरण के अनुकूल होगा। लेकिन इंशा सम्भवतः अपनी इस मसनवी को सम्पूर्ण न कर सके।

मसनवी कुँअर व चन्द्र किरन

लेखक, अहमद अली, मोती लाल पुत्र बहादुर सिंह, कातिब ने यह प्रति गढ़ मुक्तेश्वर में 1240 हि. में नक़ल किया। कुल पृष्ठ 9।[232]

मसनवी राजा चित्र मुकुट व रानी चन्द्र किरन

द्वारा रौशन अली, लिखित 1880 ई.

आरम्भ :

यही करता हूँ मैं दिल को तसल्ली
जिधर देखो उधर उसकी तजल्ली

इस मसनवी की पांडुलिपि ब्रिटिश म्युज़ियम में रौशन अली की दूसरी तीन मसनवियों (क़िस्सा लाल व हीरा, क़िस्सा तोता व मैना और क़िस्सा जमजमिया) के साथ एक संग्रह में सुरक्षित हैं।[233]

मसनवी राजा चित्र मुकुट व रानी चन्द्र किरन

द्वारा राग़िब अमरोहवी

इस क़िस्से से सम्बन्धितों उर्दू में एक और मसनवी भी लिखी गयी। लेखक सुमन लाल उपनामधारी राग़िब। यह अमरोहे का रहने वाला था। हिन्दुस्तान के इस लोकप्रिय क़िस्से को छन्दोबद्ध करके राग़िब ने इसे सर हेनरी इलियट को समर्पित

किया, जिसे वह अपना संरक्षक कहता है और जिसकी शान में कुछ क़सीदे इसी मसनवी में सम्मिलित हैं। एक शे'र में अपना तख़ल्लुस यूँ बयान करता है :

सुमन लअल मारूफ़ हों दर जहाँ
तख़ल्लुस है राग़िब मिरा दोस्ताँ

मसनवी में कुछ अश्आर अमरोहे की प्रशंसा में भी हैं। समापन का सन् 1847 ई. पांडुलिपि ब्रिटिश म्युज़ियम।[234]

मसनवी क़िस्सा गोपीचन्द

गोपीचन्द भरतरि का यह क़िस्सा सबसे पहिले हिन्दी में किसी व्यक्ति 'हय्यालाल' ने लिखा।[235] हिन्दी की दूसरी लोकप्रिय परम्परायें लक्ष्मण सिंह (आगरा, 1867 ई. दिल्ली 1879 ई.,[236] कलकत्ता 1907 ई.,[237] कानपुर 1910 ई.[238]) और सहदेव (बनारस 1882 ई.)[239] की हैं। मारवाड़ी भाषा में इसे मोतीलाल ने लिखा (आगरा, 1869)[240] पंजाबी भाषा में इस क़िस्से को देवी दयाल, (लाहौर 1870 ई.)[241], गंगा राम (लाहौर, 1871 ई.[242], फ़ारसी लिपि में लाहौर 1877 ई.)[243] और ठाकुर दास (लाहौर 1880 ई.)[244] ने छन्दोबद्ध किया है।

अम्बी प्रसाद मदहोश ने हय्या लाल से क़िस्सा लेकर इसे उर्दू मसनवी के शिल्प में बयान किया।[245] मदहोश की यह मसनवी बहुत लोकप्रिय हुई और बार-बार प्रकाशित की गयी। ब्रिटिश म्युज़ियम के पुस्तकालय में इसके दो संस्करण सुरक्षित हैं, जो दिल्ली से 1876 ई. और 1882 ई. में प्रकाशित हुए, पहले के कुल पृष्ठ 28 और दूसरे के 32 हैं।[246]

पुस्तकालय इंडिया ऑफिस लंदन में मसनवी गोपीचन्द द्वारा अम्बीप्रसाद मदहोश के निम्नलिखित पाँच संस्करण सुरक्षित हैं :

दिल्ली 1869 ई., दिल्ली 1872 ई., दिल्ली 1875 ई., दिल्ली 1877 ई., दिल्ली 1878 ई.।[247]

इस मसनवी का एक और संस्करण स्टेट लाइब्रेरी रामपुर में सुरक्षित है। यह 1871 ई. में दिल्ली से प्रकाशित हुई।

अम्बी प्रसाद मदहोश, इस मसनवी के अलावा कुछ दूसरी पुस्तकों के भी रचयिता थे। उनकी रचनाएँ 'सैरिस्तान इंग्लैंड', 'ज्ञान माला' और क़िस्सा 'सैर श्री नास्केत' भी ब्रिटिश म्युज़ियम में सुरक्षित हैं।[248]

तज़्किरा आसारुश्शुअराए हुनूद में उनका एक शे'र दर्ज है :

प्याला पी के वह्दत का, तमाशा देख क़ुदरत का
जो ऐ मदहोश वुस्लत का अगर कुछ भी मज़ा चाहे

बश्शाश ने इन्हें 'मुतर्जिम पोथी गोपीचन्द' लिखा है और इसके अलावा हालात नहीं बताये।[249]

इसी पुस्तकालय में 'क़िस्सा गोपीचन्द भर्तरि' की एक गद्यात्मक प्रतिलिपि भी मौजूद है। इसका लेखक मालूम नहीं। यह लखनऊ से 1872 ई. में प्रकाशित हुई थी। पृष्ठों की संख्या 20।[250]

इस क़िस्से की दूसरी गद्यात्मक परम्पराएँ ये हैं :

1. गोपीचन्द उर्दू (गद्य–ड्रामा) द्वारा नौशेरवाँ जी मेहरबान जी आराम बम्बई।[251] यह ड्रामा बाद में ग़ुलाम हुसैन उर्फ़ हुसैनी मियाँ ज़रीफ़ के नाम से भी प्रकाशित हुआ।[252]
2. गोपीचन्द उर्दू (ड्रामा) मुंशी विनायक प्रसाद तालिब बनारसी, शिष्य रासिख़ देहलवी।[253]
3. महाराजा भर्तरि (उर्दू ड्रामा) द्वारा मुहम्मद अब्दुल अज़ीज़ फ़ाइक़ लखनवी।[254]
4. राजा गोपीचन्द, लेखक अज्ञात, लाहौर।[255]

उर्दू मसनवी में इस क़िस्से को अम्बी प्रसाद मदहोश के अलावा दो और शायरों ने भी छन्दोबद्ध किया है :

मसनवी क़िस्सा गोपीचन्द उर्दू, द्वारा मुहम्मद उमर ख़ाँ, कुल पृष्ठ 28, दिल्ली 1878 ई.।[256]

मसनवी गोपीचन्द उर्दू द्वारा लाला जसवन्त राय (प्रकाशित)[257]

पुस्तकालय इंडिया ऑफ़िस लंदन में मदहोश की 'सैर नास्केत उर्दू मंज़ूम'– के दो संस्करण (स्याल कोट 1876 ई. और 1879 ई.) सुरक्षित हैं। इस मसनवी का नाम 'ग़मज़ए दिलरुबा' है।[258] इसके अलावा इंडिया ऑफ़िस में मदहोश की एक उर्दू मसनवी 'क़िस्सा तोता मैना' भी मौजूद है। यह दिल्ली से 1877 ई. और 1879 ई. में प्रकाशित हुई।[259]

क़िस्सा यूँ है : धारा नगरी के राजा गोपीचन्द की रानी रतन कुँअर ने सपने में अपने पति को योगी के लिबास में देखा और बहुत परेशान हुई। राजा गोपीचन्द बहुत सुन्दर और अच्छे रूपवाले थे और उसके पाँव में एक चमकीला निशान भी था। एक दिन राजा स्नान कर रहा था कि उसकी माँ मैनावती की दृष्टि अपने बेटे के सुन्दर शरीर पर पड़ी जिसे देखते ही उसकी आँखें डबडबा आयीं। वह सोचने लगी कि जवानी में गोपीचन्द का बाप राजा पद्म सेन भी इसी तरह सुन्दर व रूपवान था। लेकिन बुढ़ापे की पतझड़ ने जवानी की बहार की रंगीनी को ख़त्म कर दी और देखते ही देखते वह संसार से विदा हो गया। जब मृत्यु हर वस्तु का क्रम खंडित कर देती है और दिखावटी रूप व सौन्दर्य इतना अस्थायी है, तो इससे दिल लगाने से लाभ? संयोग से मैनावती का

भाई राजा भर्तरि गुरु गोरखनाथ के साथ अपनी बहन से मिलने धारा नगरी आया। वह राजपाट त्यागकर योगी हो चुका था। उसने भी संसार की अस्थिरता और रूप व सौन्दर्य और धन-दौलत की क्षण-भंगुरता की बातें सुनायीं। अत: मैनावती ने अपने इकलौते बेटे गोपीचन्द को बुलाया और कहा कि वह भी मोह माया से मुँह मोड़कर योगी बन जाये। कुछ देर माँ-बेटे में बहस व तकरार होती रही। गोपीचन्द ने अपनी सोलह रानियों का ज़िक्र किया कि मैं उन्हें कैसे छौड़ सकता हूँ। मुझे दर-दर की ठोकरें खाने और भीख माँगने पर क्यों मजबूर करती हो। मेरे चले जाने से महलों में कुहराम मच जायेगा। मेरी सल्तनत बरबाद हो जायेगी। माँ ने बताया कि दुनिया मोह और माया का जाल है। यहाँ की हर ख़ुशी झूठी और हर प्रसन्नता अस्थायी है। मुक्ति चाहते हो तो जोग अपना लो। अन्तत: गोपीचन्द ने शाही लिबास उतार फेंका और गोरखनाथ का चेला बन गया। उसे पहला आदेश यह दिया गया कि अपने पूर्व महल की चौखट पर खड़े होकर भीख माँग आओ। जो कल बादशाह था, आज फ़क़ीर बनकर अलख जगाने लगा। बेटे के हाथ में भिक्षापात्र देखकर माँ की ममता जोश में आयी। जुदाई के विचार से वह दहाड़ें मार-मार कर रोने लगी। रानी रतन कुँअर बेहोश हो गयी। सबने बहुत ज़ोर लगाया कि गोपीचन्द को रोक लें। लेकिन उसने किसी की एक न सुनी और गुरु के साथ शहर छोड़कर चला गया। कभी यहाँ, कभी वहाँ, फिरता, फिराता गोपीचन्द बंगाल पहुँचा। उसकी बहन चम्पावती बंगाल के राजा उग्रसेन से ब्याही गयी थी। एक दिन वह महल के सामने से गुज़र रहा था कि सेविका ने उसे दान में हीरे मोती देना चाहे। गोपीचन्द ने इन्कार करते हुए कहा कि फ़क़ीरों को रोटी के टुकड़ों से मतलब है। इस असभ्यता पर सेविका उससे उलझने लगी। बात चम्पावती तक पहुँची। वह ख़ुद दरवाज़े पर आयी। जोगी से सवाल जवाब हुए। अन्तत: पाँव के चमकीले निशान से बहन ने भाई को पहचान लिया। गोपीचन्द ने जोगी होने की कहानी सुनायी और दान लेकर अपनी राह चल दिया। चम्पावती को भाई की यह दशा देखकर ऐसा आघात लगा कि उसके जाते ही वह मूर्छित हो कर गिरी और गिरते ही मर गयी। राजा उग्रसेन दरबार से भागा-भागा आया और सेविका के बताने पर गोपीचन्द की तलाश में निकल पड़ा। बड़ी खोज के बाद उसने जोगी को पा लिया। गोपीचन्द को दुख हुआ कि उसके कारण चम्पावती की जान गयी। अत: उसने गोरखनाथ को याद किया और गुरु के आशीर्वाद से चम्पावती जीवित हो गयी। अन्तत: सेवा सत्कार के बाद उसने भाई को ख़ुशी-ख़ुशी विदा किया। यहाँ कहानी ख़त्म हो जाती है। लेकिन कुछ किंवदन्तियों में बताया गया है कि इस घटना का प्रभाव उग्रसेन और चम्पावती पर गहरा हुआ और वह दोनों भी राजपाट छोड़कर फ़क़ीर हो गये।

अम्बी प्रसाद मदहोश की मसनवी 'क़िस्सा गोपीचन्द' की पांडुलिपि रामपुर से 1881 ई. में दिल्ली से चित्रों सहित प्रकाशित हुई। यह 26 पृष्ठों पर आधारित

है। हर पृष्ठ पर 21 लाइनें हैं। मसनवी का आरम्भ बिस्मिल्लाहिर रहमानिर रहीम से होता है। लेखक ने स्पष्ट कर दिया है कि पहले यह क़िस्सा नागरी में था, उसने उर्दू में रूपान्तरित किया। शुरू के अश्आर ये हैं :

करूँ हम्द माबूद क्यों कर रक़म ज़बाँ में न ताक़त न ताबे क़लम
अजब क़ुदरतें उसकी हैं बेशुमार वही जानता है जो है होशियार
गदा को करे शाह, शह को गदा किसी को न याराए चूँ व चरा

दास्ताने सहरे बयान का आरम्भ :

पिला साक़िया अर्ग़वानी शराब कि दिल से मिरे दूर हो पेचोताब
था इक शहर धारा नगर दिल पसन्द कि राजा था वां का श्री गोपीचन्द
अदालत सख़ावत में मशहूर था पदम उसके पा में भी इक नूर था

समापन इन अश्आर पर होता है :

जो देखा कि भाई नहीं ठेरता हुई फिर तो नाचार और ये कहा
तुम्हें क्या किसी की मुहब्बत पड़ी यही ख़ासियत है रह जोग की
मँगाई वो भोजन खिलाने उने मरख़्ख़स किया भाई को बहन ने
हुए बा कमाल और बन को चले कमाल अपना दिखला बहन को चले
गुरु चेला दोनों बहम मिल चले वो कामिल हो गूर जिसको पूरा मिले

हुआ क़िस्सए गोपीचन्द अब तमाम
इलाही हो मक़बूल हर ख़ासो आम

इसके बाद मदहोश का कहा हुआ तारीख़ का क़तअ है जिससे मसनवी का रचना वर्ष 1285 हि. (1868 ई.) निकलता है। दूसरा तारीख़ का क़तअ अबदुल्लाह ख़ाँ रसा का है। इससे भी यही सन् निकलता है। पांडुलिपि के अन्त में इबारत से मालूम होता है कि अम्बीप्रसाद मदहोश बेटे थे लाला गिरधारी लाल के और दिल्ली के रहने वाले थे। मसनवी में क़िस्से की सारी घटनाएँ बिना घटाये या कम किये छन्दोबद्ध किये गये हैं। भाषा शैली की सादगी व प्रवाह में देहलवी लहजे की खनक है। लेकिन मसनवी की अदबी हैसियत निखारने पर ज़्यादा ध्यान नहीं दिया गया।

यह सीधा-साधा क़िस्सा भारतीय स्वभाव की एक विशेष परिस्थिति का प्रतिनिधि है। इसमें ज़िन्दगी के भौतिक पहलू पर आध्यात्मिक पक्ष की श्रेष्ठता व्यक्त करने की कोशिश की गयी है। त्याग का मूल दर्शन यही है कि मानव आजीविका का बन्दी है, मुक्त हो जाये, पूर्ण वास्तविकता के ज्ञान के लिए ख़ुदी या अहंकार को फ़ना करना ज़रूरी है। अत: इस कहानी में आन्तरिक क्रान्ति के बाद राजा को भीख माँगते हुए दिखाया गया है, जो अहंभाव की स्वीकारोक्ति का श्रेष्ठ उदाहरण है। इसमें सन्देह नहीं कि ज्ञान योग के

इस दर्शन की ग़लत अवधारणा ने जनसाधारण में अकर्मण्यता के रुझान को फैलाने में मदद की जिसकी प्रतिक्रिया कर्मयोग के दर्शन में प्रकट हुई। लेकिन इसके बावजूद शताब्दियों तक आन्तरिकता के ये विचार साधुओं, सन्तों और जोगियों की शिक्षाओं के द्वारा भारत में बहुत लोकप्रिय रहे और इनकी एक झलक इस कहानी में भी मिल जाती है। कहानी का अन्त नीति सम्बन्धी है और इसमें गुरु की महत्ता पर ज़ोर दिया गया है। विभिन्न परम्पराओं में गुरु की हैसियत से विभिन्न नाम आये हैं। लेकिन दिल्ली की परम्परा में अधिकतर गोरखनाथ का उल्लेख किया गया है।

इस लोक कथा से सम्बन्धित उर्दू में दो और मसनवियाँ भी लिखी गयीं। एक के लेखक लाला जसवन्त राय[260] और दूसरी के मुहम्मद उमर ख़ाँ[261] हैं, लेकिन इस समय हम इनका विस्तृत परिचय प्रस्तुत करने से असमर्थ हैं।

मसनवी राजा रघुवीर

द्वारा हरदेव सहाय। यह एक जोगी का क़िस्सा है, जिसने राजा रघुवीर का स्वांग भरा था। यह किताब मेरठ से 1876 ई. में प्रकाशित हुई थी।[262]

मसनवी तोहफ़ए मुश्ताक़ मारूफ़ क़िस्सा बग्गा मल

द्वारा गुलाब सिंह तख़ल्लुस मुश्ताक़। ब्लूम हार्ट का कथन है कि इस मसनवी में एक लोकप्रिय कहानी को उर्दू रूप दिया गया है। यह मसनवी दिल्ली से 1881 ई. में प्रकाशित हुई। कुल पृष्ठ 12।[263]

मसनवी राजा कुँअर सेन व रानी चित्रावली

इस मसनवी की पांडुलिपि ब्रिटिश म्युज़ियम में सुरक्षित है। लेखक का नाम व रचना काल ज्ञात नहीं है। मसनवी की भाषा बहुत प्राचीन नहीं है। ब्लूम हार्ट का कथन है कि मसनवी उन्नीसवीं शताब्दी में लिखी गयी होगी।

ख़ुदा है मुहम्मद, मुहम्मद ख़ुदा
कहे उस बिन उस की कोई क्या सना

भूमिका में लेखक लिखता है कि इस मसनवी का क़िस्सा हिन्दुस्तान में बहुत लोकप्रिय है। इसलिए मेरे दिल में इसे छन्दोबद्ध करने का शौक़ पैदा हुआ। कुल पृष्ठ 122।[264]

मसनवी हंस जवाहर

हंस जवाहर की यह लोककथा सबसे पहले क़ासिम शाह दरियाबादी ने भाषा में लिखा। यह सम्वत् 1788 के लगभग जीवित थे।[265] इसकी पांडुलिपि पटना की नुमाइश उर्दू की

पांडुलिपियों में प्रस्तुत की गयी थी (अधिकार पं. उदय शंकर शास्त्री) इसे 1126 हि. की रचना बताया गया है। लेकिन इस कथा के सातवें संस्करण (अधिकार मेराज धौलपुरी) जो नामी प्रेस लखनऊ से उर्दू लिपि में 1906 में प्रकाशित हुआ था, उसका 1149 हि. में रचित होना पाया जाता है। क़िस्से के तेइसवें बन्द से निम्न अश्आर देखें:

ग्यारह से उंचास जो बाजा
तब ये कथा प्रेम कब साजा

पंडित बैजनाथ ने इसे फ़ारसी लिपि में सम्पादित करके लखनऊ से 1870 ई. में प्रकाशित किया था।[266] इस कहानी के 1898 ई., 1901 ई. और 1910 ई. के संस्करण ब्रिटिश म्युज़ियम में सुरक्षित हैं।[267]

1906 ई. के संस्करण के मुख्यपृष्ठ पर इस कहानी के उर्दू अनुवाद का इश्तहार इन शब्दों में दर्ज है :

'क़िस्सा हंस जवाहर उर्दू। अक्सर साहिबान बसबब अदम वाक़फ़ियत ज़बान भाषा के इस अजीबो-ग़रीब क़िस्से के मुताले से महरूम रह जाते थे। इनके वास्ते मत्बा ने नज़्म उर्दू में तर्जुमा करा के छापा है।'

ब्लूम हार्ट ने 'हिम्मत' की मसनवी हंस जवाहर उर्दू, प्रकाशन लखनऊ 1900 ई. का उल्लेख किया है।[268] उपरोक्त इश्तहार सम्भवत: उसी मसनवी का है।

क़िस्सा हंस जवाहर का एक छन्दोबद्ध अनुवाद मौलवी मोहम्मद अहसन वहशी निग्रामी ने भी किया था। यह 'आह वहशी' के नाम से प्रकाशन नवल किशोर लखनऊ से प्रकाशित हुआ।[269] सिद्दीक़' में 'आह वहशी' के अलावा अहसन वहशी के छ: और प्रकाशित रचनाओं के नाम भी मिलते हैं। इनमें से पाँच उपन्यास हैं और छठी किताब 'वफ़ियातुल अख़्यार' में भारत के प्रख्यात सूफ़ियों और फ़क़ीरों के देहान्त की तारीख़ व दफ़न होने के स्थान की मालूमात दर्ज हैं।[270]

ब्लूम हार्ट ने मसनवी हंस जवाहर उर्दू के लेखक का नाम 'हिम्मत' बताया है और किसी प्रकार की व्याख्या नहीं की है। कहानी इश्क़ व मुहब्बत के अफ़साने पर आधारित है। इस मसनवी का तीसरा संस्करण 1900 ई. में लखनऊ से प्रकाशित हुआ था। पृष्ठों की संख्या 68।[271] 'हंस जवाहर' नाम की एक फ़ारसी मसनवी भी ब्रिटिश म्युज़ियम में सुरक्षित है। इसके लेखक जय सुख राय जेरिक देहलवी हैं। समापन सन् 1256 हि.। लेखक परिशिष्ट में इसे 'नल दमन सानी' क़रार देता है। इस मसनवी में 'हंस शहज़ादए बलख़ और चीन की शहज़ादी के इश्क़ की कहानी का वर्णन है।[272]

क़िस्सा बिरह भभूका व क़िस्सा प्रेमलोका

असद अली ख़ाँ तमन्ना औरंगाबादी ने 'तज़्किरा गुल अजाइब' में फ़ज़लुल्लाह फ़ज़ली के अनुवाद में लिखा है कि 'क़िस्सा बिरह भभूका व क़िस्सा प्रेमलोका

बज़बान हिन्दी अज़ व यादगार अस्त'।[273] तमन्ना ने इसका नमूना पेश नहीं किया। सम्भवतः यह क़िस्सा मसनवी के रूप में ही छन्दोबद्ध हुआ होगा।

मसनवी गुलदस्तए इश्क़

दकिनी भाषा की इस मसनवी में नवाब चन्द की दास्ताने इश्क़ बयान की गयी है। किसी शायर मुंशी ने इसे फ़र्रुख़ सेर के काल में 1122 हि. में लिखा और सआदत ख़ाँ के नाम से सम्बद्ध किया। आरम्भ : इलाही जगत का करनहार तूँ। कुल पृष्ठ 300, प्रति पृष्ठ पर 15 छन्द।[274]

मसनवी क़तीले इश्क़

यह मसनवी ब्रिटिश म्युज़ियम, लंदन में दीवाने बारिश क़लमी (उर्दू) के शुरू में दर्ज है। (पृष्ठ 2 बे से 41 अलिफ़) शायर का जीवन परिचय अज्ञात है। अलबत्ता कलाम से यह पता चलता है कि नवाब अली बहादुर, बांदा का सेवक था। तारीख़ के क़तअ के अनुसार मसनवी की रचना 1266 हि. में हुई। इसमें महबूब नाम के एक सौदागर के लड़के और जौहर की बेटी केतकी की दास्ताने इश्क़ बयान की गयी है। आरम्भः

मुझे अपने करम से या इलाही
दयारे इश्क़ की दे बादशाही[275]

मसनवी क़िस्सा सत कुँअर

क़िस्सा सत कुँअर को बिहार के शायर 'जगर नाथ सिंह' ने मसनवी के रूप में छन्दोबद्ध किया। इसकी एक हस्तलिखित प्रति का उल्लेख सम्पादक 'मसनवियात रासिख़' ने किया है। उनका कथन है कि मसनवी में शुरू में शीर्षक नहीं, बल्कि 'दास्तान बज़बान हिन्दवी आमेज़' लिखा हुआ है। मसनवी के एक शे'र से मालूम होता है कि इसकी रचना 1211 फ़स्ली में हुई। परिशिष्ट ये है :

'तमाम शुद...नुस्ख़ा क़िस्सा सत कुँअर तस्नीफ़ लाला जगरनाथ सिंह ब ख़त ख़ाम...विक्रमाजीत वल्द मच्छू सिंह...मालिक पट्टेदार मौज़ा मख़दूमपुर परगना आरा सरकार शाह आबाद...बतारीख़ पाँज़ दहम माह सावन बरोज़ जुमा 1211 हि. फ़स्ली ब अमलदारी कम्पनी...तहरीर याफ़्त' कहानी के बारे में लेखक ने इतना स्पष्ट कर दिया है कि इसे उन्होंने अपने दोस्तों की ज़बानी सुनकर लिखा। मसनवी में चार सौ छन्द हैं। भाषा अस्पष्ट और खुरदरी है।[276]

मसनवी क़िस्सा जेमिनी भान

मसनवी क़िस्सा जेमिनी भान लेखक अज्ञात, कुल पृष्ठ 40, कलकत्ता से प्रकाशित 1848 ई.[277]

मसनवी क़िस्सा तम्बोलन

मसनवी क़िस्सा तम्बोलन उर्दू द्वारा अली ख़ाँ, पृष्ठों की संख्या 77, गुजराती लिपि में, बम्बई 1872 ई.[278]

मसनवी ग़मज़ए दिलरुबा यानी नास्केत उर्दू मंज़ूम

इसके रचनाकार अम्बी प्रसाद मदहोश हैं, जिनका उल्लेख क़िस्सा गोपीचन्द के सन्दर्भ में किया जा चुका है। मसनवी ग़मज़ए दिलरुबा में जोगी नासि केतु की लोक कथा को छन्दोबद्ध किया गया है। यह मसनवी 140 पृष्ठों में है। इसका एक संस्करण स्यालकोट से 1876 ई. और दूसरा 1879 ई. में प्रकाशित हुआ।[279] उन्होंने यह कथा हिन्दी से लिया और हिन्दी में चरणदास ने संस्कृत से अनुवाद किया जो दिल्ली से 1870 ई. में प्रकाशित हुआ था।[280]

सन्दर्भ

1. दकिन में उर्दू, पृ. 40
2. आधुनिक शोध के अनुसार उर्दू की एक और प्राचीन मसनवी अशरफ़ की 'नौ सरहार' है (रचना वर्ष 909 हि.) पांडुलिपि इदारा अदबियात खंड 1 नं. 1
3. दकिन के उर्दू, संस्करण चार, पृ. 34
4. ज्ञानचन्द जैन, उर्दू की नयी दास्तानें, पृ. 59, 60.
5. शम्सुल्लाह क़ादरी, उर्दू ए क़दीम, पृ. 124, 125
6. नस्री दास्तानें, पृ. 565
7. इंसाइक्लोपीडिया ऑफ़ इस्लाम, खंड 3, पृ. 200
8. ब्लूमहार्ट, ब्रिटिश परिशिष्ट, पृ. 330
9. नस्री दास्तानें, पृ. 60-61
10. बाड्लीन खंड 3 पृ. 17 नं. 2517 बराय नस्ख़ दीगर, सुब्हानल्लाह पृ. 51, इथे 743, बांकीपुर, 728, रिव 753, और बाड्लीन 444-448
11. इनके हालात के लिए देखें अख़बारुल अख़ियार, पृ. 140, बेल पृ. 203, और ख़लीक़ अहमद निज़ामी का लेख, रिसाला बुरहान, नवम्बर 1951, पृ. 288
12. इस्लाम खंड 3, पृ. 841
13. पत्र डॉ. मुखतारुद्दीन आरज़ू बनाम लेखक
14. ईथे, नं. 752 और रिव 754
15. मख़ज़ूना कुतुबख़ाना रिज़ाइया रामपुर, लिखित 1082, और बाड्लीन नं. 390
16. ईथे, नम्बर 752 और रिव 754, बाड्लीन 1975 और 2028

17. मतबूआत इदारा, 2, पृ. 212
18. बाड्लीन नं. 1975 और 2028
19. आरबरी 544, 545
20. ज्ञानचन्द जैन, नस्री दास्तानें, पृ. 560
21. क़ाज़ी अब्दुल वदूद, सदाए आम, ईद नम्बर पृ. 19 सन्दर्भ बिहार में उर्दू ज़बान व अदब का इर्तिक़ा, पृ. 279
22. इस्लाम, खंड 3, पृ. 841
23. –वही–
24. पुस्तकालय सालार जंग में ग़वासी की मसनवी तूतीनामा की दो हस्तलिखित प्रतियाँ हैं (अ) लिखित 1124 हि. (ब) लिखित 1250 हि. पृ. 589। ब्रिटिश म्युज़ियम की दो प्रतियाँ 1170 हि. और 1172 हि. के लिखे हुए हैं (ब्लूम हार्ट नं. 54) (आसफ़िया में एक प्रति 29314) श्प्रिंगर, पृ. 608
25. शम्सुल्लाह क़ादरी, उर्दूए क़दीम, पृ. 69
26. उर्दूए क़दीम, पृ. 125 और ब्लूम हार्ट नं. 85, उस्मानिया पांडुलिपियाँ, नं. 59, पृ. 181
27. ब्लूम हार्ट ब्रिटिश, नं. 85, पृ. 49
28. हैदर बख़्श हैदरी की तोता कहानी का पहला संस्करण कलकत्ता से 1804 ई. में प्रकाशित हुआ। दूसरा 1836 ई. में और तीसरा 1840 ई. में निकला। चौथा 1852 ई. में लंदन से डी. फार्बिस की निगरानी में छपा। ब्रिटिश म्युज़ियम में इस किताब के 1859 ई. (दिल्ली), 1876 ई. (दिल्ली) और 1864 ई. (कानपुर) के संस्करण भी सुरक्षित हैं। ब्लूम हार्ट, ब्रिटिश कुतुब, पृ. 237 और 238 और परिशिष्ट पृ. 330, क़लमी नं. 93, पृ. 54 (पुस्तकालय इंडिया आफ़िस में हैदर बख़्श हैदरी की तोता कहानी के 1804 से 1883 तक के सोलह विभिन्न संस्करण मौजूद हैं)
29. इंडिया प्रकाशन, पृ. 151 और 152
30. यह 1845 में दिल्ली से प्रकाशित हुआ (कुल पृष्ठ 132) ब्लूम हार्ट, ब्रिटिश परिशिष्ट, पृ. 330
31. संग्रहालय, इदारा अदबियात उर्दू, सूची खंड 1, पृ. 333
32. ब्लूम हार्ट, ब्रिटिश कुतुब, पृ. 237
33. तूतीनामा, ग़वासी, संकलन मीर सआदत अली रिज़वी, 1939, पृ. 11
34. तूतीनामा, पृ. 159
35. –वही–
36. इंडिया, पश्तो पृ. 8
37. E. Berthels इस्लाम खंड 3, पृ. 841
38. आरबरी, पृ. 545
39. हिस्ट्री ऑफ़ संस्कृत लिट्रेचर, ए. ए. मैक्डानल्ड, पृ. 450
40. इस्लाम, खंड 3, पृ. 841
41. –वही–, और ख़लीक़ अहमद निज़ामी, पत्रिका बुरहान नवम्बर 1951 ई., पृ. 288
42. –वही–
43. ब्लूम हार्ट, ब्रिटिश नम्बर 54, पृ. 26
44. ब्लूम हार्ट, ब्रिटिश पृ. 28
45. डॉ. ज़हीरुद्दीन मदनी, गुजरात की मसनवियाँ, नवाए अदब जुलाई 1954 ई. में शामिल, पृ. 18 (ये अश्आर मसनवी की बहर में नहीं हैं)
46. मुन्तख़िबुत्तवारीख़, खंड 1, पृ. 250

47. मआसिर 16, पृ. 65
48. बम्बई नम्बर 45, पृ. 117
49. सालार जंग, पृ. 591
50. ब्लूम हार्ट, इंडिया नम्बर 77 और 78
51. आसफ़िया खंड 4, नम्बर 344, मसनवियात उर्दू
52. पुस्तकालय अंजुमन तरक़्क़ी उर्दू अलीगढ़, क़लमी मसनवियात 927/72
53. सालार जंग, पृ. 591
54. तारीख़ अदबियाते हिन्दवी व हिन्दुस्तानी अज़ दत्तासी, प्रथम संस्करण, पृ. 399 संक्षिप्त व समीक्षा अज़ क़ाज़ी अब्दुल वदूद, मआसिर 11, पृ. 119
55. हिन्दी साहित्य का इतिहास, पृ. 91
56. रिव पृ. 803, नस्ख़ दीगर ईथे, पृ. 803 और बाड्लीन, पृ 1318। इथे ने नं. 803 पर 'क़िस्सा मधुमालत' की जिस प्रति का परिचय दिया है वह उस परम्परा से भिन्न है जिसका उल्लेख रिव ने नं. 700 और 803 के अधीन किया है। इंडिया आफ़िस की प्रति या रचना वर्ष ज्ञात नहीं। यह फ़ारसी गद्य में है और इसी क़िस्से पर आधारित किसी फ़ारसी मसनवी से लिया गया है। ईथे के अनुसार उसके रूपान्तर में वह मसनवी भी हो सकती है जिसका परिचय ब्रिटिश संग्रहालय की सूची में रिव ने नं. 700 और 803 पर कराया है जिसकी रचना 1059 हि. में हुई।
57. रिव, पृ. 699, ईथे, पृ. 1434 पृ. 1636 और 1637 श्प्रिंगर पृ. 544
58. रिव, पृ. 700 अलिफ़
59. बोहार, पृ. 288 नं. 395
60. सन्दर्भ अब्दुलहक़, मुक़द्दमा मसनवी गुलशने इश्क़, पृ. 11
61. ईथे, 824, तथा बाडलीन 478
62. ईथे, 1421
63. सन्दर्भ बाड्लीन, पृ. 1319
64. स्टुआर्ट, फ़ारसी मन्ज़ूमात, पृ. 73
65. आसफ़िया, खंड 2, पृ. 1490
66. ब्लूम हार्ट, ब्रिटिश नम्बर 45, पृ. 21
67. बाड्लीन, पृ. 1291 नम्बर 2320
68. इंडिया नम्बर 2486, 2621, 1434 तथा श्प्रिंगर 630
69. स्टुआर्ट, पृ. 179, नम्बर 3, 4
70. इदारा अदबियात, खंड 5, पृ. 41
71. तारीख़ अदबियाते हिन्दवी व हिन्दुस्तानी प्रथम संस्करण (संक्षेप द्वारा क़ाज़ी अब्दुल वदूद) मआसिर 11, पृ. 119
72. हिन्दू शुअरा, पृ. 61
73. अब्दूल जब्बार मल्कापुरी, तज़्किरा शुअराए दकन, पृ. 1090
74. नुस्रती, पृ. 18, 19
75. मसनवी गुलशने इश्क़ से सन्दर्भ
76. सालार जंग, पृ. 616
77. –वही–
78. इदारा अदबियात, खंड 5, पृ. 49
79. इदारा अदबियात, खंड 5, पृ. 202

80. सन्दर्भ डॉ. मुख़्तारुद्दीन अहमद आरज़ू, मआसिर नं. 10, पृ. 72
81. मसनवी ऊद सन्दल (हस्तलिखित) पुस्तकालय अंजुमन तरक़्क़ी उर्दू, अलीगढ़, चिह्न 64/85
82. स्टुआर्ट, फ़ारसी मन्ज़ूमात, पृ. 74
83. इथे नम्बर, 1717, पृ. 931
84. आरिफ़ुद्दीन ख़ाँ आजिज़, औरंगाबाद में पैदा हुए। आसफ़ी युग में फ़ौज में नौकरी करते थे। मसनवी लाल व गौहर के अलावा एक दीवान भी यादगार है। 1764 ई. (1178 हि.) में मृत्यु हुई। (चमनिस्ताने शुअरा और गुल अजाइब) दीवान की हस्तलिखित प्रति पुस्तकालय आसफ़िया में उपलब्ध है। (सूची पांडुलिपियाँ उर्दू, सालार जंग, पृ. 636) दूसरी प्रति इदारा अदबियात उर्दू, पांडुलिपि नं. 128, बे
85. ब्लूमहार्ट इंडिया नम्बर 110, लिखित 1129 हि., कुल पृष्ठ 30 तथा इदारा अदबियात नं. 583 आसफ़िया में तीन और सालार जंग में आठ पांडुलिपियाँ सुरक्षित हैं। सालार जंग, पृ. 636
86. यूरोप में दकिनी पांडुलिपियाँ पृ. 525, 529 तथा सालार जंग, पृ. 636
87. नम्बर 26/581
88. श्प्रिंगर नम्बर 590, तथा गार्सां दत्तासी, तारीख़ अदबियाते हिन्दवी व हिन्दुस्तानी खंड 1, पृ. 169 और 619 सन्दर्भ ब्लूमहार्ट इंडिया नम्बर 110, स्टुआर्ट, हिन्दी और दखिनी पांडुलिपियाँ, पृ. 180 नं. 12
89. चमनिस्ताने शुअराः 'लअल व गौहर' पृ. 466, हस्तलिखित प्रति इदारा अदबियत 'लाल व गौहर' खंड 3, पृ. 176
90. देखें इदारा अदबियात 3, पृ. 177, यूरोप में दकिनी पांडुलिपियाँ पृ. 528, सालारजंग 636
91. उर्दू ड्रामा, इश्रत रहमानी पृ. 201, और 204
92. -वही-, पृ. 241
93. उर्दूए क़दीम, पृ. 100 और सूची सालार जंग, पृ. 629
94. दत्तासी, ख़ुतबात, पृ. 155
95. -वही-, पृ. 291
96. ब्लूम हार्ट, ब्रिटिश कुतुब, पृ. 88
97. -वही-, पृ. 330 क़िस्सा कामरूप की एक विलक्षण पांडुलिपि की प्रति मोसियो टरवेर, सचिव, हिन्दू कालेज कलकत्ता ने दत्तासी को भेजवायी थी (ज़ोर, गार्सां दत्तासी, पृ. 47)
98. ब्लूम हार्ट ब्रिटिश, पृ. 331
99. सन्दर्भ बांकीपूर VIII, पृ. 183
100. आरबरी, पृ. 417
101. ब्लूम हार्ट, ब्रिटिश परिशिष्ट, पृ. 446
102. तारीख़ अदबियाते हिन्दवी व हिन्दुस्तानी (दत्तासी) संक्षिप्त व समीक्षा द्वारा क़ाज़ी अब्दुल वदूद, मआसिर अंक 11, पृ. 122
103. इंडिया पंजाबी, पृ. 21
104. इंडिया हिन्दी, पृ. 68
105. -वही-, पृ. 162
106. रिव, पृ. 763 बराए नस्ख़ दीगर, ईथे 821, 822, 2855, 57
107. आरबरी, पृ. 417
108. मआसरुलउम्रा, खंड 3. पृ. 946
109. इदारा अदबियात खंड 5, पृ. 46
110. बांकीपुर VIII नम्बर 743, पृ. 182. बाड्लीनः 1327, श्प्रिंगर 456

111. शमा अंजुमन, पृ. 411
112. पंजाबी क़िस्से फ़ारसी ज़बान में, पृ. 100
113. इदारा अदबियात पंजुम, पृ. 47
114. श्प्रिंगर, पृ. 475
115. रिव, पृ. 697
116. दत्तासी, ख़ुतबात, पृ. 155
117. रिव, पृ. 711
118. रिव, पृ. 803
119. श्प्रिंगर, पृ. 460
120. तारीख़ अदबियात हिन्दवी व हिन्दुस्तानी (दत्तासी) सन्दर्भ मआसिर अंक 11, पृ. 132
121. पुस्तकालय सालार जंग, फ़ने नज़्म फ़ारसी, नम्बर 695
122. तज़्किरा सफ़ीनए ख़ुशगो (3) पृ. 213 अलिफ़, सन्दर्भ बांकीपुर खंड 8, पृ. 114
123. ग़ुले राना हस्तलिखित पृ. 567 अलिफ़
124. तज़्किरा गुले राना (ह. लि.) पृ. 178 बे
125. स्टुआर्ट, फ़ारसी क़सस, पृ. 85
126. रिव, अलिफ़ 846 और अलिफ़ 848
127. लखनऊ, पृ. 25 क्र. सं 195, डॉ. नुरुलहसन हाशमी से शुक्रिया के साथ
128. ईथे नम्बर 1994
129. आरबरी, पृ. 147
130. ब्लूमहार्ट इंडिया नं. 126
131. बांकीपुर, खंड 8, पृ. 183
132. ब्लूमहार्ट इंडिया नम्बर 126 और 127
133. द्वारा सन्दर्भ मुख़्तारुद्दीन आरज़ू, पुस्तकालय मांचेस्टर के कुछ मख़तूतात, मशमूला मआसिर 10, पृ. 72
134. मसनवी कामरूप और कलाकाम (हस्तलिखित) अंजुमन तरक़्क़ी उर्दू अलीगढ़ निशान 566/13 और देखें श्प्रिंगर, पृ: 639
135. दत्तासी, ख़ुतबात, पृ. 155
136. दत्तासी, ख़ुतबात, पृ. 155
137. -वही-
138. -वही-
139. इदारा अदबियात, खंड 1, पृ. 164
140. सालारजंग, नं. 917 पृ. 733
141. ब्लूमहार्ट, ब्रिटिश परिशिष्ट, 171
142. आसफ़िया खंड 2 पृ. 1284, क़सस उर्दू नं. 63
143. इदारा अदबियात, खंड 5, पृ. 44, नं. 902
144. -वही-, पृ. 44, 45
145. इदारा अदबियात, खंड 5, पृ. 44
146. आसफ़िया, खंड 3, पृ. 526 क़सस उर्दू नम्बर 189
147. ख़ुतबात, पृ. 155
148. सूची सालार जंग, पृ. 629

149. बिहार में उर्दू ज़बान व अदब का इर्तिक़ा, पृ. 319
150. दत्तासी, ख़ुतबात, पृ. 302
151. -वही-, पृ. 291
152. शिप्रंगर, पृ. 639
153. ब्लूमहार्ट, इंडिया नम्बर 127
154. द्वारा सन्दर्भ मआसिर 10, पृ. 72
155. निशान 566/13
156. दत्तासी, ख़ुतबात, पृ. 291
157. वही, पृ. 303/292
158. आसफ़िया, खंड 3, पृ. 526, क़सस उर्दू नं 189
159. मसनवी कामरूप और कलाम काम (ह. लि.) अंजुमन तरक़्क़ी उर्दू अलीगढ़, निशान 566/13
160. मसनवी तहसीनुद्दीन, पांडुलिपि अलीगढ़, पृ. 3 अलिफ़
161. ख़ुतबात, पृ. 292
162. मसनवी कामरूप और कला काम (ह. लि.) अंजुमन तरक़्क़ी उर्दू, अलीगढ़, निशान 566/13
163. माता
164. शगुन
165. ने
166. कूच
167. ब्राह्मण
168. चैन
169. हुगली
170. मसनवी कामरूप व कला काम द्वारा तहसीनुद्दीन, मुद्रित पेरिस, 1835 ई., पृ. 96
171. ईथे, पृ. 1988
172. तारीख़ अदबियात हिन्दवी व हिन्दुस्तानी (समीक्षा व संक्षेप) मआसिर 11, पृ. 128
173. ब्लूम हार्ट, ब्रिटिश पुस्तकालय, पृ. 164
174. रिव, 763 और दत्तासी, तारीख़ अदबियात, सन्दर्भ पाठ, पृ. 310
175. दत्तासी सन्दर्भपाठ, पृ. 17
176. दत्तासी ख़ुतबात, पृ. 279
177. नस्री दास्तानें, पृ. 591
178. -वही-, पृ. 591
179. नस्री दास्तानें पृ. 77
180. बाड्लीन 1324, रिव, पृ. 763
181. मुन्तख़िबुत्तवारीख़ व कलाकाम द्वारा तहसीनुद्दीन मुद्रित पेरिस 1835 ई., पृ. 96
182. रिव, 763
183. सन्दर्भ रिव, पृ. 230
184. मुन्तख़िबुत्तवारीख़, खंड 3, पृ. 174
185. ख़ुलासा अल्तवारीख़, पृ. 6
186. ईथे 1988
187. बोहार, पृ. 319 नं. 446
188. आसफ़िया, खंड 3, पृ. 526, नं. 229
189. बाड्लीन, 1335

190. ईथे, 1990–92 और रिव 763
191. ईथे 1989
192. सन्दर्भ रिव 763
193. E. C. Bayley भारत सरकार के विदेश मन्त्रालय में 'अंडर सेकेट्री' थे। ब्लूम हार्ट, पृ. 59
194. रिव, 1006
195. सालार जंग म्युज़ियम हैदराबाद, फ़ने नज़्म फ़ारसी, नम्बर 573
196. आसफ़िया, खंड 2, पृ. 526, नम्बर 229
197. बम्बई नं. 12, पृ. 277
198. सालार जंग, पृ. 718, नम्बर 91
199. ब्लूम हार्ट, ब्रिटिश कुतुब, पृ. 164
200. इंडिया मतबूआत, पृ. 150
201. इंडिया हिन्दी, पृ. 64, 65
202. हिन्दी, 342
203. बम्बई, पृ. 277
204. सिद्दीक़, पृ. 196
205. पत्र जनाब मजनूं गोरखपुरी बनाम लेखक।
'सूची पुस्तकालय' में इस किताब का प्रकाशन स्थान गोरखपुर बताया गया है (पृ.44)
206. लिटन लाइब्रेरी, अलीगढ़, संग्रह सर शाह सुलेमान, निशान 115
207. पुस्तकालय, अंजुमन तरक़्क़ी उर्दू, अलीगढ़ निशान 604/49
208. नातवां की सिंहासन बत्तीसी अब अनुपलब्ध है। उन्होंने साठ–सत्तर पुस्तकें फ़ारसी, उर्दू, भाषा में लिखीं। कुछ पुस्तकें उनके पुत्र दुर्गाप्रसाद नादिर संकलन कर्ता ख़ज़ीनतुल उलूम ने प्रकाशित करा दीं। नातवां का देहान्त संवत 1935 में हुआ। (बश्शाश, आसारुश्शुअराए हुनुद, पृ. 127)
दुर्गाप्रसाद नादिर की रचना का पूरा नाम 'ख़ज़ीनतुलउलूम फ़ी मुतअल्लेक़ातुल मंजूम' ख़िताब 'गुलदस्तए नादिरुलअफ़कार' और उर्फ़ 'तज़्किरा शुअराए दकन' है। उन्होंने 'तज़्किरतुन्निसा' के नाम से शायरात (कवयित्रियों) का एक ताज़्किरा भी लिखा, जिसका ऐतिहासिक नाम 'मिरात ख़याली' और लक़ब 'गुलशने मिराते नादिर' है।
209. सिंहासन बत्तीसी, मुद्रक नवल किशोर, कानपुर, पृष्ठों की संख्या 129
210. यह मनसवी भी अनुपलब्ध है। तज़्किरा आसारुश्शुअराए हुनूद, पृ. 68
211. नस्री दास्तानें, पृ. 591
212. संभवत: यह लखपत राय वही हैं जिनका उल्लेख उपर पांडुलिपि 3 के सन्दर्भ में आया है।
213. सिंहासन बत्तीसी (ह. लि.) लिटन लाइब्रेरी (संग्रह शाह सुलेमान) नं. 115
214. कुतुब ख़ाना अंजुमन तरक़्क़ी उर्दू, अलीगढ़ निशान 604/49
215. ब्लूमहार्ट, ब्रिटिश कुतुब, पृ. 297
216. तज़्किरा, आसारुश्शुअराए हुनुद, परिशिष्ट पृ. 4
217. मसनवी गुलशने इश्क़ द्वारा ईनायतुल्लाह रौशन, मुद्रक नवल किशोर, लखनऊ 1895, पृष्ठों की संख्या 14
218. दीवान हरचन्द, मुहब्बते मज़हर, मुक़दमा, पृ. 4,5
219. हिन्दी कुतुब ब्रिटिश, कालम: 90
220. मसनवी अफ़सानए ग़म, हरचन्द, मुद्रक नवल किशोर, लखनऊ, 1282, पृ. 30
221. इंडिया कुतुब, पृ. 140
222. सैयद हसन अस्करी, उर्दू, अप्रैल 1940

223. ताज़्किरतुल सालहैन सन्दर्भ 'बिहार में उर्दू ज़बान व अदब का इर्तिक़ा' पृ. 238, सैयद हैदरुद्दीन फ़ज़ा, विभागाध्यक्ष उर्दू, पटना कालेज का कथन है कि जन्म वर्ष जो तज़्किरतुल सालहैन में है, सही नहीं। क़ाज़ी अब्दुल वदूद, नवाए अदब, बम्बई, अक्टूबर 1958 ई., पृ. 38
224. तज़्किरए इश्क़ी, दो तज़्किरों के सम्मिलित, पृ. 116
225. बिहार में उर्दू ज़बान व अदब का इर्तिक़ा, पृ. 238
226. पृ. 225–260
227. शि्प्रंगर, पृ. 610, नं. 627
228. पत्र काज़ी अब्दुल वदूद बनाम लेखक
229. –वही–
230. मआसिर अंक 1. पृ. 57
231. कुल्लियाते इंशा, क्रम 13, और क्रम 37 कुतुब ख़ाना मशरिक़िया, पटना (सन्दर्भ मआसिर अंक 1, पृ. 57)
232. इदारा अदबियात, खंड 2, नं. 255, पृ. 49
233. ब्लूमहार्ट, ब्रिटिश, पृ. 28, नं. 56
234. ब्लूमहार्ट, ब्रिटिश, पृ. 44
235. ब्लूमहार्ट, ब्रिटिश, पृ. 116
236. इंडिया हिन्दी, पृ. 67 और हिन्दी कुतुब ब्रिटिश कालम 90
237. ब्रिटिश हिन्दी, पृ. 166
238. –वही–, पृ. 364
239. हिन्दी कुतुब, ब्रिटिश कालम 152
240. इंडिया हिन्दी, पृ. 67
241. इंडिया पंजाबी पृ. 19
242. वही और पंजाबी कुतुब, ब्रिटिश कालम 14
243. इंडिया हिन्दी, पृ. 69
244. पंजाबी कुतुब ब्रिटिश, कालम 40
245. ब्लूम हार्ट, ब्रिटिश कुतुब, पृ. 116
246. –वही–, पृ. 31
247. इंडिया मतबूआत, पृ. 160
248. ब्लूम हार्ट, ब्रिटिश कुतुब, पृ. 31
249. बश्शाश, देवी प्रसाद, तज़्किरा आसारुश्शुअराए हुनूद, पृ. 120
250. –वही–, पृ. 102
251. उर्दू ड्रामा, इश्रत रहमानी, पृ. 204 और इंडिया मतबूआत पृ. 163
252. उर्दू ड्रामा, पृ. 221
253. –वही–, पृ. 222
254. –वही–, पृ. 248
255. सूची पुस्तकालय, पृ. 32
256. इंडिया मतबूआत, पृ. 160
257. सौलत लाइब्रेरी, रामपुर
258. इंडिया मतबुआत, पृ. 164
259. –वही–, पृ. 149

260. सौलत लाइब्रेरी, रामपुर
261. इंडिया मतबुआत, पृ. 160
262. ब्लूम हार्ट, ब्रिटिश कुतुब, पृ. 111. (निशान (10) 90.14119.10)
263. –वही–, पृ. 107
264. –वही–, पृ. 43
265. हिन्दी साहित्य का इतिहास, शुक्ल, पृ. 102
266. इंडिया हिन्दी, पृ. 67
267. हिन्दी, पृ. 150
268. ब्रिटिश, परिशिष्ट पृ. 171
269. प्रकाशन सूची नवल किशोर प्रेस लखनऊ, 1932 ई., पृ. 107, पत्र मेराज धौलपुरी बनाम लेखक
270. सिद्दीक़, पृ. 15
271. ब्लूम हार्ट, परिशिष्ट, पृ. 171 (निशान (1) 26. d. 14112)
272. रिव, पृ. 728
773. तज़्क़िरा गुल अजाइब, पृ. 122
274. श्प्रिंगर, पृ. 637
275. ब्रिटिश, पृ. 43
276. मसनवियात रासिख़, पृ. 43
277. इंडिया मतबुआत, पृ. 160
278. –वही–, पृ. 163
279. इंडिया मतबुआत, पृ. 43
280. इंडिया हिन्दी, पृ. 45

अध्याय-तीन

अर्धऐतिहासिक कथाएँ

मसनवियात हीर व राँझा

हीर और राँझा की प्रेम कहानी पंजाब का लोकप्रिय किस्सा है। पंजाबी में इसे सबसे पहले 'दमोदर अरोड़ा' निवासी क़स्बा झंग ने लिखा। उसने यह कथा राजा राम खत्री उर्फ़ गुजराल निवासी क़स्बा भैरह, एक प्रत्यक्ष दर्शी से सुना। दमोदर इस कथा को अकबर के काल का बताता है।[1] इसके बाद इस कथा को अनगिनत शायरों ने अपने ढंग से बयान किया। इनमें से गुरुदास भल्ला, गोविन्द सिंह, अहमद, शाह चिराग़, मक़बल, वारिस शाह, फ़ज़ल शाह और मौला बख़्श कुश्ता की परम्पराएँ उल्लेखनीय हैं।[2] पंजाबी भाषा में इन कृतियों का क्रम अब भी जारी है। पंजाबी के अलावा सिन्धी भाषा में भी अनगिनत शायरों ने इस पर अभ्यास किया है। उनमें एक शख़्स हाजी अहमद बख़्श ख़ादिम ने हीर का 'नुमाइशनामा' लिखा है। सैयद हैदर शाह और फ़क़ीर ग़ुलाम ने हीर राँझा की पूरी दास्तान छन्दोबद्ध किया है। ख़लीफ़ा नबी बख़्श ने इस कथा पर आधारित एक 'सी हर्फ़ी' रचना की है।[3]

सिन्धी भाषा में इस कथा को हैदर बख़्श हैदराबादी ने भी लिखा। यह किताब कराची से 1885 ई. में प्रकाशित हुई।[4] हिन्दी भाषा की इस कथा पर आधारित दो पुस्तकें ब्रिटिश म्युज़ियम लंदन में हैं। एक बनारस से 1876 ई. में प्रकाशित हुई।[5] (लेखक अज्ञात) दूसरी बम्बई से 1875 ई. में प्रकाशित हुई। इसके रचनाकार आनन्दी लाल हैं।'

कहानी

राँझा (पश्चिमी पंजाब) के एक, गाँव हज़ारा का ज़मींदार जाट था। हीर पास के एक क़स्बे झंग स्याल के सरदार चौचक ख़ाँ की बेटी थी और रूप व सौन्दर्य में अपना उदाहरण नहीं रखती थी। राँझे ने एक रात सपने में हीर को देखा और सब्र व क़रार खो बैठा। इस बीच राँझा के बाप का देहान्त हुआ और भाइयों में जायदाद के बँटवारे को लेकर झगड़े पैदा हो गये। राँझा उनसे तंग आकर पाँच पीरों की तीर्थ के

लिए मुलतान को चल दिया। पाँच पीर उसे रास्ते में मिल गये और उन्होंने राँझे को हीर का पता दिया। झंग के क़रीब पहुँचते ही अलौकिक सहायता से राँझे की मुलाक़ात हीर से हो गयी और निगाहें मिलते ही दोनों एक-दूसरे के दिल का हाल पढ़ने लगे। राँझा सिवा गलाबानी (चरवाही) और बाँसुरी बजाने के और कुछ जानता नहीं था। हीर उसे अपने बाप के पास ले गयी और गलाबानी (चरवाही) की सेवा उसके सुपुर्द करायी। दिन-रात के सामिप्य के कारण मुहब्बत की पेंगें बढ़ने लगीं। हीर के माता-पिता को ख़बर हुई तो उन्होंने हीर पर पाबन्दी लगानी चाही, लेकिन हीर रातों को छुप-छुप कर राँझे से मिलने लगी। दुखी होकर हीर के माता-पिता ने उसे घर में नज़रबन्द कर दिया। राँझे की मामूली हैसियत के कारण उससे हीर की शादी सैयालों के ख़याल में भी नहीं आ सकती थी। उन्होंने उसे रंगपुरा के रईस सयदा से उसका सम्बन्ध तय कर दिया। हीर ने इन्कार किया और निकाह के समय क़ाज़ी से भी बहस की, लेकिन कामयाबी न हुई और मकर व धोखे से निकाह हो गया। हीर को दहेज़ में दूसरी वस्तुओं के साथ भैंसों का एक गल्ला भी मिला। लेकिन भैंसे राँझे से इतनी हिली-मिली थीं कि उसके बिना उन्होंने क़दम नहीं उठाया। विवश होकर राँझे को भी चरवाहे के रूप में हीर के साथ भेजना पड़ा। यहाँ हीर ने अपने पति सयदा से अनुराग न करती और छुप-छुप के राँझे से मिलने लगी। जब कानाफ़ुसियाँ बढ़ीं, तो राँझा रंगपुरा से निकाला गया। उधर जब हीर राँझे के वियोग में घुलने लगी तो राँझा जोगी के भेष में रंगपुरा लौट आया। हीर ने अपनी एक हमराज़ सहेली से मदद ली और मौक़ा पाकर राँझे के साथ रंगपुरा से भाग निकली। दोनों राह में पकड़े गये। मामला क़ाज़ी के सामने पेश हुआ और क़ानून के अनुसार हीर सयदा के हवाले कर दी गयी। इस पर हीर और राँझा ने मिलकर अभिशाप दिया कि जिससे शहर में आग लग गयी। बात हाकिमे शहर तक पहुँची और उसने राँझा के पक्ष में फ़ैसला किया। उसके बाद दमोदर के अनुसार हीर और राँझा दोनों साथ-साथ किसी अज्ञात दिशा की ओर चले गये। मक़बल के यहाँ भी कहानी यहीं ख़त्म हो जाती है, लेकिन दमोदर के बाद के कुछ शायर जैसे आराम और वारिस शाह के यहाँ क़िस्से का परिणाम बिल्कुल भिन्न है। आराम के कथानुसार हीर और राँझा क़ाज़ी के फ़ैसले के बाद झंग आये। राँझा शादी की तैयारी के लिए अपने घर हज़ारे गया। उधर हीर बहुत बीमार हुई और मर गयी। वारिस शाह ने त्रास्दी की स्थिति को और तीव्र करने के लिए इतनी बात और बढ़ा दी है कि राँझे की अनुपस्थिति में हीर के माता-पिता ने उसे ज़हर दे दिया। हीर के मृत्यु की ख़बर सुनते ही राँझे का कलेजा लर्ज़ा ओर गिरते ही मर गया।[7]

ऐतिहासिक स्थिति

इस कथा की असलियत के बारे में डॉ. मोहन सिंह दीवाना का कथन है : 'यह

भारत में मुसलमानों के आगमन से पहले की किसी घटना पर आधारित है।' उपरोक्त का विचार है कि राँझा की परम्परा का सम्बन्ध कृष्ण से है। राँझा की वंझली या अलग़ोज़ा कृष्ण की बाँसुरी है जिसके चमत्कारिक कारनामे भारतीय लोक कथाओं के अभिन्न अंग बन चुके हैं। पाँच पीर, पाँच पाँडव हैं। हिन्दू-मुस्लिम मेल-जोल के बाद इस घटना की प्राचीन कहानी लिखने वालों में पीर-पूजा आम होगी। उन्होंने संयोग के हर बार अलौकिक समर्थन जाना।[8]

डॉ. उपरोक्त का यह कथन ध्यान देने योग्य है, क्योंकि हिन्दुओं में पाँच पाँडवों की पूजा का कोई पर्याप्त प्रमाण नहीं मिलता। मुसलमानों में भी पाँच पीर से श्रद्धा का रिवाज हिन्दू-मुस्लिम सम्बन्धों से बहुत बाद की चीज़ है। दमोदर के पाँच पीर न तो शीया समुदाय के पजंतन[9] है और न ख़्वाजा क़ुतुबुद्दीन बख़्तियार काकी व ख़्वाजा अजमेरी जैसे तसव्वुफ़ वाले पाँच मशाइख़।[10] बल्कि ये पाँच मुलतानी पीर हैं।[11] जिनका रसूख़ अकबर के काल में बहुत शिखर पर था। अलबत्ता यह सही है कि दमोदर ने हिन्दू होने के कारण जगह-जगह राँझा को कृष्ण की तरह बँसी हाथ में लिए व्यस्त दिखलाया है और उसके अनुयायियों ने व्यक्तिगत आस्था के आधार पर कहानी को चमत्कार प्रेमियों का मिश्रण बना दिया। इस श्रेष्ठ काम में हिन्दू-मुसलमान दोनों सम्मिलित रहे होंगे। क्योंकि 'पाँच पीरों का सम्मान दोनों की साँझी आस्था थी।'[12]

डॉ. मुहम्मद बाक़र ने हाल ही में साबित करने की कोशिश की है कि हीर और राँझा की घटना का सम्बन्ध अकबर काल से है। उनका कथन है कि पंजाबी भाषा में दमोदर ने अपनी कहानी को (राजा राम खत्री) एक प्रत्यक्षदर्शी से सुनकर लिखी। दमोदर ने यह भी व्याख्या की है कि चौचक ख़ाँ स्याल (हीर के पिता) अकबर के काल में हुआ है। डॉ. साहब इसके प्रमाण में बाक़ी कोलाबी की सनद लाते हैं। बाक़ी कोलाब खतलान प्रांत (अफ़गानिस्तान) का शायर था। उसकी फ़ारसी मसनवी हीर राँझा की एकमात्र पांडुलिपि नेशनल म्युज़ियम कराची में सुरक्षित है। बाक़ी चूँकि 1579 ई. में अकबर के काल में, मासूम ख़ाँ काबुली की बग़ावत के ज़माने में मारा जाता है, निश्चित ही हीर-राँझे की घटना को जो उसने छन्दोबद्ध किया है, उसकी मृत्यु (1579 ई.) से पहले प्रकट हो चुका था और उसकी प्रसिद्धि दूर दराज़ इलाक़ों तक पहुँच गयी थी।[13]

डॉ. उपरोक्त का कथन है कि हीर का मक़बरा इस वक़्त झंग से लगभग आधे मील की दूरी पर स्थित है। मक़बरे की इमारत बहुत पुरानी है और पुरातत्ववेत्ताओं ने प्रमाणित किया है कि इसकी दीवारों के आलों और मक़बरे के निर्माण का ढंग सोलहवीं शताब्दी के मज़ारों से मिलता-जुलता है।[14]

हीर-राँझा का क़िस्सा अंग्रेज़ी में भी प्रकाशित हो चुका है। इसे सरदार अब्दुल क़ादिर आफ़ंदी ने मीर क़मरुद्दीन मन्नत देहलवी की फ़ारसी मसनवी से अनुवाद किया।[15]

हिन्दी हीर-राँझा छन्दोबद्ध की एक पांडुलिपि (लेखक अज्ञात) इंडिया ऑफ़िस लंदन में सुरक्षित है। यह दिल्ली से 1874 ई. में प्रकाशित हुई थी।[16] हरियाणवी भाषा में क़िस्सा हीर-राँझा को पंडित मौजी राम व शिवचन्द ने गीतों और दोहों में लिखा।[17]

हीर-राँझा की फ़ारसी और उर्दू पांडुलिपियों का विवरण ये है :

फ़ारसी पांडुलिपियाँ

कविता

1. मसनवी बाक़ी कोलाबी (युग 'आलमपनाह अकबर शाह'[18]) बाक़ी के देहान्त का सन् 1579 ई. है।[19] अतः यह मसनवी अकबर के राज्याभिषेक 1556 ई. और 1579 ई. के मध्य लिखी गयी होगी।
2. अफ़सानए दिल पज़ीर, सईद सईदी 1037-68 हि.।[20]
3. इश्क़िया पंजाब या क़िस्सा हीर व माही। मीता पुत्र हकीम दर्वेश चनाबी (निवासी कैलाश या गढ़ कैलाश ज़िला गुजरांवाला) यह मसनवी 1110 हि. में लिखी गयी।[21]
4. मसनवी नाज़ व रियाज़ द्वारा फ़क़ीरुल्लाह आफ़रीं लाहौरी। देहान्त 1154 हि.। इस मसनवी का समापन वर्ष 1143 हि.[22] नहीं बल्कि 1143 हि. में मीर ग़ुलाम अली आज़ाद बिलग्रिमी ने हिन्दुस्तान से सिन्ध जाते हुए, जब पहली बार आफ़रीं से मुलाक़ात की तो उस वक़्त आफ़रीं हीर-राँझा छन्दोबद्ध कर रहे थे।[23]
5. दास्तान हीर व राँझा द्वारा नवाब अहमद यार ख़ाँ गोरगानी यकता (मृत्यु 1174 हि.) मौलवी मुहम्मद बाक़र ने इसे 1327 हि. में लाहौर से प्रकाशित किया है।[24]
6. मसनवी हीर व राँझा, मीर क़मरुद्दीन मन्नत, रचनाकाल 1195 हि.।[25] ईथे ने सूची इंडिया आफ़िस में इस मसनवी का रचनाकाल 1195 हि. बताया है और मूलतत्व की तारीख़ 'क़िस्सए इश्क़ हीर व राँझन दिया है।[26] मौलवी मुहम्मद शफ़ी ने लिखा है कि अगर 'हीर' और 'राँझन' के मध्य वाव (उर्दू अक्षर) है तो तारीख़ 1196 हि. हुई।[27] यह कथन ग़लत है। वाव के सम्मिलित होने से ही 1195 हि. बरामद होते हैं। अलबत्ता उन्होंने हस्तलिखित प्रति से जो तारीख़ नक़्ल की है, वह ज़्यादा सही मालूम होती है :

साल तारीख़ ईं किताब शगरफ़	ख़्वास्त मन्नत ज़ अक़्ल बा तदबीर
ख़िर्दश अज़ सर बदीअ बगुफ़्त	'क़िस्सा इश्क़ हीर राँझन' गीर
2	+1189=1191 हि.

इस क़तए में अगर हीर और राँझन के मध्य वाव पढ़ें तो रचनाकाल 1197 हि. आयेगा।

7. मसनवी 'गुलशने राज़ इश्क़ व वफ़ा' मुंशी सुन्दर दास आराम। रचनाकाल 1171 हि.। यह व्यक्ति पंजाबी भाषा के प्रसिद्ध शायर वारिस शाह का समकालिक था और इसने अपनी मसनवी 'हीर वारिस' से नौ वर्ष पहले पूरी की।[28]
8. मसनवी लायक़। समापन पर इसे मीर ख़ुसरो की रचना बताया गया है। 'मक्तूबः सम्मत यक हज़ार व नौसद व चहार।'[29]
   क़ाज़ी फ़ज़ल हक़ का कथन है कि 'लेखक का नाम जो कातिब ने अन्त में 'मीर ख़ुसरो' लिखा है, निश्चित ही ग़लत है और वास्तव में यह किताब लायक़ की रचना है।'[30] लायक़ का सही नाम मालूम नहीं। सम्भव है यह मुहम्मद मुराद लायक़ ही हो जो मसनवी दस्तूर हिम्मत (कामरूप व काम लता) का रचनाकार है और जिसका उल्लेख शमा अंजुमन में मिलता है।[31] शिप्रंगर ने तज़्किरा मुहम्मद युसुफ़ के हवाले से लिखा है कि लायक़ हिम्मत खाँ के बेटे ख़ान जहाँ का तख़ल्लुस था। वह आगे चलकर यह भी लिखता है कि लायक़ मुहम्मद आशिक़ का तख़ल्लुस था जो हिम्मत ख़ाँ के कर्मचारियों में से था।[32]
9. मसनवी अज़ीमुद्दीन ठठवी 1214 हि.
10. मसनवी ज़ियाउद्दीन ज़िया 1215 हि.
11. मसनवी आज़ाद 1216–26 हि.
12. मसनवी नवाब वली मुहम्मद ख़ाँ 1226–27 हि.[33]
13. तवील क़तआ फ़क़ीर क़ादिर बख़्श बेदिल 1293 हि.
    क्रम संख्या 9 से 12 तक की चार मसनवियों और फ़क़ीर क़ादिर बख़्श बेदिल के तवील क़तए के शोध का सेहरा सैयद हिसामुद्दीन राशिदी सम्पादक तज़्किरा मक़ालातुश्शुअरा सम्पादक मीर अली शेर क़ानेअ ठठवी के सर है। राशिदी साहब ने उन कविताओं का संकेत अहमद यार ख़ाँ यकता के अनुवाद के हाशिये में किया है।[34]
14. मसनवी फ़िदायी या साक़ी (क्षतिपूर्ण प्रति) ग्रन्थालय एशियाटिक सोसायटी बंगाल। रचना काल 1248 हि.[35]
15. निगारीं नामा द्वारा कन्हैया लाल हिन्दी। यह मसनवी विक्टोरिया प्रेस लाहौर से 1299 हि. में प्रकाशित हो चुकी है।
    निगारीं नामा के समापन पर सन् 'पुर दर्द नज़्म हीर राँझा' अर्थात 1881 ई. है।[36]

गद्य

1. गुरुदास खत्री (ज़ात कोहली) निवासी क़स्बा संकहतरा 1112–21 हि.। यह क़िस्सा पंजाबी भाषा की आरम्भिक परम्परा 'हीर दमोदर' पर आधारित है।[37]
2. मंसाराम ख़ुशाबी 1157 हि.[38]
3. सिराजुलमुहब्बत द्वारा ईब्रती अज़ीमाबादी 1252 हि.[39]
4. मुहब्बत नामा (गद्य, परिमार्जित) द्वारा मुंशी शेवकराम अतारद ठठवी 1185–9 हि.[40]

इस किताब की एक हस्तलिखित प्रति यूनिवर्सिटी लाइब्रेरी अलीगढ़ में सुरक्षित है। इसमें लेखक का नाम सेवकराम दिया गया है। (शेवक राम नहीं) किताब का नाम भी मुहब्बत नामा नहीं, बल्कि हीरनामा लिखा है। इस पांडुलिपि के कातिब हिसामुद्दीन ने परिशिष्ट में दावा किया है कि मौजूदा पांडुलिपि उसने लेखक द्वारा लिखित प्रति 1241 हि. से नक़ल किया है।[41]

5. दास्ताने नस्र द्वारा अली बेग 1230 हि.[42]

उर्दू पांडुलिपियाँ

गद्य

1. हीर राँझा द्वारा खेम नारायण रिन्द देहलवी भ्राता बेनी नारायण जहाँ।[43]
2. हीर राँझा द्वारा मक़बूल अहमद पुत्र क़ुदरत अहमद फ़ारुक़ी गोपामवी। 1848 ई.। दत्तासी ने लिखा है कि यह मिली-जुली फ़ारसी उर्दू कविता व गद्य में है। दत्तासी ने इसका फ्रांसीसी अनुवाद रिविव वी ओरियन्ट ए द अल्जिरिया (सितम्बर, 1857 ई.) में प्रकाशित किया।[44] मूल के दूसरे संस्करण, हिन्दू प्रेस दिल्ली 1874 ई.[45], दिल्ली 1876 ई.।[46]
3. 'हीर राँझा उर्दू नस्र' प्रतिलिपि ब्रिटिश म्युज़ियम। इसके परिशिष्ट में लिखा है कि यह कहानी ग़ुलाम सरवरुद्दीन सरिश्तादार ने रोहतक के गोसाइयों से सुनकर लिखी। रोहतक, 2 जनवरी, 1850 ई.[47]
4. हीर राँझा द्वारा एम. असलम, लाहौर से प्रकाशित 1950 इ.
5. हीर राँझा उर्दू (ड्रामा) द्वारा हाफ़िज़ मुहम्मद अबदुल्लाह, रईस फ़तहपुर, संरक्षक, लाइट ऑफ़ इंडिया थियटेरिकल कम्पनी, आगरा।[48]
6. हीर राँझा उर्दू (छन्दोबद्ध ड्रामा) द्वारा रौनक़ बनारसी 1880 ई.।[49]
7. माशुक़ए पंजाब (क़िस्सा हीर राँझा उर्दू गद्य) द्वारा चौधरी अफ़ज़ल हक़।[50]
8. हीर राँझा (उर्दू गद्य) द्वारा एम.एम. वाई. ख़ादिम। मुद्रक नारायण दत्त सहगल लाहौर, सन् ?[51]

कविता

1. हीर राँझा (हस्तलिखित) द्वारा नजीबुद्दीन नजीब। कुलपृष्ठ 39। पांडुलिपि अंजुमन तरक़्क़ी उर्दू हिन्द, अलीगढ़। किताबत के सन् का उल्लेख नहीं।[52] इस मसनवी की एक प्रति कुतुबख़ाना रज़ाइया रामपुर में भी है। कुल पृष्ठ 38। 1239 हि. में लिखित।[53]
2. हीर राँझा (हस्तलिखित) मूल चन्द तख़ल्लुस मुंशी, देहलवी। रचनाकाल 1813 ई. किताबत का सन् 1823 ई. कुल पृष्ठ 92, कुतुबख़ाना रज़ाइया, रामपुर[54]
3. 'क़िस्सा हीर व राँझा' द्वारा मौलवी करम इलाही भोपालो। यह पंजाब प्रेस सियालकोट से 1905 ई. में प्रकाशित हुआ। पृष्ठों की संख्या 244।[55]
4. 'आबलए हरारते इश्क़' या 'अरमुग़ाने गदा' द्वार सूफ़ी अब्दुल ग़फ़ूर क़ैस। यह अनुवाद 1909 ई. में स्टीम प्रेस आगरा[56] से और 1911 ई. में कानपुर से प्रकाशित हुआ।[57] पृष्ठों की संख्या 272।
5. हीर राँझा द्वारा रफ़ीक़ ख़ावर इदारए मतबुआत पाकिस्तान, कराची।
6. मसनवी हीर व राँझा उर्दू, लेखक मीर फ़ज़ल अली। हस्तलिखित प्रतिलिप पटना यूनिवर्सिटी। उर्दू नुमाइश पटना, आयोजित 1959 ई. में प्रस्तुत की गयी।

उपरोक्त प्राचीन मसनवियों में से करम इलाही और क़ैस के अनुवाद पंजाब में और नजीब व मुंशी के अनुवाद पंजाब से बाहर लिखे गये। इनके लेखकों ने अपने स्रोत के बारे में कोई व्याख्या नहीं की। अनुमान यह है कि पंजाबी लेखकों के सामने या तो पंजाब की लोक परम्परा होगी या दमोदर, मक़बल और वारिस शाह के पंजाबी छन्द होंगे। नजीब और मुंशी के अनुवाद चूँकि पंजाब से बाहर लिखे गये इसलिए सम्भव है उनका स्रोत पंजाबी परम्पराएँ न हों। यह उस युग की रचनाएँ हैं जब फ़ारसी साहित्यिक भाषा के रूप में सारे भारत में फैली हुई थी। सम्भावना है कि इन रचनाओं के रचनाकारों ने फ़ारसी मसनवियों से लाभ उठाया होगा। मूलचन्द मुंशी की उर्दू मसनवी और सुन्दर दास आराम की फ़ारसी मसनवी में गहरी समानता पायी जाती है। वास्तविकता यह है कि हीर राँझा का क़िस्सा आम व ख़ास में लोककप्रिय रहा है और इतनी बार लिखा गया है कि विभिन्न पांडुलिपियों में आपसी समानता तलाश करना लगभग असम्भव है। क़िस्से के विवरण में हर लेखक ने अपनी तबीयत का ज़ोर दिखाया है और उसे अपने-अपने ढंग से प्रस्तुत किया है। पिछले शायरों ने तो अपने युग के सांस्कृतिक रुझानात के प्रभाव में हीर के चरित को तसव्वुफ़ के रंग में ऐसा गहरा रंगा कि इश्क़ व मुहब्बत का एक सीधा-सादा क़िस्सा आचरण व सत्य मार्ग का ग्रन्थ बन गया।

मसनवी हीर राँझा, मुंशी

मूलचन्द मुंशी, शाह नसीर देहलवी के शिष्य थे।[58] उन्होंने 1225 हि. में शमशेर ख़ानी का अनुवाद क़िस्सा ख़ुसरवाने अजम या शाहनामा उर्दू के नाम से किया।[59] इसमें नौ हज़ार से ज़्यादा अश्आर हैं। ब्रिटिश म्युज़ियम में इस मसनवी के छः मुद्रित संस्करण सुरक्षित हैं।[60] हीर व राँझा के अतिरिक्त इनकी एक और मसनवी साम नामा (1227 हि.) भी अब तक प्रकाशित नहीं हुई है।

मुंशी की मसनवी हीर व राँझा की दो पांडुलिपियाँ उपलब्ध हुई हैं। अलीगढ़ की प्रतिलिपि[61] न सिर्फ़ शुरू से अन्त तक दोषपूर्ण है बल्कि अव्यस्थित है और किसी जिल्दसाज़ की अरुचि का शिकार हो गयी है। दूसरी प्रति रामपुर की है।[62] यह अपूर्ण है। मसनवी का आरम्भ 'मुनाजात बदरगाह मुजीबुद् दअवात' से होता है। इसके बाद कुछ अश्आर 'नात जनाब रिसालत पनाह मुहम्मद रसूलल्लाह' (स.अ.) में हैं। उस ज़माने में मिले-जुले सांस्कृतिक और साहित्यिक परिवेश में एक हिन्दू रचनाकार का ना'ते रसूल लिखना आश्चर्य की बात नहीं। ना'त के कुछ अश्आर मुलाहिज़ा हों :

तमन्नाए दिल है ये सुब्हो मसा	कि इस आस्ताने पे हों जिब्बा सा
कि है ख़ाक को जिसकी जूँ मेह्रताब	नहीं उसके रु कश बुलन्द आफ़ताब
सरे सरवराँ सैयदुलमुर्सलीं	दरख़्शन्दा ख़ुर्शीद ईमानो दीं
मुहम्मद कि है ख़त्मे पैग़म्बरां	जनाब उसकी है क़िब्ला गाहे जहाँ
मुहम्मद नहीं कोई जिसका अदील	जनाब उसकी है मुहबते ज़िब्रईल

इसके बाद मुहम्मद अकबर शाह सानी और मुमताज़ महल बेगम की प्रशंसा है जिसमें शायर ने स्पष्ट कर दिया है कि उसने यह क़िस्सा मुमताज़ महल बेगम की फ़रमाइश पर छन्दोबद्ध किया। क़िस्से का आरम्भ हिन्दुतान की प्रशंसा से होता है :

तमाशा है अक़्लीमे हिन्दोस्ताँ	बख़ूबी व लुत्फ इंतख़ाबे जहाँ
सरापा लताफ़त सरापा बहार	बहारे चमन होवे जिस पर निसार
अजब सरज़मीं है मसर्रत फ़ज़ा	निहायत है दिलचस्प और दिलकुशा
जिसे देखिये सो तरहदार है	परी चहरा है माहे रुख़्सार है

मुंशी और सुन्दर दास आराम के फ़ारसी क़िस्से में गहरी समानता है। सम्भवतः मुंशी के सामने आराम का क़िस्सा रहा होगा, यद्यपि इस सन्दर्भ में मुंशी ने कोई व्याख्या नहीं की। लेकिन क़िस्से के परिणाम से यह प्रमाणित होता है। आराम अपना क़िस्सा हीर राँझे की मौत पर ख़त्म करता है और उसके बाद एक हाजी का पुनर्कथन नक़ल करता है। यह हाजी पंजाब से हज के लिए गया था। वापसी में जहाज़ डूब गया और यह एक तख़्ते के सहारे किनारे पर आ लगा। यहाँ एक

चटियल रेगिस्तान में जब भूख प्यास से अपनी जान पे बन आयी तो हीर और राँझा उसकी सहायता को आये और पलक झपकते ही उसे पंजाब में पहुँचा दिया। शायर हीर और राँझा को ईश्वर के क़रीबी का स्थान देते हुए लिखता है। इस तरह की घटनाओं से मालूम होता है कि हीर राँझा अभी तक ज़िन्दा हैं। आराम के सिवा दमोदर, मक़बल और वारिस किसी ने इसका उल्लेख नहीं किया। मूलचन्द मुंशी अलबत्ता अपनी उर्दू मसनवी का समापन इसी पुनर्कथन पर करता है :

वो दोनों बहम सूरते ज़ी ह्यात बयाबां में फिरते हैं दिन और रात
बहुक्मे खुदावन्द शामो पगाह बताते हैं भूले हुओं को वो राह
नज़र आवे जो कोई गुमकर्दा राह तो आकर वहीं हम बहुक्मे इलाह
तरह ख़िज्र के उसके हों रहनुमा करें दामे रंजो अलम से रिहा

इससे सन्देह होता है कि आराम की नज़्म मुंशी के सामने थी, क्योंकि हीर-राँझा का यह भटकाव और गुम हुए रास्तों का मार्गदर्शन आराम के अलावा और किसी ने नहीं बयान की।

फ़ारसी शायरों की तरह मुंशी ने भी मसनवी में यदा-कदा ग़ज़लें शामिल कर दी हैं और अध्यायों के लम्बे शीर्षक दिये हैं। सुर्ख़ियाँ फ़ारसी गद्य में हैं। यूँ मसनवी की भाषा सादा और अश्आर रवाँ हैं। एक उदाहरण देखें :

जो भैंसों को लेकर बवक़्ते सहर सुए दश्त चलता वो ख़स्ता जिगर
तो ये शौक़ से देखती थी उधर वो दिलदार जब तक कि आता नज़र
नज़र से निहाँ जब के हो जाये था तो जी हीर का सख़्त घबराये था
वहीं बाँधकर दिल में उसका ख़याल ये कहती थी वो बादले पुरमलाल
कि अफ़सोस बैठूँ मैं ऐवान में फिरे तू ख़राब इस बयाबान में
मिरे हम नशीं होवें इंसां यहाँ तुझे वहशियों से हो सोहबत वहाँ
सताता है हर लहज़ा तेरा फ़िराक़ जुदाई तिरी मुझ पे है सख़्त शाक़[63]

मसनवी हीर-राँझा, नजीब

नजीबुद्दीन नजीब ने अपनी मसनवी में हीर के पिता का नाम चौचक के बजाय झौझक लिखा है। नजीब के क़िस्से में एक और विरोध ये है कि इश्क़ का आरम्भ राँझे के ख़्वाब से नहीं बल्कि हीर के ख़्वाब से होती है। हीर सपने में राँझे को बँसुरी बजाते देखती है और दिल दे बैठती है। फिर हीर और राँझे को पहली मुलाक़ात संयोग का परिणाम नहीं बल्कि हीर सन्देशवाहक भेजकर राँझे को बुलवाती है। और यह कि हीर की डोली जब ससुराल पहुँचती है तो हीर सुहाग के जोड़े की जगह जोगन की कफ़नी में दिखायी देती है। हीर का पति इसे अपशकुन समझकर हीर से पूछताछ करता है, तो वह कहती है :

सम्भल होश कर ऐ सगे बे अदब — न दे अपने तईं इस तरह ताबो तब
ये नाहक़ की दिल से हवस दूर कर — परायी अमानत पे बस दिल न धर
न कर तमअ दिल में बहक़्क़े करीम — नहीं तेरे क़ाबिल ये दुर्रे यतीम

हीर एक पत्र में राँझे को लिखती है :

सुनी जो तिरी बाँसुरी की सदा — हुआ जब ही से दिल मिरा मुब्तिला
नहीं तेरी फ़ुरक़त से कुछ दिल में ताब — हुआ दिल मिरा जल के मिस्ले कबाब
तुझे अपनी इस बाँसुरी की क़सम — तुझे अपनी इस दिलबरी की क़सम
शताबी से तशरीफ़ याँ लाइये — इस आजिज़ पे अशफ़ाक़ फ़रमाइये
जो कल चलते साहब तो अच्छे चलो — जो वाँ खाओ याँ आके पानी पियो

नजीब के यहाँ क़िस्से का अन्त सुखद है। नजीब, आराम और वारिस शाह की तरह क़िस्से को हीर और राँझा की मृत्यु से त्रास्दी का रंग नहीं देता, बल्कि इसे दमोदर और मक़बल की परम्पराओं के अनुसार क़ाज़ी के फ़ैसले पर ख़त्म कर देता है। इसके बाद हीर राँझा दोनों किसी अज्ञात स्थान की ओर चल दिये और ग़ायब हो गये।

रहे ढूँढ़ते उनको पीरो जवाँ — न पाया कसू ने भी उनका निशाँ
मियाँ रखखे हमको भी दर ख़ौफ़ो बीम — ख़ुदा उनके अन्जाम का है अलीम
ग़रज़ सबका ये है यहाँ से गये — यहाँ से गये, इस जहाँ से गये[64]

इस शे'र पर मसनवी समाप्त हो जाती है। शायर कई जगह अपना तख़ल्लुस नजीब इस्तेमाल करता है। इसके अलावा पांडुलिपि से लेखक के बारे में कोई जानकारी न प्राप्त हो सकी।

मसनवी हीर राँझा, करम इलाही

करम इलाही की यह मसनवी हीर वारिस शाह से ली गयी प्रतीत होती है। राँझा पिता की मृत्यु के बाद जब वतन से जाने लगता है तो उसकी भावजें उसे रोकती हैं। इसका उल्लेख सिवा वारिस शाह के और किसी ने नहीं किया। करम इलाही उसका अनुसरण करता है। लड्डन मल्लाह से राँझे की मुलाक़ात और सवाल व जवाब तथा हीर और क़ाज़ी का मुबाहिसा भी वारिस शाह से उद्धृत हैं। वारिस शाह ने क़िस्से को ज़्यादा दुखदायी बनाने की कोशिश की है। परिणामस्वरूप हीर को ज़हर दिया जाता है, लेकिन उसका बाप राँझे को ख़त में लिखता है कि हीर की मृत्यु हैज़े से हुई। राँझा दुखी मन से हीर की क़ब्र पर आता है और :

ब क़ुदरत ख़ुदावदं रब्बुल क़दीर — निकला वहीं हाथ बद्रे मुनीर (कज़ा)
लिया चूम राँझन बसद आरज़ू — पकड़ा वहीं हाथ आं माहरु (कज़ा)

इस तरह बिछुड़ी शाख अपने असल से मिल गयी।

इस मसनवी का साहित्यिक स्तर बहुत निम्न है। भाषा प्रायः त्रुटिपूर्ण और विवरण उलझी हुई है। लेकिन शायर चूँकि वारिस शाह का अनुसरण करने वाला है, इसलिए कहीं-कहीं प्रभावपूर्ण अश्आर भी उसके क़लम से निकल गये हैं। उदाहरण के लिए राँझा हज़ारे जाकर शादी की तैयारी में व्यस्त है, उधर हीर के माता-पिता उसे ज़हर दे देते हैं और वह मौत की घड़ियाँ गिन रही है। उसका नक़्शा यूँ खींचता है:

करे याद राँझन को होकर निढाल मिरे यार तुझको न आया ख़याल
मिरे दिल के पारे मिरे नूरे जाँ चली हीर तेरी मिटा सब निशाँ
ज़रा देख ले रंग रुख़सार का मैं पाया नहीं जलवा दीदार का
मिरी ज़ुल्फ़ें बिखरी सियह दोश पर तू क्यों छोड़ मुझको गया बेख़बर
ज़रा देख ले मेरी आँखों के तार जूँ सावन महीने में अब्रे बहार

और सहेलियों से कहती है :

मिरे राँझने को बतानी ख़बर तिरे ग़म में गुज़री है वो सीम बर
तुझे याद करती रही सुब्हो शाम तिरे इश्क़ में छोड़ी दुनिया तमाम

माँ से यूँ ख़िताब करती है :

मिरा जोड़ा अव्वल था राँझन के साथ तू की खुद नुमाई दिया और हाथ
मिरा दिलरुबा इन्तज़ारी करे ब्याह की वो घर में तैयारी करे
मिरा अब ब्याह मौत के साथ है मिरा राँझना ही मिरा नाथ है[65]

मसनवी आबलए हरारते इश्क़

अब्दुल ग़फ़ूर क़ैस की मसनवी किसी फ़ारसी अनुवाद पर आधारित है, जिसके नाम की व्याख्या लेखक ने नहीं की :

क़दीमी ज़बान उसकी थी फ़ारसी और पंजाबी में लिख गये हैं कई
मगर इसका उर्दू हुआ ही न था मुफ़स्सल तो ऐसा लिखा ही न था

इससे मालूम होता है कि अब्दुलग़फ़ूर क़ैस को हीर-राँझा की किसी उर्दू पांडुलिपि का ज्ञान नहीं था। उसे यह भी दावा है कि उसने क़िस्से का पूरे विस्तार से वर्णन किया है। उसका क़िस्सा अपने विस्तार में कमोबेश वारिस शाह से मिलता-जुलता है। इससे अनुमान होता है कि यह क़िस्सा जिस फ़ारसी मसनवी पर आधारित है वह वारिस शाह के बाद लिखा गया होगा। क़ैस की मसनवी की एक और विशेषता यह है कि उसमें पूरा क़िस्सा एक आध्यात्मिक उपमा की शक्ल में पेश किया गया है। राँझा जिस्म है और हरि

आत्मा। तन्मयता इश्क़े हक़ीक़ी है और पंच पीर मुर्शिद के व्यक्तित्व हैं। शायर ने पाँच पीरों की कल्पना से पूरा फ़ायदा उठाया है। सारांश यह कि सारी मसनवी में प्राकृतिक घटनाओं की श्रेष्ठता का एक रहस्यमयी वातावरण स्थापित हो गया है। जैसा कि कहा जा चुका है, पाँच पीरों की यह कल्पना कोई जड़ और सीमित कल्पना नहीं। हीर-राँझे का क़िस्सा पद्धबद्ध करने वाले हर शायर ने निजी आस्था के आधार पर उन पाँच पीरों में जिसको चाहा, शामिल कर लिया। क़ैस के यहाँ उनका विवरण यह है :

तो रख याद उन औलियाओं के नाम — थे अव्वल तो ख़िज्र अलैहिस्सलाम
दोम थे शकर गंज बाबा फ़रीद — कि हो उनपे रहमत ख़ुदा की मज़ीद
सोम थे ज़करिया वो मुलतान के — ख़ुदा उनसे राज़ी रहे पै ब पै
चहारुम बुख़ारी थे सैयद जलाल — कि हो उनपे राहिम वो ईज़द जलाल
क़लन्दर थे पंजुम वो शहबाज़ लाल — कि रहमत करे उन पे बस ज़ुल जलाल

साहित्यिक दृष्टि से यह मसनवी करम इलाही की मसनवी से श्रेष्ठ है। शायर सौन्दर्य वर्णन से अनभिज्ञ नहीं। अश्आर सीधे सादे और प्रवाहपूर्ण हैं। राँझे की बँसुरी की प्रशंसा सुनिये :

पड़े उसमें चाँदी के छल्ले कई — हक़ीक़त में उँगली थी वो हीर की
पड़ी उसमें बिल्लौर की चूड़ियाँ — गोया हीर की थी कलाई अयाँ
गोलाई में थे उसके मोती जड़े — गोया हीरे पहने खड़ी दो लड़े
सुरीली थी आवाज़ और अचपली — गोया हीर बोले थी उसमें छुपी
न थी बाँसुरी हीरे सानी थी वो — हज़ारे की यूँ तो निशानी थी वो
वो जिस वक़्त होता था नग़्मासरा — तो ग़ैरत में आती थी इन्दर सभा

कुछ रेखाचित्र भी ख़ूब हैं :

उधर उसकी नज़रों में जंगल सियाह — इधर इसको आँखों में काजल सियाह
ग़रज़ करके सिंगार व अब्रन लगा — वो दम भर में पहुँची उसी बन में जा
कि जिस बन में उसका कन्हैया सा यार — ग्वालन का अपनी करे इन्तज़ार
रही दस-क़दम जब कि राँझे से हीर — लचकती लचकती चली-वो शरीर
दिखा चुलबुलापन वो अन्दाज़ का — चली उसकी जानिब ब नाज़ो अदा[66]

मसनवियात सस्सी पुन्नूं

सस्सी पुन्नूं के क़िस्से को उत्तर-पश्चिम भारत में वही महत्त्व है, जो ढोला माड़ो को राजस्थान में या माधोनल और काम कंडला को बिहार में। सिन्ध, कच्छ, ब्लूचिस्तान और पंजाब में यह क़िस्सा बच्चे-बच्चे की ज़बान पर है। सिन्धी

जनसमूह में तो सस्सी और पुन्नूँ को औलिया का स्थान प्राप्त है। लेकिन सिन्ध की अपेक्षा पंजाब में इसे जो लोकप्रियता मिली, वर्णन से बाहर है। पंजाब में कुछ स्थानों पर लोहड़ी के दिन अब भी सस्सी पुन्नूं का स्वांग रचाया जाता है और लोग हाशिम की पंजाबी सस्सी गाते हैं।

सस्सी पुन्नूं का क़िस्सा सिन्धी[67], बल्लौची[68], कच्छी और पंजाबी भाषाओं में बार-बार लिखा गया है, लेकिन सबसे अधिक पांडुलिपियाँ पंजाबी में मिलती हैं। हरनाम सिंह शान सम्पादक सस्सी हाशिम ने ऐसी पचास से अधिक रचनाओं के नाम बताये हैं।[69] उनमें से अधिक महत्त्वपूर्ण परम्पराएँ सुन्दर दास आराम (1171 हि.) हाफ़िज़ बरख़ुदार (1176 हि.), सदाराम और हाशिम (देहान्त 1840 ई.) की हैं।

सस्सी पुन्नूं का यह क़िस्सा अंग्रेज़ी में भी रूपान्तरित हो चुका है। लेफ्टिनेन्ट बर्टन और मटर लोस्टन ने इसे पंजाबी परम्पराओं से अनुदित किया है।[70] सिन्धी परम्परा का अंग्रेज़ी अनुवाद F.J. Goldsmid ने किया, जो 1863 में लंदन से मूल पाठ के साथ प्रकाशित हुआ।[71]

मूल क़िस्से की परम्पराएँ सिन्धी, बल्लौची और पंजाबी भाषा में एक-दूसरे से भिन्न हैं। यहाँ तक कि सिवा सस्सी पुन्नूं के दूसरे सारे पात्रों के नाम भी बदल गये हैं। लेकिन सिंधी या बल्लौची परम्पराओं की अपेक्षा उर्दू क़िस्से के पंजाबी से प्रभावित होने की सम्भावनाएँ अधिक हैं। इसलिए हम पंजाबी पुनर्कथन पर संतोष करेंगे। पंजाबी में सस्सी पुन्नूं की सबसे प्राचीन पांडुलिपि सुन्दरदास आराम की है, लेकिन जो महत्ता हाशिम की सस्सी को प्राप्त है और किसी के नहीं। बाद के प्राय: व अधिकतर अनुवाद हाशिम ही को आधार बनाकर लिखे गये हैं। हाशिम के क़िस्से का सारांश ये है :

क़िस्सा

भम्भोर के राजा के घर बड़ी मन्नतों-मुरादों से सस्सी नाम की एक लड़की पैदा हुई। ज्योतिषियों ने भविष्यवाणी की कि यह जवान होकर किसी के प्रेम में गिरफ़्तार होगी और शाही परिवार के मान-सम्मान को बट्टा लगायेगी। इस बदनामी से बचने के लिए माता-पिता ने उसे एक सन्दूक़ में बन्द कर और कुछ हीरे जवाहरात साथ रख के दरिया में बहा दिया। यह सन्दूक़ अत्ता नामक एक निसन्तान धोबी के हाथ लगा, जिसने सस्सी को बड़े लाड़-प्यार से पाला। जवान होकर सस्सी सुन्दरता में संसार की अनुपम सिद्ध हुई और उसके लिए दूर-दूर से प्रस्ताव आने लगे। सस्सी ने सबको इस आधार पर ठुकरा दिया कि वह शाही पीढ़ी से है। धोबियों की बिरादरी में इस बात पर झगड़ा हुआ। शनैः-शनैः बात राजा तक पहुँची। राजा ने बेटी को पहचान लिया और उसके रहने के लिए नदी के किनारे एक महल बनवा दिया। सस्सी ने एक सौदागर के पास यहीं के राजकुमार पुन्नूं की तस्वीर देखी और

उस पर मोहित हो गयी। अगले साल कीच के सौदागरों का एक क़ाफ़िला सस्सी के बाग़ में उतरा। सस्सी ने उनके द्वारा पुन्नूं को कीच से बुलवा भेजा। पुन्नूं के सम्बन्धी व शुभचिन्तकों ने उसे मना किया, लेकिन उसने उनकी एक न सुनी और सस्सी के पास चला आया। पहली ही मुलाक़ात में दोनों आपस में घुल-मिल गये। पुन्नूं यहीं टिका रहा। इस पर उसके माता-पिता असमंजस में पड़ गये। आख़िर पुन्नूं के भाई उसे लेने के लिए भम्भोर आये। सस्सी ने बहुत आवभगत की, लेकिन उन्होंने एक रात धोखे से पुन्नूं को बेहोश कर लिया और आधी रात को कीच रवाना हो गये। आँख खुलते ही सस्सी को ख़बर हुई तो वह दीवानों की तरह क़ाफ़िले के पीछे दौड़ी और पुन्नूं की ऊँटनी के निशान पहचानती कीच की राह पड़ गयी। दोपहर तक रेगिस्तान की गर्मी और धूप की तपिश ने सस्सी को अर्धमूर्छित कर दिया। पाँव में छाले पड़ गये और प्यास से ज़बान सूख कर काँटा हो गयी। मदद के लिए सस्सी ने एक गड़रिये को पुकारा, जो पास ही बकरियाँ लिए जा रहा था। चटियल रेगिस्तान में एक नंगे पाँव और खुले सर औरत को पागलों की तरह भागता देखकर वह उसे कोई जिन्न-भूत समझा और डर के मारे भाग गया। उस विवशता की दशा में दुख से हलकान और प्यास से परेशान सस्सी ने वहीं तड़प-तड़प कर जान दे दी। उधर जब पुन्नूं को होश आया तो उसने भाइयों को बुरा-भला कहकर ऊँटनी की म्हार भम्भोर की तरफ़ मोड़ दी। ठीक राह में एक क़ब्र नज़र आयी। उस गड़रिये ने बताया कि एक दीवानी औरत ने पुन्नूं-पुन्नूं पुकारते हुए यहाँ जान दे दी है। सस्सी का प्रेम निष्प्रभाव न था। पुन्नूं एक आह के साथ क़ब्र पर गिरा और उसका देहावसान हो गया।[72]

ऐतिहासिक स्थिति

इस क़िस्से के घटना स्थल और समय के बारे में विभिन्न मत प्रचलित हैं। पंजाबी लोक गीतों और ढोलों में सस्सी के बाप को राजा कहा गया है। डॉक्टर मोहन सिंह दिवाना इसका सिलसिला राजपूत भाइयों से मिलाते हैं, जो ज़्यादा सही नहीं। सर रिचर्ड टेम्पल जिन्होंने पंजाबी लोक कथाओं के बारे में शोध किया था, लिखते हैं : 'सस्सी पुन्नूं की कथा वास्तव में सिन्ध और बलूचिस्तान से सम्बन्धित है और आश्चर्य नहीं कि सिन्ध के इतिहास के आरम्भिक काल की घटना हो। भँवर या भम्वर के खंडर उस सड़क के किनारे स्थित हैं, जो कराची से खाड़ा को गयी है। सम्भवत: इस शहर का घटना स्थल सिन्धु नदी के एक प्राचीन कगार पर था।'[73]

क़ाज़ी फ़ज़ल हक़ ने 1930 में इस कथा के आधार पर बहस करते हुए जो परम्परा बतायी है, उसमें उस शहर का नाम भनपुर बताया गया है, जो सिन्ध के इलाक़े में स्थित था।[74] लेकिन आधुनिक शोध के अनुसार यह भूमिका सम्पूर्णता तक नहीं पहुँचती। प्रो. हरनाम सिंह शान जिन्होंने वर्षों की मेहनत और शोध के बाद

हाल ही में सस्सी हाशिम[75] को सम्पादित किया है। इस क़िस्से के आधार से बहस करते हुए इस नतीजे पर पहुँचते हैं कि सस्सी पुन्नूं क़िस्से का घटनास्थल कच्छ के इलाक़े में है। यद्यपि इस क़िस्से को शतप्रतिशत सत्य घटना मानने के लिए भी वह तैयार नहीं। क़िस्से में जिस तरह से रस्मो-रिवाज और रहन-सहन का उल्लेख है वह प्राचीन कच्छी सभ्यता का पता देते हैं। सिन्ध और पंजाब की परम्पराओं में बाद में बहुत परिवर्तन हुए। सम्भावना है कि यह क़िस्सा कच्छ से निकलकर सिन्ध के निचले इलाक़े से होता हुआ मकरान ब्लूचिस्तान और फिर वहाँ से पंजाब पहुँचा। कीच का शहर अब भी क़लात प्रान्त (ब्लूचिस्तान) में मौजूद है।

इस क़िस्से का सही समय भी मालूम नहीं। कुछ शोधकर्ता इसे इस्लाम से पूर्व का बताते हैं। सस्सी संस्कृत शशि (चाँद) और पुन्नूं पूरन से भाषायी समानता रखता है। इस क़िस्से के भारतीय मूल होने के बारे में एक तर्क यह भी है कि इसमें प्रेम-प्रदर्शन का आरम्भ नारी की ओर से होता है जो शुद्ध भारतीय ढंग है।

हितु राम लेखक ब्लूचिस्तान का इतिहास का कथन है कि सस्सी की क़ब्र इलाक़ा लसबेला में शाह बिलावल और अवेथल के मध्य रेगिस्तान में अब तक मौजूद है। तेजा सिंह लिखते हैं, कि यह क़ब्र कीच का और लड़काना के मध्य मारूस्थल में स्थित है। यहाँ लोग तीर्थ को आते हैं। हर साल मेला लगता है और मेहंदी के बूटे के पास वह चश्मा अब तक मौजूद है, जहाँ प्यासी सस्सी ने मरते समय पानी पीना चाहा था।[76]

फ़ारसी पांडुलिपियाँ

1. सस्सी पुन्नूं द्वारा सैयद अैली, ठठ के एक पवित्र एवं महान बुज़ुर्ग ने पूर्व 1053 हि. में सिन्धी भाषा से अनुवाद किया।[77]
2. ज़ेबा व निगार द्वारा हाजी मुहम्मद रज़ा रज़ाइया 1053 हि.[78]
3. सस्सी व पुन्नूं, द्वारा जसवन्त राय मुंशी, 1140 हि.।[79]
   जसवन्त राय मुंशी की 'सस्सी व पुन्नूं' का उल्लेख ईथे के हवाले से किया गया है। यहाँ ईथे से ग़लती हुई है। यह मसनवी जसवन्त राय मुंशी की नहीं, बल्कि इन्द्रजीत मुंशी की है, जिसका उल्लेख फ़ारसी पांडुलिपियों के अन्तर्गत नीचे क्रम 4 पर किया गया है।
4. नामए इश्क़, द्वारा इन्द्रजीत मुंशी, 1140 हि.।[80]
5. दस्तूरे इश्क़ या गुलिस्तान रंगीं द्वारा जीवंत प्रकाश 1143 हि.[81]
   शिप्रंगर ने दस्तूरे इश्क़ के लेखक का नाम लाला सन्त प्रकाश लिखा है, जो सही नहीं। शिप्रंगर ने मुद्रक कलकत्ता 1812 ई. का उल्लेख किया है, लेकिन वह उसे देखने के दावेदार नहीं।[82] डॉ. ७मुहम्मद क़ुर्बान का कथन है कि लेखक का सही नाम लाला जोत प्रकाश है और मसनवी का रचना वर्ष 1136 हि. है।[83]

6. शहीद नाज़, द्वारा क़ाज़ी मुर्तज़ा ख़ाँ सुरती (मुहम्मद शाह का काल)[84]
7. हुस्न व नाज़ द्वारा मीर मुहम्मद भकरी[85]
8. तुहफ़तुलकराम द्वारा मख़दूमी 1256 हि.[86]
9. वक़ाए पुन्नूं द्वारा मुहम्मद हुसैन (देहान्त पूर्व 1251 हि.) और शहबाज़ ख़ाँ सियालकोटी[87]
10. सस्सी व पुन्नूं द्वारा फ़र्रुख़ बख़्श 1258 हि. में रचित[88]
11. मेह्र व माह द्वारा पीर मुहम्मद अवधी, मुद्रित 1295 हि.[89]
12. मुहम्मद अफ़ज़ल सरख़ोश देहलवी, साहब कलामातुश्शुअरा (जन्म 1050 हि.) शिष्य मीर मअज़ फ़ित्रत (देहान्त 1126 हि.) ने भी क़िस्सा 'सस्सी व पुन्नूं को पद्यबद्ध किया था। इसका नाम 'मसनवी हुस्नो इश्क़' है।

आरम्भ :

इलाही शोर शय दरे दम फ़ज़ूँ कुन
नमकदाने बदाग़म सरनगूँ कुन[90]

उर्दू पांडुलिपियाँ

1. मसनवी असारे मुहब्बत, द्वारा नवाब मुहब्बत ख़ाँ मुहब्बत, शिष्य जुरअत, समापन वर्ष 1197 हि.।[91] यह मसनवी हसरत मोहानी ने उर्दू ए मुअल्ला प्रेस, अलीगढ़ से प्रकाशित की थी।
2. मसनवी सस्सी पुन्नूं द्वारा केसरा सिंह जहाँगीर[92]
3. मसनवी सस्सी पुन्नूं द्वारा सालिक[93]
4. मसनवी नाला महजूर द्वारा लाल सिंह मीर मुंशी रेजिडेन्ट कश्मीर[94]
5. सस्सी पुन्नूं (गद्य) द्वारा मक़बूल अहमद पुत्र क़ुदरत अहमद फ़ारुक़ी गोपामवी, 1265 हि.[95]
6. अमजद अली क़लक़ ने अपनी मसनवी मेह्र व मुश्तरी (रचना वर्ष 1860 ई.) में लिखा है कि उसने सईदुद्दीन शफ़क़ रईस कालपी की फ़रमाइश पर सस्सी पुन्नूं का क़िस्सा पद्यबद्ध करना शुरू किया था, लेकिन महोदय के देहांत से मन क्षुब्ध हो गया और क़िस्सा अपूर्ण रह गया।[96]
7. क़िस्सा सस्सी पुन्नूं (गद्य) अब्दुल हलीम शरर ने इसे मख़दूमी की 'फ़ारसी तुहफ़लकराम' के आधार पर सितम्बर, 1898 ई. के दिलगुदाज़ में प्रकाशित किया।
8. सस्सी पुन्नूं (गद्य) नियाज़ फ़तहपुरी ने फ़ारसी 'हुस्नो नाज़' (मीर मुहम्मद भकरी) और 'शहीदे नाज़' (क़ाज़ी मुर्तज़ा सुरती) के आधार पर इस क़िस्से को जुलाई 1949 ई. में निगार में प्रकाशित किया।[97]

9. गारसां दत्तासी का कथन है 'देवी दयाल ने सस्सी पुन्नूं का नया संस्करण प्रकाशित किया है' (1870 ई.)।[98] इससे यह स्पष्ट नहीं होता है कि देवी दयाल की यह पांडुलिपि उर्दू में थी या हिन्दी में।

10. मसनवी नसीमे सहर (सस्सी व पुन्नूं) लेखक जियालाल ख़स्ता देहलवी, 1876 ई.[99]

11. सस्सी व पुन्नूं (उर्दू गद्य) यह किताब राम दत्ता मल व मौलवी अली मुहम्मद पुस्तक विक्रेताओं ने नवल किशोर प्रिंटिंग वर्क्स से छपवा कर 1904 ई. में लाहौर से प्रकाशित किया। लेखक का नाम अंकित नहीं। कुल पृष्ठ 16। भूमिका में व्याख्या कर दी गयी है कि यह क़िस्सा तुहफ़तुलकराम से नक़ल करके बयान किया जाता है।

क़िस्से की लोकप्रियता का उल्लेख इन शब्दों में किया गया है। 'पंजाब में जो क़िस्से बच्चे-बच्चे की ज़बान पर चढ़े हुए हैं, उन्हीं में से एक यह भी है। होलियों या दशहरे में जो स्वांग निकाले जाते हैं, उनमें ज़रूर सस्सी पुन्नूं का स्वांग भी निकला करता है। भांड लोग तमाशों में भी इनके स्वांग से दिल लुभाते हैं। शहरों के लोग जब कभी कारोबार से फ़ुर्सत पाते हैं, सस्सी पुन्नूं के गीत सुनकर या गाकर अपना दिल बहलाते हैं। देहात के काश्तकार हों या चरवाहे, वह भी काम करते समय अपने दिल के जोश उन्हीं के गीत गाकर व्यक्त करते हैं।'[100]

मसनवी अस्रारे मुहब्बत

उर्दू छन्दोबद्ध पांडुलिपियों में से मुहब्बत ख़ाँ मुहब्बत की मसनवी 'अस्रारे मुहब्बत' (1197 हि.) उत्कृष्ट साहित्यिक स्थान रखती है। मसनवी अस्रारे मुहब्बत की जो पांडुलिपि जनाब मसऊद हसन रिज़वी अदीब के पुस्तकालय में है, वह 'मतबा बैतुल्सल्तनत, लखनऊ' का छपा हुआ है।[101] इसमें मुद्रण वर्ष अंकित नहीं है, लेकिन यह मसनवी सम्भवतः 13 के मध्य में मुद्रित हुई थी। श्प्रिंगर ने भी इस मनसवी के मुद्रित पांडुलिपि का ही उल्लेख किया है जो लखनऊ से 20 पृष्ठों पर प्रकाशित हुई। लेकिन श्प्रिंगर ने मुद्रण वर्ष नहीं बताया।[102] लखनऊ ही की एक मुद्रित प्रति पुस्तकालय इंडिया ऑफ़िस लंदन में भी है। ब्लूम हार्ट का अनुमान है कि यह 1845 ई. में प्रकाशित हुई होगी।[103] जनाब मसूद हसन रिज़वी अ़दीब के पुस्तकालय[104] के अलावा इस मसनवी की और प्रतियाँ पुस्तकालय सालार जंग में[105], पुस्तकालय रिज़ाइया[106] में और बाड्लीन लाइब्रेरी में[107] सुरक्षित हैं। श्प्रिंगर ने भी इसकी एक प्रति का उल्लेख किया है।[108] हसरत मोहानी ने इस मसनवी को क़ाज़ी मुहम्मद सादिक़ ख़ाँ अख़्तर की मसनवी 'सरापा सोज़' और आग़ा अली शम्स् की 'तलअतुश्शम्स' के साथ 'मज्मुआ मसनवियात' के नाम से प्रकाशित किया था।

नवाब मुहम्मद ख़ाँ, हाफ़िज़ुलमलिक नवाब रहमत ख़ाँ वालिए बरेली के सुपुत्र थे। वह रुहेला युद्ध के बाद इलाहाबाद में क़ैद रहे। आसिफ़ुद्दौला के ज़माने में रिहा होकर लखनऊ आये और जीवन सुख चैन से व्यतीत होने लगा।

पहले मीर दर्द के शागिर्द थे। बाद में जुरअत को शुअरा की पंक्ति में मुलाज़िम रखा और उन्हीं से इस्लाह लेने लगे। नस्साख़ उन्हें जाफ़र अली हसरत का भी शिष्य बताते हैं। 1222 हि. में देहान्त हुआ।[109] मसनवी अस्रारे मुहब्बत उनके दीवान पांडुलिपि बाड्लीन में सम्मिलित है।[110]

अब्दुल ग़फ़ूर नस्साख़ ने नवाब मुहब्बत ख़ाँ मुहब्बत को हसरत के अलावा दर्द का भी शागिर्द बताया है।[111] लेकिन क़ाज़ी अब्दुल वदूद साहब का मत है कि 'मुहब्बत का दर्द का शिष्य होना संदेहास्पद है। पहले हसरत के शागिर्द थे, बाद में जुरअत से भी इस्लाह ली।'[112]

मुहब्बत ख़ाँ मुहब्बत ने इस क़िस्से को मिस्टर जाँसन की फ़रमाइश पर छन्दोबद्ध किया था, जिसका उल्लेख उन्होंने मसनवी के शुरू के अश्आर में विस्तार से किया है।

मसनवी का आरम्भ मुहब्बत की प्रशंसा व गुणगान और 'अस्रारे इश्क़' और 'तासीरे इश्क़' के उल्लेख से होता है। सस्सी पुन्नूं के क़िस्से से मुहब्बत को कैसी रुचि थी इसका पता निम्न अश्आर से चलता है :

अजब क़िस्सा अजाइब है कहानी — कि सुनकर हो दिल फ़ौलाद पानी
समझता ही न होवे जो दमे सर्द — जिगर से वो भी खींचे आह पुरदर्द
अज़ीज़ो क्या करूँ इसका बयाँ हाय — कि मर जाने की है ये दास्ताँ हाय

मुहब्बत ने सस्सी की पैदाइश, उसके दरिया में बहाये जाने और धोबी के घर जवान होने का कोई उल्लेख नहीं किया। बल्कि कहानी का आरम्भ ही सस्सी की जवानी दीवानी के उल्लेख से किया है। वह उसे 'जंगे सैयाल' का बाशिंदा बताता है। जहाँ घर-घर हुस्न व इश्क़ का चर्चा था। स्थानीय परम्परा के अनुसार झंग सैयाल वास्तव में हीर का देश था, सस्सी का नहीं। लेकिन मुहब्बत सस्सी को हीर की भतीजी बताकर एक नयी परम्परा स्थापित करता है। सस्सी परी समान सुन्दर और अनूठे रंग-रूप की थी। शायर ने उस सुन्दरी के नख-शिख का वर्णन यूँ किया है :

सरापा क्या लिखूँ उस शम्मा रू का — कि थी वो हुस्न का शोला सरापा
अयाँ यूँ मुए सर थे अम्बर आलूद — कि जैसे शम्मा के शोले पे हो दूद
गुँधी चोटी नज़र इस तरह आवे — कि ज्यों मारे सियह लहरें दिखावे
बहुत से था दिलों का उसमें मस्कन — अचम्भा है कि इक साँप और कई मन

मुहब्बत ने सरापा के औपचारिक ढंग को स्थापित रखा है और शरीर के हर

अंग की प्रशंसा की है :

परेशाँ रुख़ पे यूँ ज़ुल्फ़ें थीं यक्सर रगे अब्रे सियह जैसे हो मह पर
वो दनदाँ आबदार उस सीम बर के कि सूराख़ उनसे हो दिल में गुहर के
और उसकी नथ का ये प्यारा है हल्क़ा कि गोया हुस्न ने मारा है हल्क़ा
नहीं गर्दन की कुछ तारीफ़ होती वो है गोया सुराहीदार मोती
ये साअद पे नज़ाकत थी नमूदार रगे गुल की भी निस्बत जिसपे हो बार
ये गर्मी उसके थी हर इक सुख़न में कि आतिश सी लगावे जानो तन में

सस्सी के बाग़ में सौदागरों का क़ाफ़िला उतरता है। मुहब्बत के हाँ सस्सी के इश्क़ का आरम्भ क़ाफ़िले वालों के पास पुन्नूं की तस्वीर देखने से नहीं, बल्कि ख़ुद पुन्नूं के देखने से होती है, जो सौदागरों के साथ, सस्सी के बाग़ में अवतरित हुआ था। पुन्नूं जैसे गबरु जवान को देखते ही सस्सी होश व हवास खो बैठती है :

यकायक वो हुई यूँ मह्वे दीदार कि जुम्बिश हो गयी मिज़्गां को दुश्वार
वो गुलशन का तमाशा सब भुलाया फ़लक ने और ही इक गुल खिलाया
दिल उस गुल रू का बर में यूँ पुकारा हमें तो बेकली ने मुफ़्त मारा

आख़िर :

लगी दोनों तरफ़ से ख़ूब ही लाग
दिलों के बीच भड़की इश्क़ की आग

मुहब्बत ने आरम्भ ही में सस्सी पुन्नूं की सीधी मुलाक़ात कराके असल कहानी की कई घटनाओं को निकाल दिया है। सस्सी बहाने से रात को प्रियजनों की आँख बचाकर घर से निकलती है और पुन्नूं के पास आती है। आधी रात तक दोनों रहस्य व प्रेम की बातों में व्यस्त रहते हैं :

उन्हें देखे था यूँ हैरान हो माह ज़मीं पे किस तरह निकले थे दो माह
कभी तो सौ मज़े होते थे बाहम कभी कुछ सोचकर रोते थे बाहम

आख़िर नींद का प्रभुत्व हुआ और आनन्द व सुख के उस क्षण में दोनों बेख़बर सो गये। पुन्नूं के क़बीले वालों ने उस इश्क़ को मुसीबत जाना और बदनामी के डर से वे पुन्नूं को सस्सी के बग़ल से सोते में उठा, रातोंरात वहाँ से चल दिये। हाशिम के हाँ पुन्नूं के प्रियजन कूच करने से पहले उसे शराब पिला कर मदहोश कर देते हैं। लेकिन मुहब्बत की मसनवी में इसका कोई उल्लेख नहीं, अत :

रही सोती यहाँ ग़ाफ़िल ये मजबूर हज़ार अफ़सोस पहुँचा क़ाफ़िला दूर
हुई जब ख़्वाबे ग़फ़लत से वो बेदार बयाँ उस वक़्त का है सख़्त दुश्वार

न देखा उसने जो बर में वो दिलबर   अजब सूरत सी थी हैरान व शश्दर
यही रह-रह के आता था परीखा   कि था ये वाक़ई या ख़्वाब देखा
हुआ ख़ूने जिगर आँखों से जारी   लगा दिलबर में करने बेक़रारी
नज़र कर पेशो पस इधर उधर को   लगी रोने वो धर ज़ानू पे सर को

दिल की बेचैनी ने ज़्यादा सोचने की मोहलत ही न दी और वह ऐसे ही रोती-पीटती सर धुनती उस ओर चल दी जिधर क़ाफ़िला गया था :

बरहना पा और उरियाँ सर चली थी   क़यामत उसके दिल को बेकली थी
ये ग़म ने शक्ल कर दिखलायी उसकी   मिलायी ख़ाक में रानाई उसकी
किया था उससे ताक़त ने किनारा   गरीबां सब्र का था पारा-पारा
लगी जब वो ज़मीं पे पाँव धरने   क़दमबोसी लगे ख़ार उसके करने
चली वो नक़्शे पाये कारवाँ पर   ग़ज़ल ये आशिक़ाना थी ज़बाँ पर

ग़ज़ल के कुछ अश्आर :

बस अपना कुछ नहीं अब आह चलता   कि दिल को ले गया इक राह चलता
समझना बूझना थी राह की बात   कि मुझको भी लिए हमराह चलता
रखा अब नातवानी ने मुझे तोड़   नहीं ज़ोर उसपे कुछ वल्लाह चलता

माँ-बाप को ज्ञात हुआ तो सस्सी को रेगिस्तान से घर वापस लाये और समझाने-बुझाने लगे। आपसी सहमति से तय पाया कि पुन्नूं के पास सन्देशा भेजा जाये। कहीं ऐसा न हो कि सस्सी के दर बदर आवारा फिरने से पुन्नूं इससे विमुख हो जाये। सस्सी ने इन बातों में आकर कई रोज़ सब्र किया, लेकिन पागलपन की यह स्थिति थी :

कभी सर पीट लेना गाह रोना   कभी बेज़ार आप अपने से होना
कभी रो रो के आहें सर्द भरना   कभी कुछ ज़िक्र दिल ही दिल में करना
कभी हैरान हो इक सिम्त तकना   कभी बैठे कुछ आप ही आप बकना
परी को इक दिवाना सा बनाया   मुहब्बत ने अजब आलम दिखाया
कभी जाते जो देखे थी किसी को   तो उसको घेर कर कहती थी रो रो
वो बिल्लौचों का जो इक कारवाँ है   कि जिसमें एक पुन्नूं नौजवाँ है
जिगर पर दाग़ मेरे दे गया वो   मताए सब्रो ताक़त ले गया वो
पड़ी फ़िरती हूँ मैं नाशाद उस बिन   करूँ हूँ ज्यों जरस फ़रियाद उस बिन
गया वो छोड़ यूँ मुझ नातवाँ को   कि जैसे नक़्शे पाये कारवाँ को
कभी देखा तो मुझको भी बता दो   पहुँच जाऊँ मैं कुछ ऐसा पता दो

सस्सी के घर वापस लाये जाने की घटना प्रेम की आधुनिक रचना है। किसी

दूसरे कथाकार ने इसका उल्लेख नहीं किया। यहाँ तक की माँ-बाप के समझाने बुझाने का कुछ असर न हुआ। सस्सी की तो हड्डी-हड्डी इश्क़ की आग में जल-बल रही थी। वह एक दिन मौक़ा पाकर घर निकल खड़ी हुई। अचानक राह में एक अजनबी ने ख़बर दी कि :

दयारे सिन्ध में है जलवागर वो
मिला चाहे जो तू जाये उधर को

इतना मालूम होना था कि सरपट सस्सी ने सिन्ध की राह ली। मुलाक़ात की एक क्षीण आशा के सहारे सस्सी ने रेगिस्तान की विपत्तियाँ झेलते हुए मीलों की यात्रा पूरी कर ली। आख़िर पुन्नूं के शहर में पहुँच कर सस्सी ने उसके पास अपनी अँगूठी बतौर निशानी भेजी। लेकिन सन्देशवाहक पुन्नूं की शादी की ख़बर लाया जो उस रोज़ क़बीले की एक सुन्दर स्त्री से होने वाली थी। यह ख़बर सुनते ही सस्सी धक् से रह गयी और गिरते ही मर गयी। पुन्नूं को पता चला तो वह दौड़ा आया, लेकिन तीर कमान से निकल चुका था। आख़िर पुन्नूं भी रोता-तड़पता सस्सी की लाश से लिपटकर क़ुर्बान हो गया:

मुहब्बत है मुहब्बत का ये उसलूब कि तालिब इसका बचता है न मतलूब
मुहब्बत है बड़ी ये एक आफ़त मुहब्बत ने किया लाखों को ग़ारत

मसनवी का अन्त रचना वर्ष पर यूँ हुआ है :

कही तारीख़ उसकी ये ब सन्अत
'अजब क़िस्सा है अस्रारे मुहब्बत'[114]
1197 हि.

सस्सी के पुन्नूं के शहर पहुँचने, अँगूठी भेजवाने और उसकी शादी की ख़बर सुनकर मृत्यु होने का उल्लेख किसी कथाकार ने नहीं किया। यह प्रेम की नवीनता है, बल्कि इस पर अधिकता ये कि पुन्नूं की समवर्णी मंगेतर भी उन दोनों मुहब्बत के शहीदों पर क़ुर्बान हो जाती है। असल क़िस्सा मात्र ये है कि सस्सी पुन्नूं तक पहुँच ही नहीं पायी थी और रास्ते में ही तपिश और लू के असर से तड़प-तड़प के प्यासी मर गयी।

मसनवी में कुल 591 अश्आर हैं। स्पष्ट है कि मुहब्बत ने असल प्लाट को बहुत संक्षिप्त कर दिया है। कई घटनाओं को निकाल दिया है और कुछ अपनी तरफ़ से बढ़ा भी दिये हैं। लेकिन आश्चर्य यह है कि क़िस्से की रुचि में कोई कमी नहीं आयी। मुहब्बत की मसनवी अपनी साहित्यिक और कलात्मक विशेषताओं के कारण उर्दू मसनवियों में उत्कृष्ट स्थान रखती है। अन्दाज़े बयान और रंग-ढंग से साफ़ मालूम होता है कि यह किसी सुवक्ता और परिपक्व शायर की रचना है।

सस्सी के हालात का वर्णन इस सादगी और मार्मिक ढंग से किया है कि दिल पर चोट लगती है। उपमाएँ सुन्दर हैं और पंक्तियाँ सादा और बेसाख़्ता हैं। मजनूँ गोरखपुरी के अनुसार, 'कलात्मक दृष्टि से यह मसनवी सम्पूर्ण है।'[115]

मसनवी नसीमे सहर, लेखक पंडित जिया लाल ख़स्ता देहलवी

यह मसनवी इफ़्तिख़ार प्रेस दिल्ली से 1884 ई. में प्रकाशित हुई थी। पृष्ठों की कुल संख्या 23 है और हर पृष्ठ पर 22 अश्आर हैं। मसनवी का रचना वर्ष 1293 हि./ 1876 ई. है, जैसा कि लेखक के तारीख़ के क़त्अ से स्पष्ट है :

जबकि ये दास्ताँ तमाम हुई	दिले नाशाद बाग़ बाग़ हुआ
साले तारीख़ का हुआ जो फ़िक्र	हातफ़ी ने कहा फ़राग़ हुआ
	1293 हि.

जिया लाल ख़स्ता म्युनिस्पल कमेटी के दफ़्तर में मुलाज़िम थे। ख़ुमख़ानए जावेद की रचना के समय उनकी उम्र 40 वर्ष से अधिक थी। शे'र का पाक़ीज़ा और सुथरा मज़ाक़ रखते थे।[116]

शायर ने क़िस्से के बारे में अपने स्रोत का आधार नहीं बताया। अलबत्ता इतनी व्याख्या कर दी है कि उसने यह मसनवी अपने एक दोस्त मीर सादिक़ अली की फ़रमाइश पर लिखी :

ख़ुसुसन जो हैं मीर सादिक़ अली	ख़बरदार सिर्रे ख़फ़ी व जली
लिखा जिनके कहने से क़िस्सा तमाम	रहें तेरी रहमत से ख़ुर्रम मदाम

मसनवी का आरम्भ उस ज़माने की रीति के अनुसार बिस्मिल्लाहिर रहमानिर रहीम और हम्दे ख़ुदाए करीम से की है। एक पंडित, पैग़म्बरे इस्लाम और ख़ुलफ़ाए राशदीन की शान में किस विनम्रता और याचनापूर्ण ढंग से अपनी आस्था को प्रकट करता है, इन अश्आर में देखें :

लिखूँ पहले हम्दे ख़ुदाए करीम	कि है नाम उसका ग़फ़ूरुर्रहीम
हुआ इश्क़ का भी उसी से ज़हूर	किया यानी पैदा मुहम्मद का नूर
वो साक़िए कौसर रसूले अमीं	बना जिनकी ख़ातिर ज़मानो ज़मीं
इमामे रसुल ख़त्मे पैग़म्बरां	मुहिब्बे ख़ुदा सरवरे दो जहाँ
हैं असहाब उसके जो वाला गुहर	उरुजे फ़ज़ीलत के शम्सो क़मर
अबूबक्र सिद्दी के आली ख़िताब	सिपहर करामत का इक आफ़ताब
दोयम उम्र आदिल मुबारक शेम	ले नौशेरवाँ जिनके झुक के क़दम

सोयम हज़रत उस्माने आली वक़ार चहारम अली सरवरे नामदार
सना में करूँ उनकी जो कुछ रक़म वो बेशक है कम बल्कि कम से भी कम

क़िस्से का आरम्भ शहर भम्भोर और शाह भम्भोर के वर्णन से हुआ है। मुहब्बत ख़ाँ मुहब्बत की अपेक्षा ख़स्ता देहलवी की यह मसनवी सस्सी हाशिम की असल परम्परा के निकट है। यद्यपि इसमें कुछ मतभेद हैं लेकिन यह ख़स्ता देहलवी की उत्पत्ति नहीं हैं। सम्भवतः उसने सस्सी पुन्नूं के क़िस्से को जिस तरह दिल्ली में सुना, वैसा छन्दोबद्ध कर दिया।

भम्भोर के बादशाह का निसन्तान होना, मन्नतों–मुरादों से सस्सी का पैदा होना, ज्योतिषियों की भविष्यवाणी करना कि शहज़ादी प्रेमरोग का शिकार होकर मान–मर्यादा को धूल धूसरित करेगी और उसके इश्क़ की कहानी सुनकर लोग लैला व मजनूँ को भूल जायेंगे। बादशाह का बेटी को सन्दूक़ में बंद करके नदी में बहा देना, सन्दूक़ का अता धोबी के हाथ लगना और सस्सी का धोबी के घर जवान होना, नदी के किनारे बादशाह के बनवाये हुए महल में रहना आदि क़िस्से की प्रमाणित परम्परा के अनुकूल है। ख़स्ता देहलवी ने इन घटनाओं को विस्तार से बयान किया है और लगभग आधी मसनवी इन्हीं पर ख़त्म हो गयी है। इसके बाद का क़िस्सा किसी हद तक भिन्न है।

हाशिम के पुनर्कथन के अनुसार सस्सी ने कीच के सौदागरों के पास पुन्नूं की तस्वीर देखी और उस पर आसक्त हो गयी। ख़स्ता देहलवी के यहाँ 'कीचम'– के दो सौदागर व्यापार के उद्‌देश्य से भम्भोर से गुज़रते हैं। सस्सी उन्हें महल में बुलवाकर पूछती है कि क्या 'कीचम' में पुन्नूं नामक कोई नौजवान रहता है। ज्योतिषियों के कथानुसार उत्पत्ति के समय से ही उसका सम्बन्ध पुन्नूं से तय हो चुका है। सौदागर जवाब देते हैं कि पुन्नूं उन्हीं का भाई है। इस पर सस्सी सौदागरों से कहती है कि अगर जान बख़्शी चाहते हो तो 'कीचम' से अपने भाई को भम्भोर ले आओ। उनमें से एक सौदागर वहीं रहता है और दूसरा पुन्नूं को लाने के लिए 'कीचम' पहुँचता है। उनकी माँ माजरा सुनकर पुन्नूं से कहती है :

गवारा नहीं तेरी फ़ुरक़त मुझे जो दूँ वा के जाने की रुख़्सत तुझे
न जावे अगर वाँ तो ऐ नूरे जाँ रहे भाई तेरा ब क़ैदे गिराँ
अजब सख़्त मुश्किल हुई आ के पेश इधर ज़ख़्मे नेज़ा उधर ज़ख़्मे नेश
वले जिस तरह हो सके ऐ जवाँ रिहा करके भाई को ला तू यहाँ

पुन्नूं भम्भोर पहुँचता है और सस्सी उसे देखते ही मस्त व बेख़ुद हो जाती है :

दरे बाग़ पर जाके देखा जूंही तो आया नज़र वो जवाने हसीं[117]
उसी दम हुई जानो दिल से निसार न कुछ होश उसको रहा ज़ीन्हार
नज़र से नज़र जो मिली यकबयक रही मिस्ल वह्‌शी उसी जा ठिठक

यही हालत पुन्नूं की भी हुई। कुछ रोज़ आपसी प्रेम-रहस्य रहा। उसके बाद दोनों ने निकाह की ठानी। अत्ता धोबी से आज्ञा माँगी गयी। उसने पुन्नूं को धोबी गीरी की कला में आज़माया और उसके बाद उसे अपना दामाद स्वीकार कर लिया। बड़ी धूमधाम से शादी हुई और दोनों ख़ुशी-ख़ुशी दरिया के किनारे महल में रहने लगे। ये घटनाएँ असल क़िस्से से भिन्न हैं। हाशिम के यहाँ निकाह की स्थिति ही नहीं आती।

पुन्नूं के भाई जब अपने घर लौटे तो उनकी माँ ने यह व्यथा सुनकर अपना सर पीट लिया :

हुई ऐसी क्या मुझ से सादिर ख़ता — हुआ पोन[118] मेरा जो मुझसे जुदा
लगी कहने बेटों से जाओ शताब — वो सस्सी है कौन ऐसी ख़ाना ख़राब
किसी तरह फन्दे से उसके छुड़ा — यहाँ लाओ पुन्नूं को बहरे खुदा

दोनों भाइयों ने औरतों का वरण धारण किया और गवैयों के बहाने भम्भोर आये। सस्सी ने उनकी प्रशंसा सुनी तो उन्हें महल में बुलाया। नाच-गाने की महफ़िल गर्म हुई और रात गये तक मीना व साग़र का दौर रहा। पुन्नूं के भाई इसी मौक़े की ताक में थे। उन्होंने सस्सी व पुन्नूं दोनों को बेसुध पाया तो पुन्नूं को मदहोशी की स्थिति में अपने साथ लिए रातोंरात भम्भोर के क्षेत्र से बाहर निकल गये। पुन्नूं को शराब पिलाकर मदहोश करने की घटना हाशिम के यहाँ भी है। लेकिन पुन्नूं के भाइयों का औरतों के वेष में भम्भोर आना मूल परम्परा से कोई सम्बन्ध नहीं रखता।

सुबह सवेरे सस्सी की आँख खुली तो पुन्नूं को पास न पाकर उसका माथा ठनका। महल में कुहराम मच गया :

वो अलक़िस्सा मीना व साग़र को तोड़ — चली हाल में अपने उन सबको छोड़
शिकायत कभी चर्ख़ द्वार की — कभी याद उस माह रुख़सार की
कभी दे ये बादे सबा को पयाम — कि ऐ पैके मुश्ताक़ नेको ख़िराम
मिरे गुल की तू जा के कर जुस्तजू — किसी तरह ला दे मुझे उसकी बू

इसके बाद के क़िस्से से ख़स्ता देहलवी ने पूरा न्याय नहीं किया और इसे अत्यन्त संक्षिप्त रूप से एक आध पृष्ठ में ख़त्म कर दिया है :

ये जाती थी करती हुई शोरे ग़म — फ़ुग़ां ज़ेरे लब दम ब दम चश्मे नम
हुई तश्नगी से जो मजबूर सख़्त — हुई दिल में ग़मगीन व रंजूर सख़्त
पड़े पाँव में उसके छाले तमाम — न चलने की ताक़त न ताबे क़याम
वो रेगे बयाबां वो जंगल की धूप — कि देखे से काला हो आहू का रूप
कहाँ वो क़फ़े पाये रंगी निगार — कहाँ इस क़दर जंगले ख़ार दार
हुई मुज़्तरिब ग़म से वो महलक़ा — गिरी हो के बेहोश ग़श आ गया

कहाँ वो ख़वासें कहाँ रुए यार
कहाँ बज़्मे रंगी कहाँ वो बहार
अकेली पड़ी थी न था कोई पास
ज़ईफ़ व नहीफ़ व परेशां उदास
ज़रा होश आया तो की एक आह
कि जिससे हुआ रंगे सहरा सियाह
ज़बाँ पर था नामे सनम बार-बार
तास्सुफ़ से रोती थी वो ज़ार-ज़ार
उठा सर को पत्थर पे पटका वहीं
हुआ सारा ज़ख़्मी सरे नाज़नीं
मुरख़्ख़स हुई उसकी फिर तन से जाँ
अलम से हुआ तीरा सारा जहाँ[119]

इसके बाद चरवाहे का सस्सी को दफ़न करना, पुन्नूं का कीच से पलट कर आना, क़ब्र देखकर ठिठकना, चरवाहे से माजरा सुनना, क़ब्र का फटना, पुन्नूं का उसमें समा जाना आदि घटनाएँ वही हैं, जिनका वर्णन पहले किया जा चुका है। अलबत्ता सस्सी का पत्थरों से सर मार-मार कर मरने की घटना थोड़ी बदली हुई है। हाशिम के यहाँ सस्सी प्यास के मारे तड़प-तड़प कर जान देती है।

मसनवी के आखिरी अश्आर दुआओं वाले हैं। इसके बाद लेखक और उसके प्रियजन के कहे हुए दस क़त्अ के तारीख़ हैं।

यह मसनवी साहित्यिक दृष्टि से मुहब्बत ख़ाँ मुहब्बत की मसनवी को नहीं पहुँचती। ख़स्ता देहलवी को अकारण दूसरे रंगों का मिश्रण और क़िस्से की नख शिख संवारने का तनिक भी ध्यान नहीं, उसने घटनाओं पर दृष्टि रखी है और उन्हें सीधे-सादे ढंग से छन्दोबद्ध कर दिया है। अतः वह वर्णन में वाक्पटु न सही, भाषाविद ज़रूर है। देहलवी लबो-लहजा, साफ-सुथरे शब्द और औपचारिक बोलचाल का सा अन्दाज़ मसनवी में प्रभाव पैदा करता है।

मसनवियात पद्मावत

पद्मावत हिन्दी साहित्य की वह कृति है जिसे स्थायित्व और लोकप्रियता प्राप्त हुई। मलिक मुहम्मद जायसी ने शेर शाह के युग में 1540 ई. (947 हि.) में अवधी भाषा में इसकी रचना की।

मलिक मुहम्मद एक किसान घराने में पैदा हुए। हिन्दी के इतिहासकार उन्हें जायस का नागरिक बताते हैं। पद्मावत के अलावा उन्होंने दो और रचनाएँ अखरावट और आख़िरी कलाम की भी रचना की। पद्मावत की भाषा अवधी है, लेकिन मूलतः यह पुस्तक फ़ारसी लिपि में लिखी गयी और उसकी सारी प्राचीन पांडुलिपियाँ फ़ारसी लिपि में ही लिखी मिलती हैं। मलिक मुहम्मद जायसी की मृत्यु 949 हि. में होना बताया जाता है।[120]

क़िस्सा

पद्मावत की कहानी के दो हिस्से हैं। पहला काल्पनिक और दूसरा अर्ध ऐतिहासिक। पहले हिस्से में सिंघल द्वीप[121] के राजा गन्धर्व सेन की सुन्दर बेटी पद्मावती जवान होने के बाद उदास रहने लगी। यह एक तोते को जिसका नाम हीरामन था, बहुत प्रिय रखती थी। तोता शहज़ादी का दिल बहलाने के लिए उसे इश्क़ व मुहब्बत के सुनहरे ख़्वाब दिखाने लगा। राजा गन्धर्व सेन ने तोते को मारना चाहा, लेकिन वह बच निकला और एक ब्राह्मण के हाथ लगा जिसने उसे चित्तौड़ के राजा रतन सेन के पास बेच दिया। राजा ने उससे पद्मावती की सुन्दरता का वर्णन सुना और पद्मावती का अदृश्य प्रेमी हो गया। अतः पद्मावती को प्राप्त करने के लिए रतन सेन जोगी के भेष में सिंघल द्वीप पहुँचा। यहाँ तोते के द्वारा प्रेम रहस्य के पड़ाव तय हुए और बड़े रगड़ों-झगड़ों के बाद शादी हो गयी। वापसी पर रतन सेन और पद्मावती का जहाज़ तूफ़ान में घिरकर राह भटक गया। भाँति-भाँति की कठिनाइयों और कष्टों से मुकाबले के बाद दोनों चित्तौड़ पहुँचे। पहली रानी नागमती और पद्मावती दोनों राजा के साथ हँसी-ख़ुशी रहने लगीं।

इसके बाद का हिस्सा अर्धऐतिहासिक रंग का है। सुल्तान अलाउद्दीन ने चित्तौड़ से निकाले हुए राघू नामी एक ब्राह्मण से पद्मिनी के सौन्दर्य का वर्णन सुना और उसे प्राप्त करने के लिए बैचेन हो गया। चित्तौड़ पर चढ़ाई की गयी, लेकिन आठ वर्ष बाद भी क़िला विजय न हुआ। अन्ततः अल्लाउद्दीन ने सुलह कर ली। रतन सेन ने सुल्तान की निरन्तर कई रोज़ तक दावत की। एक दिन संयोग से महल के क़रीब एक दर्पण में अलाउद्दीन ने पद्मावती का रूप देख लिया, जिसके बाद सुल्तान की इच्छा और बेचैनी कई गुना बढ़ गयी। जब कोई उपाय कारगर होता न दिखा तो अल्लाउद्दीन ने धोखे से रतन सेन को गिरफ़्तार कर लिया और दिल्ली में लाकर क़ैद कर दिया।

राजपूत सरदारों ने राजा रतन सेन को रिहा कराने के लिए चाल चली। कुछ जांबाज़ सिपाही पालकियों में छुपकर दिल्ली पहुँचे। मशहूर किया गया कि पद्मिनी अलाउद्दीन के हरम में दाख़िल होने के लिए आयी है, अतः उसे राजा रतन सेन से आख़िरी बार मिलने की इजाज़त दी गयी। पालकियों में छुपे हुए राजपूत ठीक अवसर पर तलवारें सूंत-सूंत कर बाहर निकल आये और उन्होंने क़िले के सिपाहियों को मार गिराया। इस तरह राजा अल्लाउद्दीन की क़ैद से निकल भागने में कामयाब हो गया।

चित्तौड़ पहुँचते ही रतनसेन का मुक़ाबला अपने पड़ोसी राजा देव पाल से हो गया। जिसने रतनसेन की अनुपस्थिति में पद्मावती को वरग़लाने की नाकाम कोशिश की थी। दोनों में कड़ा मुक़ाबला हुआ। देवपाल मारा गया और रतनसेन के भी ख़तरनाक ज़ख़्म आये। इसी बीच अलाउद्दीन भी भारी सेना लिये रतनसेन का पीछा करता चित्तौड़ पहुँचा। मगर पद्मिनी उसके वहाँ पहुँचने से कुछ ही पहले रतनसेन की लाश के साथ सती हो चुकी थी।[122]

ऐतिहासिक वास्तविकता

मलिक मुहम्मद जायसी ने 947 हि. में इस क़िस्से को अवधी भाषा में लिखा। जायसी की पद्मावती इतनी लोकप्रिय व प्रसिद्ध हुई की लोग इस क़िस्से में वर्णित सारी बातों को ऐतिहासिक घटनाएँ समझने लगे। अतः बाद में आने वाले कुछ इतिहासकारों ने भी पद्मावती की वास्तविकता स्वीकार कर ली और इस घटना को सुल्तान अलाउद्दीन ख़िलजी से सम्बद्ध कर दिया। यद्यपि उसके वास्तविक होने में कई सन्देह हैं।

सुल्तान अलाउद्दीन ख़िलजी से इस घटना का कोई सम्बन्ध न होने का सबसे बड़ा तर्क यह है कि अलाउद्दीन के किसी समकालिक इतिहास में इसका कोई उल्लेख नहीं मिलता। तारीख़ मुहम्मदी[123] और तारीख़ मुबारकशाही[124] में पद्मिनी का कोई उल्लेख नहीं। बर्नी ने भी अपनी रचनाओं में इस ओर कोई संकेत नहीं किया।[125] ख़्वाज़ा निज़ामुद्दीन अहमद ने तबक़ाते अकबरी में और मौलाना असामी देहलवी[126] ने शाहनामा मौसूम ब फ़ुतूह सलातीन में चित्तौड़ की विजय का उल्लेख तो किया है, लेकिन पद्मिनी के अस्तित्व को उसका कारण नहीं बताया। अमीर ख़ुसरो ने ख़ज़ाइनुलफ़ुतुह में चित्तौड़ की विजय का विस्तृत वर्णन किया है, लेकिन वह भी इस घटना का उल्लेख जायसी की तरह नहीं करते।[127] अमीर ख़ुसरो चित्तौड़ की विजय के प्रत्यक्षदर्शी थे, लेकिन उनके यहाँ पद्मिनी का कहीं उल्लेख नहीं। अगर युद्ध के तह में सचमुच पद्मिनी का आकर्षण होता तो अमीर ख़ुसरो जैसा बे रिया शायर इसका वर्णन ज़रूर करता। यहाँ यह सवाल पैदा होता है कि इस घटना का वर्णन करने में सुल्तान का अपमान और अप्रतिष्ठा थी। इसलिए समकालीन इतिहासकारों ने इसे नीति के विपरीत घोषित कर वर्णन ही न किया, लेकिन तारीख़ फ़िरोज़शाही, अलाउद्दीन ख़िलजी के युग के बहुत समय बाद फ़िरोज़शाह तुग़लक़ के ज़माने में लिखी गयी। इसमें अलाउद्दीन ख़िलजी के कुल त्रुटियों और दुर्गुणों का वर्णन है। यदि पद्मिनी वाली घटना सत्य होती तो इसे स्पष्ट लिख देने में तारीख़ फ़िरोज़शाही के लेखक को क्या परेशानी हो सकती थी। अतः इस वास्तविकता में सन्देह या भ्रम की गुंजाइश नहीं कि पद्मावत के क़िस्से का कोई सम्बन्ध अलाउद्दीन ख़िलजी से नहीं। इसके प्रमाण में कुछ तर्क और भी हैं :

(अ) जायसी का कथन है कि अलाउद्दीन और रतनसेन में निरन्तर आठ वर्ष तक युद्ध होता रहा। इसके विपरीत ख़जाइनुलफ़ुतूह और तारीख़ फ़िरोज़शाही सहमत हैं कि अलाउद्दीन ख़िलजी ने चित्तौड़ को एक ही हमले में विजय कर लिया।[128]

(ब) जायसी ने रतनसेन को चौहान बताया है, जबकि अलाउद्दीन ख़िलजी के ज़माने में चित्तौड़ में शिशोदिया वंश का साम्राज्य था।[129]

(स) उस ज़माने में लंका का राजा प्राक्रमाभू चतुर्थ था। लेकिन जायसी लंका के समकालीन राजा का नाम गोवर्धन बताता है।[130]

(द) खुमान रासो की लोक परम्परा में अलाउद्दीन ख़िलजी के समकालीन चित्तौड़ के राजा का नाम रतनसेन नहीं, बल्कि 'लखम सी' और उसके चाचा का नाम 'भीम सी' आया है।[131]

इन समस्त ऐतिहासिक तथ्यों के आलोक में पद्मिनी की घटना को सुल्तान अलाउद्दीन ख़िलजी से सम्बद्ध करना ग़लत सिद्ध होता है, लेकिन यह समस्या और रुचिकर हो जाती है, जब हम देखते हैं कि फ़ारसी के एक प्रसिद्ध व प्रामाणिक इतिहास में पद्मिनी की घटना अलाउद्दीन ख़िलजी के सन्दर्भ में इसी प्रकार वर्णित है जैसे उसे जायसी ने लिखा है। यह तारीख़े फ़रिश्ता है, इस सन्दर्भ में फ़रिश्ता के शब्द ध्यान देने योग्य हैं :

'दर ख़लाले ईं अह्वाल राजा रतनसेन राजए क़िलए चित्तौड़ कि ता आं वक़्त दर हब्स बूद, बरोश ग़ैर मुक़र्रिर, नजात याफ़्त व शरह आं चुनीं सत कि पस अज़ मुद्दते कि राजा दर क़ैद बूद, बसमअ पादशाह रसानीदंद, कि दरमियान ज़नाने राजए चित्तौड़ ज़ने सत, पद्मिनी नाम, सही क़द, सियह चश्म, माह सीमा व बजमीअ सिफ़ाते महबूबी मुत्तसिफ़। पादशाह बुए पैग़ाम दाद कि ख़लासी तू, मुनहसिर दर अहज़ारे आं जमील: अस्त। राये क़बूल नमूद:। किसान बतलब अहलो अयाल ख़ुद, कि बकू हस्तानते मुहकम पनाह बुर्दा बूदन्द, फ़रिस्ताद ता अज़ां मियां मक़सूद पादशाह रा हासिल नुमायद, अमा राजपुतान ख़्वेश राजा, अज़ां पैग़ाम दिलगीर गुश्त:, सरज़िंश बिस्यार करदन्द...दुख़्तर राय कि ब फ़ह्म व अक़्ल मशहूर ख़्वेश व क़बील: ख़ुद बूद ...गुफ़्त, तदबीरे बख़ातिरम रसीद:, कि हम पिदर ज़िन्दा मान्द व हम बेनामूसी नरसद। व आं ईस्त कि पालकी बिस्यार पर अज़ मर्दमाने कार, बाजमाअते अज़ प्याद: व सवार रवान: ए देहली कुनीद व आवाज़: अफ़गनीद कि हस्बुलहुक्म पादशाह, ज़नान राजा मुतवज्जह हुजुरन्द व चूं बहवालिए शहर रसन्द, वक़्त शब बह मामूर: दर आमद:, राहे हब्स ख़ानए राजा रापेश गिरन्द व बाद अज़ांकि नज़दीक आ रसन्द, जुमला राजपुतां, तेग़हा अलम कर्द: बदरुने वसाक़ दर आइन्द, व सरे सर कुशाने, कि क़दम ममानिअत पेश गुज़ारन्द, जुदा कर्दा, पिदरम बर अस्प बाद रफ़्तार सवार साज़िंद व बर्क़ सां राहे मुल्के ख़ुद पेश गीरन्द। अह्ल राय आं राय रा पसन्दीद: बदां अमल नमूदन्द, व जमाअते अज़ फ़िदाइयाँ दर पालकिहा नशिस्त: रवानए देहली शुदन्द। वक़्ते कि पा से अज़ शब गुज़िश्त: बूद, ब शहर दर आमदन्द व आवाज़: अंदाख़्तन्द, कि पद्मिनी रा बा सायर मुतअल्लिक़ाने राय आवुर्देम। चूं बू साक़ नज़दीक शुदन्द, यक बार राजपुतान शमशीर हा कशीद: अज़: पालकीहा बैरून आमद: दवेदन्द, व ब क़त्ले मुहाफ़िज़ाँ अक़दाम नमूद:, जंज़ीरे राय बशिकस्तन्द व उ रा सवार करदहम चू मुर्ग़े कि अज़ क़फ़स बजह्द अज़ शहर बैरूं शुदंद, व बजमाअते अज़ राजपुतान कि मौलूद बूदन्द, पैवस्ता राह विलायत ख़ुद पेश गिरफ़्तन्द। व दर असनाए शह सवाराने पादशाह कि तआक़ुबकर्द:

बूदन्द, दरचन्द मौज़ा बईशां रसीदः तलाशहा करदन्द, व जमए कसीर अज़ राजपुतान बक़त्ल आवुर्दन्द। लेकिन राय बह्र उन्वान कि तू अंस्त, उफ़्तां व ख़ीज़ां बमशक्क़त बिस्यार ख़ुद रा बको हस्ता ने कि अह्लो अयाल और दर अंजा बूदन्द, रसानीद व बेमने दौलते तद्बीरे दुख़्तरे ख़ूबसीरत अज़ चंग अक़्बते पादशाह नजात याफ़्तः।'[132]

इस पाठ से स्पष्ट है कि पद्मिनी की प्राप्ति और राजा की रिहाई के बारे में फ़रिश्ता का कथन जायसी से बहुत मिलता-जुलता है, लेकिन अनगिनत प्रामाणिक और समकालीन इतिहासों की ख़ामोशी के कारण फ़रिश्ता के कथन को सच स्वीकार कर लेना ऐतिहासिक सतर्कता के विपरीत है। अलाउद्दीन ख़िलजी ने 703 हि. में चित्तौड़ पर विजय प्राप्त की। उसके 244 वर्ष बाद अर्थात् 947 हि. में जायसी ने पद्मावत और 312 वर्ष बाद अर्थात 1015 हि. में फ़रिश्ता ने अपना इतिहास लिखा। आश्चर्य है कि तीन सौ वर्ष तक किसी दूसरे इतिहासकार या रचनाकार ने इस घटना का कोई उल्लेख नहीं किया। यह बिन्दु ध्यान देने योग्य है कि इस घटना के बारे में स्वयं फ़रिश्ता का आधार क्या है? वास्तविकता ये है कि जायसी की मसनवी की रचना होते ही बहुत ही लोकप्रिय और प्रसिद्ध हुई और हर ख़ास व आम की ज़बान पर इसकी कहानी चढ़ गयी। चूँकि इसमें वीरता, सौन्दर्य, दिलेरी और मर्दानगी के तत्त्वों की बहुतायत थी, राजपुतों ने इसे अपने राष्ट्रीय इतिहास की घटना समझा और आमतौर पर इसे सुल्तान अलाउद्दीन ख़िलजी से सम्बद्ध किया जाने लगा। फ़रिश्ता के ज़माने में यह कहानी सच्ची घटना समझी जाती थी। अतः उसने भी इसे सच माना और अपने इतिहास में इसे सुल्तान अलाउद्दीन ख़िलजी के हालात में अंकित कर दिया। जेम्स टॉड ने भी पद्मिनी की घटना का उल्लेख खुमान रासो को आधार बनाकर किया है।[133] खुमान रासो राजपुतों की राष्ट्रीय गाथा है। सम्भावना है कि ख़ुद खुमान रासो में पद्मिनी का उल्लेख जायसी की पद्मावती की लोकप्रियता के बाद किया जाने लगा। जायसी की मसनवी शेरशाह सुरी के ज़माने में पूर्ण हुई थी, जबकि खुमान रासो अकबर महान के अन्तिम समय में संकलित किया गया।

यहाँ यह सवाल पैदा होता है कि अगर फ़रिश्ता, जायसी के पारम्पारिक लोककथा से प्रभावित होकर इसे अपने इतिहास में लिख गया है और खुमान रासो में भी पद्मिनी का सन्दर्भ जायसी की मसनवी का परिणाम है तो क्या जायसी की कहानी का घटनात्मक अंश मात्र उसकी कल्पना की उड़ान है या उसका कोई सम्बन्ध अपने ज़माने के युद्धों से भी है।

जायसी के समय की राजनीति का अध्ययन किया जाये, तो मालूम होगा कि पद्मिनी जैसी सुन्दर स्त्री के लिए किसी राजा का युद्ध के लिए तैयार होना कोई असम्भव बात नहीं। इस बात का खंडन हो जाने के बाद भी अलाउद्दीन ख़िलजी के चित्तौड़ के हमले में ऐसी किसी चीज़ का समावेश नहीं था, सम्भावना है कि

पद्मिनी के लिए चित्तौड़ पर हमला करने वाला अलाउद्दीन ख़िलजी नहीं, बल्कि कोई दूसरा ख़िलजी शासक हो और उसने नाम में जायसी और जायसी से प्रभावित दूसरे सूत्रधारों को ग़लतफ़हमी हुई हो। मुहम्मद एहतिशामुद्दीन[134] का यह विचार सही है कि पद्मावत के क़िस्से में कोई सच्चाई है तो यह घटना सुल्तान ग़यासुद्दीन ख़िलजी से सम्बन्धित हो सकती है। ग़यासुद्दीन ख़िलजी (अलाउद्दीन के दो सौ वर्ष बाद) मुल्क मालवा में गुज़रा है। उसकी सीमाएँ चित्तौड़ की सल्तनत से मिलती हुई थीं और प्राय: आपसी लड़ाई रहती थी। फ़रिश्ता का कथन है कि सुल्तान के दरबार में कोई शरह के विपरीत बात नहीं होने पाती थी। लेकिन उसे सुन्दर स्त्रियों का बेहद शौक़ था। हज़ारों हसीन औरतें उसकी सेवा में उपस्थित रहतीं। फिर भी सुल्तान की इच्छा थी कि जिस सौन्दर्य और रूप की उसकी इच्छा थी, वह उपलब्ध नहीं थी। आख़िर उसके एक मुसाहिब ने अपनी कोशिशों से सुल्तान की यह इच्छा पूरी की।

इस स्वभाव के सुल्तान से असम्भव नहीं कि उसने सबसे सुन्दर स्त्री (पद्मिनी) की इच्छा में चित्तौड़ पर धावा बोल दिया हो। साथ ही वह शरअ का भी बहुत पाबन्द था और शरअ के अनुसार चूँकि अजनबी की पत्नी पर नज़र डालना हराम है, इसलिए शरअ की पकड़ से बचने के लिए ग़यासुद्दीन ख़िलजी ने चित्तौड़ की सबसे सुन्दर रानी को जिसका नाम उसके सौन्दर्य के कारण पद्मिनी या पद्मावत रहा हो, दर्पण में देखने का उपाय निकाला हो और उसके सौन्दर्य उपासना की यह घटना जनसाधारण की ज़बान पर चढ़कर दूर व नज़दीक मशहूर हो गयी हो।

ग़यासुद्दीन ख़िलजी सुल्तान मालवा और चित्तौड़ परिवार के मध्य युद्ध की पुष्टि अकलंगा जी के एक हिन्दी शिलालेख से भी होती है। इससे पता चलता है कि 1488 ई. में मांडूव के सुल्तान ग़यासुद्दीन ख़िलजी 'बादल गोरा' से पराजित हुआ। यह 'बादल गोरा' नामक राजपूत सरदार वही है जिसका उल्लेख मसनवी पद्मावती में जायसी ने बार-बार किया है। पद्मिनी की घटना को ग़यासुद्दीन ख़िलजी से सम्बद्ध करने का एक कारण यह भी है कि रतन सेन नाम का कोई राजा अलाउद्दीन ख़िलजी के ज़माने में चित्तौड़ का शासक नहीं था, लेकिन राणा सांगा का पुत्र रतनसेन लगभग ग़यासुद्दीन ख़िलजी के ही ज़माने में चित्तौड़ का राजा हुआ है और अनुमान है कि उसी रतनसेन से ग़यासुद्दीन ख़िलजी का युद्ध हुआ हो।

अनुमान से ज्ञात होता है कि ग़यासुद्दीन ख़िलजी ही के सौन्दर्य उपासना की घटना पर जायसी ने अपनी मसनवी का आधार रखा था। यह घटना जायसी के अपने ज़माने से क़रीब था और इसे जायसी का प्रभावित होना अस्वाभाविक नहीं। यह भी सम्भव है कि क़िस्से को और रोचक बनाने के लिए जायसी ने अपने ज़माने की दूसरी ऐतिहासिक घटनाओं से भी प्रभाव ग्रहण किया हो, जैसे डोलियों और पालकियों में सशस्त्र सिपाहियों का जाना और अपना गन्तव्य प्राप्त करना, ख़ुद

जायसी की जीवन की घटना है। शेरशाह ने बंगाला की मुहिम को जाते हुए अपने परिवार और ख़ज़ाने को रोहतास के राजा के पास छोड़ने की आज्ञा चाही थी, लेकिन दरअसल पालकियों में सिपाही भेजकर क़िला विजयी कर लिया था। पद्मावत के क़िस्से की तीसरी अहम कड़ी अर्थात जौहर की रस्म भी ऐतिहासिक बात नहीं। ख़ुद जायसी के ज़माने में जब 938 हि. में सुल्तान बहादुर गुजराती ने रायसेन के राजा सलहदी पर आक्रमण किया तो उसकी अनुपम रानी दुर्गावती और सैकड़ों दूसरी रानियों ने आग में कूदकर जौहर कराया। बहुत सम्भव है कि जायसी ने अपने ज़माने की इन घटनाओं को चमक-दमक देकर एक सुदृढ़ मसनवी की आकृति में ढाल दिया हो।

बहरहाल जायसी की पद्मावत इतनी प्रसिद्ध व लोकप्रिय हुई कि इसका क़िस्सा विभिन्न भाषाओं में अनुवाद और संक्षेप के द्वारा फैल गया।

इसका सबसे पहला अंग्रेज़ी अनुवाद जी. ए. ग्रियर्सन और सुधाकर द्विवेदी ने मिलकर किया था, जो कलकत्ता से 1896 ई. में प्रकाशित हुआ।[135] अंग्रेज़ी का एक और अनुवाद फ़ैज़ाबाद के अंग्रेज़ कमिश्नर ए.सी. शेरिफ़ ने 1940 ई. में किया।[136] पश्तो भाषा में पद्मावत को इब्राहीम ने रूपान्तरित किया।[137] पश्तो भाषा का दूसरा अनुवाद मुंल्ला गुल अहमद पजाग़ी का है। यह 'क़िस्सा शहज़ादा रुत व पद्मन अफ़ग़ानी' के नाम से दिल्ली से 1881 ई. में प्रकाशित हुआ।[138] बंगाली में इस क़िस्से का अनुवाद प्रदेश के मन्त्री मगन ठाकुर ने किसी व्यक्ति 'अलवाज लू' से 1659 ई. में कराया।[139]

फ़ारसी और उर्दू में भी पद्मावत से सम्बन्धित कई पांडुलिपियाँ मिलती हैं। चूँकि कुछ उर्दू के मसनवी निगारों ने क़िस्सा मूल अवधी से नहीं, बल्कि फ़ारसी मसनवियों से लिया है, इसलिए फ़ारसी पांडुलिपियों के नाम सामने रखना भी ज़रूरी है:

फ़ारसी पांडुलिपियाँ

1. फ़ारसी में पद्मावत को सबसे पहले अब्दुलशकूर बज़्मी ने जहाँगीर के बाद 1618 ई. (1028 हि.) में लिखा। यह मसनवी इंडिया ऑफ़िस लंदन में मौजूद है।[140] (रितपद्म)
2. आक़िल ख़ाँ राज़ी ने 1658 ई. (1069 हि.) में 'शमा व परवाना' के नाम से यही क़िस्सा फिर लिखा। इसकी पांडुलिपि ब्रिटिश म्युज़ियम लंदन और इंडिया ऑफ़िस में सुरक्षित है।[141]
3. मसनवी 'हुस्नो इश्क़' द्वारा हिसामुद्दीन, 1660 ई. (1071 हि.) बर्लिन पांडुलिपि पृ. 929।[142]
4. मसनवी पद्मावत द्वारा हुस्न ग़ाज़ाना, बर्लिन पांडुलिपि न. 911 पृ. ।[143]
5. लक्ष्मी राम निवासी इब्राहीमाबाद ने आक़िल ख़ाँ राज़ी की मसनवी 'शमा व परवाना' को फ़ारसी गद्य में 'फ़रह बख़्श' के नाम से रूपान्तरित किया।

पांडुलिपि ब्रिटिश म्युज़ियम, रचनाकाल 1217 हि.[144]

6. 'फ़रह बख़्श' का फ़ारसी संक्षेप नवाब ज़ियाउद्दीन अहमद ख़ाँ ने किया। इसकी पांडुलिपि ब्रिटिश म्युज़ियम लंदन में सुरक्षित है।[145]
7. 'क़ससे पद्मावत' के नाम से हुसैन ग़ज़नवी ने फ़र्रुख सेर के ज़माने में लिखा।[146]
8. रामगोविन्द मुंशी ने पद्मावत को फ़ारसी में लिखकर 'तुहफ़तुलक़ुलूब' नाम रखा। रचना 1652 ई.। इसकी एक अशुद्ध पांडुलिपि हार्डिंग लाइब्रेरी, दिल्ली में सुरक्षित है।[147]
9. दखिनी शायर सैयद मुहम्मद इशरती ने जायसी की पद्मावत को फ़ारसी में संक्षिप्त किया। उसका रचनाकाल 'गले ख़त्मी' 1698 ई. (1110 हि.) है।[148]
10. मसनवी बोस्ताने सुख़न (हस्तलिखित) इमामी, रचनाकाल 1229 हि. अश्आर की संख्या 3293, पांडुलिपि नेशनल म्युज़ियम नयी दिल्ली।[149]
11. हंगामए इश्क़ (हस्तलिखित) मुंशी आनन्द राम मुख़लिस ने पद्मावत का क़िस्सा 1152 हि. में फ़ारसी गद्य में लिखा। मुख़लिस ने इस क़िस्से के केवल पहले हिस्से को लिया है और युद्ध आदि के अर्धऐतिहासिक घटनाओं को छोड़ दिया है। उनके यहाँ क़िस्से का पुनर्कथन भी जायसी से भिन्न है। केन्द्रीय पात्रों के नाम भी बदल दिये गये हैं। जैसे नायिका का नाम चन्द्रप्रभा और नायक का कुँअर सुन्दर सेन बताया गया है। यह क़िस्सा दोनों की शादी पर ख़त्म हो जाता है। मुख़लिस ने 1155 हि. में इस क़िस्से पर समीक्षा की। उसकी पांडुलिपि नज़ीरिया लाइब्रेरी दिल्ली में सुरक्षित है।[150]
12. 'क़िस्सा पद्मिनी वग़ैरह' हस्तलिखित (मसनवी फ़ारसी) लेखक अज्ञात। पांडुलिपि पुस्तकालय टीपू सुल्तान।[151]
13. क़िस्सा रतन व पदम हस्तलिखित (मसनवी फ़ारसी) लेखक अज्ञात, पांडुलिपि पुस्तकालय आसफ़िया, हैदराबाद, दकन।[152]

उर्दू पांडुलिपियाँ

1. उर्दू गद्य में पद्मावत को सबसे पहले मिर्ज़ा इनायत अली बेग इनायत लखनवी ने लिखा। इसका नाम 'पद्मावत भाषा मुतर्जिम' है। यह अनुवाद आज़मी प्रेस कानपुर से 1898 ई. (1316 हि.) में प्रकाशित हुआ। जायसी की मसनवी का पाठ उर्दू लिपि में अंकित किया गया और उसके नीचे अश्आर का उर्दू अनुवाद साथ-साथ दे दिया है।[153]
2. 'पद्मावत भाषा मुतर्जिम' द्वारा अहमद अली रसा। हिन्दी पाठ उर्दू लिपि में, उर्दू अनुवाद व उर्दू हाशिये सहित, कानपुर, 1899 ई. कुल पृष्ठ 236।[154]
3. 'पद्मावत' (यानी एक सच्ची दास्तान) द्वारा सालिग राम निवासी कपुरथल्ला

लाहौर, 1898 ई. कुल पृष्ठ 172।[155]

4. पद्मावत भाषा मुतर्जिम द्वारा पंडित भगवती प्रसाद पाण्डेय अनुज, नवल किशोर प्रेस, लखनऊ, पृ. 336।[156]
5. मीर अबदुल जलील बिलग्रामी ने मिली जुली 'भाषा और उर्दू' भाषा में पद्मावत लिखी। इसका उल्लेख ज़ियाउद्दीन ख़ाँ ने पद्मावत के फ़ारसी सारांश में किया है।[157]
6. पद्मावत उर्दू (छन्दोबद्ध ड्रामा) द्वारा नौशेरवाँ जी मेहरबान जी आराम, बम्बई।[158]
7. मुहब्बत की पुतली यानी रानी पद्मावती (उर्दू गद्य) द्वारा मुहम्मद अकबर अली ख़ाँ, अफ़सूँ शाहजहाँपुरी। इसमें पद्मिनी और रतनसेन के इश्क़ का क़िस्सा उपन्यास के रूप में वर्णन है।[159]
8. मसनवी पद्म समाज उर्दू (क़िस्सा पद्मावत) द्वारा बिहारी लाल बेदिल, कुल पृष्ठ 130, बिजनौर से प्रकाशित, 1885 ई.।[160]
9. 'पद्मावत बज़बान हरियाणा (गीतों और दोहों में) द्वारा पं. स्वरूप चन्द दसोड़खेड़ी। (उर्दू लिपि में यह किताब शम्भू दयाल दीनानाथ ने दरीबा कलां दिल्ली से उन्नीसवीं शताब्दी के अन्त में प्रकाशित किया।
10. हीरामन तोता पद्मावत नार, बज़बान हरियाणा (गीतों और दोहों में) लेखक सी. एच. हुकुमचन्द। यह किताब भी उर्दू लिपि में दिल्ली से प्रकाशित हुई।

उर्दू नज़्म

उर्दू नज़्म में पद्मावत की छः पुर्नकथनों का ज्ञान हुआ है। इनमें से तीन दखिनी शायरों और तीन उत्तर भारत के शायरों से सम्बद्ध हैं :

1. क़िस्सा पद्मावत-ग़ुलाम अली दखिनी (हस्तलिखित) पांडुलिपि इंडिया ऑफ़िस[161] कुल पृष्ठ 21 रचनाकाल 1680 ई. (1091 हि.) यह पांडुलिपि अपूर्ण है।
2. रतन पदम—सैयद मुहम्मद फ़ैयाज़ 'वली' वेलोरी। यह मसनवी श्प्रिंगर के अनुसार शाहाने अवध के पुस्तकालय में थी। अश्आर की संख्या लगभग चार हज़ार, कुल पृष्ठ चार सौ।[162]
3. दीपक पतंग—सैयद मुहम्मद ख़ाँ इशरती। पांडुलिपि पुस्तकालय सालार जंग हैदराबाद, कुल पृष्ठ 216, रचना वर्ष 1695 ई. (1107 हि.) किताबत का सन् 1189 हि.।[163]
4. मसनवी शमा व परवाना—ज़ियाउद्दीन इब्रत व मीर ग़ुलाम अली इशरत। रचना वर्ष 1796 ई. (1211 हि.)[164]
5. पद्मावत-मुहम्मद क़ासिम अली बरेलवी, रचना वर्ष 1869 ई., पृ. 484।[165]

6. सांगीत पद्मावत, द्वारा सुखदास पुत्र नारायण दास, चन्दौसी, 1890 ई., कुल पृष्ठ 108।[166] यह स्थानीय परम्पराओं पर आधारित एक नज़्म है जिसमें जगह-जगह दोहे भी आ गये हैं। सम्भवतः यह गाने के लिए लिखी गयी, जैसा कि इसके नाम से स्पष्ट है।
7. मसनवी 'बुतख़ाना ख़लील' द्वारा ख़लील हसन ख़लील लखनवी। यह मलिक मुहम्मद जायसी की पद्मावत का छन्दोबद्ध उर्दू अनुवाद है। ख़लील बड़े भाई जलील के। अमीर मीनाई के शिष्य थे। राजा बलरामपुर के मुलाज़िम हुए और आजीवन उन्हीं से सम्बद्ध रहे। रियासत की तरफ से उनकी रचनाएँ 'मुरक्क़ा बलरामपुर' और 'पंजः निगारीं' प्रकाशित हुईं। 'पंजः निगारीं' उनकी पाँच मसनवियों के संग्रह का नाम है, जिनमें से एक पद्मावत का यही उर्दू अनुवाद मसनवी 'बुत ख़ाना ख़लील' है।[167]

मसनवी पद्मावत, ग़ुलाम अली दखिनी

इस मसनवी की एकमात्र पांडुलिपि इंडिया ऑफ़िस में सुरक्षित है।[168] यह अपूर्ण है और इस अपूर्ण पांडुलिपि के सिवा इस मसनवी की कोई और पांडुलिपि अभी तक उपलब्ध नहीं हुई।

ग़ुलाम अली के बारे में तज़्किरे ख़ामोश हैं। मसनवी से मालूम होता है कि ग़ुलाम अली उच्च श्रेणी का शायर तो नहीं था, फिर भी उसने अपनी मसनवी को दिलचस्प बनाने की पूरी कोशिश की है। यह मसनवी सुल्तान अबुल हसन तानाशाह के ज़माने में छन्दोबद्ध की गयी। इसका रचना काल 1680 ई. (1091 हि.) है।

मसनवी का आरम्भ रिवाज के अनुसार हम्द व ना'त व मन्क़बत से होती है। इसके बाद बादशाह की प्रशंसा है और इश्क़ की तारीफ़ से क़िस्से का आरम्भ होता है। ग़ुलाम अली ने अपने स्रोत का उल्लेख नहीं किया। नसीरुद्दीन हाशमी ने 'यूरोप में दखिनी मख़्तूतात' में इस मसनवी का विस्तृत वर्णन किया है। अब्दुलशकूर बज़्मी की फ़ारसी मसनवी से इसकी तुलना करते हुए उन्होंने अपने विचार प्रकट किये हैं कि ग़ुलाम अली का क़िस्सा बज़्मी से लिया गया है। यह मसनवी अशुद्ध है, शादी के बाद जब राजा रतनसेन पद्मिनी को साथ लिये चित्तौड़ वापस रवाना होता है, तो राह में उनका जहाज़ तूफ़ान में घिरकर टुकड़े-टुकड़े हो जाता है और ये लोग एक राक्षस के घेरे में फँस जाते हैं। इसके बाद मसनवी के पृष्ठ ग़ायब हैं। अन्त इन अश्आर पर है:

मैं राक्षस, तूं इंसान मेरा ख़ुराक — ले आया हूँ यां तुज कूं करने हलाक
दीवाना है तूं जो मुंज लब आइया — मेरी बात सुन सात तूं आइया

ग़ुलाम अली के वर्णन करने का ढंग सादा और आसान है। गोलकुंडा की

मसनवियों में यह मसनवी ऐतिहासिक स्थान रखती है।[169]

मसनवी रतन पद्‌म, वली वेलोरी

पद्मावत का दूसरा छन्दोबद्ध अनुवाद वली वेलोरी की लेखनी का परिणाम है। यह मसनवी अनुपलब्ध है और इसकी कोई पांडुलिपि इस समय यूरोप या भारत में नहीं। इसका उल्लेख सिर्फ़ श्प्रिंगर[170] और स्टुआर्ट[171] ने अपनी-अपनी सूचियों में किया है। 'क़िस्सा पद्मावत दख़िनी' के सम्बद्ध में स्टुआर्ट ने लेखक के नाम की व्याख्या नहीं की और न ही यह बताया है कि यह क़िस्सा गद्य में लिखा गया या मसनवी में था।[172]

वली वेलोरी का पूरा नाम सैयद वली फ़ैयाज़ और वली तख़ल्लुस था।[173] वह वेलोर मद्रास क्षेत्र (वर्तमान तमिलनाडु) का रहने वाला था और आलमगीर के ज़माने में था। देहान्त पूर्व 1150 हि.।[174] रतन पद्‌म के अलावा वली ने दो और मसनवियाँ रौज़तुश्शुहदा और दुआए फ़ातिमा भी लिखीं।[175]

वली वेलोरी ने मसनवी पद्मावत के शुरू में अपने हालात बयान किये हैं। पहले ये सातगढ़ में हिरासत ख़ाँ के सानिध्य में रहा, उसके बाद कुडप्पा चला आया और यहाँ के सुबेदार नवाब अब्दुलमजीद ख़ाँ का मुलाज़िम हो गया, जिसने उसे सिद्धौट में तैनात कर दिया। क़िस्सा रतन व पद्म सिद्धौट में ही लिखा गया। श्प्रिंगर ने इस मसनवी का नाम सिर्फ 'रतन' बताया है[176] जो ग़लत है।

मसनवी का पहला शे'र है :

ख़ुदाया तू है पाक परवरदिगार
निरंकार दातार व अच्छे अपार

तख़ल्लुस :

वली तेरे करम की है मुझे आस
न कर इस आस सूं हरग़िज़ तू निरास

श्प्रिंगर का कथन है कि यह मसनवी तोपख़ाना के संग्रह में थी, कुल पृष्ठ चार सौ और हर पृष्ठ पर ग्यारह छंद थे।[177]

मसनवी दीपक पतंग, इशरती

इशरती की इस मसनवी की पांडुलिपियाँ दक्षिण भारत की पुस्तकालयों में पायी जाती हैं। उर्दूए क़दीम और उर्दू शहपारे में इस मसनवी का उल्लेख मिलता है। इस मसनवी की प्रामाणिक पांडुलिपि, इशरती के पोते, ज़ैनुलआबदीन के हाथ की लिखी हुई सालार जंग पुस्तकालय हैदराबाद में सुरक्षित है। इसके किताबत का सन् 1189 हि. है। इस मसनवी की रचना 1665 ई. (1107 हि.) में हुई।[178]

इशरती का पूरा नाम सैयद मुहम्मद और पिता का नाम सैयद युसुफ़ हुसैनी था। हैदराबाद के रहने वाले थे। औरंगज़ेब के काल में हुए हैं।[179] 'दकन में उर्दू' के सम्पादक ने दीपक पतंग के अतिरिक्त उनकी दो और मसनवियों, चित्तलगन और नेह दर्पण का भी उल्लेख किया है।[180] इशरती ने जायसी की पद्मावत को फ़ारसी में संक्षिप्त भी किया था, जिसका उल्लेख फ़ारसी पांडुलिपियों के सन्दर्भ में उपर किया जा चुका है।

मसनवी दीपक पतंग हम्द व ना'त व मन्क़बत से शुरू होती है। इसके बाद इशरती ने अपने दोस्त ख़्वाजा अली का उल्लेख किया है, जिसके बाद से क़िस्से का आरम्भ है। इशरती ने पद्मावत के जिस क़िस्से का वर्णन किया है, वह साधारण क़िस्सों से भिन्न है। यहाँ प्रेम का आरम्भ पद्मावती की तरफ से होता है और वह रतन की तलाश में मुसीबतें झेलती है। आख़िर अपने उद्देश्य में सफल होती है। मसनवी का अन्तिम पृष्ठ नहीं है।

आरम्भ :

इलाही तूं सरजिया ज़मीन होर ज़मां   दीपाया सूरज जोत सूं आसमां
फ़लक कूं बनाया तूं गर्दिश के चाल   सियह तिस में लाया चन्द्र का हलाल

अन्त :

भनूद में यूँ देखा सो वो सबब नीं
सटिया भीगी खुश्क रोटी कितयीं[181]

मसनवी शमा व परवाना

पद्मावत का यह चौथा छन्दोबद्ध अनुवाद दो लेखकों का आभारी है। ज़ियाउद्दीन इब्रत ने रामपुर के सिपहसालार नज्जू ख़ाँ की फ़रमाइश पर इसे छन्दोबद्ध करना शुरू किया था। ज़ियाउद्दीन ख़ाँ इब्रत, मुहब्बत ख़ाँ पुत्र हाफ़िज़ रहमत ख़ाँ, वालिए रुहेलखंड के शिष्य थे। क़िस्सा अभी एक तिहाई के लगभग ही छन्दोबद्ध हुआ था कि इब्रत का स्वर्गवास हो गया। इसे इब्रत के देहान्त के लगभग सात-आठ वर्ष बाद ग़ुलाम अली इशरत बरेलवी ने क़ुदरतुल्लाह शौक़ की फ़रमाइश पर 1211 हि. में पूरा किया।[182] इशरत मीर मुअज़्ज़म अली के बेटे थे। काव्य पर राय मश्विरा मिर्ज़ा अली लुत्फ़ से लेते थे और बरेली के रहने वाले थे।[183]

इस मसनवी की हस्तलिखित पांडुलिपियाँ साधारणतः उपलब्ध होती हैं। अंजुमन तरक़्क़ी उर्दू, अलीगढ़ की प्रतिलिपि अपूर्ण है। इसकी सम्पूर्ण प्रति लिटन लाइब्रेरी के संग्रह सर शाह सुलेमान में मौजूद है।[184] यह मसनवी पहले पहल लखनऊ से 1858 ई. में प्रकाशित हुई। इसके बाद से उसके कई संस्करण प्रकाशित हो चुके हैं।

मसनवी का आरम्भ ज़ियाउद्दीन इब्रत ने रीति के अनुसार हम्द, ना'त,

मुनाजात और अपने पीरों की प्रशंसा से की है। इसके बाद उन्होंने कुछ अश्आर अपने उस्ताद मुहब्बत ख़ाँ मुहब्बत की प्रशंसा में लिखे हैं। आगे के अश्आर से मालूम होता है कि इब्रत जब एक हिन्दू राजा-रानी का क़िस्सा लिखने लगे तो कुछ प्रियजनों ने आपत्ति की। इब्रत उन्हें जवाब देते हुए कहते हैं :

ये इश्क़ आज़ाद है गा कुफ्रो दीं से — नहीं कुछ काम इसे शक व यक़ीं से
नहीं कुछ मानता इश्क़े सितमगार — कि क्या तस्बीह है और क्या ज़ुन्नार
जहाँ में इश्क़ का जो रस्मो दीं है — मआफ़े हज़रते शरए मतीं है
करेगा एतिराज़ इसमें जो बेजा — जनाबे इश्क़ का मरदूद होगा[185]

इसके बाद ज़ियाउद्दीन इब्रत आपत्तिकर्ताओं को लाजवाब करते हुए कहते हैं कि मेरी मातृभूमि भारत है और मुझे अपनी मातृभूमि से प्रिय और कोई वस्तु नहीं। जो बात अपनी मातृभूमि में है वह दूसरे देशों में कहाँ? फिर क्यों अपनी मातृभूमि को छोड़कर दूसरों के क़िस्से दुहराऊँ? मातृभूमि की परम्पराओं और क़िस्सों से मुँह मोड़ना राष्ट्रप्रेम के विरुद्ध है।

व लेकिन क़िस्सा कहता हूँ वतन का — कि हूँ मैं अन्दलीब अपने चमन का
सवादे हिन्द को ऐ मूनिसे जाँ! — बनाऊँ सुर्मए चश्मे सफ़ा हाँ
करूँ हिन्दुस्ताँ का इश्क़ मरक़ूम — मचे जिससे अरब के मुल्क में धूम
है शोला इश्क़े हिन्दी का शरर रेज़ — कि है गा आफ़ताब इसका बहुत तेज़
कि सोज़े इश्क़ हिन्दी तेज़ तर है — अरब के इश्क़ में ख़ूँ रेज़ तर है[186]

मसनवी के आरम्भ में इब्रत ने स्पष्ट कर दिया है कि उसने अपनी मसनवी का क़िस्सा आदिल ख़ाँ राज़ी की पद्मावत से लिया है :

रक़म जो है ये मज़्मूं शोला बुनियाद — मिरी रौशन तबीयत का है ईजाद
मगर मज़्मूने आक़िल ख़ाने राज़ी — कि उसने दास्ताँ ये फ़ारसी की[187]

इब्रत ने क़िस्से के शीर्षक अश्आर में लिखे हैं, ये अश्आर आपस में क्रमबद्ध हैं। अगर उन्हें एक जगह जोड़ा जाये, तो ये मिलकर क़सीदा बन जाते हैं। यह क़सीदा एक तरह से सारांश है जिसमें क़िस्से का इत्र पेश कर दिया गया है।

इब्रत के वर्णन का ढंग सादा और आकर्षक है। अश्आर रवाँ-दवाँ हैं। क़िस्से की दिलचस्पी हर क़दम पर क़ायम रहती है। इब्रत ने क़िस्से को राजा रतनसेन के जोगी बनकर सिंहल द्वीप जाने और तोते की ज़बानी पद्मावत को सन्देश भेजवाने तक छन्दोबद्ध किया था कि उनका देहान्त हो गया। इस हिस्से से नमूने के रूप में कुछ अश्आर देखें :

रतन सेन एक राजा मैंने पाया तिरी ख़ातिर हूँ जोगी करके लाया
वो शहज़ादा है अब तेरा भिकारी तेरे बिन ज़िन्दगी है उसको भारी
वो अपनी सी निहायत कर चुका है तू कर आगे जो कुछ तेरी रज़ा है
वहाँ बेकस की नाहक़ जान जावे यहाँ नाहक़ तू हत्यारी कहावे
जो तोते से सुनी हैरत की गुफ़्तार हुई वो नाज़नीं इक नक़्शे दीवार
जवानी का जो आलम था पदम का सरायत कर गया क़िस्सा ये ग़म का
लिया दिल का वहीं थाम उसने मीना कि राज़े इश्क़ हो जावे न अफ़शा
कहा तोते तिरी ख़ातिर है मंज़ूर मिरे इस राज़ को रखियो तू मस्तूर
सनम के पूजने के दिन हैं नज़दीक करूँगी जाके रौशन जाने तारीक
जो यूँ जाऊँ समझ ऐ नेक फ़र्जाम कह व मेहतर मैं हो जाऊँगी बदनाम[188]

इसके आगे का क़िस्सा ग़ुलाम अली इशरत ने छन्दोबद्ध किया है और पैवन्द इस निपुणता से लगाया है कि मालूम नहीं होता। पहले हिस्से के लेखनी का ज़ोर और वर्णन का आनन्द दूसरे भाग में शेष रखा गया है। इसे देखकर यह महसूस होता है कि दो लेखकों के कारण मसनवी के प्रवाह, रुचि और सफाई में कोई फ़र्क़ नहीं आया। समापन के अश्आर ये हैं :

ग़रज़ ये फ़तह पाकर हस्बे दिल ख़्वाह अलाउद्दीन ने ली चित्तौड़ की राह
नवाहे शहर में दाख़िल हुआ जब सुना यकबारगी वो माजरा सब
कहूँ क्या मैं कि शह ये माजरा सुन ज़ बस तस्वीर आसा रह गया सुन्न
ग़रज़ ख़ाक पदम सर पर उड़ा के बसद अफ़सोस व ग़म आँसू बहा के
किये अपने पे बस सर दर गरीबाँ चला देहली की जानिब ज़ारो गिरयाँ
सुनी तुमने अज़ीज़ो ये कहानी कि है अल्लाह बाक़ी कुल्ले फ़ानी[189]

मसनवी पद्मावत, क़ासिम

मुहम्मद क़ासिम अली बरेलवी की पद्मावत छन्दोबद्ध 1869 ई. में हुई और 1873 ई. में नवल किशोर प्रेस लखनऊ से प्रकाशित हुई।

मुहम्मद क़ासिम अली का पारिवारिक शजरा ये है : मुहम्द क़ासिम अली पुत्र मौलवी मुहम्मद क़ाइम अली पुत्र शेर अली पुत्र मेहर अली पुत्र मौलवी अली सादिक़।[190] ये बदायूँ के रहने वाले थे, लेकिन मसनवी की रचना के समय बरेली के मुहल्ला गढ़िया में निवास कर रहे थे।[191]

मुहम्मद क़ासिम अली इब्रत और इशरत की मसनवी पद्मावती से भिज्ञ थे। चूँकि दोनों ने क़िस्सा मूल अवधी भाषा के बजाय आदिल ख़ाँ राज़ी की फ़ारसी मसनवी से लिया था। मुहम्मद क़ासिम अली उनके बारे में सही कहते हैं कि ये दोनों भाषा के जानकार

नहीं थे और उन्होंने जायसी की मसनवी को पूर्ण रूप से उर्दू रूप नहीं दिया :

मज़ाक़े भाषा लेकिन था न पाया ये शाहिद गोद में उनकी न आया
वले ताहम लिखा है कर करामत कि क़िस्सा ले लिया अकसर सलामत

इब्रत व इशरत की मसनवी अनुवाद प्रति अनुवाद है। इसके विपरीत क़ासिम ने सीधा जायसी से अनुवाद किया है और अपनी मसनवी में यह अनिवार्य रखा है कि जायसी की पद्मावती का अनुवाद 'बैत ब बैत और दहरा ब दहरा देसी उर्दू ज़बान किया जाये।'[192] इसमें शक नहीं कि मुहम्मद क़ासिम अली ने शे'र के मुक़ाबले में शे'र और बन्द के मुक़ाबले में बन्द लिखा है और अर्थ व अभिप्राय की सतह तक यह उर्दू मसनवी जायसी की अवधी मसनवी का शाब्दिक अनुवाद है। लेकिन अनुवाद की पाबन्दी और सीमाओं के कारण मसनवी में असल और नक़ल का फ़र्क़ पैदा हो गया है। क़ासिम की मसनवी में क्रम तो है लेकिन आवेग, प्रवाह और सहसापन नहीं है। हर जगह लाये हुए का रंग प्रभावी है। कहीं-कहीं उर्दू पर्याय या सही क़ाफ़िया हाथ न आने के कारण अवधी शब्द वैसे ही रख दिये हैं जिससे नज़्म में विचित्रता और विकृतियाँ पैदा हो गयी हैं। मुहम्मद क़ासिम अली ने हर दृश्य और हर घटना में जायसी का अनुसरण किया है। अतः मसनवी बहुत लम्बी हो गयी है। पद्मावत से सम्बन्धित उर्दू की पाँच मसनवियों में यह सबसे दीर्घ है। जायसी जैसी परिपक्वता, कल्पना का ज़ोर, वर्णन का आनन्द और प्रस्तुत करने को नवीनता मुहम्मद क़ासिम अली के पास कहाँ। अनुवाद बेरंग और फ़ीका सीठा होके रह गया है। विस्तार और विचित्रता के कारण ही यह मसनवी लोकप्रिय न हुई और इसके पुर्नमुद्रण की स्थिति न आयी।

इस मसनवी के हर बन्द के आख़िर में टीप के रूप में भाषा का एक दोहा है जो क़ासिम ही की रचना है। इससे क़िस्से की विभिन्न कड़ियों में आपसी सम्बन्ध बनाये रखने में मदद मिलती है।

क़ासिम की मसनवी की विशेषता ये है कि जायसी के स्वभाव के ज़ोर ने विषय वस्तु व दृश्यों के विवरण व अवयवों के जो भंडार प्रस्तुत किये हैं, उनकी झलक यहाँ देखी जा सकती है। नागमती की विश्वसनीयता, पद्मिनी की अपार सुन्दरता, राजा का जोगी बनके मारा-मारा फिरना, सिंहल द्वीप के रस्मो रिवाज, जंगलों की शान्ति, वसंत की रंगीनी, सर्दी की शिथिलता, पपीहे की पुकारें, हाथियों की क़तारें, मोरों का नृत्य, घोड़ों की पूजा, भारतीय नारी का विरह वर्णन, साजन से काल्पनिक संवाद आदि अनुवाद में भी आनन्द दे जाते हैं। क़ासिम ने पद्मिनी के नख-शिख का भी उचित अनुवाद किया है। यह पन्द्रह पृष्ठों पर आधारित है। बारहमासा को भी पूरी तरह छन्दोबद्ध किया है और इसका वर्णन आठ पृष्ठों में है। राजा रतनसेन के विरह में रानी नागमती की दशा देखें :

कुहकती हूँ तरह कोयल के रो रो बने आँसू हैं घुँगची ख़ूँ हो हो
हुआ काला मिरा मुँह आँख हैं लाल बिरह का गर्म दुख ठंडा करो हाल
मिरी हर बूँद में जानो कि है जी पुकारे गोशा गोशा करके पी पी
इसी दुख बर्ग ढाका का जले है सहर ख़ुर्शीद पुर ख़ूँ हो चले है
इसी लोहू से कुन्दरु लाल होवे शजर सूखें गहूँ शिक़ बाल होवे
जहाँ देखूँ वो सब हो सुर्ख़ हैहात रतन जिस जा, कहे जा कौन अब बात[193]

राजा के सकुशल घर वापस आने पर रानी अपने पति की आरती उतारते हुए कहती है :

ये जोबन और तनमन हो निछावर तसद्दुक़ जान, प्यारे मेरी तुम पर
तुम्हारी राह में आँखें बिछाऊँ क़दम रखो मैं अपना सर झुकाऊँ
मिरा दिल आप ही का ये मकां है तुम्हारी राह आँखों के म्याँ है
बदन हूँ मैं और इसकी जान तुम हो मैं कारिन्दा, मियाँ, पर शान तुम हो[194]

मसनवी सोहनी महिंवाल

सोहनी महिंवाल के क़िस्से का सम्बन्ध भी पंजाब की धरती से है और हीर व राँझा और सस्सी पुन्नूं की तरह यह भी एक लोकप्रिय क़िस्सा है।

सोहनी महिंवाल का क़िस्सा इस प्रकार है : बुख़ारा का एक सौदागर इज़्ज़त बेग व्यापार के उद्देश्य से शाहजहाँ के काल में भारत आया और दिल्ली से वापसी पर नये एशिया की तलाश में लाहौर उपस्थित हुआ। किसी ने उससे कहा कि पंजाब के एक शहर गुजरात में तुल्ला नामक एक कलाल है, जो अनोखे कुल्हड़ बनाता है। यहाँ पहुँच कर उसकी निगाहें कलाल की सुन्दर बेटी सोहिनी से चार हुईं, व्यापार आदि का नशा तो वहीं हिरण हुआ और सिर में इश्क़ का सौदा समाया। इज़्ज़त बेग ने 'महिंवाल' नाम धारण किया और चरवाहे के रूप में गुजरात ही में रहने लगा। सोहनी से मेल-जोल बढ़ाया और इश्क़ की बेताबियाँ दोनों ओर से रंग लाने लगीं। तुल्ला कलाल को जब इस स्थिति का ज्ञान हुआ तो उसने महिंवाल को शहर से निकलवा दिया। महिंवाल ने भिखारी का रूप धारण किया और भेष बदलकर चिनाब के दूसरे किनारे पर डेरा डाल दिया। सोहनी से हर रात मुलाक़ात होती और महिंवाल मछली के कबाब से उसका सत्कार करता। एक रोज़ संयोग से मछली हाथ न आयी तो महिंवाल ने अपनी जांघ का हिस्सा काटकर कबाब तैयार किये। महिंवाल तैरने योग्य न रहा तो सोहनी घड़े के सहारे तैरकर आने लगी। एक रात जब वह सोलह सिंगार करके निकली तो उसकी ननद ने देख लिया और दूसरी रात पके घड़े की जगह कच्चा घड़ा रखा दिया। सोहनी को अंधेरे में इसका पता न चला, उस रात तूफ़ान भी आया और

सोहनी जब कच्चे घड़े के सहारे तैरने लगी तो उसने ज़्यादा देर साथ न दिया। सोहनी बीच मंझधार में महिंवाल–महिंवाल पुकारती हुई डूब गयी। महिंवाल ने भी उस आवाज़ की अनुसरण की और मौजों की थपेड़े खाता हुआ डूब गया। क़िस्सा सोहनी महिंवाल पर आधारित फ़ारसी पांडुलिपियों का विवरण ये है :

1. मसनवी सोहनी महिंवाल, असर सालेह, रचनाकाल सन् 1839–41 के मध्य।
2. मसनवी अरज़ंग इश्क़, अता मुहम्मद ज़ेरिक कलानूरी, रचना वर्ष 1276 हि.
3. मसनवी क़न्द लज़्ज़त, नजमुद्दीन, मिस्कीन, निवासी कोरवाल, रचना वर्ष 1284 हि.।[195–196]

उर्दू में भी इस क़िस्से पर आधारित एक मसनवी उपलब्ध हुई है जो ब्रिटिश म्युज़ियम लंदन में सुरक्षित है। यह लाहौर से 1871 ई. में 80 पृष्ठों पर प्रकाशित हुई। उसके रचनाकार का नाम अरोड़ा राय बताया गया है।[197] अरोड़ा राय का क़िस्सा सोहिनी महिंवाल 1871 ई. में ही पंजाबी भाषा में भी लाहौर से प्रकाशित हुआ। उसका यह संस्करण पुस्तकालय इंडिया ऑफ़िस, लंदन में सुरक्षित है।[198] इसके अलावा इस पुस्तकालय में फ़ज़ल शाह (लाहौर 1869 ई.) गंगा राम (लाहौर 1868 ई.) गोपाल सिंह (अमृतसर 1875 ई.) और क़ादिर यार (लाहौर 1867 ई.) के पंजाबी संस्करण भी हैं।[199] उर्दू गद्य में इस क़िस्से को अनन्तराम बेताब ने लिखा। यह किताब लाहौर से 1938 ई. में प्रकाशित हुई।[200]

मसनवी सैली सजनों

मीर सआदत अली सआदत तख़ल्लुस की एक मसनवी सैली सजनों का उल्लेख मीर हसन[201] और अली इब्राहीम ख़ाँ[202] ने किया है। लेकिन इसका कोई शे'र प्रस्तुत नहीं किया। मीर सआदत अली का उल्लेख मीर तक़ी मीर, क़ायम, शफ़ीक़ गर्देजी, मुसहफ़ी, क़ुदरतुल्लाह क़ासिम, शैफ़्ता और नस्साख़ के तज़्किरों में भी मिलता है, लेकिन किसी ने इस मसनवी के बारे में व्याख्या नहीं की। साहिब गुलज़ार इब्राहीम ने मात्र इतना लिखा है कि सैली सजनों नाम के दो प्रेमी व प्रेमिका नवाब क़मरुद्दीन ख़ाँ वज़ीर के ज़माने में (1721–1749) दिल्ली में हुए हैं। उन्हीं की प्रेम कहानी को सआदत ने मसनवी के रूप में लिखा है।[203] सआदत का कोई काव्य संग्रह उपलब्ध नहीं होता और सम्भवतः आजीविका की तलाश में इस मसनवी को भी वक़्त के गर्द की भेंट कर दिया। यह अगर उपलब्ध होती तो उसकी गिनती भारत की प्राचीनतम मसनवियों में की जाती।

मीर सआदत अली अमरोहा के रहने वाले थे। शाही दरबार से सम्बद्ध होकर दिल्ली में निवास करने लगे थे। मीर तक़ी मीर ने 'ज़िक्रे मीर' में उन्हीं के बारे में

लिखा है : 'व आं अज़ीज़ मिरा तकलीफ़ मौज़ूं करून रेख्त: किरद' तज़्किरा निकातुश्शुअरा में है : 'बा बान्दा रब्त बिस्यार दाश्त'[204] 1152 हि. और 1165 हि. के मध्य किसी वर्ष में देहान्त हुआ।[205]

मसनवियात क़िस्सा शाह लद्धा

मसनवी क़िस्सा शाह लद्धा द्वारा क़ाइम चाँदपुरी

कुल्लियाते सौदा, प्रकाशक नवल किशोर 1932 ई. खंड दो में एक दीर्घ इश्क़िया मसनवी बिना शीर्षक पृष्ठ 85 से 100 तक अंकित है, जिसका पहला शे'र ये है:

इलाही शोला ज़न कर आतिशे दिल
तपे दिल दे ब क़दरे ख़्वाहिशे दिल

मसनवी के समापन पर सौदा का तख़ल्लुस यूं आया है:

पस ऐ सौदा ख़मोशी पेशा कर तू
सुख़न के तूल से अंदेशा कर तू[206]

लेकिन वास्तव में यह मसनवी सौदा की नहीं बल्कि क़ाइम चाँदपुरी की रचना है। कुछ कारणों से क़ाइम की बहुत सी रचनाएँ सौदा के संग्रह में सम्मिलित हो गयी हैं। उसमें से कुछ को शेख़ चाँद ने चिह्नित किया था।[207] उपरोक्त मसनवी भी सम्मिलित थी। इसकी तरफ मौलवी अब्दुलहक़ ने मुक़दमा (भूमिका) तज़्किरए मख़ज़न निकात में[208] और अब्दुलबारी आसी ने अपने एक लेख[209] में संकेत किया था लेकिन उन्होंने इस सन्दर्भ में कोई प्रमाण नहीं प्रस्तुत किया। यद्यपि मुहम्मद कमाल के तज़्किरा 'मज्मउलइन्तख़ाब' (रचना वर्ष 1219 हि.) में यह मनसवी क़ाइम चाँदपुरी ही के नाम से अंकित मिलती है।[210] इस मसनवी का सही नाम क़ुदरतुल्लाह शौक़ ने तज़्किरा 'तब्क़ातुश्शुअरा' में लिख दिया है। क़ाइम के अनुवाद में लिखते हैं: 'मसनवी शाह लद्धा के फ़क़ीरे तकियादार आशिक़ मिज़ाज मजनूं मनुश दर नवाही पंजाब बूद, बिस्यार बादाहाए रंगीन बस्त: अज़ अव्वल ता आख़िर हमा अश्आर इतंख़ाबी अस्त।'[211]

इस मसनवी में जैसा कि उपर कहा गया, पंजाब के एक दरवेश शाह लद्धा के क़िस्से का वर्णन है। मालूम होता है कि इससे पहले यह कहानी नहीं लिखी गयी थी। क़ाइम ने इसे किसी कहानी कहने वाले से सुना और इसी तरह छन्दोबद्ध कर दिया। ख़ुद कहते हैं:

शब इक मातम सराए ख़ानए इश्क़   बयां करता था यूं अफ़सानए इश्क़
चुनांचे नौहा[212] ख़वाने बज़्मे मातम   करे है इस तरह से नालिशे ग़म

मसनवी इश्क़ की प्रशंसा से शुरू होती है। इसके बाद हम्दे बारी तआला, नाते हज़रत सैयदुल मुर्सिलीन और मुनाजात है जो 25 अश्आर पर आधारित है। कहानी का आरम्भ पंजाब के एक दरवेश के उल्लेख से होता है:

कि था पंजाब में इक मर्द दरवेश गिरफ़्तार बलाए हालते ख़्वेश
हमेशा दस्ते दिल से पाए कूबां सदा आशुफ़्ता सर जूं ज़ुल्फ़े ख़ूबां
मक़ाम उसका था इक जा गह सरे राह बवज़अ तकिया है जिससे तू आगह

यह तकिया ऐसे मनोरम और चित्ताकर्षक स्थान पर स्थित था कि मुसाफ़िर आते-जाते हुए यहाँ सुस्ताने के लिए रुक जाते थे। एक बार एक बारात उधर से गुज़री और थोड़ी देर के लिए सब वहाँ उतर पड़े। दुल्हन का डोला एक तरफ उतारा गया। गर्मी ग़ज़ब की पड़ रही थी। दुल्हन हवा खाने के लिए पर्दे से बाहर निकली। संयोग से दरवेश की निगाहें उस नाज़नीन से चार हुईं और इश्क़ का तीर दोनों के दिल से पार हो गया :

दो चार उससे हुआ ये मर्द दरवेश गया बेचारा इक झपकी में अज़ ख़्वेश
न जाने थी निगह या तीर या बार कि बेतहरीक वो दिल से हुई पार
निगाहों में रहा सद बहस व तकरार न था हरचन्द वां इमकाने गुफ़्तार
ग़रज़ ईधर तो जलती थी ये दिलरेश उधर लोटे था आतिश पर वो दरवेश
न उसको कुछ सुख़न कहने का यारा न उसको जुज़ ख़मोशी और चारा
यूं ही बाहम थे ये महवे बला हा कि नागह वां ने वो डोला उठाया
हुई वो क़ौम जब तकिया से राही इजाज़त ऊन ने उस महज़ूं से चाही

दो दिल बैठे बिठाये बलाये इश्क़ में गिरफ़्तार हो गये। निबाह का उपाय ही क्या था।! बारात जैसे आयी थी वैसे ही चली गयी और उसके साथ दुल्हन का डोला भी। दरवेश पेड़ पर टकटकी लगाये देखता रहा :

नज़र आने से मुतलक़ रह गया जब हुआ वो रोज़ उस पर तीरा जूं शब
गिरा उपर से नीचे वां ये मजरूह गयी दम्बाल डोली के चली रूह

अर्थात् दरवेश तो इस तरह इश्क़ के पहले ही वार में ख़त्म हो गया और उधर दुल्हन इश्क़ की आग में अन्दर ही अन्दर सुलगती रही। ससुराल में उसकी बहुत सेवा सत्कार की गयी। भांति-भांति के नख़रे उठाये गये लेकिन उसके भय और बेचैनी में फ़र्क़ न आया। जब मामला उपचार इलाज के बस का न रहा तो ससुराल वालों ने दुल्हन के माता-पिता को पत्र लिखकर बुलाया कि वे आकर इसे ले जायें। शायद घर के परिचित वातावरण में उसका मन बहल जाये। दुल्हन के माता-पिता आये और उसे अपने साथ लिये वापस घर को रवाना हुए। राह में यह क़ाफ़िला फिर उसी दरवेश के

तकिये पर सुस्ताने के लिए रुका, लेकिन प्रकृति को कुछ और ही मंज़ूर था :

कि जब वो नाज़नीं तकिये में आयी — जगह दरवेश की इक ढेर पायी
वो नीशे ग़म जो था ख़ातिर में मरकूज़ — हुआ जूं नीशे अक्रब नार आमूज़
शरारे ग़म ने की आख़िर शरारत — बदन में यक बयक आयी हरारत
लगाकर माह से और ता बमाही — नज़र में छा गयी यक्सर सियाही
गिरी बेताक़ती से वां ये ग़मनाक — तरह पानी के लरज़ी हर तरफ़ ख़ाक
उसी सूरत से ये ग़लतां थी कुछ दौर — कि जज़्बे इश्क़ ने टुकड़े की वो गौर
न जाने फिर कि वां का हाल क्या था — यही वो गौर थी या अज़हदा था
उसे इस गौर ने इस तरह खाया — न माही बीच यूं युनुस समाया
हुई जूं आबे पिन्हाँ ये तहे ख़ाक — रहे बाहर वो सारे मिस्ले ख़ाशाक

इसके बाद क़ाइम ने संसार की अस्थिरता और अस्थायित्व का नक़्शा खींचा है और इसी वर्णन पर मनसवी ख़त्म कर दी है। जैसा कि स्पष्ट है मसनवी का क़िस्सा बहुत सादा और संक्षिप्त है। इसकी पीड़ादायक लय और करुणा इसे मीर तक़ी मीर की मसनवियों के पास ले जाती है। लेकिन क़ाइम को भाव प्रदर्शन पर वह प्रभुत्व प्राप्त नहीं जो मीर का हिस्सा है। दरवेश का पात्र भी पूरी तरह उभर कर सामने नहीं आता। यद्यपि मसनवी स्थानीय रंग लिये हुए है। लेकिन क़ाइम ने परिवेश को चित्रित करने में अपनी परिकल्पना से आकर्षण पैदा करने की कोशिश नहीं की। अलबत्ता क़िस्से के एतबार से क़ाइम की यह मसनवी सौदा की कोशिशों पर भारी है। सौदा की प्रायः मसनवियाँ वर्णनात्मक हैं और उनमें कथा के तत्त्व नाम मात्र हैं। क़ाइम अपने वर्णन की शैली में सौदा से प्रभावित थे, लेकिन अलंकारिक भाषा और ज़ोरदार रचना प्रणाली के प्रयोग में संयम से काम लेते थे। उनकी शैली आकर्षक और प्रभावपूर्ण है। इन्हीं विशेषताओं के आधार पर साहित्यिक दृष्टि से क़ाइम की यह मसनवी उत्तर भारत की प्राचीन मसनवियों में उत्कृष्ट स्थान रखती है।

मसनवी एजाज़े इश्क़ द्वारा रासिख़ अज़ीमाबादी

क़ाइम चाँदपुरी की मसनवी शाह लद्धा में जो क़िस्सा मिलता है और जिसका उल्लेख अभी उपर किया गया है, उसी क़िस्से पर आधारित एक मसनवी कुल्लियाते रासिख़ में भी मिलती है, जिसका नाम 'एजाज़े इश्क़' है।[213] ऐसा प्रतीत होता है यह घटना या क़िस्सा उस युग में बहुत प्रसिद्ध व लोकप्रिय था। क़ाइम चाँदपुरी (मृत्यु 1210 हि.) और रासिख़ अज़ीमाबादी (मृत्यु 1238 हि.) की अवस्थाओं में जो अन्तर है, उसे देखते हुए यह अनुमान ग़लत न होगा कि रासिख़ ने अपनी मसनवी क़ाइम की मसनवी के बाद लिखी और सम्भव है कि क़ाइम की मसनवी रासिख़ की नज़र से गुज़री हो

और उसे देखकर ही उन्हें यह क़िस्सा छन्दोबद्ध करने की प्रेरणा हुई हो।

रासिख़ की मसनवी में अश्आर की संख्या क़ाइम की मसनवी से लगभग दो गुनी है। रासिख़ ने हम्द, ना'त, मुनाजाते आशिक़ाना वग़ैरह पर दस पृष्ठ खर्च किये हैं। मूल कहानी इस शे'र से शुरू होती है :

हिन्द के बीच नौजवां था एक
न जवां आफ़ते जहाँ था एक

नौजवान की शादी, बरात की विदाई और दरवेश के तकिये में रुकना, इन समस्त घटनाओं का वर्णन इसी तरह किया गया है, जिस तरह क़ाइम के यहाँ है। दरवेश और दुल्हन की निगाहें चार होने के मौक़े पर रासिख़ ने बड़े गर्म और प्रभावपूर्ण अश्आर निकाले हैं। कुछ देखें :

ना गहाँ नौ उरूसे ज़ेबा ने — मक़सदे जाने नाशकीबा ने
टक उठाया जो मेह्द का पर्दा — बह्र तफ़्रीहे तबअ व कस्बे हवा
बर्क़ सा चमका गोशए मअजर — आगह उससे हुआ वो ख़स्ता जिगर
होश का उसके इन्क़ताअ किया — उनने अपने तईं विदाअ किया
सूए दर्वेश वो सितम गारा — हुई इक ढब से गर्म नज़्ज़ारा
की निगह तुर्फ़ा आशनायाना — आप से हो गया ये बेगाना
ग़ारत उसकी निगह ने दिल को किया — देखा इस ढब कि जी निकाल लिया

इसके बाद कुछ अश्आर में सरापा का वर्णन है।

अल्लाह वो साफ़िए सीना — ख़ाक सा जिसके आगे आईना
किया फ़रीबन्दा हुस्न ज़ानू व साक़ — उनसे उठना निगाहे शौक़ पे शाक़
प्यारे प्यारे निगारीं उसके पा — नर्म ऐसे की फूल हैं गोया
क़फ पाये हिनायी किया महबूब — जलती आँखों को उनसे मिलिये ख़ूब
आगे क्या वस्फ़ हो सरापा का — ज़हे हुस्न उस उरुस ज़ेबा का

रासिख़ ने आशिक़ व माशूक़ की बेचैनी और परेशानी का भी बड़े प्रभावपूर्ण और आकर्षण ढंग से वर्णन किया है। देखें :

बढ़ गया कारे शौक़ आख़िरकार — न उठा बारे शौक़ आख़िरकार
मुत्तसिल मज़्तरिब तपां दिल हम — निगरां हम दिगर मक़ाबिल हम
थे ख़मुश लेक कहते थे क्या-क्या — बेज़बानी ज़बान थी गोया
शौक़ टपका पड़े निगाहों से — हसरत इक निकले उनकी आहों से
अर्सा फ़ुर्सत का बे निहायत तंग — आरज़ू की फ़राख़ियां उस रंग

हम सुख़न होने की कहाँ जा थी   जुज़ ज़बान निगह की गोया थी
दो घड़ी थी ये दरमियां सोहबत   इतनी ही आसमां ने दी फ़ुर्सत

आख़िर कहारों ने डोला उठाया, बरात रवाना हो गयी, और :

दमे रुख़सत कुछ आह कर न सकी
वापसीं इक निगाह कर न सकी

भावनाओं के वर्णन में तो रासिख़ क़ाइम से आगे हैं ही, चित्रकारी में भी उनकी महारत अपना लोहा मनवा लेती है। दुल्हन की पालकी चले जाने के बाद दरवेश की दुखद स्थिति देखिये :

बढ़ गया जब बहुत नज़र से दूर   हो गयी ताक़ते निगह माज़ूर
इक दरख़्त कशीदा सर पे चढ़ा   मेह्द वां भी नज़र के आगे बढ़ा
हो गया आँख में जहाँ तारीक   ले ज़मीं से ब आसमां तारीक
ग़मे फ़ुर्क़त में हाय ख़ूब घिरा   हो के बेजां दरख़्त से वो गिरा
मेह्द के साथ जी रवाना किया   जिस्म पर बेवक़ार था न गया

बीच-बीच में मौक़ा व समय के अनुरूप रासिख़ ने इश्क़ की तबाहकारियों पर कुछ सदाचारी अश्आर भी लिख दिये हैं। ये घटनाओं के प्रवाह में बाधक होते हैं। लेकिन मसनवी की दर्दनाक फ़िज़ा का असर उनसे ज़रूर गहरा हो जाता है। क़िस्से के अन्त में रासिख़ ने थोड़ा सा परिवर्तन किया है। दुल्हन मैके वापस जाते हुए बाग़ में रुकती है तो उसे दाया के द्वारा बाग़बान से मालूम होता है कि दरवेश का देहान्त हो गया है। यह सुनते ही दुल्हन की निगाहों में दुनिया अँधेरी व निरुद्देश्य हो जाती है, लेकिन वह संभल कर दाया को फूल तोड़ने के बहाने दूर भेजती है और ख़ुद दरवेश की क़ब्र पर आती है। अपने चेहरे पर मिट्टी मलती है और क़ब्र से गले लगकर आह व फ़रियाद करती है। उसके बाद क़ब्र का फटना और दुल्हन के उसमें समा जाने की घटना वही है जो क़ाइम ने वर्णन किया है। क़ाइम के हाँ इसके बाद क़िस्सा ख़त्म हो जाता है और दुल्हन के प्रियजन रो-धो कर अपने घर की राह लेते हैं। लेकिन रासिख़ के पुनर्कथन के अनुसार दुल्हन के इस तरह ग़ायब हो जाने के बाद कोहराम मच गया और उसकी तलाश शुरू हुई। दुल्हन के आंचल का पल्लू क़ब्र से बाहर फड़फड़ा रहा था। उसने चुग़लखोरी की और कुछ उदंड लोगों ने प्रेम के शहीदों की क़ब्र खोद डाली। वहाँ यह दृश्य दिखायी दिया :

दोनों चस्पीदा यक दिगर पाये   क्या मईयत से वे नज़र आये
ऐन दरवेश थी वो हूर इस तरह   मानी अज्ज़ाए लफ़्ज़ में जिस तरह

सबने चाहा कि हो उन्हों में फ़सल — पर हो क्या फ़सल यूं हो जिनका वस्ल
इश्क़ पुरकार के हुनर देखो — वस्ल व पैवन्द हमदिगर देखो
काह था कोहकन इसी से हुआ — नल भी मह्वे दमन इसी से हुआ
देख ये इत्तिसाले रुहानी — दूर पहुँची सभों की हैरानी
की दुरुस्त उस शहीदे इश्क़ की गौर — गये रोते सब अपने घर की ओर

रासिख़ अज़ीमाबादी ने हुस्नो इश्क़ से सम्बन्धित नौ मसनवियाँ लिखी हैं।[214] लेकिन उनमें क़िस्सापन, दृश्य चित्रण और भावचित्रण की दृष्टि से यह मसनवी सर्वश्रेष्ठ है। घटनाओं के सादा यथार्थवाद का उस युग की क़िस्से कहानियों में ज़्यादा हस्तक्षेप न था बल्कि उस अलौकिक तत्त्व को अहमियत दी जाती थी जो अदृश्य शक्तियों की श्रेष्ठता का ऐहसास पैदा करके इंसान को हैरत व आश्चर्य में गुम कर दे। इश्क़ के चमत्कारों को भी इसी दृष्टि से देखा जाता था। रासिख़ ने भी चमत्कार की ही सहायता से इश्क़ की श्रेष्ठता सिद्ध की है और इसके साथ–साथ वातावरण का सफल एवं सच्चा दृश्यांकन करके मसनवी में यथार्थता की तह को गहरा कर दिया है। उन्होंने दरवेश और दुल्हन के पात्र को भी कलात्मक ढंग से प्रस्तुत किया है। रासिख़ की मसनवियों का आम नुक़्स भूमिका की अनावश्यक दीर्घता है लेकिन यह मसनवी इससे पाक है। अश्आर दर्दनाक और प्रभावपूर्ण हैं। मालूम होता है कि रासिख़ ने इस पर पूरा ज़ोरे सुख़न खर्च किया और एक एक शे'र जी ठोंक कर लिखा है।

मसनवी छू मन्तर

इस मसनवी की एक हस्तलिखित प्रति इदारा अदबियात उर्दू हैदराबाद में सुरक्षित है। मसनवी छू मन्तर के रचनाकार मीर ज़ुल्फ़िक़ार अली ख़ां तख़ल्लुस सफ़ा, मीर तक़ी मीर के शागिर्द थे। लखनऊ से बंगाला गये और वहाँ से दकन आये। यहाँ मीर आलम और उनके बाद महाराजा चन्दू लाल के मुसाहिब रहे। डॉ. जोर का ख़्याल है कि मसनवी 1223 हि. में या इससे पूर्व लिखी गयी क्योंकि इसमें मीर आलम की प्रशंसा लिखी है और उनका देहान्त 1223 हि. में हुआ। ख़ुद ज़ुल्फ़िक़ार अली ख़ां का देहान्त 1260 हि. में हुआ।[215]

मसनवी में मीर तक़ी मीर की प्रशंसा के कुछ अश्आर ये हैं :

हाँ अगर कुछ हसरते उस्ताद है — तो बजा है ये महल्ले याद है
मसनवी ये इश्क़ की तस्वीर है — क़ाबिल नज़रे जनाब मीर है
सो तो ये बाक़ी फ़क़त अफ़सोस है — लखनऊ अब हमसे लाखों कोस है

यह मसनवी भी किसी स्थानीय लोक परम्परा पर आधारित मालूम होती है। इसमें बनारस के एक छात्र का दर्दनाक क़िस्सा छन्दोबद्ध किया गया है जो एक

व्यापारी पुत्र पर आशिक़ हो गया था। रोग यहाँ तक बढ़ा कि उसने लिखना-पढ़ना छोड़ दिया। दुर्भाग्य से माशूक़ का किसी बीमारी से देहान्त हो गया और आशिक़ ने भी वहीं चिता के क़रीब जान दे दी।

इदारा अदबियात उर्दू, हैदराबाद की प्रतिलिपि 1278 हि. में लिखी गयी। इस मसनवी की एक और प्रति मौलवी सैयद मुहम्मद के पुस्तकालय में है जो लेखक के जीवन काल 1249 हि. में लिखी गयी थी। पृष्ठों की संख्या 12 I[216]

मसनवी जज़्बए इश्क़

मुसहफ़ी की मसनवी जज़्बए इश्क़ क़ाज़ी अब्दुल वदूद साहब ने रिसाला उर्दू, अप्रैल 1039 हि.[217] में प्रकाशित की थी। यह मसनवी कुतुबख़ाना मशरिक़िया बांकीपुर में सुरक्षित संग्रह प्रथम एवं संग्रह पंचम दोनों प्रतियों में पायी जाती है। संग्रह प्रथम में वह समस्त कलाम शामिल हैं जो मुसहफ़ी ने दिल्ली में कहा। इसलिए अनुमान है कि मुसहफ़ी ने 1198 हि. या इससे पूर्व दिल्ली में ही इसकी रचना की हो। मसनवी जज़्बए इश्क़ 239 अश्आर पर आधारित है। पहले 35 अश्आर में इश्क़ की प्रशंसा व गुणगान है। इसके बाद मुसहफ़ी ने दिल्ली के एक जौहरी की सच्ची दास्ताने इश्क़ बयान की है:

ख़ाके देहली में इक जवान हसीं साहिबे वज़्अ साहिबे तम्कीं
गरचे था जौहरी वो पाक नज़ाद इश्क़ था उसमें जौहरे फ़ौलाद
आशिक़े ज़ार अपनी ज़न पर था बुलबुल उस ख़ानगी चमन पर था

यह औरत सुन्दता व रूप में अनोखी थी। मुसहफ़ी ने उसके नख शिख का वर्णन बड़ी दक्षता से प्रस्तुत किया है और उसके नाज़ व अन्दाज़ का हू बहू चित्र खींचकर रख दिया है :

रंग कुन्दन सा जो दमकता था जिससे जोबन पड़ा छलकता था
दी थे ये नाज़ुकी ने उसको बहार जिससे हर अज़ू उसका था गुलज़ार
देख काफ़िर की शोख़िए रफ़्तार दंग रहते थे मर्दुमे बाज़ार
उसकी चितवन की वो निगाह थी क़हर जिसको करता सलाम सारा शहर
तिस पे वो बर्छियां निगाहें थीं जिससे मिज़गां तमाम आहें थीं
थी वो इस ख़ूबी व सफ़ा के साथ होती मैली नज़र से जिसकी गात

जौहरी उस कंचन काया वाली का बेदाम ग़ुलाम था और :

घर से बाज़ार तक अगर जाता दो क़दम चलके फिर वो वहीं आता
दिल न लगता था जब कि और कहीं क़िबला करता था उस सनम के तईं
बह्रे उलफ़त में था जो यक्सर ग़र्क़ वस्ल और हिज्र में न पाया फ़र्क़

अत:

दिन ब दिन जब चाह बढ़ती जाती थी मर्ग देख उनको मुस्कराती थी
ऐशो इश्रत में पाके उनके तईं किया दोनों पे चश्मे बद ने कमीं

अत: जौहरी की जोरू को बुख़ार आने लगा और कुछ ही दिन में वह फूल की तरह कुम्हला गयी। रंग पीला पड़ गया और चेहरा नीला नज़र आने लगा। घर के लोग उसकी यह दशा देखकर बहुत घबराये। यहाँ मुसहफ़ी ने भारतीय नारियों की बदहवासी और अन्धविश्वास का जो सच्चा नक़्शा खींचा है वह उनकी कुशलता एवं प्रवीणता का प्रमाण है। कुछ अश्आर दिये जा रहे हैं :

कोई बोली परी के साये तले आ गयी है कहीं ये बाल खुले
कोई बोली कि दौड़ ही जाओ मिर्चें जा कर कहीं पढ़ा लाओ
कोई बोली कि सदक़ा दो फ़िलहाल कोई बोली दिखाओ जाकर फ़ाल
कोई बोली की बैद को लाओ इसकी नाड़ी तो उसको दिखलाओ
अलग़रज़ थी बहुत ये हांक पुकार न खुले था किसी पर ये इस्रार
कि ये नाज़ुक़ बदन जो कुम्हलायी यक ब यक उसपे क्या बला आयी

जौहरी ने भी दवा दारु में कोई कसर न उठा रखी। लेकिन तक़दीर को कुछ और ही मंज़ूर था :

अलग़रज़ जो जतन थे सब दो किये लेक बीमारे मर्ग क्यों न जीये
बाद यक चन्द वो ज़ने बीमार इसी हालत में मर गयी यकबार

जौहरी की जोरु के मृत्यु के अवसर पर मुसहफ़ी ने भावपूर्ण और दर्दनाक अश्आर लिखे हैं और दृश्यवर्णन का भी हक़ अदा कर दिया। इन अश्आर में विद्रोह, निराशा की दीवानगी देखें :

और से और हो गयी सूरत बन गयी जैसे काठ की मूरत
सर पे मिस्सी ने अपने डाली ख़ाक बर्गे पां ने किया गरीबां चाक
थे करन फूल वो जो मिस्ले चराग़ ग़मे फ़ुर्क़त में हो गये थे दाग़
आँझें छल्लू की भर भरायी थीं दिलपे बांकों ने बांकें खायी थीं
उंगलियाँ हो गयी थीं यूं उरियाँ जैसे शाख़ें गुलों की वक़्ते ख़िज़ां
देख चम्पा कली को ख़ूं रोती सर पटकते थे माँग के मोती
करके पांव की उंगलियों को याद बिछुए करते थे दम बदम फ़रियाद

आख़िर रो-पीट के अर्थी उठाने का समय आया। मुसहफ़ी ने यहाँ हिन्दू समाज

से अपने गहरे परिचय का प्रमाण दिया है और कुछ रीतियों का वर्णन ख़ूबी से किया है:

इतने में अर्थी का जो था सामां — ले कुलावे से ता ब बीड़ए पां
हुआ हाज़िर वहीं ब यक बारी — की उठाने की उसकी तैयारी
नाला फ़रियाद दिल ख़राशी थी — आसुंओं से गुलाब पाशी थी
दम ब दम राम राम सत की सदा — जाती थी ता ब गुम्बदे ख़िज़्रा
क़दम इस धज से उनके पड़ते थे — गोया बख़्त और अजल से लड़ते थे
पहुँचे जमुना से जब कि होकर पार — बीच मरघट के बा दिले अफ़गार
उस दम उस नाज़नीं को नहला कर — ग़ोते पानी में कितने दिलवाकर
ढेर में लकड़ियों के रखवाया — आग दी और उनको भड़काया
शोला इक गर्म आसमां को गया — नहीं मालूम वो कहाँ को गया

वह चाँद से भी अधिक सुन्दर तो जल कर वहीं मिट्टी हो गयी लेकिन जौहरी अन्दर ही अन्दर शोला सा जलने लगा। बारह दिन शोक में बीत गये और:

तेहरवाँ दिन हुआ जूहीं यक बार — आयी फिर वोहीं मर्ग आशिक़ ज़ार
आके उस ख़्वाब गह में बादले ज़ार — तान चादर को सो रहा यक बार
खिंच गयी रूह जानिबे महबूब — हो गये एक तालिबो मतलूब
न जुदाई का कुछ रहा धड़का — हो गया सुब्हे वस्ल का तड़का
इसमें सोते हुए जो देर हुई — बोली माँ यूं इसे जगा दे कोई
इक ने जाकर के जूहीं मुँह खोला — न हिले लब न मुँह से कुछ बोला
मुर्दनी रुख़ पे आश्कार हुई — दौड़ियो दौड़ियो पुकार हुई
सुन के इस माजरे को आख़िरकार — हो गया बन्द जौहरी बाज़ार

अन्त में मुसहफ़ी इस घटना के वास्तविक होने को प्रमाणित करते हुए कहते हैं :

क़िस्सा ये शहर में हुआ मशहूर — आया सबकी ज़बां पे ये मज़्कूर
बात मुझ तक भी ये जूहीं पहुँची — हद कुढ़ा उस घड़ी तो मेरा जी
एक अंजामे इश्क़ था जो यही — उसकी हिम्मत पे आफ़रीं में कही
आशिक़ी में ये ताज़ा था मज़्मूं — मैंने उसके तईं किया मौज़ूं
कोई आशिक़ जो उसको देखेगा — देवेगा तब्ए मुसहफ़ी को दुआ

मुसहफ़ी की यह मसनवी तथार्थवादी दृष्टि से लिखी गयी है। इसकी बड़ी विशेषता इसका संक्षेप है, लेकिन यह कमी चित्रण से किसी सीमा तक पूरी कर दी गयी है। अश्आर सादा व प्रभावपूर्ण हैं। इसमें क़िस्सापन नाम मात्र को है। मुसहफ़ी के बयान करने का ढंग प्रवाहपूर्ण, आकर्षक व कोमल है जिससे क़िस्से की

मार्मिकता का दिल पर गहरा असर होता है।

मसनवी कृष्ण कुँअर

कृष्ण कुँअर द्वारा ब्रह्म गोरखपुरी 'मेवाड़ के परिवार की एक सुन्दर राजकुमारी कृष्ण कुँअर की एक दर्दनाक दास्तान। मुंशी अमीर अहमद मीनाई ने इसकी इस्लाह की।'[218]

मसनवी जज़्बे इश्क़

द्वारा मीर शाह हुसैन, तख़ल्लुस हक़ीक़त, निवासी बरेली। इस क़िस्से में रचनाकार ने 1204 हि. स्थान समरी निकट वृन्दावन की एक आँखों देखी घटना का वर्णन किया है। रचना काल 1211 हि., कुलपृष्ठ 71।[219]

मसनवी बुद्धू गुल फ़रोश

सआदत यार ख़ां रंगीन (मृत्यु 1251 हि.–1835 ई.) की यह मसनवी उनकी रचना 'इत्महाने रंगीं' में शामिल है, जो संग्रह नौरतन का नवाँ भाग है। 'इम्तहाने रंगीं' का रचना काल 1232 हि. है। इसकी पांडुलिपि इंडिया आफ़िस में सुरक्षित है। यह लेखक की व्यक्तिगत पांडुलिपि थी जो स्थान बांदा में 1246 हि. में लिखी गयी। पृष्ठों की संख्या 24।[220]

'इम्तहाने रंगीं' में सआदत यार ख़ां रंगीं ने 27 विभिन्न काव्य विधाओं का उल्लेख किया है। उनका दावा है कि उन्होंने इन समस्त काव्य विधाओं में रचना की है। मसनवी के सन्दर्भ में उन्होंने अपनी सात मसनवियाँ गिनवायी हैं। उनमें से एक मसनवी बुद्ध गुल फ़रोश है, जिसकी व्याख्या इन शब्दों में की गयी है :

'मसनवी बुद्ध गुल फ़रोश व वज़ीरन सब्ज़ी फ़रोश यानी कुंजड़न कि हर दो ख़ुदहा रा दर चाह अन्दाख्तः मर्ददं व ईं मामला दर शाहजहाँ आबाद ब रुए चश्मे ख़ुद गुज़िश्ता।'

रंगीन ने भूमिका 'इम्तहाने रंगीं' में लिखा है कि उसने यह घटना अपनी आँखों से देखी। इस मसनवी में पाँच सौ शे'र हैं। आरम्भ इस तरह होता है :

इलाही चाह की इस दिल को दे चाह — बता दे चाह की सीधी इसे राह
कि ता ब चाह की गर तुझ को सराहे — तेरे बिन और को मुतलक़ न चाहे[221]

मसनवी क़ुतुब मुश्तरी

वजही की मसनवी क़ुतुब मुश्तरी उर्दू अदबियात में ऐतिहासिक दृष्टि से बहुत महत्त्वपूर्ण है। इसकी रचना सुल्तान मुहम्मद क़ुली क़ुतुब शाह (988–1020 हि.) के काल में 1018 हि. में हुई। इसमें लगभग दो हज़ार अश्आर हैं, जिन्हें वजही ने

बारह दिन में कह डाला। इस मसनवी की एक पांडुलिपि इंडिया ऑफ़िस लंदन में है।[222] दूसरी मौलवी अब्दुलहक़ के पास थी। उन्होंने इन दोनों पांडुलिपियों से तुलना करके इस मसनवी को 1939 ई. में प्रकाशित कर दिया है।[223]

वजही का जीवन वृतान्त अब भी रहस्य के पर्दे में है। अलबत्ता उसकी रचनाओं से इतना मालूम होता है कि वह अपने ज़माने का एक लोकप्रिय शायर व अदीब था। मुहम्मद क़ुली क़ुतुब शाह के दरबार में उसे बड़ा आदर व सम्मान प्राप्त था। मसनवी क़ुतुब मुश्तरी के अलावा उसका गद्यपूर्ण क़िस्सा 'सब रस' (1045 हि.) बहुत प्रसिद्ध है।

इस मसनवी में मुहम्मद क़ुली क़ुतुब शाह के इश्क़ को, दास्तानों के ढंग पर अलौकिक और तिलिस्माती घटनाओं के साथ मिलाकर प्रस्तुत किया गया है। क़िस्से का ढंग पारम्परिक है। सुल्तान इब्राहीम क़ुतुब शाह के औलाद न थी। मुद्दत के बाद जब बेटा पैदा हुआ तो बड़ी खुशियाँ मनायी गयीं और शिक्षा-दीक्षा का उत्तम से उत्तम प्रबन्ध किया गया। बड़ा होने पर शहज़ादे (मुहम्मद क़ुली) ने एक रात सपने में एक सुन्दर हसीना को देखा और दिल व जान से उसपर आसक्त हो गया। हज़ार बहलाने पर भी शहज़ादे का ध्यान उससे न हटा। आख़िर एक अनुभवी सलाहकार को जो चित्रकार भी था, साथ लेकर शहज़ादा उस हसीन परी की तलाश में घर से निकला। राह में बड़ी-बड़ी कठिनाइयों और मुसीबतों का सामना हुआ। शहज़ादे ने बहादुरी और दिलेरी से हर मुश्किल को आसान कर दिया और मुद्दतों के भटकाव के बाद अपने प्रिय की भूमि बंगाल पहुँचा। चित्रकार ने दरबार में सम्पर्क किया और उसे महल को सजाने का काम सौंपा गया। उसने एक जगह मुहम्मद क़ुली का चित्र भी बना दिया, जिसे देखते ही मुश्तरी मस्त व बेख़ुद हो गयी। आख़िर मुहम्मद क़ुली अपने सपनों की मलिका को अपने साथ गोल कुंडा ले आया जहाँ बड़ी धूमधाम से दोनों की शादी कर दी गयी।

मसनवी क़ुतुब मुश्तरी की गणना दखिनी उर्दू की मशहूर मसनवियों में की जाती है। वजही की शैली स्वाभाविक है। अश्आर प्रवाहपूर्ण, मिठास लिये और प्रभावपूर्ण हैं। भाषा आज से साढ़े तीन सौ वर्ष पहले की है इसलिए अपरिचित मालूम होती है वरना अपने ज़माने के स्तर के अनुरूप वजही का कलाम साफ़ और धारा प्रवाह है और इसमें बनावट नाम मात्र भी नहीं। देखें दिल दे बैठने पर मुश्तरी का क्या हाल होता है:

सूरत शह की तिल-तिल निझाने लगी — खड़े क़द पे बलिहार जाने लगी
देक उस नक़्श कूं नार हैरान थी — सो सुद-बुद गंवा सब परेशान थी
न अन भावता था न पानी उसे — हुई तल्ख़ सब ज़िन्दगानी उसे
वही नक़्शे तन था वही नक़्शे मन — वही नक़्शे पानी वही नक़्शे अन
क़ुतुब ज्यों क़ुतुब ठार पै थैर है — वहाँ मुश्तरी फिरती चौफेर है[224]

मुहम्मद क़ुली की जुदाई में मुश्तरी की ज़बान से क्या सयास शे'र कहलवाये हैं :

कहाँ है वो शह निर्मला नौजवां — कहाँ है वो शह गुणवन्ता गुण निधाँ
कहाँ है वो लालन मिठी चाल का — कहाँ है वो साजन लम्बे बाल का
कहाँ वो चतुर चंचला मन हिरन — कहाँ वो सुघड़ा चपला है सजन
हुए जल कजल नैन दीदार बाज — यकीली कधां लग रहूँ यार बाज
रतन थे सो तन पर अंगारे हुए — कि मुख चाँद अंझो सो तारे हुए[225]

वजही को भाषा पर असाधारण दक्षता प्राप्त है। वह अरबी फ़ारसी शब्दों को भी हिन्दी लबो लहजे में ढाल कर उन्हें अपनी शैली में समायोजित कर लेता है। मुहम्मद क़ुली अपनी प्रेमिका को दकन चलने के लिए कहता है और अपने वतन की प्रशंसा इन शब्दों में करता है :

दखिन सा नहीं ठार संसार में — पंच फ़ाज़लां का है उस ठार में
दखिन है नगीना अंगूठी है जग — अंगूठी कूं हुर्मत नगीना है लग
दखिन मुल्क नूं धुन अजब साज है — कि सब मुल्क सर होर दखिन ताज है
दखिन कूं जो देखेगी ऐ नार तूं — न करसी कधें याद बंगाले कूं
दखिन मुल्क भो तेज ख़ासा रहे — तेलंगाना उसका ख़ुलासा अहे[226]

ऐतिहासिक स्थिति

इस मसनवी को पढ़कर ध्यान आता है कि इसमें इश्क़ व मुहब्बत की जो घटनाएँ कहानी के रंग में प्रस्तुत की गयी हैं, वह मुहम्मद क़ुली के ठीक आशिक़ स्वभाव के अनुरूप है और उनका परोक्ष सम्बन्ध मुहम्मद क़ुली और भागमती के ऐतिहासिक प्रेम से है। इस संदर्भ में मौलवी अब्दुलहक़ कहते हैं, ''मुमकिन है ऐसा हो लेकिन किताब से इसका कोई सन्दर्भ नहीं पाया जाता। मसनवी में जिन घटनाओं का वर्णन है भागमती के इश्क़ से इनका कोई सम्बन्ध नहीं पाया जाता। वजही का उद्देश्य इस मसनवी के लिखने से बादशाह के सौन्दर्य व रूप, बहादुरी और योग्यता की प्रशंसा करना है और बस।''

भागमती का उल्लेख अबुल फ़ज़ल ने 'अकबर नामा' में और फ़ैज़ी ने 'लतीफ़ए फ़ैयाज़ी' में ख़ुद मुहम्मद क़ुली की ज़िन्दगी में किया। फ़ैज़ी अकबर महान का ख़ास सलाहकार था और शहंशाह को दखिन के हालात की सूचना देने के लिए यहाँ आया था। यहाँ उसने मौक़ा बे मौक़ा गुप्त रूप से जो सन्देश अकबर को भेजे उनका संग्रह 'लतीफ़ए फ़ैयाज़ी' के नाम से उसी ज़माने में सम्पादित हुआ था। उसकी जो प्रतिलिपि हैदराबाद के सेंट्रल रेकार्ड ऑफ़िस में है उसके पृष्ठ 16 पर यह इबारत मिलती है :

'मुहम्मद क़ुतुबुलमलिक मज़हब तशीअ दारद व मामूरा साख्तः व इमारात पर दाख़्तः भागनगर बनाम भागमती कि फ़ाहिशा कुहना व क़दीम ओस्त।'[227]

फ़ैज़ी के दस-बारह वर्ष बाद फ़रिश्ता ने अपने इतिहास में भागमती का उल्लेख इन शब्दों में किया है:

'आं क़ुतुब फ़लक अजलाल दर अवाइल पादशाही बर फ़ाहिशए भागमती आशिक़ शुदः, हज़ार सवार मुलाज़िम ओ गर्दानीदः, ता बतरीक़ उमराये कबार ब दरबार आमद व शुद मी नमूदः बाशद।'[228]

मुहम्मद क़ुली के कलाम में भागमती से उसके गहरे सम्बन्ध के संकेत मिल जाते हैं। जलवा, बारह प्यारियों और कुछ दूसरी नज़्मों में भागमती का स्पष्ट रूप से उल्लेख किया गया है।[229]

इन साक्ष्यों की मौजूदगी में डॉ. ज़ोर का निम्नलिखित कथन मसनवी क़ुतुब मुश्तरी और भागमती के सम्बन्ध की गुत्थी को बख़ूबी सुलझा देता है :

'मुहम्मद क़ुली ने भागमती को ख़ुद ही हैदर महल का ख़िताब दिया था। यह संकेत था उसकी इस इच्छा की तरफ कि उसकी प्रेमिका को उसके असली नाम से कोई याद न करे और सिर्फ़ उपाधि याद रखे। इसी नीति से तो उसने अपने शहर का नाम भागनगर से हैदराबाद बदल दिया था।'

(मुहम्मद क़ुली का उत्तराधिकारी) मुहम्मद क़ुतुब शाह बहुत बड़ा संयमी और सदाचारी बादशाह था जिसने मक्का मस्जिद की नींव रखी और जिसकी तहज्जुद की नमाज़ (वह नमाज़ जो रात के पिछले पहर पढ़ी जाती है) भी कभी क़ज़ा नहीं हुई थी। उस बादशाह ने और उसके गुरु हज़रत मीर मोहम्मद मोमिन ने निरन्तर यह कोशिश की कि हयात बख़्शी बेगम मलिकए सल्तनत की माता भागमती हैदर महल के बारे में लोग चर्चा न किया करें। उसका एक कारण यह भी होगा कि फ़ैज़ी और फ़रिश्ता ने उसे फ़ाहिशा (दुश्चरित्र) लिख दिया था।

इस घटना को छुपाने के लिए क़ुतुबशाही युग में इतने जतन किये गये कि दरबारी शायर मुल्ला वजही से एक मसनवी विशेष रूप से भागमती की मृत्यु 1017 हि. के बाद लिखवायी गयी, जिसमें मूल घटना को कुछ इस तरह बदल दिया गया है कि (लोग) उसके अध्ययन और उसके निष्कर्ष निकालने में अब तक उलझे हुए हैं।[230]

मसनवी चन्द्रबदन व महियार

यह एक दकिनी मसनवी है जिसका लेखक मुक़ीमी है। दूसरे अश्आर के अलावा जिनमें शायर ने अपना तख़ल्लुस इस्तेमाल किया है, दो ये हैं :

शरह सट मुक़ीमी परत पियार का — क़िस्सा कह तूं पूरा सो महियार का
दुनिया तो फ़ना है मुक़ीमी सभी — रहेगी बचन की निशानी यही

इस मसनवी का रचना वर्ष मालूम नहीं और रचना काल के बारे में भी मतभेद

है। डॉ. ज़ोर इसे 1035 हि. और 1048 हि. के मध्य युग की रचना बताते हैं।[231] नसीरूद्दीन हाशमी ने इसका रचना काल 1037 हि. से 1050 हि. तक का लिखा है।[232] हकीम शम्सुल्लाह क़ादरी ने लिखा है कि मुक़ीमी ने इसे 1098 हि. में छन्दोबद्ध किया है और तारीख़ का वर्णन इस तरह किया है :

सदी बारहवीं में थे कम साल दो
लिखिया नज़म कूं मैंने बातर्ज़े नौ[233]

मसनवी के मुद्रित पाठ में यह शे'र हमारी नज़र से नहीं गुज़रा। यह मसनवी चूँकि अपने ज़माने में बहुत लोकप्रिय थी, इसकी हस्तलिखित प्रतियाँ भारत और यूरोप के पुस्तकालयों में बहुतायत से मिलती हैं। 'माजलिसे इशाअत दकिनी मख़्तूतात' ने इस मसनवी को मुहम्मद अकबरुद्दीन सिद्दीक़ी की भूमिका के साथ 1956 ई. में हैदराबाद से प्रकाशित किया है। भूमिका 73 और पाठ 46 पृष्ठों पर आधारित है।

मुक़ीमी के व्यक्तित्व का निर्धारण अबतक नहीं हो सका है। दकिन में निम्न चार व्यक्ति मसनवी के ज़माने में अनुमान के अनुसार ऐसे गुज़रे हैं, शब्द मुक़ीम जिनके नाम का हिस्सा था :

1. मिर्ज़ा मुहम्मद मुक़ीम अस्तराबादी जो मुहम्मद आदिलशाह के दौर का फ़ारसी शायर था।
2. मुक़ीम मशहदी, मुर्तज़ा निज़ाम शाह के काल का अमीर जो मुल्ला रज़ा मशहदी का लड़का था।
3. मिर्ज़ा मुहम्मद मुक़ीम सलमी, मुहम्मद आदिलशाह के युग का फ़ारसी शायर।
4. मुल्ला मुहम्मद मुक़ीम जो अबदुल्लाह क़ुतुब शाह के दौर का अमीर था।

डॉ. ज़ोर मिर्ज़ा मुहम्मद मुक़ीम अस्तराबादी को मसनवी चन्द्रबदन का लेखक घोषित करते हैं।[234] उनका कथन है कि 'अहवाले बादशाहान बीजापुर' में इसके फ़ारसी और उर्दू कलाम का तज़्किरा मौजूद है। नसीरूद्दीन हाशमी भी उनके समविचार हैं।[235] मुहम्मद अकबरुद्दीन सिद्दीक़ी इन चारों को एक ही समझते हैं और उनका कथन है कि मिर्ज़ा मुहम्मद मुक़ीम अस्तराबादी नहीं बल्कि मशहदी था।[236] वह फ़ारसी के अलावा दखिनी भाषा में शे'र भी कहता था और मसनवी चन्द्रबदन उसी की रचना है। डॉ. नज़ीर अहमद उनसे सहमत नहीं। उनका कथन है कि उपर जो नाम अंकित है। उनमें से नं. 1 और नं. 3 के एक होने की सम्भावनाएँ हैं। इसकी भी सम्भावना है कि उनमें से कोई दखिनी उर्दू में शे'र कहता हो और मुक़ीमी तख़ल्लुस करता हो। मिर्ज़ा मुहम्मद मुक़ीम अस्तराबादी जिसका उल्लेख 'फ़तूहाते आदिल शाही' में हुआ है, इब्राहीम आदिलशाह के काल का शायर नहीं

और उसे मुक़ीमी घोषित करने की धारणायें बहुत क्षीण हैं।[237]

गारसां दत्तासी ने 'तारीख़ अदबियाते हिन्दवी व हिन्दुस्तानी' में मसनवी चन्द्रबदन की हस्तलिखित पांडुलिपियों का उल्लेख करते हुए प्रतिलिपि तोपख़ाना लखनऊ के लेखक का पूरा नाम 'मुहम्मद मुक़ीम ख़ां' लिखा है।[238] लेकिन श्प्रिंगर ने तोपख़ाना की जिस प्रतिलिपि का उल्लेख किया है, उसके लेखक का नाम मात्र 'मुक़ीमी' बताया है।[239] बहरहाल दत्तासी मात्र सूत्रधार है जिसने मसनवी चन्द्रबदन के लेखक के पूरे नाम की सूचना दी है। चूंकि मुक़ीमी की असलियत के बारे में अभी तक बहस चली आ रही है, गार्सां दत्तासी की सूचना इस सन्दर्भ में अहम है।

क़िस्सा

शहर सुन्दर पट्टन की शहज़ादी चन्द्रबदन सौन्दर्य व रूप में अनोखी थी। सालाना मेले के मौक़े पर महियार नामक एक मुसलमान सौदागर उस पर आशिक़ हो गया और आगे बढ़कर माशूक़ से अपनी बेक़रारी को प्रकट कर दिया, लेकिन चन्द्रबदन ने ज़रा भी मेहरबानी नहीं की। महियार ने अंजुम नगर के बादशाह के माध्यम से चन्द्रबदन के माता-पिता से प्रार्थना की जिसे उन्होंने रद्द कर दिया। दूसरे वर्ष मेले के अवसर पर फिर वह चन्द्रबदन के क़दमों में गिरा और बड़ी विनम्रता व शालीनता से प्रेम प्रदर्शन करने लगा। चन्द्रबदन ने बड़े कठोर शब्दों में कहा : कमबख़्त तू अभी तक ज़िन्दा है। यह सुनते ही उस आशिक़े नामुराद ने वहीं जान दे दी। महियार का जनाज़ा जब प्रेमिका के दरवाज़े के सामने से गुज़रने लगा तो आगे न बढ़ सका। प्रेमिका को जब यह पता चला तो स्नान करके उसने कलमा पढ़ा और पवित्र व साफ चादर ओढ़ कर सो गयी। जनाज़ा क़ब्रिस्तान पहुँचा और दफ़न करने के लिए जब ताबूत पर से चादर हटायी गयी तो देखा कि प्रेमी-प्रेमिका दोनों अविनश्वर नींद सो रहे हैं। उन्हें अलग करने की कोशिश की गयी मगर व्यर्थ। आख़िर दोनों को एक ही क़ब्र में दफ़न कर दिया गया।

ऐतिहासिक स्थिति

इस क़िस्से की ऐतिहासिक स्थिति सन्देहास्पद है। दखिनी इतिहासकारों में सिर्फ़ क़ाज़ी सैयद नुरुल्लाह ने अपनी किताब 'तारीख़ आदिल शाहिया' और उनके बाद शाह तजल्ली अली तजल्ली ने अपने इतिहास 'तुज़क आसफ़िया' में इस क़िस्से की वास्तविकता पर रोशनी डाली है। उनका कथन है कि यह घटना इब्राहीम आदिलशाह (988-1037 हि.) के युग की है जो स्थान कदरी कोटा में हुआ था। उन्होंने ख़ुद कदरी कोटा में यह क़ब्र देखी और पूछताछ करने पर मालूम हुआ कि यहाँ चन्द्रबदन और महियार दफ़न हैं।[240]

नसीरुद्दीन हाशमी का कथन है कि 'इलाक़ा मद्रास के एक क़स्बे में उन दोनों की क़ब्र मौजूद है और सर्वसाधारण के लिए तीर्थस्थान है।'[241] अकबरुद्दीन

सिद्दीक़ी लिखते हैं कि, 'यह स्थान मद्रास से उत्तर पश्चिम में 80 मील दूर आज भी मौजूद है।'[242] क़िस्से की वास्तविकता चाहे कुछ भी हो उसके समापन में जो अलौकिक तत्त्व मिलते हैं, उससे अनुमान होता है कि पद्मावत और दूसरी अर्धऐतिहासिक लोक कथाओं की तरह इसमें भी कहानी को अलंकृत करने के लिए बाद में बहुत कुछ बढ़ा दिया गया और घटना कुछ का कुछ हो गया। कभी-कभी छोटे बीज से बहुत बड़ा पेड़ इसी तरह पैदा होता है।

समीक्षा

मुक़ीमी कलाम में वह कोमलता, दृढ़ता और ज़ोर नहीं जो ग़वासी, नुस्रती और इब्ने निशाती के हाँ पायी जाती है। वह क़िस्से का वर्णन सीधे-सादे ढंग से करता है और किसी बात को पेचीदा बनाकर बढ़ाने की कोशिश नहीं करता। उसकी शैली स्वाभाविक और कृत्रिमता से परे है। साफ़, आसान और सरल भाषा में वह अपना तात्पर्य व्यक्त करने में दक्ष है। महियार चन्द्रबदन के इश्क़ में गिरफ़्तार होने के बाद उससे यूं सम्बोधित होता है :

नज़क जा के बोलिया कि सुन ऐ परी मुजे तुजा लताफ़त दिवाना करी
दीवाना हूँ तेरा, दीवाने के तईं आपस ते न कर दूर जाने के तईं
सो तुज बिन मुजे कोई होना नहीं कि बिन जल मच्छी का सो जीना नहीं।
कहता हूँ तुजे मैं कि ए गुन भरी तूं करना ईतना कुच मिरी दिलबरी
लकद मार उस कूं उठी बोल यूँ समुज कुच अपस कूं ऐ बेडौल तूं
कहाँ मैं चन्द्रमाँ कहाँ तू देवा कित्ता किया मुए तूं दीवाना हुवा।[243]

जब जनाज़े को क़ब्र में उतारने लगे तो दृश्य ही दूसरा नज़र आया :

हुआ ज्यों अमल सब क़ब्र का तमाम उठिया दफ़न करने कूं शह नेक नाम
जो देखिया जनाज़े में महियार कूं तो उस जफ़्त मिलकर सो उस नार सूं
कफ़न बीच आ कर ओ चन्दर बदन गले लगके सोती है जो एक तन
जुदा उनको हर चन्द करने मंगे कि दोनों कूं दो ठार धरने मंगे
न कीते अपस में जुदाई पज़ीर कि थे आशिक़ां में यू दो बेनज़ीर[244]

चन्द्रबन और महियार का क़िस्सा कुछ दूसरे शायरों का भी प्रिय विषय रहा है। फ़ारसी में यह तीन बार लिखा गया। सबसे पहले इसे आतशी ने सम्भवतः मुक़ीमी के बाद रचना की। सम्पादक 'तूज़क आसफ़िया' ने आतशी की मसनवी के कुछ अश्आर नक़ल किये हैं। दूसरी फ़ारसी परम्परा एक शायर इश्क़ की है जिसका उल्लेख बाद के एक शायर चन्दा हुसैनी वाक़िफ़ उर्फ़ पीरां साहब बीजापुरी ने अपनी उर्दू मसनवी 'चन्द्रबदन व महियार' में किया है। फ़ारसी की तीसरी पांडुलिपि हकीम मिर्ज़ा क़ासिम

अली बेग अख़गर की है। उसकी एक पांडुलिपि कुतुबख़ाना आसफ़िया में सुरक्षित है।[245] मसनवी चन्द्रबदन फ़ारसी की चौथी पांडुलिपि मीर्ज़ा यार बेग यार की है।[245] शफ़ीक़ औरंगाबादी ने यार औरंगाबादी (जन्म 1146 हि.) के अनुवाद में लिखा है: 'क़िस्सा चन्द्रबदन व महियार कि बज़बान दकिन बूद बफ़ारसी नज़्म नमूद'।[246]

पंजाबी भाषा में क़िस्सा चन्द्रबदन को इमाम बख़्श ने छन्दोबद्ध किया। यह प्रतिलिपि उर्दू लिपि में लाहौर से 1874 ई. में प्रकाशित हुई।[247] उर्दू गद्य में इसे रियाज़ुद्दीन अहमद ने रुपान्तरित किया।[248] क़िस्सा चन्द्रबदन, उर्दू छन्दोबद्ध की एक प्रतिलिपि लेखक अज्ञात, लाहौर से 1875 ई. में 24 पृष्ठों पर प्रकाशित हुई।[249] इसका दूसरा संस्करण भी लाहौर ही से 1878 ई. में प्रकाशित हुआ।[250]

मुक़ीमी की मसनवी के अलावा उर्दू में चन्द्रबदन और महियार के क़िस्से पर आधारित पाँच दूसरे शायरों की मसनवियाँ भी मिलती हैं। इस क़िस्से के बारे में अब्दुल क़ादिर सरवरी ने सही लिखा है : 'इसका उद्देश्य इस्लाम धर्म की श्रेष्ठता को प्रकट करना था। दकन में ऐसी कई क़ब्रें मिलती हैं जिन पर दो तावीज़ बने हुए हैं।'[251] चन्द्रबदन व महियार ही के क़िस्से पर बस नहीं, इस उद्देश्य के लिए कई दूसरे क़िस्से भी गढ़ लिये गये और उन्हें सत्य घटना कहा जाने लगा। इन मसनवियों के सन्दर्भ में डॉ. ज़हीरुद्दीन मदनी का कथन है कि 'इस्लाम के प्रसार के लिए यह भी एक ढंग अपनाया गया था कि मसनवी का नायक मुसलमान होता और नायिका हिन्दू। दोनों में क़िस्से के मध्य धर्म व समाज की श्रेष्ठता पर बहस होती। अन्ततः नायिका अपना धर्म त्यागकर इस्लाम धर्म स्वीकार कर लेती।'[252]

नीचे हम ऐसी सोलह उर्दू मसनवियों के नाम प्रस्तुत कर रहे हैं जिनके नायक मुसलमान और नायिका हिन्दू दिखायी गयी है।[253] पहली पाँच मसनवियाँ चन्द्रबदन और महियार ही के क़िस्से पर आधारित हैं। क्रम 6 से क्रम 12 तक की मसनवियाँ भी दखिन व गुजरात में लिखी गयीं। चन्द्रबदन व महियार के क़िस्से का रुपान्तर नहीं लेकिन उनके क़िस्से इससे मिलते-जुलते ज़रूर हैं। आख़िरी चार मसनवियाँ उत्तर भारत में लिखी गयीं। इनमें प्रचार के तत्त्व कम हैं या कुछ में बिल्कुल नहीं। विशेषतः अंतिम मसनवी 'सरापा सोज़' में तो भाईचारगी और आपसी मेल मिलाप का वातावरण मिलता है और विभिन्न धर्मों के मूल एकत्व पर ज़ोर दिया गया है। उन मसनवियों के नाम ये हैं :

1. मसनवी नुदरते इश्क़ 2. मसनवी द्वारा वाक़िफ़ 3. मसनवी द्वारा बुलबुल 4. मसनवी द्वारा अब्दुल क़ादिर शाकिर 5. मसनवी द्वारा सैफ़ुल्लाह[254] (यह पाँचों मसनवियाँ चन्द्रबदन व महियार के क़िस्से पर आधारित हैं)' 6. मसनवी मुग़ल और नागरनी 7. मसनवी नाज़नीन और पठान 8. मसनवी हीरालाल 9. मसनवी नत्थू व बामनी 10. मसनवी तालिब व मोहिनी 11. मसनवी शम्मए इश्क़ 12. मसनवी बहलोल सादिक़ (यह सात दखिनी मसनवियाँ चन्द्रबदन व महियार के

क़िस्से से मिलते-जुलते क़िस्सों पर आधारित हैं)। 13. मसनवी शोलए शौक़ 14. मसनवी सोज़ व गुदाज़ 15. मसनवी दिलपज़ीर और 16. मसनवी सरापा सोज़ (ये चार मसनवियाँ उत्तर भारत में लिखी गयीं। इनमें भी नायक मुसलमान और नायिका हिन्दू है)। अब अलग-अलग इन सोलह मसनवियों का उल्लेख किया जाता है।

चन्द्रबदन के क़िस्से पर आधारित मसनवियाँ

मसनवी नुदरते इश्क़

इस मसनवी में एक दखिनी शायर मुहम्मद बाक़र आगाह ने चन्द्रबदन व महियार का क़िस्सा बयान किया है। मसनवी का समापन वर्ष 1214 हि. है। इसकी एक हस्तलिखित प्रतिलिपि सालार जंग के पुस्तकालय में[255] और दूसरी कुतुबख़ाना अंजुमन तरक़्क़ी उर्दू में सुरक्षित है।[256]

आगाह ने क़िस्से में तसव्वुफ़ भी शामिल कर दिया है। भाषा अपेक्षाकृत साधारण और शैली आकर्षक है। चन्द्रबदन की प्रशंसा में यह शे'र देखें :

अगर निकले वो ग़ैरते माहताब शबे तार में सैर को बेनक़ाब
चकोरों को हो चाँदनी का ख़याल हो मोरों का बिजली से आशुफ़्तः हाल
सुने रस भरी बात उसकी अगर तो सबरस हो तलख़ी से जग में सचर[257]
थी नागिन कुछ ऐसी वो ज़ुल्फ़े रसा कि जी से गया जिसको उसने डसा[258]

मसनवी द्वारा वाक़िफ़

वाक़िफ़ का पूरा नाम बाबा चन्दा हुसैनी वाक़िफ़ उर्फ़ पीरां साहब है। वह बीजापुरी शायर था और उसने यह क़िस्सा 1227 हि. में छन्दोबद्ध किया। इसकी एक हस्तलिखित प्रति सालार जंग पुस्तकालय और कुतुबख़ाना आसफ़िया में सुरक्षित है। लेखक ने स्पष्ट कर दिया है कि उसने यह क़िस्सा आगाह की दखिनी और इश्क़ की फ़ारसी मसनवी से लिया है।[259] मगर वाक़िफ़ की मसनवी दूसरों की अपेक्षा बहुत लम्बी है। उदाहरण के लिए चन्द्रबदन के सरापा ही पर वाक़िफ़ ने 107 शे'र लिख दिये हैं। नमूना :

कि ऐसे में वहाँ से आयी दिलबर निकल ज्यों अब्र से ख़ुर्शीदे अनवर
जो देखा हुस्न का आता है बूटा वो जैसा शम्मा पर परवाना टूटा
गिरा उसके क़दम पर जा के इकबार निहायत आजिज़ी के साथ महियार
कहा क़दमों पे गिर 'आशिक़ हूँ तेरा कि तुझ पर जानो दिल क़ुर्बान मेरा'

मसनवी द्वारा बुलबुल

यह आतशी की फ़ारसी मसनवी का अनुवाद है। इसकी एक हस्तलिखित प्रति

इदारा अदबियात उर्दू के लाइब्रेरी में है।[260] रचना वर्ष मालूम नहीं और शायर का जीवन वृत्त भी अज्ञात है। डॉ. ज़ोर का कथन है कि यह मसनवी मुक़ीमी के बहुत बाद लिखी गयी है। इसकी भाषा बहुत पुरानी नहीं। यह मसनवी शायराना कल्पना और कोमलता की दृष्टि से मुक़ीमी की मसनवी से श्रेष्ठ है। देखें महियार के प्रेम प्रदर्शन करने पर चन्द्रबदन यूं गीतीमय होती है :

क़दम सूं उसके सर कूं मार ठोकर कही बकता है क्या दीवाना होकर
कहाँ मैं चाँद हूँ होर तू देवा है मुए दीवाना बेहुदा हुआ है
नहीं है ताब ज़रा वस्ले ख़ुर्शीद करे क्या क़तरा बा दरियाए उम्मीद
ये कहकर उसके सर को मार ठोकर करिश्मा नाज़ होर ग़मज़े में होकर
परी पैकर रुख़ नेको शमाइल करी महियार कूं ग़मज़े सूं घायल[261]

मसनवी द्वारा शाकिर

हाजी शेख़ मुहम्मद क़ादिर शाकिर रईस वानम बाड़ी (मद्रास) ने भी इस क़िस्से का वर्णन मसनवी की शैली में किया है। यह मसनवी 'क़िस्सए गुलज़ारे शाकिर' के नाम से 1908 ई. में प्रकाशित हुई थी। इस मसनवी में धार्मिक बहस और तसव्वुफ़ के तत्त्व अधिक हैं। सम्पादन के कारण में शायर ने बता दिया है कि उसने मसनवी का आधार बाक़र आगाह की मसनवी (नुदरते इश्क़) और एक 'पुरानी किताब' (संभवत: पुनर्कथन मुक़ीमी या आतशी) पर रखा। शाकिर की शैली विकसित और अश्आर शीरीं हैं :

इसके बाद आयी वहाँ चन्द्रबदन गुलबदन ग़ुँचा दहन, रश्के चमन
ज़ाफ़रानी रंग और ज़र्री लिबास उन लिबासों पर अजब फूलों की बास
वो महादेवी के आगे शाद शाद माँगती थी इज्ज़ से अपनी मुराद
पा के बू चन्द्रबदन की माहियार हो के आया पास उसके बेक़रार
फ़र्ते उल्फ़त से लिपट कर रो दिया कुछ झिजक कर उससे हट कर रो दिया
क़हर से चन्द्रबदन ने ये कहा 'ऐ मुए चल, क्या तू दीवाना हुआ'

मसनवी द्वारा सैफ़ुल्लाह

सैफ़ुल्लाह ने भी अपनी मसनवी में कम व अधिक उन्हीं बातों का वर्णन किया है, जो दूसरों के यहाँ पायी जाती हैं। इस मसनवी के बारे में ग़ुलाम यज़दानी साहब ने अपने आलेख प्रकाशित रिसाला साक़ी में विस्तार से समीक्षा की थी। उनके पास की प्रति अपूर्ण है और वर्तमान स्थिति में अश्आर की कुल संख्या 879 है। सैफ़ुल्लाह चन्द्रबदन की प्रशंसा में यूं कहते हैं :

सुन्दर, सावरी, मस्त जोबन भरी | शगुफ़्ता जबीं, शेर दिल, मन भरी
दो ज़ुलफ़ां उसे बांकइ कालियाँ | नैन मृग सी मस्त, मतवालियाँ
ग़ज़बनाक और चुस्त व चालाक तर | निपट अचपली, शोख़, बेबाक तर
पवित्र रही पूजा और पाट में | रखे ज्ञान का ध्यां दिन रात में

चन्द्रबदन और महियार के क़िस्से से मिलती जुलती मसनवियाँ

मसनवी मुग़ल और नागरनी

इस मसनवी का उल्लेख डॉ. ज़हीरुद्दीन मदनी ने गुजरात की मसनवियों के सन्दर्भ में किया है। इसका क़िस्सा यूं है: एक मुग़ल पुत्र किसी नागर स्त्री पर मोहित हो गया। हब्शी ग़ुलाम के द्वारा सन्देश के आदान-प्रदान का क्रम आरम्भ हुआ। पहले तो नागर की स्त्री टालती रही, जब मुग़ल पुत्र के प्रेम का विश्वास हो गया तो वह इस शर्त पर शादी के लिए रज़ामंद हो गयी कि वह दरिया में कूदेगी। अगर मुग़ल पुत्र उसे बचा ले तो वह उसकी हो जायेगी। अतः ऐसा ही हुआ। आख़िर नागर स्त्री मुसलमान हो गयी और दोनों ईरान चले गये।

इस मसनवी की पांडुलिपि किसी व्यक्ति सिबग़तुल्लाह ने स्थान राधनपुर (गुजरात) में 1254 हि. में लिखी। इससे लेखक और रचना काल के बारे में कोई जानकारी प्राप्त नहीं होती। भाषा की प्राचीनता से अनुमान होता है कि यह मसनवी बारहवीं शताब्दी हिज्री के पूर्वार्ध में लिखी गयी होगी।

मसनवी के पात्रों के अनुरूप दखिनी उर्दू के अलावा फ़ारसी और गुजरातो का प्रयोग भी किया है। नागर स्त्री को देखते ही मुग़ल पुत्र की यह दशा होती है:

नागरी बहाव सीं गागरी लेते लट लटकते चाल सीं आयी
देखते ही मुग़ल घेर खा पड़ा रूंह रूंह में नेह बंधायी

अपने हब्शी ग़ुलाम को संदेशवाहक बनाकर भेजता है :

बिश्नू अम्बर मन बगोयम बाई के जागे तुमकूँ राखा
यक सख़ुन बरसां मुझ ग़रीब इस्फ़हाँ का

नागरनी सन्देशवाहक की बातें सुन कर कहती है :

हींड परो मुओ दिस्तो रह कईं कालू मूंड हुई ने आवो
(परे हट कहाँ से ये काला मुँह लेकर यहाँ आया)
क्या नू मुगल, क्या नू वीडू क्यानी वात तूँ ईवी लिया दो
(कहाँ का मुग़ल, कौन सा समय, कहाँ की बात तू ऐसी लाया)[262]

मसनवी नाज़नीन और पठान

इस मसनवी का क़िस्सा भी पिछली मसनवी से मिलता जुलता है। लेखक के बारे में कुछ भी ज्ञात नहीं सिवा इसके कि वह हामिद तख़ल्लुस करता था। यह मसनवी सम्भवतः 1201–1210 हि. के लगभग लिखी गयी। क़िस्से के आन्तरिक साक्ष्य से ज्ञात होता है कि हिन्दू नाज़नीन और पठान का यह क़िस्सा सूरत के एक नवाब मुत्तसदी तेग़ बेग ख़ाँ (1125–1149 हि.) के युग से सम्बन्धित है।[263] डॉ. मुहम्मद बाक़र का कथन है कि क़िस्से में कुल 273 अश्आर हैं जो 26 पृष्ठों पर फैले हुए हैं।[264] हामिद के कलाम का नमूना देखें :

दीवाना हुआ देख उसका जमाल — न देखी थी जग में उसी की मिसाल
पठान अपने दिल में किया ये फ़िक्र — कि इस नाज़नीं से करूं कुछ हुनर
उसी वक़्त वो नार नहा के चली — अन्दर उस जवां के लगी तिलमिली[265]

मसनवी क़िस्सा नाज़नीन व पठान की एक मुद्रित प्रति पुस्तकालय इंडिया आफ़िस लंदन में सुरक्षित है। यह क़िस्सा अली ख़ाँ के छन्दोबद्ध तम्बोलन उर्दू और आजिज़ की मसनवी लालो गोहर के साथ गुजराती लिपि में बम्बई से 1872 में प्रकाशित हुई थी। उसमें शायर का नाम हामिद अली अंकित है।[266]

मसनवी हीरा लाल

यह मसनवी गुजरात के एक शायर परबीन (प्रवीण) से सम्बद्ध की गयी है। मसनवी का रचना वर्ष 1216 हि. है और यह 137 अश्आर पर आधारित है।

क़िस्सा इस प्रकार है कि गुजरात में रीवा नदी के किनारे नादूत क़स्बे में हीरा नामक एक स्त्री रहती थी। एक रोज़ वह नदी से पानी भरने गयी जहाँ उस पर क़स्बा ढबोई के एक पठान की नज़र पड़ी जो उसे देखते ही मोहित हो गया। हीरा ने पठान को बुरा-भला कहा और डराया धमकाया। बातचीत के बीच धार्मिक बहस छिड़ गयी। पठान ने इस्लाम की विशेषताओं का वर्णन किया और हीरा ने अपने धर्म का गुणगान किया। अन्ततः हीरा निरुतर हो गयी और पठान के साथ ढबोई चली गयी, जहाँ क़ाज़ी ने दोनों का निकाह कराया।

इस मसनवी में एक नवीनता यह अपनायी गयी है कि नायक की भाषा उर्दू है और नायिका की गुजराती। वह पठान को धुतकारते हुए कहती है :

सी लौ लौ करे छे मारा कान मां — जिसे आबरु तारी एक आन मां
(क्या बक रहा है मेरे कान में — जायेगी आबरू तेरी एक आन में)

पठान जवाब देता है :

तेरे बिन मुझे कुछ सोभाता नहीं
तुझे अब लिये बिन सो जाता नहीं[267]

मसनवी नत्थू व बामनी

यह मसनवी एक साधारण गुजराती शायर हाजी मुहम्मद की रचना है जो 1290 हि. में बम्बई से प्रकाशित हुई। इसमें मंगरोल रियासत काठियावाड़ के एक क़िस्से का वर्णन है।[268] मंगलोर के हाकिम का एक सिपाही नत्थू एक बामनी पर आशिक़ हो गया। बामनी ने दया न की। दोनों ने अपनी-अपनी धार्मिक श्रेष्ठता सिद्ध करने की कोशिश की और मुद्दतों बहस व तकरार होती रही। आख़िर तंग आकर बामनी ने कहा कि अगर तू सच्चा प्रेमी है तो मेरी ख़ातिर शहर की चार दीवारी से कूद के दिखा दे। नत्थू ने ऐसा ही किया। बामनी का दिल पसीजा और वह उससे खुलेआम प्रेम करने लगी। बामनी के प्रियजनों को यह बात पसन्द नहीं थी। मामला नवाब तक पहुँचा। बामनी ने अपनी रज़ामन्दी ज़ाहिर की और उसका निकाह नत्थू से कर दिया गया।

शायर ने स्पष्ट कर दिया है कि यह क़िस्सा पहले से मौजूद था, जिसे उसने पूर्णरूप से छन्दोबद्ध किया है। शायर को भाषा पर दक्षता प्राप्त है और कुछ जगहों पर सुथरे अश्आर निकाले हैं। बामनी के सौन्दर्य का वर्णन इस प्रकार है :

शिकम उसका सांचे में गोया ढला   क़यामत वो क़द था, उसी का बला
वो आँखों में काजल लगा था ग़ज़ब   वो रफ़्तार उसकी क़यामत ग़ज़ब
अजब उसके तन का सभी था संजोग   निगह तीर जैसी थी भाले की नोक

मसनवी तालिब व मोहिनी

उर्दू में तालिब और मोहिनी के इश्क़ के क़िस्से को एक दखिनी शायर सैयद मुहम्मद वाला मोसवी ने छन्दोबद्ध किया। इस मसनवी की एक प्रति इंडिया ऑफ़िस लंदन में सुरक्षित है[269] और एक हाल ही में इदारा अदबियात उर्दू की लाइब्रेरी में उपलब्ध हुई है[270] जिसे डॉ. सैयद मुहिउद्दीन क़ादरी ज़ोर ने अपनी भूमिका के साथ हैदराबाद से प्रकाशित कर दिया है।[271] इस मसनवी की एक पांडुलिपि का उल्लेख श्प्रिंगर के यहाँ भी मिलता है।[272]

सैयद मुहम्मद वाला, सैयद मुहम्मद बाक़र ख़ुरासानी के पुत्र थे। युवावस्था में लाहौर और वहाँ से दिल्ली आये। दिल्ली से निज़ामुलमुल्क आसिफ़ जाह के साथ 1137 हि. में दकन आये। विभिन्न पदों पर नियुक्त रहे और 1182 हि. में त्रिचुरापल्ली में देहान्त हुआ।[273] फ़ारसी में साहिबे दीवान थे। डॉ. ज़ोर ने मसनवी तालिब व मोहिनी के अलावा उनकी दस और रचनाओं को चिन्हित किया है।[274]

वाला जिस युग में दकन में उपस्थित हुए, इब्ने निशाती की मसनवी फूलबन

की बड़ी ख्याति थी। यह मसनवी उन्हें पसन्द न आयी और इसी के जवाब में उन्होंने तालिब व मोहिनी का क़िस्सा छन्दोबद्ध किया। वाला ने स्पष्ट कर दिया है कि इस मसनवी में उन्होंने एक स्थानीय क़िस्से का वर्णन किया है। औरंगाबाद और अहमद नगर के दक्षिण में वर्तमान उस्मानाबाद के क़रीब किला परेंडा एक ऐतिहासिक स्थान था, वहाँ एक बूढ़े ब्राह्मण ने वाला को तालिब और मोहिनी की प्रेम कहानी सुनायी। वाला के दिल पर इसका गहरा प्रभाव पड़ा और उन्होंने इसे मसनवी की शैली में लिख डाला।[275]

क़िस्सा इस प्रकार है : तालिब नामक एक मुसलमान नौजवान ने महाजन की लड़की मोहिनी को पनघट पर पानी भरते देखा और उसपर मोहित व आसक्त हो गया। उसने मोहिनी का पीछा किया और महाजन के घर के सामने धरना देकर बैठा रहा और खाना पीना बन्द कर दिया। लोगों में उसके इश्क़ व जुनून का चर्चा होने लगा। तीन चार रोज़ गुज़रने पर महाजन ने इस डर से कि खून अकारण उसके सिर न जाये, तालिब को खाना दिया मगर तालिब ने उसे चखने से इन्कार कर दिया। आख़िर लोगों के कहने सुनने पर महाजन ने मोहिनी के हाथ खाना भेजा तो तालिब ने स्वीकार कर लिया। बात बढ़ते-बढ़ते शहर के हाकिम तक पहुँची और वह भी इस बारे में कोई फ़ैसला न कर सका। आख़िर महाजन ने एक चाल चली और ख़बर उड़ायी कि मोहिनी बीमार है। कुछ रोज़ बाद मशहूर कर दिया कि मोहिनी मर गयी है और उसकी अर्थी उठायी गयी। तालिब भी मातम करता हुआ साथ हो लिया। मोहिनी के सगे, सम्बन्धियों ने धिक्कारा कि प्रिय के मर जाने के बाद भी तू जीवित है कौन कहता है कि तू सच्चा प्रेमी है? अत:

वो तालिब आशिक़े साहब वफ़ा था   इश्क़ में रोज़े अव्वल सूं फ़िदा था
ये ताना जब सुना ग़ैरत में आया   वो डोली सूं अपस का मुख फिराया
दुनिया का मैं इता पानी पियूं हैफ़   मरे मोहिनी और उस बिन मैं जियूं हैफ़
नज़र आया तमाम आफ़ाक़ काला   अपस को बेधड़क बावली में डाला
गिरा और ज्यों दिया सर नीं उचाया   फ़ना मुश्ताक़ यक ग़ोता न खाया।[276]

मोहिनी को इस घटना की सूचना मिली तो वह भी उस कुएँ में कूद कर मर गयी। दोनों लाशें बाहर निकाली गयीं तो आपस में पैवस्त थीं। आमिल ने जनाज़े की नमाज़ अदा की और दोनों को एक ही क़ब्र में दफ़न कर दिया।

वाला की शैली व ढंग में फ़ारसी का प्रभाव स्पष्ट है। दकिनी ढंग अपरिपक्व है। अश्आर सीधे नहीं। दकन के प्राचीन गाँव परेंडा की प्रशंसा इन शब्दों में सुनिये :

देखे किया चू कदन बस्ती रंगीं है   परेंडा नीं जन्नत की गुल ज़मीं है
घरां वहाँ के ज़ बस आली बिना थे   निगाहां के कमंदा नारसा थे
वो गुलशन सब दरो दीवार दिस्ते   ख़याबाने चमन बाज़ार दिस्ते

हवा यूं ताज़गी की बास लाती — कि गोया ज़ुल्फ़ के कूचे से आती
हर इक गुलशन में थे मौज़ूं निहालां — गुल अफ़शां ज्यों दिल नाज़ुक ख़यालां
परेंडा यूं अथा वाला जो देखा — अता कुछ नीं रहा आलम का लेखा[277]

वाला ने अपनी मसनवी इब्ने निशाती की फूलबन के जवाब में लिखी थी लेकिन उसकी प्रसिद्धि का थोड़ा भाग भी इसे नसीब न हुआ।

मसनवी शमए इश्क़

यह मसनवी किसी शायर अनवर की रचना है जिसने उसे 1259 हि. में लिखा। इसकी हस्तलिखित प्रति पुस्तकालय जामा मसजिद बम्बई में सुरक्षित है। (पृष्ठों की संख्या 91) इस मसनवी का क़िस्सा वाला की मसनवी 'तालिब व मोहिनी' से मिलता-जुलता है अर्थात् एक मुसलमान लड़का एक ब्राह्मण लड़की पर आशिक़ हो गया। बदनामी से बचने के लिए लड़की की मौत की झूठी ख़बर मशहूर की गयी। आशिक़ ने सुना तो गंगा में डूब कर आत्महत्या कर ली। इस पर लड़की ने भी ऐसा ही किया। जब दोनों की लाशें दरिया से निकाली गयीं आपस में पैवस्त थीं, आदि।[278]

मसनवी बहलोल सादिक़

यह मसनवी एक दखिनी शायर लुत्फ़ी की रचना है। मीर लुत्फ़ अली नाम और लुत्फ़ी तख़ल्लुस था। दरवेश मुहम्मद ख़ां सुबेदार बरार के नवासे थे। 1200 हि. में देहान्त हुआ।[279] उनकी मसनवी बहलोल सादिक़ की मात्र प्रति ऑफ़िस लंदन में है। पृष्ठों की संख्या सात।[280]

मसनवी का क़िस्सा 'चन्द्रबदन व महियार' और 'तालिब व मोहिनी' से मिलता जुलता है। बहलोल नामक एक मुसलमान बनारस के घाट पर स्नान करने वाली एक हिन्दू लड़की पर आशिक़ हो गया। स्थिति दीवानगी तक पहुँची। आख़िर दरिया में कूदकर मर गया। लड़की ने भी इसी तरह जान दे दी। मौजें दोनों लाशों को किनारे पर ले आयीं तो दोनों आपस में बग़लगीर पाये गये। आख़िर दोनों को आग के सुपुर्द करने के बाद एक ही क़ब्र में दफ़न कर दिया गया।[281]

साहित्यिक दृष्टि से मसनवी कमज़ोर और फीकी सीठी है।

मसनवी शो'लए शौक़

मीर तक़ी मीर ने इस मसनवी में परसराम और उसकी पत्नी के दर्दनाक क़िस्से का वर्णन किया है। मसनवी का आरम्भ इश्क़ की प्रशंसा से होता है, इसके बाद परसराम का चित्र इस प्रकार प्रस्तुत किया गया है :

कि वां इक जवां था परसराम नाम
ख़ुशअन्दाम व खुश क़ामत व ख़ुश ख़िराम
जवानी के गुलशन का वो आबो रंग
गुलिस्ताँ से काम उसकी खूबी पे नंग
जिधर को वो टुक गर्म रफ़्तार हो
क़यामत उधर से नमूदार हो
सरापा में उसके जहाँ देखिये
वहीं रूए मक़सूद जां देखिये

परसराम को अपने एक चाहने वाले से गहरा प्रेम व सम्बन्ध था। इस मध्य परसराम की शादी हो गयी और वह अपनी पत्नी के प्रेम में ऐसा गिरफ़्तार हुआ कि अपने पुराने प्रेमी के पास आना जाना कम होने लगा। प्रेमी ने शिकायत की तो परसराम ने कहा :

न फ़ुर्सत मुझे सुब्ह है अब न शाम
तरफ़ उसके है दिल को मीले तमाम
उसे भी मिरे साथ इख़लास है
दिलों को बहम राब्ता ख़ास है
निकला हूँ घर से जो मैं एक आं
तो पाता हूँ जाकर उसे नीम जां
न देखे जो मुझ को तो मर जावे वो
वहीं जी से अपने गुज़र जाये वो

सुनने वाले ने इसे औरतों का फ़रेब व धोखा कहा। अतः दोनों ने मिलकर इम्तहान लेने की ठानी। परसराम की मृत्यु की झूठी ख़बर यूं ही गढ़ ली गयी कि वह दरिया पर नहाने गया था कि डूब कर मर गया। एक व्यक्ति यह ख़बर परसराम की पत्नी को सुनाने के लिए भेजा गया। इसे सुनते ही वह दर्दमन्द एक आह के साथ ज़मीन पर गिरी और उसकी मृत्यु हो गयी :

गिरी हो के बेजान वो दर्दमन्द
हुआ शोर नौहे का घर से बुलन्द
मुई ग़म में उस जुम्ला तन नाज़ के
गयी जान हमरह सुख़न साज़ के
वो आया जो था दिल परेशां गया
कि इस वाक़ए से पशेमां गया
ख़बर ले गया उस कने ज़ूद तर
जो था दर पए इम्तहाँ बेख़बर
कि वो रश्के मह इम्तहाँ दे गयी
मुहब्बत के नामूस को ले गयी

पत्नी की मृत्यु की घटना के बाद परसराम पर जुनून की सी स्थिति प्रकट होने लगी :

जिगर ग़म में यकलख़्त ख़ूं हो गया
रुका दिल कि आख़िर जुनूं हो गया
कभो याद कर उसको नालां रहे
कभो टुक जो भूले तो हैरां रहे
हुई रफ़्ता रफ़्ता जो वहशत ज़्याद
लगा भागने सबसे वो नामुराद
कभो जा के सहरा से लावें उसे
कभो रोते दर पा पे पावें उसे

एक दिन एक मछुवारे ने परसराम को बताया कि रात को दरिया के किनारे एक शोला उतरता है और 'परसराम', 'परसराम' पुकारते हुए किनारों पर दौड़ने लगाता

है। अतः कुछ दोस्तों के साथ परसराम रात को नाव की सैर के बहाने दरिया पर पहुँचा। थोड़ी देर के बाद दरिया के दूसरे किनारे पर प्रकाश प्रकट हुआ और :

लबे आब वो शो'लए जां गुदाज़ — तड़प कर बहुत बा ज़बाने दराज़
पुकारा कहाँ है परसराम तू — मुहब्बत का टुक देख अंजाम तू
ये बेताब सुन कर हुआ बेक़रार — सफ़ीने से उतरा बसद इज़्तिरार
हुआ हम दम उस आतिश अँगेज़ से — कहा उस बलाए दिल आवेज़ से
कि मैं हूँ परसराम ख़ाना ख़राब — मिरा दिल भी इस आग से है कबाब
मुहब्बत तिरी बर्क़े ख़िरमन हुई — तिरी दोस्ती जी की दुश्मन हुई
सख़ुन मुख़्तसर कुछ वो शो'ला चला — कुछ इक अपनी जागा से ये दिल जला
बहम गर्मजोशी से यकजा हुए — कि गुज़री थी मुद्दत भी तन्हा हुए
वो शो'ला रहा एक जा मुश्तअल — कहे तो तसल्ली हुए जानो दिल
यकायक भड़क कर वो जलने लगा — फिर इधर उधर फिरने चलने लगा
किया पास पानी के आकर सऊद — रही रौशनी सी कोई दम नमूद
फिर आगे किसी पर न पैदा हुआ — न जाना कि शो'ला वो फ़िर क्या हुआ[282]

पूरी मसनवी दर्द व असर में डूबी हुई है। मीर के स्वभाव को दुख व निराशा जैसे विषयों से विशेष रुचि थी। इस मसनवी का क़िस्सा रुपान्तर है लेकिन मीर के पिघलते हृदय की आंच क़दम क़दम पर महसूस होती है।

डॉ. ख्वाजा अहमद फ़ारूक़ी का कथन है[283] कि इस मसनवी का क़िस्सा मीर की उपज नहीं। शौक़ नीमवी ने इसका वर्णन यादगारे वतन में किया है। इसका सारांश ये है कि मुहम्मद शाह बादशाह के काल में पटना का एक मुसलमान मुहम्मद हसन एक महाजन की लड़की शामसुन्दर पर आशिक़ हो गया। जुनून यहाँ तक बढ़ा कि माशुक़ के घर पहुँचने के लिए वह पंडित बन गया और परसराम नाम रख लिया। थोड़े दिनों बाद शामसुन्दर की शादी किसी और से हो रही थी और मुहम्मद हसन पंडित की हैसियत से रीतियाँ पूरी करा रहा था कि घर में आग लग गयी। उसने शाम सुन्दर की जान बचायी और बाद में उससे निकाह कर लिया। एक साल मुहम्मद हसन छतर के मेले में गया हुआ था कि शाम सुन्दर ने उसके नाव डूब जाने की ख़बर सुनी और इस सदमे से मर गयी। मुहम्मद हसन किसी तरह हाथ पांव मारकर किनारे पर आ लगा। उसे शाम सुन्दर के मृत्यु की सूचना मिली तो वह होश व हवास खो बैठा। दोस्तों ने बताया कि रात को दरिया के किनारे 'एक तेज़ और तीक्ष्ण रोशनी आकाश से उतरती और 'हसन, हसन' पुकारती है।' मुहम्मद हसन अपने दोस्तों के साथ वहाँ गया, जब शोला प्रकट हुआ तो वह उसकी तरफ लपका, थोड़ी देर बाद पानी की सतह पर दो तेज़ व तीक्ष्ण रोशनियाँ उभरीं और 'हसन, शामसुन्दर, हसन, शामसुन्दर' कहती हुई

एक दूसरे की तरफ बढ़ीं, भक्क से मिलीं और बिजली की सी चमक से सारा दरिया प्रकाशमान हो गया। इसके बाद मुहम्मद हसन की लाश का पता न चला।

डॉ. उपरोक्त ने शमीम रिज़वी के हवाले से लिखा है कि मुहम्मद हसन ने दरिया में उतरने से पहले अपनी जैकेट की जेब में एक लिखावट छोड़ी थी, जिसे मीर के समकालिक ताईद अज़ीमाबादी ने अपने एक पत्र के साथ शहज़ादा जहांदार को भेज दिया। ताईद के पत्रों का संकलन 'ज़ब्दतुलमन्शात' के नाम से प्रकाशित हो गया। इसमें मुहम्मद हसन के पत्र की प्रति मौजूद है।[284]

क़ाज़ी अब्दुल वदूद का कथन है कि ताईद के पत्रों का संकलन 'रिज़ायुलमन्शात' मेरे पास था। उसमें इस घटना का कोई उल्लेख नहीं है।[285] शमीम रिज़वी से कराची में मौखिक बातचीत हुई। उन्होंने ताईद की लिखावट स्वयं नहीं देखी। कराची के विभिन्न सभ्रान्तों से बातचीत के बाद इस निष्कर्ष पर पहुँचा कि ताईद की कोई तहरीर अबुलआस साहब के पास न थी।[286]

वास्तव में इस घटना की वास्तविकता का एक मात्र प्रमाण शौक़ नीमवी का उपरोक्त कथन है जिसे उन्होंने अपनी मसनवी 'सोज़ो गुदाज़' के आरम्भ में भी अंकित किया है। लिखते हैं:... 'यह क़िस्सा कुछ फ़र्जी नहीं, असली है, जिसको लगभग डेढ़ सौ वर्ष गुज़रे होंगे। इसकी वास्तविकता का प्रमाण इससे बढ़कर और क्या हो सकता है कि स्वयं वह स्वर्गवासी आशिक़ अपनी जीवनी आप लिख गया है जिसको ताईद अज़ीमाबादी (मृत्यु 1206 हि.) ने अपने पत्र में ठीक-ठीक नक़ल करके शहज़ादा जहांदार शाह के हुज़ूर में रवाना किया है। फिर उनके बेटे स्व. तमन्ना ने उस पत्र को 'ज़ब्दतुलमन्शात' में अंकित किया है। ताईद ने उस पत्र में यह भी लिखा है कि 'मकान आलीशाने आं महाजन के क़रीब चौक बूद, बाद हादसा आतिशज़दगी बनाम आं नौ उरूस इश्तहार याफ़्ता'...वर्तमान समय में चौक के पास बाड़े की गली के निकट एक छोटा सा मुहल्ला सुन्दर बाड़ा नाम मशहूर है जो आज तक महाजनों से आबाद है। कामनापूर्ण व दर्दनाक घटना का वर्णन स्व. बाक़र अली खां बाक़र लखनवी ने भी फ़ारसी गद्य में लिखा है।'[287]

शौक़ नीमवी ने क़िस्से की जिस परम्परा का वर्णन किया है, उसका अध्ययन यदि ऐतिहासिक साक्ष्यों के आलोक में किया जाये तो वह सही सिद्ध नहीं होती। मसनवी शो'लए शौक़ और शौक़ नीमवी के वर्णित क़िस्से में जो अन्तर है वह विस्तार की मोहताज नहीं। मीर तक़ी मीर (देहान्त 1225 हि.) और शौक़ नीमवी (देहान्त 1322 हि.) के ज़माने में लगभग एक शताब्दी का अन्तर है। लोक कथाओं और कहानियों में यह बात साधारण रूप से देखी गयी है कि थोड़े समय में वह कुछ से कुछ हो जाती हैं। विभिन्न लोग उन्हें विभिन्न शैलियों में वर्णन करते हैं और कभी-कभी तो क़िस्सा इतना बदल जाता है कि मूल और नक़ल में तुलना करना कठिन होता है।

ऐसा ही मामला इस क़िस्से का भी है। शौक़ नीमवी ने क़िस्से की जिस परम्परा का वर्णन किया है वह मूल से भिन्न है और निश्चय ही बाद के समय का है। एक सौ वर्ष के समय में जनसाधारण की ज़बान पर चढ़कर इस क़िस्से में बहुत से अफ़साने हो गये। नायक को मुसलमान और नायिका को हिन्दू बताकर क़िस्से में धार्मिक तत्त्वों का भी समावेश कर दिया गया। हमारा विचार है कि इस क़िस्से की मूल परम्परा वही है जिसका वर्णन मीर ने किया है।[288] शेष सारी बातें बाद के लोगों ने दास्तान को अलंकृत करने के लिए बढ़ा दीं। शौक़ नीमवी ने अपने ज़माने में जिस तरह लोगों के मुख से इस क़िस्से को सुना बिना किसी शोध के उसी तरह 'यादगारे वतन' में लिख दिया और उसे अपनी मसनवी 'सोज़ो गुदाज़' में भी कमोबेश छन्दोबद्ध कर दिया। क़ाज़ी अब्दुल वदूद साहब ने इस बात की ओर संकेत किया है कि मीर के ज़माने की लिखी हुई एक फ़ारसी मसनवी में भी इस क़िस्से का लगभग इसी तरह वर्णन किया गया है, जिस तरह मीर ने 'शो'लए शौक़' में छन्दोबद्ध किया है। मीर के पहले दीवान की हस्तलिखित प्रति जिसमें मसनवी शौ'लए शौक़ शामिल है, 1192 हि. की लिखी हुई है।[289] इससे बहुत पहले की लिखी हुई एक फ़ारसी मसनवी 'तस्वीरे मुहब्बत' (1156 हि. की रचना, नाम तारीख़ी) का उल्लेख श्प्रिंगर ने किया है।[290] उसका कथन है कि इसमें रामचन्द्र का क़िस्सा है। क़ाज़ी अब्दुल वदूद साहब के पास एक डायरी है जिसमें मसनवी मौजूद है (अपूर्ण) 'इस फ़र्क़ के साथ कि मीर ने नाम परसराम लिखा है और फ़क़ीर ने रामचन्द। क़िस्सा दोनों के यहाँ एक ही है। कम से कम इस हिस्से में जो मेरे पास है, कोई ऐसी महत्त्वपूर्ण बात जो मीर के यहाँ न हो, नहीं मिलती।'[291]

मसनवी सोज़ो गुदाज़

मुहम्मद ज़हीर अहसन शौक़ नीमवी अज़ीमाबादी की इस मसनवी का सम्बन्ध जैसा कि पहले बताया गया परसराम (या रामचन्द्र) के पारम्परिक क़िस्से से है। शौक़ नीमवी ने क़िस्से को बिल्कुल उसी तरह छन्दोबद्ध कर दिया है, जिस तरह वह उनके ज़माने में मशहूर था। उसमें नायक व नायिका का धर्म अलग-अलग बताया गया है और इसी मतभेद की सहायता से क़िस्से में रूमानी रुकावटों के असमंजस को तीव्र बनाने की कोशिश की गयी है। शौक़ नीमवी की मसनवी में मुहम्मद हसन अपनी प्रेमिका के लिए पंडित का भेष बदलता है, परसराम नाम रखवाता है, और श्लोक कंठस्थ कर के रामायण की कथा सुनाता है :

भरा फिर रूप इक दिन बरहमन का जबीं पर क़शक़ए खूं रंग खींचा
किया कंठी से स्वांग अपना निराला लिया नाम सनम जपने को माला
हमाइल दोश पर ज़ुन्नार डाली बग़ल में एक पोथी भी दबा ली

बदल कर भेष सुए चौक आया   कबित से एक आलम को लुभाया

मीर ने शादी से पहले परसराम का सम्बन्ध किसी नौजवान लड़के से बताया है। शौक़ नीमवी के यहाँ ऐसा नहीं बल्कि क़िस्सा मुहम्मद हसन और शामसुन्दर के प्रेम लीला से शुरू होता है। शौक़ के हाँ परसराम के डूबने की घटना भी परिवर्तित है। मीर कहते हैं कि परसराम की पत्नी की आज़माइश के लिए परसराम के डूब मरने की झूठी ख़बर मशहूर की गयी। शौक़ नीमवी के यहाँ एक मेले से आते हुए परसराम के डूब मरने का मुग़ालता होता है :

हसन कुछ लोग ले के अपने घर से   गया इक साल मेले में छतर के
कई दिन ऐशो इश्रत में बसर की   यकायक लहर आयी दिल में घर की
क़दम अपना बरंग मौज उठाया   पहुँच कर घाट पर बेड़ा मँगाया
सवार उसमें हुआ असबाब के साथ   चला घर की तरफ़ अहबाब के साथ
मिसाल कश्ती दिल फट गयी पाल   तड़प कर रह गये सब बे परो बाल
हसन आग़ोशे दरिया में जो आया   भंवर ने अपनी छाती से लगाया
बहुत कुछ हाथ पांव उसने मारे   तो कोसों बह के जा पहुँचा किनारे
यहाँ के लोगों ने उससे हाथ धोया   ये समझे मौजे दरिया ने डुबोया[292]

मुहम्मद हसन के डूबने की ख़बर सुनते ही शामसुन्दर के कलेजा फट के मर जाने और रातों को दरिया के किनारे रौशनी उतरने का बाक़ी क़िस्सा उसी के अनुरूप है। सारे क़िस्से में मात्र यही एक घटना अलौकिक है और इसी के आधार पर क़िस्से की वास्तविकता को स्वीकार करने में दुविधा होती है।

मसनवी दिलपज़ीर

इस मसनवी का दूसरा नाम 'मसनविए महजबीं व नाज़नीं' है। इसकी रचना यार ख़ां रंगीन ने की है। इसकी तारीख़ लाला मानसिंह ने कही है जिससे मसनवी का रचना वर्ष 1213 हि. आता है। इसकी दो पांडुलिपियाँ पंजाब यूनिवर्सिटी लाहौर में हैं,[293] एक इंडिया आफ़िस में,[294] और एक ब्रिटिश म्युज़ियम में।[295] अश्आर की संख्या 1865।

इस मसनवी में शहज़ादा महजबीं और नाज़नीं की प्रेम दशा को छन्दोबद्ध किया गया है। क़िस्से का सारांश यह है: बलग़ार के बादशाह ख़ावर शाह को ज्योतिषियों ने बताया कि तुम्हारे बेटा तभी हो सकता है जब तुम किसी परी को अपनी मलिका बनाओ। बादशाह ने हक़्शनास नामक सदाचारी और वज़ीर को साथ लिया और जादू के घेरे में पहुँचा। यहाँ महान नाम की बदौलत देवों और जादूगरनियों से मुक़ाबला करने के बाद परी को क़ब्ज़े में लिया जिससे एक लड़का महजबीं पैदा हुआ। चौदह वर्ष की अवस्था में उसने एक भीड़ में किसी की तस्वीर खींची और

बेहोश हो गया। वज़ीर के बेटे दानिश्वर ने महजबीं के दिल का राज़ पा लिया और वह दोनों भीड़ वाली शहज़ादी की तलाश में घर से निकल खड़े हुए। राह में कई तिलिस्मात आये और एक रानी ने शहज़ादे को जादू के ज़ोर से मेंढ़ा बना दिया। सरान्दीप की महारानी उधर से गुज़री तो उसने शहज़ादे को फिर से इंसान बनाया और दूर दराज़ के फ़ासले तय करने के लिए कुछ मन्त्र बताये। शहज़ादा और वज़ीर ज़ादा दोनों बनारस आये। यहाँ उन्हें मालूम हुआ कि जिस हसीना की तलाश में वो मारे-मारे फिर रहे हैं वह कश्मीर की शहज़ादी है और उसका नाम नाज़नीन है। अत: दोनों कश्मीर पहुँचे और ज़नाना भेष में गा बजाकर रानी का दिल रिझाने लगे। लेकिन जब काम बनने की कोई सूरत नज़र न आयी तो शहज़ादा बनारस से फ़ौज लेकर आया और धावा बोल दिया। दोनों पक्षों में सुलह इस शर्त पर हुई कि रानी मुसलमान हो जाये। अत: वज़ीर ने क़ाज़ी बुलाकर दोनों की शादी करा दी।

रंगीन बड़े ज़िन्दा दिल और तीक्ष्ण स्वभाव के शायर थे। उनका अवलोकन तेज़ था। मसनवी के सीधे-सादे क़िस्से का उन्होंने विस्तार से वर्णन किया है और बात में बात पैदा की है। कुछ अश्आर मात्र भर्ती के हैं। भाषा पर उनकी असाधारण पकड़ थी। जहाँ उनकी तबियत ज़ोर मारती है, अश्आर सयास और बेधड़क निकलते हैं। मसनवी में एक जगह होली का दृश्य खींचा है, इसके कुछ शे'र देखें :

चलती है दो तरफ़ से पिचकारी — मेंह बरसता है रंग का भारी
बादल आये हैं घिर गुलाल के लाल — कुछ किसी का नहीं किसी को ख़याल
हैं जो मसरूफ़ सब सग़ीर व कबीर — उड़ रहा है गुलाल और अबीर
बन गये हैं हवा में वो बादल — और ज़मीं में पड़े हैं थल के थल
और उठाकर किसी ने भारी गेंद — कनपटी में किसी ने मारी गेंद
और मुठ्ठी में अपनी भर के गुलाल — डाल कर रंग मुँह किया है लाल
जिसके बालों में पड़ गया है अबीर — बड़बड़ाती है ये वो हो दिलगीर
ऐसी होली का खो जड़ा जावे — कोई नौज ऐसे खेल में आवे
जिसके लागा है क़ुमक़ुमा भारी — हाथ से वो पटक के पिचकारी
कहती है यूं पसार कर झोली — सत्यानास हो तिरा होली
जिसने डाला है हौज़ में जिसको — वो ये कहती है कोस कर उसको
ये हँसी तेरी भाड़ में जावे — तुझको होली न दूसरी आवे[296]

मसनवी सरापा सोज़

यह मसनवी क़ाज़ी मुहम्मद सादिक़ ख़ां अख़्तर की रचना है। शिप्रंगर ने इसका रचना वर्ष 1231 हि. लिखा है,[297] जो ग़लत है। इमाम बख़्श नासिख़ के तारीख़ के क़तअ से

जो मसनवी के अन्त में अंकित है, रचना वर्ष 1244 हि. निकलता है। इस मसनवी की एक पांडुलिपि सालार जंग लाइब्रेरी हैदराबाद में सुरक्षित है।[298] इसकी एक हस्तलिखित प्रति डॉ. नुरुलहसन हाशमी के पास भी थी।[299] लेखक के जीवनकाल में ही यह मसनवी लखनऊ से प्रकाशित हुई। इसका दूसरा संस्करण भी लखनऊ ही से निकला था जिसका परिचय मुहम्मद अली शाह मयकश अकबराबादी रिसाला उर्दू अदब में करा चुके हैं।[300] इस मसनवी का एक और संस्करण भी हमारी नज़र से गुज़रा है जो लखनऊ से 1850 ई. में छपा था। हसरत मोहानी ने इस मसनवी को मुहब्बत ख़ां मुहब्बत की मसनवी 'अस्रारे मुहब्बत' और आग़ा अली शम्स लखनवी की 'तलअतुश्शम्स' के साथ 'मज्मूआ' के नाम से उर्दूए मुअल्ला प्रेस से प्रकाशित किया था।

क़ाज़ी मुहम्मद सादिक़ ख़ां 'अख़्तर' हुगली के रहने वाले थे। वतन छोड़कर लखनऊ आये और क़तील के शिष्य हो गये। उन्हें ग़ाज़िउद्दीन हैदर ने मलकुश्शुअरा का ख़िताब दिया था। श्प्रिंगर ने उनकी फ़ारसी जीवनी 'सुब्हे सादिक़' का उल्लेख भी किया है।[301] 1858 ई. में देहान्त हुआ।[302]

क़ाज़ी मुहम्मद सादिक़ ख़ां की रचनाओं में फ़ारसी शायरों का तज़्किरा आफ़ताब आलम ताब भी उल्लेखनीय है, जिसकी हस्तलिखित प्रति स्टेट लाइब्रेरी रामपुर में सुरक्षित है। क़ाज़ी अब्दुल वदूद साहब का कथन है कि 'सुब्हे सादिक़ मुश्किल से जीवनी कही जा सकती है।'[303]

मसनवी सरापा सोज़ का क़िस्सा इस प्रकार है : बनारस का एक हसीन नौजवान एक रोज़ बाज़ार में चला जा रहा था कि अचानक उसकी निगाहें सुनार की सुन्दर बेटी से चार हुईं। उस परी रूपी का सामना होते ही नौजवान बेहोश होकर वहीं गिर पड़ा। उसके प्रियजन उसे वहाँ से उठाकर घर लाये और एक व्यक्ति को संदेशवाहक बनाकर सुनार की लड़की के पास भेजा। सुनार की लड़की को अपने सच्चे प्रेमी की दुखद स्थिति पर रहम आया, लेकिन उसने ज़ब्त से काम लिया और कहलवा भेजा कि तुम मुसलमान हो, मैं हिन्दू, हम दोनों का साथ सम्भव नहीं। नौजवान ने जोगियों का रूप धारण किया और गले में जनेऊ डालकर सुनार के घर के आगे धूनी रमा कर बैठ गया। बात मुहल्ले बिरादरी में फैली और यहाँ तक बढ़ी कि वह नौजवान लड़की के सम्बन्धियों के हाथों मारा गया। लड़की यह देखकर दुख से पागल हो गयी और नौजवान के शरीर से लिपट कर रोने-धोने लगी। दुख की आग से भरा शरीर भट्टी की तरह जलने लगा और देखते ही देखते वह ढेर हो गयी। इश्क़ ने दो दीवानों को हमेशा के लिए मिला दिया।

मसनवी संक्षिप्त है। कहीं-कहीं बनावट से काम लिया है। कुल मिलाकर अश्आर प्रवाहमान और बन्दिशें चुस्त हैं। शायर के कलाम से उसके स्वभाव के ज़ोर और परिपक्वता का पता चलता है। नौजवान के मारे जाने के बाद सुनार की लड़की की दशा देखें :

देखकर नाशे यार सीना फ़िगार — लगी कहने ब दीदए ख़ूंबार
ऐ मिरे जां निसारे राहे वफ़ा — कुश्तए तेग़ो खंजर अअदा
हाय ऐ मेरे चाहने वाले — बात अपनी निबाहने वाले
गर तू मुल्के अदम का आज़िम था — छोड़ जाना मुझे न लाज़िम था
मुझ पे सौ जी से यूं मरेगा कौन — नाज़ बरदारियां करेगा कौन[304]

इस मसनवी की विशेषता ये है कि बजाय किसी एक धर्म की श्रेष्ठता और उत्कृष्ठता सिद्ध करने के इसमें आपसी मेल जोल, शान्ति और दोनों धर्मों के मूल एकत्व और एक रंगी पर ज़ोर दिया गया है। सुनार की लड़की ने जब यह कहलवा भेजा कि हिन्दू और मुसलमान का भेद हमारी राह में बाधा है तो नौजवान उसका जवाब यूं देता है :

जिस जगह इश्क़ की है जलवागरी — है वो मंज़िल दुई से पाक व बरी
उनके आगे जिन्हें है इश्क़ से काम — दीन क्या चीज़ कुफ़्र किस का नाम
उन्हें इस्लाम है रुख़े जानां — कुफ़्र है उसपे ख़ाले मुश्क अफ़शां
ग़ौर कीजै तो हैं ये दोनों एक — इसमें कब है तफ़ावुत बद व नेक
है हरम की अगर अज़ां नामूस — दैर का पर्दादार है नाक़ूस
ख़ानए का'बा हो कि का'बए दैर — यां सिवा एक के नहीं है ग़ैर[305]

पाँच और मिलती जुली मसनवियाँ

नीचे पाँच ऐसी मसनवियों का परिचय प्रस्तुत किया जा रहा है जिनमें प्रेमी-प्रेमिका का सम्बन्ध विभिन्न धर्मों से दिखाया गया है। इससे पहले सोलह ऐसी मसनवियों का उल्लेख किया जा चुका है। उनमें पाँच को मिलाकर इस प्रकार के क़िस्सों पर आधारित उन उर्दू मसनवियों की कुल संख्या इक्कीस हो जाती है जो हमारे ज्ञान में है।

मसनवी हुस्न व इश्क़, रासिख़

मसनवी सरापा सोज़ में क़ाज़ी मुहम्मद सादिक़ ख़ां अख़्तर (मृत्यु 1275 हि.) ने जिस क़िस्से का वर्णन किया है उससे मिलता-जुलता क़िस्सा रासिख़ अज़ीमाबादी (मृत्यु 1238 हि.) उनसे पहले अपनी मसनवी, 'हुस्न व इश्क़' में छन्दोबद्ध कर चुके थे।

मसनवी के शुरू में 'इश्क़ आफ़ियत सोज़' की प्रशंसा है जो लगभग आठ पृष्ठों पर आधारित है। कुछ अश्आर जिनमें भारतीय कथानकों का बड़ा अनौपचारिक ढंग से प्रयोग किया गया है। देखें :

हैं तुर्फ़ा फ़ुसूं तिरे फ़साने — सामे उनके सभी दिवाने
आरामे वतन दमन से छूटा — नल तेरे सबब वतन से छूटा
जोगी बना कामरूप तुझ से — खो बैठा वो रंगरूप तुझ से
बेचैन हुई उधर लता काम — खोया दोनों का तूने आराम

एक नौजवान एक हिन्दू लड़की से इश्क़ का दम भरता था। धीरे-धीरे इश्क़ की लाग बढ़ने लगी और आशिक़ की शिकायतों से स्थिति अपमानजनक हो गयी। माशूक़ पर पाबन्दियाँ लगा दी गयीं। आख़िर आशिक़ एक दिन खिंचा-खिचां प्रिय की ड्योढ़ी पर आया। लेकिन कमज़ोरी और दुर्बलता इस हद तक बढ़ चुकी थी कि सिजदा करते ही आत्मा परमात्मा में विलीन हो गयी। प्रेमिका को मालूम हुआ तो वह दौड़ी हुई दरवाज़े पर आयी और :

आँखों में हुआ जहान तारीक — बैठी जा लाश के वो नज़दीक
सर ज़ानू पे अपने उसका रख कर — की एक निगाहे यास उस पर
आँखों से हुई वो ख़ूने दिल पाश — अपने इस शौक़ कुश्ता की लाश
यूं खींची बग़ल में तंग इक दम — हो जाज़िबे रेश जैसे मरहम
मुँह पर रख उसके मुँह दिया जी — आशिक़ पे ग़रज़ फ़िदा किया जी

अख़्तर ने अपनी मसनवी में आशिक़ व माशूक़ दोनों को विभिन्न धर्मों का दिखाया है। लेकिन रासिख़ ने केवल माशुक़ा की विशेषता बयान की है अर्थात् वह 'हिन्दू पुत्री' थी। इसके अलावा रासिख़ के यहाँ बनारस का कोई भी उल्लेख नहीं, जबकि अख़्तर ने इस क़िस्से का घटना स्थल बनारस बताया है। अख़्तर की मसनवी में कुछ दूसरे इज़ाफ़े ये हैं कि लड़की के पिता को सुनार दिखाया गया है और नौजवान आशिक़ लड़की के प्रियजनों के हाथों मारा जाता है। इसके विपरीत रासिख़ की मसनवी में वह इश्क़ का मारा ख़ुदबख़ुद मर जाता है। इन मतभेदों से यह निष्कर्ष निकाला जा सकता है कि रासिख़ की मसनवी अख़्तर की नज़र से गुज़री थी और उन्होंने क़िस्से में कुछ बातें बढ़ा कर उसे ज़्यादा दिलचस्प ढंग से प्रस्तुत करने की कोशिश की।

रासिख़ ने पहले-पहल अपनी यह मसनवी लखनऊ में ग़ाज़ीउद्दीन हैदर को समर्पित की। दूसरी बार उन्होंने उसमें एक लम्बी भूमिका और समापन के आशीर्वचन के अश्आर बढ़ाकर उसे 'सरकार कम्पनी अंग्रेज़ बहादुर' को पेश कर दिया। 'मसनवियात रासिख़' में मूल मसनवी 12 पृष्ठों में और इज़ाफ़ा किये हुए अश्आर 46 पृष्ठों पर प्रकाशित हुए हैं।[306] समापन के अश्आर में से जो कम्पनी की प्रशंसा में हैं, कुछ मुलाहिज़ा हों :

रोज़ी की फ़िक्र से हूँ हैरां	है तबअ मिरी बहुत परेशां
मद्दाह फ़क़त हूँ कम्पनी का	महसूद हूँ क्यों न हर ग़नी का
ये नज़्र अगर क़बूल होवे	मतलब दिल का हुसूल होवे

मसनवी कशिशे इश्क़

रासिख़ अज़ीमाबादी ने अपनी इस मसनवी में एक दरवेश और राजकुमारी का दर्दनाक क़िस्सा छन्दोबद्ध किया है। इस मसनवी का लगभग दो तिहाई हिस्सा हम्द व ना'त व मन्क़बत, मुनाजात, इश्क़ की विशेषता, नवाब की प्रशंसा, बाज़ारों की विशेषता, इमारत की विशेषता, मस्जिद की विशेषता, इमामबाड़े आदि की विशेषता पर आधारित है। यह मसनवी पहले नवाब आसिफ़ुद्दौला को समर्पित की गयी जिनकी प्रशंसा में लगभग एक तिहाई अश्आर व्यय किये गये हैं। लेकिन काट-छांट के बाद रासिख़ ने इसी मसनवी को लार्ड मन्टो को समर्पित कर दिया और ख़ुद को कम्पनी का ख़ैरख़्वाह (शुभचिन्तक) साबित करने की कोशिश की। मशरिक़िया पटना की लाइब्रेरी में दीवाने रासिख़ हस्तलिखित 1224 हि. में यह मसनवी अपने मूल रूप में मिलती है। डॉ. मुमताज़ अहमद ने मूल पाठ को परिवर्तित पाठ के साथ 'मसनवियाते रासिख़' में प्रकाशित कर दिया है।[307]

मसनवी एक ऐसे दरवेश के उल्लेख से शुरू होती है जो इश्क़ के सिवा दुनिया के समस्त बन्धनों से आज़ाद था। फिरता फिराता वह बनारस में आया। यहाँ हर सूरत होश उड़ा देने वाला और उपद्रवी दिखायी दिया।

ज़हे शह्र महसूद बाग़े बहिश्त	ज़नो मर्द सब हूरो ग़िलमां सरिश्त
हर इक ग़ैरत अफ़ज़ाए माहे तमाम	करे सुब्हे आशिक़ को ज़ुल्फ़ उनकी शाम
पड़े चश्म जिस गोशए बाम पर	ख़ुदा ही की आ जाये क़ुदरत नज़र
लबे बह्र जावे अगर कोई वां	तो देखे अजब तरह का इक समां
हर इक सिम्त ख़ील परी विश ज़नां	बहम गर्म बाज़ी व ग़ोता ज़नां
कोई दस्त बस्ता सुए आफ़ताब	कोई शर्मगीं कोई पुर बेहिजाब
कोई बांधे बालों को सौ नाज़ से	कोई खोले ज़ुल्फ़ें इक अन्दाज़ से

दरवेश ने भी वहीं गंगा के किनारे डेरा डाल दिया। एक दिन राजा की बेटी भी वहाँ स्नान के लिए आयी :

नहाती थी ख़ुर्शीद अनवर की तरह	बदन उसका झमके था गौहर की तरह
अयां अक्स रु उसका यूं आब में	नज़र आवे ख़ुर्शीद जूं आब में
बयां क्या करूँ उसके जलवे की लाग	कहे तो कि लागे है पानी में आग

सहसा उस दरवेश ने राजकुमारी को देखा और निगाहें चार होते ही होशो हवास हार गया। दिन परेशानी में और रातें अनिद्रा में गुज़रने लगीं। राजकुमारी हर रोज़ सुबह के समय घाट पर आती। दरवेश उस नज़ारे को बर्दाश्त न कर सकता और ग़श खाकर गिर जाता। लोगों ने उसे बहुत समझाया कि क्यों व्यर्थ रोते कुढ़ते हो। शाह व भिखारी में मेल कैसा। वह उच्चवर्ण तुझ तुच्छ को क्यों पूछने लगी। लेकिन दरवेश चिराग़े मुहब्बत का परवाना था। इश्क़ की राह में सुदृढ़ रहा। जब यह रोज़-रोज़ का तमाशा अपमान का रूप धारण करने लगा तो राजकुमारी की सहेलियों ने मश्विरा दिया:

तू इस नंग को दरमियां से उठा — ये फ़ित्ना न जाने कहाँ से उठा
बिठा इसको तू आबे तदबीर से — मुबादा ये शोला बुलन्दी करे
कह इससे अगर मुझपे आशिक़ है तू — ये दावा जो है उसमें सादिक़ है तू
तो जा डूब दरिया में शक्ले हुबाब — न कर जान का सर्फ़ ख़ाना ख़राब

अतः राजकुमारी ने ऐसा ही किया और दरवेश यह सुनते ही :

हुआ मुज़्तरिब सा वो उस जा के बीच — किनारे पे था या कि दरिया के बीच
हम आग़ोश मौजों से जा हो गया — नज़र फ़िर न आया कि क्या हो गया

दरवेश के डूब जाने के बाद राजकुमारी बेचैनी सी महसूस करने लगी। उसके चेहरे का रंग फीका पड़ गया। सहेलियाँ उसे घर ले आयीं। लेकिन हर क्षण उसकी बेताबी बढ़ने लगी और दुख के ह्रास से वह अन्दर ही अन्दर घुलना शुरू हो गयी। एक रात वह उठी और आईने के सामने आयी और :

लगी कहने दिल से न हो तू उदास — कि चलते हैं आज उस सितमकश के पास
किया शाना हर तार गेसू के तईं — बनाया बहुत ज़ुल्फ़े खुश्बू के तईं
हिना के कफ़े दस्त रंगी किये — बहुत पाये नाज़ुक निगारीं किये

दाया को साथ लेकर रात के वक़्त घाट पर आयी और ठीक उसी जगह मौजों से गले मिलकर डूब गयी, जहाँ दरवेश ने डूबकर जान दी थी। प्रियजनों और सम्बन्धियों को पता चला तो घर में कोहराम मच गया। दरिया में जाल डलवाये गये। अन्ततः सप्ताह भर की कोशिशों के बाद दोनों की लाशें एक साथ बरामद हुईं:

न कह मुझ से रासिख़ कि हैरत है ये — मिरी जान आख़िर मुहब्बत है ये
न हैरां हो ये काम हैं इश्क़ के — यही कुछ तो अंजाम हैं इश्क़ के

मसनवी का क़िस्सा बस इतना ही है लेकिन शुरू में रासिख़ ने इससे दो गुने अश्आर प्रशंसा आदि पर व्यय किये हैं, जो एक इश्क़िया मसनवी में बिल्कुल अप्रासंगिक मालूम होते हैं। रासिख़ ने मसनवी के इस हिस्से से एक लम्बे क़सीदे का काम लिया है।

इन अश्आर को अगर कहानी वाले हिस्से से अलग कर दिया जाये तो बजाये ख़ुद एक प्रशंसात्मक मसनवी कही जा सकती है। रासिख़ की इश्क़िया मसनवियों की एक आम कमज़ोरी है कि वह मूल की अपेक्षा उपार्जित पर कहीं ज़्यादा ज़ोर देते हैं (उदाहरण के लिए देखें मसनवी नैरंगे मुहब्बत और हुस्न व इश्क़) इस मसनवी में भी दीर्घ भूमिका का प्रभाव कहानी पर बुरा पड़ा है। न सिर्फ़ यह कि मसनवी के दोनों भाग में कोई क्रम व सन्तुलन नहीं, बल्कि क़िस्से पर भी पूरा ध्यान नहीं दिया गया और परिचयात्मक अश्आर की भीड़ में क़िस्से की अलग पहचान दब कर रह गयी है। क़िस्से के परिणाम में भी कोई नवीनता नहीं। प्रेमी-प्रेमिका की लाशों का एक साथ बरामद होना उस काल के प्राय: क़िस्सों में पाया जाता है। ख़ुद रासिख़ ने अपनी एक और मसनवी 'जज़्बे इश्क़' में भी मौत के बाद प्रेमी-प्रमिका की यही दशा दिखाई है। इन कमियों के बावजूद क़िस्से की त्रास्दी सादगी दिल पर असर करती है। रासिख़ ने बनारस के स्थानीय वातावरण को सफलता से प्रस्तुत किया है और वहाँ के सुन्दरियों की तस्वीरें भी बड़ी खूबी से खींची है। मीर की मसनवियों के क़िस्सों की तरह इस मसनवी में भी यथार्थ का रंग पाया जाता है। भाषा सरल, स्पष्ट और प्रवाहपूर्ण है और इसकी यही विशेषताएँ इसे देहलवी शायरों की मसनवियों से क़रीब ले जाती हैं।

मसनवी राजा व चेरी

यह मसनवी जुरअत की मुद्रित कुल्लियात में शामिल नहीं, बल्कि कुल्लियाते जुरअत के रामपुर और पटना के हस्तलिखित प्रतियों में अंकित है। इसमें कुल 203 अश्आर हैं। आरम्भ यूँ होता है :

इलाही दर्दे उल्फ़त कर इनायत
मुझे अपनी मुहब्बत कर इनायत

एक राजा की बहुत सी चेरियां (कनीज़ें) थीं, लेकिन वह उनमें से किसी पर आसक्त न था। एक दिन वह सैर को गया और उसकी निगाह एक ऐसी औरत से चार हुईं, जो सौन्दर्य व रूप में चौदहवीं का चाँद थी। राजा उसे दिल दे बैठा। बाद में मालूम हुआ कि वह उसके भाई की कनीज़ थी। राजा की बेचैनी देखकर कनीज़ ने उपेक्षा करना शुरू किया और मिलन के लिए यह शर्त रखी कि राजा यात्रा पर निकलें और जोगी रतनसेन का पता ठिकाना ढूंढ निकाले। अन्तत: राजा जोगी की तलाश में रवाना हुआ। राह में एक नदी आयी। राजा नाव में बैठकर नदी पार करने लगा कि पंजतन की याद आयी और वह मुसलमान हो गया। दूसरे किनारे पर राजा की मुलाक़ात एक दरवेश से हुई। उसने सुसमाचार दिया कि राजा वापसी पर अपने उद्देश्य में सफल होगा और जोगी रतनसेन का सुराग़ मिल जायेगा।

शायर ने क़िस्से को यहीं छोड़ दिया है और लिखा है कि अगर ज़िन्दगी रही तो बाक़ी कहानी ख़त्म करेंगे। क़िस्सा बेमेल और रुचिहीन है। शायराना दृष्टि से भी इसमें कोई ख़ूबी नहीं। जुरअत के स्वभाव को सरापा के वर्णन से विशेष लगाव था और उन्होंने इस विषय पर कुछ मुसलसल ग़ज़लें भी लिखी हैं। प्रस्तुत मसनवी में भी कनीज़ के नख शिख का विस्तृत वर्णन किया गया है। इसके कुछ अश्आर मुलाहिज़ा हों :

वो माह चहार रू थी ऐसी चेरी   उजाला कर दिखावे जो अँधेरी
सरापा आह शक्ले बर्क़ थी वो   ग़रज़ नाज़ व अदा में ग़र्क़ थी वो
बंधे जूड़े का आलम कहिये क्या हाय   कि हर मोजन का था दाम बला हाय[308]

मसनवी हुस्न व इश्क़, बिस्मिल

बिस्मिल फ़ैज़ाबादी की इस मसनवी का परिचय 1939 ई. में अब्दुलबारी आसी ने रिसाला उर्दू में कराया था।[309] यह मसनवी 1203 हि. में लिखी गयी। इसमें महजूर और मनोहर चन्द के अप्राकृतिक इश्क़ के क़िस्से का वर्णन है। यह क़िस्सा बिस्मिल को जवाहर अली ख़ां ख़्वाजा सरा नवाब नाज़िर ने सुनाया और उसे छन्दोबद्ध करने की फ़र्माइश भी की। इसमें भी प्रेमी-प्रेमिका का सम्बन्ध एक दूसरे के धर्म में भिन्न बताया गया है।

बिस्मिल का पूरा नाम मुहम्मद जवाद और उर्फ़ मिर्ज़ा लालन था। उनके पिता हकीम अली हुसैन ख़ां अपने ज़माने के प्रसिद्ध और शाही हकीम थे। बिस्मिल भी एक समय तक नवाब आसिफ़ुद्दौला के दरबार से सम्बद्ध रहे। अब्दुलबारी आसी ने मसनवी हुस्न व इश्क़ के अलावा उनकी एक और मसनवी पारसानामा का भी उल्लेख किया है जो 1231 हि. की रचना है। बिस्मिल 1219 हि. तक जीवित थे।

मसनवी 'हुस्न व इश्क़' एक लम्बी मसनवी है और 1414 अश्आर पर आधारित है। इसका आरम्भ हम्द व ना'त और जवाहर अली ख़ां नवाब नाज़िर की प्रशंसा से होता है। क़िस्सा इस प्रकार है : एक सौदागर का सुन्दर व रूपवान लड़का महजूर नाम, बहुत आशिक़ मिज़ाज था। आख़िर यह सौदा इतना बढ़ा कि दीवाना होकर घर से निकल गया। मुद्दतों जंगलों-जंगलों मारा-मारा फिरता रहा। एक दिन संयोग से उसे एक रौज़े (मक़बरे) पर नींद आ गयी। सपने में एक हसीन नज़र आया जिसने अपना नाम मनोहर बताया और कहा कि तुझे कुछ ख़बर भी है, मैं तेरे ग़म में मारा-मारा फिरता हूँ। मनोहर चन्द मुल्क चम्पा पट्टन के राजा का लड़का था। उसने भी ऐसा ही सपना देखा और विक्षिप्त अवस्था में शहरों-शहरों फिरने लगा। आख़िर उसी रौज़े के पास के गाँव में आया। यहाँ एक बैरागी की बदौलत उसकी मुलाक़ात महजूर से हुई। बैरागी ने मनोहर के बाप राजा उत्तम चन्द को पूरी घटना बतायी और

उपदेश दिया कि यह इश्क़ के रहस्य हैं। उन दोनों को हमेशा साथ रखना। लेकिन कुछ दिनों बाद लोगों ने राजा को भ्रमित करके महजूर को वहाँ से निकलवा दिया। उसके जाने के बाद मनोहर बीमार हुआ और क्षयग्रस्त हो गया। बेटे को हाथ से जाता देखकर राजा ने महजूर को वापस बुलाया, लेकिन समय निकल चुका था। अन्ततः मनोहर मर गया। लोग जब उसे चिता में रखकर जलाने लगे तो उन्होंने देखा कि महजूर भी एक पेड़ से लगा हुआ ख़ुदबख़ुद जलकर राख हो गया था।

मसनवी का क़िस्सा अस्वाभाविक है, लेकिन यह शायर का मूल नहीं। बिस्मिल ने दरअसल अपने युग के चलन विशेष का अनुसरण किया है और जिस प्रकार उन्हें यह क़िस्सा सुनाया गया, उन्होंने वैसे ही उसे छन्दोबद्ध कर दिया। कलात्मक और साहित्यिक दृष्टि से इस मसनवी में कई विशेषताएँ हैं। बिस्मिल ने महजूर और मनोहर की बेसुध स्वभाव, इश्क़ की विशेषताएँ, माँ-बाप की व्याकुलता, सरापा और मुजरा के वर्णन में सारी शक्ति व्यय की है। दृश्यांकन भी श्रेष्ठ है। यद्यपि कुछ हिस्से बहुत लम्बे हैं लेकिन इनसे मसनवी की एकत्व के प्रभाव में अन्तर नहीं आया। शायर को भाषा पर पूरा अधिकार है और अश्आर शीरीं, आकर्षक, और अलंकृत हैं। उदाहरण के रूप में ये अश्आर देखिये जिनमें बेटे का अपनी माँ से जुदा होना दिखाया गया है :

ये हालत देखकर माँ चिल चिलायी — पकड़ दस्ते पिसर को तिलमिलायी
हुआ था रंगे चेहरा उसका काही — सरापा थीं अलामाते तबाही
अलम आरा हुई दीवानगी थी — शकेबो सब्र से बेगानगी थी
तलब कर अपने हर इक हमनशीं को — रख उनके पांव के उपर जबीं को
यही कहती थी उनसे खींचकर आह — अज़ीज़ो! जाता है मेरा ये दिल ख़्वाह
अगर सँभले ते तुम इसको सँभालो — इसे चाहे मुहब्बत से निकालो

मसनवी के आख़िर में संसार की अस्थिरता का नक़्शा खींचा गया है। इन अश्आर का सौन्दर्य और परिपक्वता देखिये :

ग़नीमत है अरे ज़ालिम कोई दम — ये अर्सा ज़िन्दगानी का बहुत कम
कि शम्मा बज़्मे हस्ती आह फ़रियाद — सदा रहती है ज़ेरे दामन बाद
जो आया इस गुज़रगह में सो गुज़रा — न वामिक़ ही रहा आख़िर न अज़्रा
न सौदा ही रहा है अब न यां दर्द — मिले जा कैसे कैसे ख़ाक में मर्द
यही ख़ुर्शीद होवे और यही माह — यही वज़ए ज़माना और यही राह
कुछ अश्या से यहाँ की कम न होवें — ये सब कुछ यूं ही हों और हम न होवें

मसनवी गुलदस्तए मसर्रत

मुंशी अता अली ख़ाक की यह मसनवी निज़ामी प्रेस कानपुर से 1282 हि. में 12

पृष्ठों पर प्रकाशित हुई। इसका रचना वर्ष 1283 हि. है, जैसा कि ज़हूर अली ज़हूर के इस तारीख़ के क़तअ से स्पष्ट है :

देखी जो मसनवी ये हमने ज़हूर जिस दम   बेशुब्हा इसको पाया गुलदस्तए मसर्रत
आयी ये अपने जी में तारीख़ इसकी लिखिये   दिल ने कहा 'बनाया गुलदस्तए मसर्रत'
1283 हि.

इस मसनवी में हसवा (ज़िला फ़तहपुर, उ. प्र.) की एक सत्य घटना का वर्णन है। इसकी पुष्टि वाहिद अली वहीद के इस क़तअ से भी होती है जो मसनवी के आख़िर में अंकित है :

वहीद मसनवी जो ये अता अली ने कही
मामला है क़रीब जवार हसवा का
हसन का क़िस्सा है रूपा है उसकी जाने अज़ीज़
ये क़िस्सा दीद के लाइक़ है दिल है शैदा का (कज़ा)

मसनवी का आरम्भ हम्द व ना'त से होता है। यह 14 अश्आर पर आधारित है। इसके बाद आठ अश्आर शायर ने अपने मुर्शिद की प्रशंसा व गुणगान में लिखे हैं। कुछ यहाँ दिये जा रहे हैं :

शाह अब्दुस्सलाम फ़ख़्रे ज़मां   ज़ेब औरंग किश्वरे इ.फ़ां
आबिद हक़ शनास व बा ईमां   ज़ाहिद पाक व हाफ़िज़े क़ुरआं
जाये हसवा है इससे रश्क़े इरम   आम हैं उसके फ़ैज़ लुत्फ़ो करम

क़िस्से के आरम्भ से पहले लेखक ने अपने गुरु का उल्लेख यूं किया है :

नाम बुहरानदीन बइस्म मुबीं   बह्र दीन नबी दलील मतीं
बस कि है पारसा वो मर्दे ख़ुदा   है तख़ल्लुस भी पारसा उसका
बाग़ हसवा की है बहार उससे   है मुझे पायए वक़ार उससे

अता अली ख़ाक ने सम्पादन के कारण में लिखा है कि एक दिन हसवा में वह अपने दोस्त वाहिद अली वहीद के यहाँ बैठे थे कि छन्दोबद्ध क़िस्सों की चर्चा होने लगी। कोई शीरीं-फ़रहाद का नाम लेता था, कोई लैला मजनूं का क़सीदा पढ़ता था, किसी ने हीर व रांझा के इश्क़ की दास्तान का वर्णन किया मगर अता अली ने कहा कि प्राचीन क़िस्सों को जाने दीजिए अब भी इश्क़ की भावनाओं में ताप शेष है और इश्क़ व मुहब्बत की एक दर्दनाक घटना यहीं बीती है :

कोई मजनूं का ज़िक्र करता था   कोई लैला वशूं पे मरता था

कोई करता था ज़िक्रे रांझा व हीर — कोई सकते में सूरते दिलगीर
बोला मैं भी ये सुनके क़ालो मक़ाल — है अबस क़िस्सए कुहन पे ख़याल
ज़ज़्बए इश्क़ अब भी बाक़ी है — जामे रंगी बदस्त साक़ी है
अभी इक माजरा यहीं गुज़रा — हाल मैंने वो सब बयान किया
सुन के वो ज़िक्र ख़ुश हुए अकसर — बोले कर नज़्म ऐ सुख़न परवर
उसकी ख़्वाहिश हर इक सईद ने की — कद ज़्यादा मगर वहीद ने की

इसके बाद शायर ने दावा किया है कि मूल क़िस्से से वह विमुख नहीं होगा :

नज़्म करता हूँ ये नया क़िस्सा — यानी जिस तरह से कि है गुज़रा
करता हूँ हाले वाक़ई तहरीर — लायें इसका यक़ीं सग़ीरो कबीर

क़िस्से के आरम्भ के अश्आर से मालूम होता है कि अता अली ख़ाक इस घटना के प्रत्यक्षदर्शी नहीं थे बल्कि इसे किसी दूसरे से सुना था :

रावी मातबर जहाँ पैमा — कि वो नाक़िल है इस फ़साने का
मुझ को इस तरह से बताया है — कि वो आँखों से देख आया है

हसवा के पास के इलाक़े में एक फूल बेचने वाला रहता था। उसकी नौजवान बेटी रूपा अपने सौन्दर्य की बदौलत गाँव भर में मशहूर थी। कम अवस्था में ही उसकी शादी हो गयी थी लेकिन अभी तक गौना नहीं हुआ था और वह माँ-बाप ही के घर रहती थी। सुबह शाम गाँव के कुएँ से पानी भर लाना उसका नियम था। उस कुएं के पास ज़मींदार के कारिन्दे शेख़ हसन का मकान था। एक दिन अचानक दोनों का सामना हुआ और रूपा दिल व जान से हसन पर फ़िदा हो गयी।

होश जाते रहे निगाह जो की — हिल गया आसमान आह जो की
थी वो लैला मगर बनी मजनूं — चश्मे बीमार से वो रोई ख़ूं
पानी छिड़का न होश में आयी — और भी आग उसने भड़कायी
लाये घर तक वले जिगर थांबे — कोई बाज़ू कोई कमर थांबे
की दवा जिसने जो कि बतलायी — लेक आयी न कुछ तवानायी
बढ़ी दो दिन में ऐसी बीमारी — जैसे बरसों का कोई आज़ारी
न खुला उसका कुछ भी राज़ बतून — बढ़ चला रफ़्ता रफ़्ता और जुनून

आख़िर एक हमराज़ दाया को हमदर्द व दोस्त जानकर रूपा ने अपने दिल का हाल बताया। दाया उसका सन्देश लेकर हसन के पास गयी। लेकिन हसन बदनामी के ख़याल से मुलाक़ात के लिए तैयार नहीं था। उसने सलाह दी :

किसलिए दर पए मुसीबत है कि इसी तरह तुझको उलफ़त है
चाह पर बह्र आब रोज़ आना देख कर मुझ को घर चली जाना
मैं भी देखूं तुझे बहाने से लुत्फ़ हो ऐसे आने जाने से
दूर से दोनों का नज़ारा हो कोई जाने न और इशारा हो
क्या करूँ है ख़याले बदनामी देखिये क्या करे ये नाकामी
नौकरी जाएगी जफ़ा के साथ हूंगा मशहूर इस ख़ता के साथ

मगर दाया भी बड़ी कलाकार थी। वह धोखे व बहाने से हसन को रूपा के घर ले ही आयी :

फूंकने के बहाने घर में गया हुए इक जा वो मेह्रो माह लक़ा
ज़िन्दगी पायी जिस्मे मुर्दा ने खोल दी आँख उस फ़सुर्दा ने

रूपा इश्क़ में बेसुध हो चुकी थी। उसने हसन से साफ़–साफ़ कह दिया कि वह उसके बिना एक पल भी ज़िन्दा रहने को तैयार नहीं। लेकिन हसन इश्क़ की राह को सावधानी पूर्वक तय करना चाहता था। वह बिना कोई वादा किये अपने मकान पर लौट आया। अत: उसकी विमुखता से रूपा की दशा दिन प्रतिदिन बिगड़ने लगी। देखें अता अली ख़ाक ने उन स्थितियों और दशाओं को कैसे प्रवाहपूर्ण और चुस्ती से अदा किया है :

एक दिन भी न फिर क़रार आया थर थराया बदन बुख़ार आया
दिल में कहने लगी नहीं जो यार तो ये जीना अबस है आख़िरकार
बाप माँ से बहाना करके उठी दिल धड़कता था हाथ धरके उठी
कहती थी अपने दिल से वो नादां जान क्या है अगर नहीं जानां
जब न राज़ी किसी का दिलबर हो फ़िर तो आशिक़ को मौत बेहतर हो

रूपा की दीवानगी इस हद तक बढ़ गयी :

चाह में हो के बावली इक बार गिर पड़ी वो कुएं में आख़िरकार
बोली पन्हारियां ये चिल्ला कर कि गिरी गुल फ़रोश की दुख़्तर
दौड़ी ख़िलक़त कुएं के गिर्द आयी मुज्तमा हो गये तमाशायी

लोगों की तुरन्त सहायता से रूपा की जान बच गयी। इस घटना से हसन के होश ठीक न थे। वह दिल ही दिल में भयभीत था कि कहीं इश्क़ का रहस्य प्रकट न हो जाये मगर रूपा ने शालीनता और गोपनीयता का प्रमाण दिया :

न किया पर कुछ उसने ज़िक्र ज़री सख़्त मायूब समझी पर्द:दरी
आयी थी यां पे बह्र आब कशी नागहाँ इत्त.फ़ाक़ से हूँ गिरी

इस स्थान पर अता अली ख़ाक अपने प्रभावों को यूं प्रस्तुत करते हैं :

वाह महबूब हो तो ऐसा हो — और मतलूब हो तो ऐसा हो
नल कहाँ का था और कहाँ की दमन — देखो क्या कर गये वो ग़ुंचा दहन
पद्मनी कौन थी कहाँ का रतन — मिल गये कैसे–कैस ख़ाक में तन
यक दिगर थे फ़िदाए यक दिगर — न खुला राज़े दिल किसी पे मगर

वफ़ा की राह में रूपा की दृढ़ता और इश्क़ में उसकी विकलता का हसन पर गहरा असर हुआ। यार की याद पीड़ा बन कर तड़पाने लगी और आख़िर उसने दाया के ज़रिये रूपा को अपने मकान पर आने की इजाज़त दे दी। रूपा के दिल की इच्छा पूरी हुई। वह मौक़ा पाकर घर से भाग निकली और चन्द्रमा व बृहस्पति एक दूसरे के समीप आये। गली मुहल्ले वालों के भय से हसन ने आबादी से दूर एक मकान ले लिया और रूपा को उसमें ठहराया। मगर कुछ ही रोज़ में रूपा के माता–पिता को इसकी ख़बर हो गयी और एक दिन जब हसन काम से बाहर गया हुआ था, वह रूपा को पकड़ कर ज़बरदस्ती अपने घर वापस ले आये। रूपा से कहा गया कि वह हाकिमे शहर के सामने फ़रियाद करे कि हसन ने उसका अपहरण किया है और उससे अन्याय हुआ है। लेकिन रूपा इसके लिये तैयार न हुई, बल्कि यह जवाब दिया :

उस पे हो जाऊँ दम में बस क़ुर्बां — कुछ मैं शीरीं नहीं न निकले जां
जज़्बए इश्क़ है तो जाऊँगी — या उसी को यहाँ बुलाऊँगी

इसके बाद वह फिर मौक़े की ताक में रही। अतः एक रात;

नींद में जब हुए वो सब ग़ाफ़िल — बाम पर आयी अपना थाम्बे दिल
कूदी यकबार जोशिशे खूं से — जैसे टूटे सितारा गर्दूं से
चुस्त व चालाक आयी पेशे हसन — ग़ैरते गुल से घर बना गुलशन
ईद आयी बहम मिले दोनों — कह चले अपना अपना ग़म दोनों[310]

रूपा ने अपनी कर्त्तव्यपरायणता, दृढ़ता, और त्याग की बदौलत हसन को अपना चाहने वाला बना ही लिया था। दूसरे ही दिन महबूब ने आशिक़ की ख़ातिर धर्म परिवर्तन किया और दोनों का निकाह हो गया। अतः इस तरह इश्क़ ने अपनी राह से सामाजिक रुकावटों व धार्मिक बन्धनों के काँटे निकाल दिये और :

मिल गयी अपने दिलरुबा से वो — छूटी रंज़ो ग़म व जफ़ा से वो
दोनों जानिब अजब कलाम रहे — वस्ल से दोनों शाद काम रहे

अता अली ख़ाक उर्दू के उन बदनसीब शायरों में हैं जो लुत्फ़ेसुख़न के बावजूद लोकप्रिय होने से वंचित रहे। उनकी मसनवी में अदबी शान मौजूद है। क़िस्से को उन्होंने बड़ी सादगी, प्रवाह और सुगमता से छन्दोबद्ध किया है और कुछ स्थानों पर

बहुत ही कोमल व शीरीं अश्आर भी निकाले हैं। घटनाओं के क्रम में कहीं झोल नहीं। रूपा के चरित्र को ऐसी सुगमता से प्रस्तुत किया है कि उसके स्वभाव की मुख्य विशेषताएँ स्पष्ट रूप से सामने आ जाती हैं। लेकिन इन विशेषताओं के बावजूद यह मसनवी मशहूर तो क्या, संभवत: अपने क्षेत्र में प्रसिद्ध भी न हुई।

सन्दर्भ

1. मौलवी मुहम्मद शफ़ी, अ.क.म., अगस्त 1927
2. -वही-
3. माहे नव, कराची, जून 1959 ई.
4. सिन्धी कुतुब, ब्रिटिश, कालम 7
5. हिन्दी कुतुब, ब्रिटिश कालम 67
6. -वही-, ब्रिटिश कालम 158
7. पंजाबी अदब की तारीख़, अब्दुल ग़फ़ूर क़ुरैशी, लाहौर 1956, पृ. 293
8. मोहन सिंह दीवाना, ओरियन्टल कॉलेज मैग्ज़ीन, 193, पृ. 94
9. हज़रत मुहम्मद, बीबी फ़ातिमा, हज़रत अली, इमाम हसन और इमाम हुसैन
10. ख़्वाजा क़ुतुबुद्दीन बख़्तियार काकी, ख़्वाज़ा मुइनुद्दीन चिश्ती अजमेरी, ख़्वाज़ा निजामुद्दीन, औलिया, नसीरुद्दीन अबुल ख़ैर, और सुल्तान महमूद नासिरुद्दीन
11. बहाउद्दीन ज़करिया मुल्तानी, शाह रुक़्क़ाए आलम हज़रत लखनवी, शाह शम्स तबरेज़ मुल्तानी, शेख़ जलालुद्दीन मख़दूम ओची, और बाबा फ़रीदुद्दीन गजं शकर, सन्दर्भ पाठ
12. Encylopaedia of Religion and Ethics, खंड 9. पृ. 600, पंजपीर के दरवाज़े फ़िरोज़पुर और मुल्तान में मौजूद हैं। इनका उल्लेख सिखों की धार्मिक कविताओं में भी मिलता है। सन्दर्भ द्वारा पाठ।
13. माहे नव, कराची, दिसम्बर, 1958
14. -वही-
15. पंजाबी क़िस्से फ़ारसी ज़बान में, पृ. 265
16. इंडिया हिन्दी, पृ. 68
17. प्रकाशक शम्भू दयाल दीनानाथ, दरीबा कलां, दिल्ली
18. मौलवी मुहम्मद शफ़ी, अ. क. म. अगस्त 1927 ई.
19. बदायूनी, मुन्तख़िबुत्तवारीख़, खंड 3. पृ. 194
20. माहे नव, जून 1959 ई., पृ. 30
21. क़ाज़ी फ़ज़लहक़, अ. क. म. नवम्बर 1928 ई.
22. रिव, 710, ईथे 1724 और 3037 तथा श्प्रिंगर, पृ. 317
23. सर व आज़ाद, पृ. 305
24. मौलवी मुहम्मद शफ़ी, अ. क. म. अगस्त 1927 ई.
25. ईथे 1724, मन्नत ने अपनी मनसवी 'मुम्ताज़ुद्दौला जॉनसन' को समर्पित की है। रिचर्ड जॉनसन अंग्रेज़ी और फ़ारसी कोश के सम्पादक थे। उन्हीं ने मन्नत को गर्वनर जनरल वारन हेस्टिंग्ज की ख़िदमत में पेश किया और मलकुश्शुअरा का ख़िताब दिलवाया था।
26. न. 1724 पृ. 935
27. पंजाबी क़िस्से फ़ारसी में, पृ. 170, पावरक़ी

28. मौलवी मुहम्मद शफ़ी, अ. क. म. अगस्त 1927 ई.
29. -वही-
30. पंजाबी क़िस्से फ़ारसी ज़बान में, पृ. 100/101
31. शमा अंजुमन, पृ. 411
32. शिंप्रगर, पृ. 475
33. क्र. स. 9 से 12 तक की चार मनसवियाँ सिंधी अदबी बोर्ड ने हफ़ीज़ होशियारपुरी से सम्पादित कराके 'मनसवियात हीर व राँझा' के नाम से कराची से हाल ही में प्रकाशित कर दी हैं।
34. तज़्किरा मक़ालातुश्शुअरा, पृ. 882
35. एशियाटिक नम्बर 918
36. पंजाबी क़िस्से ज़बान फ़ारसी में, पृ. 189
37. मौलवी मुहम्मद शफ़ी अ. क. म. अगस्त 1927 ई.
38. रिव, 1770 तथा कर्ज़न न. 118
39. क़ाज़ी फ़ज़ल हक़, उर्दू, 1930 ई., पृ. 718
40. सन्दर्भ माहे नव, जून 1959
41. अलीगढ़ मुस्लिम यूनिवर्सिटी लाइब्रेरी, फ़ारसिया अख़बार 82/31 पत्र डॉ. मुख़्तारुद्दीन अहमद आरज़ू बनाम लेखक
42. सन्दर्भ माहे नव, जून 1959 ई.
43. ईथे 1727 ई.
44. दत्तासी, ख़ुतबात पृ. 156
45. उर्दू 1920 ई., पृ. 721
46. ब्लूम हार्ट, ब्रिटिश कुतुब पृ. 195
47. ब्लूम हार्ट, पृ. 59 नम्बर 102
48. उर्दू ड्रामा इश्रत रहमानी, पृ. 222
49. -वही-, पृ. 228
50. सिद्दीक़, पृ. 33
51. सूची पुस्तकालय, पृ. 35
52. अंजुमन तरक़्क़ी उर्दू हिन्द, अलीगढ़, निशान 657/102
53. कुतुबख़ाना रिज़ाइया, रामपुर, निशान 560 जीम
54. कुतुबख़ाना रिज़ाइया, रामपुर निशान 570, बराए नस्ख़ दीगर, लिटन लाइब्रेरी, अलीगढ़ संग्रह सर सुलेमान 109
55. संग्रह लिटन लाइब्रेरी, अलीगढ़
56. -वही-
57. सन्दर्भ उर्दू, 1930, पृ. 721
58. मज्मुअए नग़्ज़, पृ. 222
59. दत्तासी, ख़ुतबात, पृ. 174
60. ब्लूमहार्ट, ब्रिटिश कुतुब, पृ., 182
61. लिटन लाइब्रेरी, संग्रह सर सुलेमान नम्बर 109
62. कुतुबख़ाना रिज़ाइया, रामपुर, निशान 570
63. प्रति कुतुबख़ाना रिज़ाइया, ससन्दर्भ
64. अंजुमन तरक़्क़ी उर्दू की प्रतिलिपि, सन्दर्भ पाठ

65. मसनवी हीर व राँझा, करम इलाही भोपालवी, पंजाब प्रेस, सियालकोट, 1905 ई.
66. मसनवी आबला हरारते इश्क़, अब्दुल ग़फ़ूर क़ैस, आगरा, 1909 ई.
67. सस्सी-पुन्नूं सिन्धी, पद्यबद्ध द्वारा अखूंद अब्दुल रहीम व कौड़ामल चन्दनमल कराची, 1874 ई. इंडिया : सिन्धी पृ. 7
सस्सी पुन्नूं सिन्धी, लेखक अज्ञात, अंग्रेज़ी अनुवाद सहित द्वारा F.G. Goldsmid लंदन, 1863 ई. सिन्धी कुतुब, ब्रिटिश कालम 13
68. सस्सी-पुन्नूं, बल्लौची, पद्यपद्ध द्वारा नबी बख़्श, बम्बई 1876 ई. इंडिया सिन्धी पृ. 7
69. सस्सी, हाशिम (पंजाबी) प्रोफ़ेसर हरनाम सिंह शान, अंबाला 1956 ई. भूमिका
70. सस्सी पुन्नूं, लाहौर से मुद्रित 1904 ई. पृ. 10
71. इंडिया : सिन्धी, पृ. 7
72. सस्सी हाशिम (पंजाबी) सन्दर्भ पाठ
73. ओरियंटल कॉलेज मैग़ज़ीन 1927, पृ. 115
74. उर्दू 1930, पृ. 719
75. सन्दर्भ पाठ
76. सस्सी हाशिम (पंजाबी) सन्दर्भ पाठ
77. क़ाज़ी फ़ज़ल हक़, उर्दू 1930 ई., पृ. 723
78. शि्प्रंगर नं. 472, पृ. 544 तथा स्टुअर्ट, पृ. 73
79. ईथे नम्बर 2452
80. हरनाम सिंह शान, भूमिका सस्सी हाशिम, तथा शिंप्रगर पृ. 508
81. नुरुलहुदा मुहम्मद उमर, उर्दू 1929 ई., पृ. 764, तथा शिप्रंगर 452
82. शिंप्रगर, पृ. 452
83. पंजाबी क़िस्से फ़ारसी ज़बान में, पृ. 3
84. सन्दर्भ उर्दू, सन् 1929, पृ. 764
85. -वही-
86. -वही-
87. डॉ. मुहम्मद बाक़र, अ. क. म. नवम्बर 1943 ई.
88. अ. क. म. फ़रवरी 1944 ई.
89. सन्दर्भ नस्री दास्तानें, पृ. 603
90. ताज़्किरा गुले राना, हस्तलिखित वरक़ 249 अलिफ़
91. बाड्लीन में यह मनसवी पांडुलिपि दीवाने मुहब्बत में शामिल है। पृ. 151 से 177, क्र. 2332 और शिंप्रगर, पृ. 642, सालार जंग पृ. 691 क्र. 872
92. सन्दर्भ भूमिका सस्सी -पुन्नूं (पंजाबी)
93. -वही-
94. -वही-
95. दत्तासी, ख़ुतबात, पृ. 156
96. अमजद अली क़लक़ के अश्आर ये हैं :

सस्सी पुन्नूं का फ़साना ख़ूब है — नज़्म ही में इसका लाना ख़ूब है
बारे जब थोड़ा सा इसको लिखा — मूरिदे तहसीं हुआ उन को दिखा
लेकिन उनकी जब कि रहलत हो गयी — इससे अफ़सुर्दा तबीयत हो गयी

(मसनवी मेह्र व मुश्तरी 1277 ई., पृ. 8)

97. नियाज़ फ़तहपुरी ने लिखा है कि इस क़िस्से को अंग्रेज़ी में लेफ्टिनेंट बर्टन और मिसेज़ लोस्टन ने रुपान्तरित किया था (निगार, जुलाई 1949 ई., पृ. 39)
98. मक़ालात दत्तासी, पृ. 75
99. मसनवी नसीमे सहर, मुद्रित दिल्ली 1884 ई.
100. सस्सी पुन्नूं, मुद्रित लाहौर, 1904 ई., पृ. 2
101. रिसाला उर्दू, जुलाई 1931 ई.
102. शिंप्रगर, पृ. 642
103. इंडिया मतबूआत, पृ. 153
104. उर्दू, 1931, पृ. 495
105. सालार जंग, पृ. 691
106. कुतुबख़ाना रिज़ाइया रामपुर, निशान नज़्म 528
107. बाड्लीन नम्बर 2332
108. शिंप्रगर, पृ. 642
109. सुख़न शुअरा पृ. 416
110. बाड्लीन न. 2332
111. सुख़न शुअरा, पृ. 416
112. पत्र क़ाज़ी अब्दुल वदूद बनाम लेखक
113. गुलज़ार इब्राहीम, पृ. 23
114. प्रति मुद्रित हसरत मोहानी, सन्दर्भ पाठ
115. मजनूं गोरखपुरी, तन्क़ीदी हाशिये, पृ. 208
116. ख़ुमख़ानए जावेद, खंड तीन, पृ. 19
117. क़ज़ा ग़ालिबन जो हैं
118. पुन्नूं
119. मनसवी नसीमे सहर द्वारा जियालाल ख़सता, दिल्ली, 1884 ई. पृ. 19
120. हिन्दी साहित्य का इतिहास, रामचन्द्र शुक्ल, पृ. 92-98
121. कुछ परम्पराओं के अनुसार सिंघल द्वीप से तात्पर्य लंका है लेकिन अनुमान से ज्ञात होता है कि मलिक मुहम्मद जायसी ने द्वीप देव को सिंघल द्वीप कहा है। ये द्वीप लंका के पश्चिम स्थित है।
122. मलिक मुहम्मद जायसी, पद्मावत, जायसी ग्रन्थावली में सम्मिलित (हिन्दी) सं. माता प्रसाद गुप्त, हिन्दुस्तानी एकेडमी, इलाहाबाद 1952 ई.
123. तारीख़ मुबारक शाही, यहिया बिन अहमद बिन अब्दुल्लाह इसहरन्दी, सं. मु. हिदायत हुसैन, कलकत्ता 1931, पृ. 77
124. तारीख़ सलातीने ख़िलजी, पृ. 129
125. तब्क़ाते अकबरी, ख़्वाजा निज़ामुद्दीन अहमद, सं. बी. डी., खंड 1. कलकत्ता 1927 ई. पृ. 157
126. फ़ुतुहुस्सलातीन, मौलाना असामी, सं. डॉ. मेहदी हुसैन 1938 ई. आगरा, पृ. 229
127. ख़ज़ाइनुलफ़ुतूह, अमीर ख़ुसरो, सं. मु. हबीब, पृ. 49 (अंग्रेज़ी)
128. ख़ज़ाइन, पृं. 49
129. तारीख़ सलातीने ख़िलजी, पृ. 139
130. -वही-
131. अफ़साना पद्मिनी, मुहम्मद एहतिशामुद्दीन देहलवी, पृ. 146
132. तारीख़ फ़रिश्ता (खंड एक) प्रकाशक नवलकिशोर, लखनऊ 1874 ई. पृ. 115

133. Annal and Antiquities of Rajasthan, Tod (James), 1914 ई. खंड एक, पृ. 213
134. अफ़साना पद्मिनी, मुहम्मद एहतिशामुद्दीन, दिल्ली 1939, पृ. 131
135. हिन्दी, पृ. 183
136. डॉ. ज्ञानचन्द जैन, रिसाला उर्दू, अगस्त 1950 ई.
137. ईथे 1582
138. पश्तो कुतुब, ब्रिटिश कालम 20
139. हिन्दी साहित्य का इतिहास, रामचन्द्र शुक्ल, पृ. 92
140. इथे नम्बर 1583 तथा शिंप्रगर पृ. 376, आसफ़िया खंड 2, पृ. 1478
141. इथे 1634 और 1635 तथा शिंप्रगर, पृ. 543, सालार जंग 617 फ़ारसी नज़्म
142. यूरोप में दकिनी पांडुलिपियाँ, पृ. 117
143. –वही–
144. रिव, ब्रिटिश, नम्बर एडिशनल 8918, पृ. 768
145. वही, नम्बर 1941
146. स्टुआर्ट (फ़ारसी मंजूमात), पृ. 73
147. हार्डिंग लाइब्रेरी दिल्ली–फ़ारसी पांडुलिपियां, नम्बर 38
148. शमसुल्लाह क़ादरी, उर्दूए क़दीम, पृ. 98
149. नेशनल म्युज़ियम, नयी दिल्ली, टौंक का संग्रह 3085
150. नज़ीरिया लाइब्रेरी, दिल्ली, फ़ारसी पांडुलिपियां नं. 147
151. स्टुआर्ट, फ़ारसी मंजूमात, पृ. 73.
152. आसफ़िया खंड 2, पृ. 1484, नं. 39
153. पद्मावत भाषा मुतर्जिम, इनायत अली बेग, इनायत लखनवी, आज़मी प्रेस कानपुर 1898 ई,
154. ब्लूमहार्ट ब्रिटिश परिशिष्ट, पृ. 262
155. ब्लूमहार्ट ब्रिटिश परिशिष्ट पृ. 422
156. कुतुबख़ाना दानिशगाह दिल्ली
157. रिव 1036 बे
158. उर्दू ड्रामा, इश्रत रहमानी, पृ. 204
159. अबुलअलाई प्रेस, आगरा, कुल पृष्ठ 112
160. इंडिया प्रकाशन
161. ब्लूमहार्ट इंडिया नम्बर 3/73
162. शिंप्रगर नं. 720
163. सालार जंग, पृ. 619
164. पांडुलिपि पद्मावत, अंजुमन तरक़्क़ी उर्दू (हिन्द) अलीगढ़, निशान 630/75
165. पद्मावत, मुहम्मद क़ासिम अली बरेलवी, नवलकिशोर प्रेस, 1873 ई. कानपुर
166. ब्लूमहार्ट ब्रिटिश परिशिष्ट, 443
167. अदबी दुनिया, सितम्बर 1939 और जुलाई 1946 ई.
168. ब्लूमहार्ट इंडिया नम्बर 3/73
169. यूरोप में दखिनी मख़तूतात 1932 ई. पृ. 117 से 140
170. शिंप्रगर, पृ. 641, नम्बर 720
171. पुस्तकालय टीपू सुल्तान की सूची, स्टुआर्ट, पृ. 180
172. स्टुआर्ट, हिन्दी व दखिनी पांडुलिपियाँ, पृ. 180, नं. 11

173. शम्सुल्लाह क़ादरी, उर्दूए क़दीम 1925 ई., पृ. 100
174. नसीरुद्दीन हाशमी, दकन में उर्दू, (तृतीय संस्करण) पृ. 228
175. शम्सुल्लाह क़ादरी, उर्दूए क़दीम, पृ. 102
176. शिंप्रगर, पृ. 641
177. शिंप्रगर, पृ. 720
178. सालार जंग, पृ. 619
179. उर्दूए क़दीम, पृ. 98
180. दकन में उर्दू, पृ. 232, यह ग़लत है कि नेह दर्पण हुनर की रचना है।
181. सालार जंग, पृ. 619
182. मनसवी शमा व परवाना (हस्तलिखित) अंजुमन तरक़्क़ी उर्दू अलीगढ़, निशान 630/75
183. ग़ुलशने बेख़ार, पृ. 135
184. मनसवी शमा व परवाना (हस्तलिखित) सर शाह सुलेमान संग्रह अलीगढ़, 108/50
185. –वही–
186. मनसवी शमा व परवाना (हस्तलिखित) संग्रह सर सुलेमान, अलीगढ़
187. –वही–
188. –वही–, पृ. 17
189. –वही–
190. मनसवी पद्मावत, क़ासिम अली बरेलवी, प्रकाशक नवल किशोर प्रेस लखनऊ, 1873 ई.
191. –वही–
192. –वही–
193. –वही–, पृ. 276
194. –वही–, पृ. 474
195. ओरियन्टल कॉलेज मैग्ज़ीन, मई 1931, पृ. 63
196. पंजाबी क़िस्से फ़ारसी ज़बान में, पृ. 192–229 और 259
197. ब्लूमहार्ट, ब्रिटिश कुतुब, पृ. 27
198. इंडिया पंजाबी, पृ. 25
199. वही तथा पंजाबी किताबें, ब्रिटिश कालम 14 और 24
200. सूची लाइब्रेरी, पृ. 33
201. तज़्किरा शुअराए उर्दू, पृ. 79
202. तज़्किरा गुलज़ार इब्राहीम, पृ. 161
203. –वही–
204. तज़्किरा निकातुश्शुअरा, पृ. 27
205. और स्थितियों के लिए देखें। मख़ज़ने निकात, पृ. 18 रेख़्ता गोयां, पृ. 94, गुलशने हिन्द पृ. 161, चमनिस्ताने शुअरा पृ. 398, शुअराए उर्दू, पृ. 180. , मज्मूअए नग़्ज़ खंड 1. पृ. 298, हिन्दी पृ. 116 गुलशने बेख़ार, पृ. 98, सुख़ने शुअरा पृ. 216, ख़ुमख़ानए जावेद खंड 4, पृ. 195, मीर की आप बीती, पावरक़ी पृ. 97
206. कुल्लियाते सौदा, खंड 2 पृ. 100
207. सौदा, पृ. 110
208. मख़ज़ने निकात, पृ. 9
209. रिसाला उर्दू में प्रकाशित जनवरी 1939 ई., पृ. 65

210. मज्मउल इन्तख़ाब, हस्तलिखित, सालार जंग म्युज़ियम, हैदराबाद
211. पांडुलिपि हस्तलिखित, पुस्तकालय आसफ़िया, हैदराबाद पृ. 86 जे, तथा देखें 'क़ाइम की एक इश्क़िया मसनवी', निसार अहमद फ़ारुक़ी, रिसाला सबरस, फरवरी 1960 ई.
212. प्रकाशित पांडुलिपियों में 'नूह' जो ग़लत है।
213. एजाज़े इश्क़ 'मनसवियात रासिख़' सं. मुमताज़ अहमद में शामिल है।
214. मसनवियात रासिख़, मुक़द्दमा, पृ. 149
215. महबूबुज़्ज़मन, पृ. 615
216. इदारा अदबियात, पृ. 240
217. –वही–, पृ. 196–206
218. सिद्दीक़, पृ. 53
219. बाड्लीन 2, पृ. 1289 तथा शि्प्रंगर पृ. 232 (हालात के लिए देखें तज़्किरए हिन्दी पृ. 86)
220. ब्लूमहार्ट, इंडिया नम्बर, 86.
221. ब्लूमहार्ट, इंडिया न. 86
222. ब्लूमहार्ट इंडिया नं. 122/2, मौलवी अब्दुलहक़ से भ्रम हुआ है। संभवत: वह इसी पांडुलिपि को ब्रिटिश म्युज़ियम की प्रति कहते हैं। (भूमिका पृ. 18) ब्रिटिश म्युज़ियम में क़ुतुब मुश्तरी की कोई प्रतिलिपि नहीं।
223. मसनवी क़ुतुब मुश्तरी, संशोधन व हाशिये के साथ मौलवी अब्दुलहक़, दिल्ली 1939 ई., पृष्ठों की संख्या 24/109/20
224. मसनवी क़ुतुब मुश्तरी, सन्दर्भ पाठ, पृ. 77
225. –वही–
226. मसनवी क़ुतुब मुश्तरी सन्दर्भ पाठ, पृ. 100
227. सन्दर्भ डॉ. ज़ोर, भागमती और भागनगर, सम्मिलित मुहम्मद क़ुली क़ुतुब शाह, हैदराबाद 1958 ई. पृ. 218
228. तारीख़ फ़रिश्ता, खंड 2, पृ. 173
229. मुहम्मद क़ुली क़ुतुब शाह, कुल्लियात पृ. 90, 161, 164. 217, 257, 268 और 312
230. नज़र मुहम्मद क़ुलीक़ुतुब शाह, पृ. 219
231. इदारा अदबियात खंड 1. पृ. 38 तथा उर्दू शहपारे, पृ. 37–39
232. यूरोप में दकिनी मख़तूतात पृ. 210, दकन में उर्दू, संस्करण तृतीय में पृ. 126 पर, 105 सूची, सालार जंग में सिर्फ़ 1048 हि., पृ. 588
233. उर्दूए क़दीम, नवलकिशोर संस्करण पृ. 94
234. इदारा अदबियात जिल्द अव्वल, पृ. 37
235. दकन में उर्दू, तीसरा संस्करण, पृ. 126
236. मसनवी चन्द्रबदन व महियार, मुद्रित पृ. 13 (भूमिका)
237. उर्दू अदब दिसम्बर 1957 ई., पृ. 52–63
238. तारीख़ अदबियाते हिन्दवी व हिन्दुस्तानी जिल्द दोम, पृ. 391 सन्दर्भ ब्लूम हार्ट इंडिया पृ. 53
239. शिंप्रगर नम्बर 671
240. सन्दर्भ भूमिका चन्द्रबदन व महियार, पृ. 34
241. दकन में उर्द, तृतीय संस्करण, पृ. 126
242. भूमिका मसनवी चन्द्रबदन व महियार, पृ. 35
243. मसनवी मुक़ीमी सन्दर्भ पाठ
244. –वही–

245. भूमिका मसनवी चन्द्रबदन, सन्दर्भ पाठ
246. गुले राना, हस्तलिखित वरक़ अलिफ़ 550
247. इंडिया पंजाबी, पृ. 18, तथा पंजाबी कुतुब ब्रिटिश कालम 22
248. सूची पुस्तकालय, पृ. 64
249. इंडिया मतबूआत पृ. 160
250. –वही–
251. उर्दू मनसवी का इर्तिक़ा, पृ. 49
252. नवाए अदब, जुलाई 1954, पृ. 10
253. उर्दू गद्य में भी इस ढंग के क़िस्से मिलते हैं, जैसे क़िस्सा मुअज़्ज़म शाह व चित्ररेखा या क़िस्सा मल्का ज़मां व काम कंडला
254. मसनवी क्र. 4 और 5 के लिए हमारी मालूमात का स्रोत अकबरुद्दीन सिद्दीक़ी की भूमिका (सन्दर्भ पाठ) है। दत्तासी ने तारीख़ अदबियात हिन्दवी व हिन्दुस्तानी में क़िस्सा चन्द्रबदन व महियार द्वारा हैदरअली दखिनी का उल्लेख किया है, पृ. 204 (सन्दर्भ क़ाज़ी अब्दुल वदूद, मआसिर 11, पृ. 127) लेकिन हम इसको प्रमाणित करने से असमर्थ हैं।
255. सालार जंग, पृ. 673
256. मसनवियात 66
257. सचर अर्थात् मशहूर
258. नुदरते इश्क़ हस्तलिखित प्रति अंजुमन, मसनवियात पृ. 66
259. सालारजंग, 585
260. इदारा अदबियात जिल्द अव्वल पृ. 39 और आसफ़िया जिल्द 3, पृ. 636
261. इदारा अदबियात जिल्द अव्वल पृ. 40
262. डॉ. ज़हीरुद्दीन मदनी, नवाए अदब, जुलाई 1952 ई., पृ. 19 (ये अश्आर मनसवी की बह्र में नहीं हैं)
263. डॉ. ज़हीरुद्दीन मदनी, सन्दर्भ पाठ, जुलाई 1952 ई., पृ. 6
264. उर्दू जुलाई 1956 ई., पृ. 287
265. –वही–, पृ. 288
266. इंडिया मतबूआत, पृ. 163
267. डॉ. ज़हीरुद्दीन मदनी, नवाए अदब, जुलाई 1954 ई., पृ. 10
268. –वही–, पृ. 16
269. ब्लूम हार्ट इंडिया नं. 72
270. इदारा अदबियात, जिल्द सोम, पृ. 91
271. तालिब व मोहिनी स. डॉ. ज़ोर, हैदराबाद, 1957 ई.
272. श्प्रिंगर, पृ. 640
273. तज़्किरा महबूबुज़्ज़मन, पृ. 1185
274. मसनवी तालिब व मोहिनी, सन्दर्भ पाठ
275. मसनवी तालिब व मोहिनी, पृ. 30
276. –वही–, पृ. 73
277. मसनवी तालिब व मोहिनी, पृ. 32
278. सन्दर्भ भूमिका मसनवी चन्द्रबदन व महियार, सन्दर्भ पाठ, पृ. 55
279. महबूबुज़्ज़मन तज़्क़िरा शो'राए दकन, पृ. 947

280. ब्लूमहार्ट इंडिया नं. 79
281. यूरोप में दकनी मख़तूतात, पृ. 539
282. कुल्लियाते मीर, सं. अब्दुलबारी आसी, पृ. 890
283. मीर तक़ी मीर, पृ. 427
284. मीर तक़ी मीर, 1954, पृ. 430
285. मआसिर 9, पृ. 183
286. काज़ी अब्दुल वदूद का पत्र बनाम लेखक
287. भूमिका मसनवी सोज़ोगुदाज़, शौक़ नीमवी, तृतीय संस्करण 1924 ई., पटना पृ. 2
288. मीर के दीवान अव्वल हस्तलिखित 1192 हि. संग्रह इदारा अदबियात उर्दू नम्बर 44 में मसनवी शो'लए शौक़ के आग़ाज़ में यह इबारत मिलती है : ''आग़ाज़ क़िस्सए जांकाह कि दर अहद मुहम्मद शाह दर अज़ीमबाद पेश वज़ीअ व शरीफ़ बज़हूर रसीदा बूद,'' मीर, पृ. 597
289. इदारा अदबियात अव्वल, पृ. 108
290. शिंप्रगर, पृ. 395
291. मआसिर 9, पृ. 184
292. मसनवी सोज़ो गुदाज़, 1924, पृ. 35
293. मसनवी महजबीं व नाज़नीं (हस्तलिखित) सन्दर्भ साबिर अली ख़ां, सआदत यार ख़ां रंगीं, पृ. 131
294. ब्लूमहार्ट इंडिया, नम्बर 211
295. ब्लूमहार्ट ब्रिटिश, पृ. 40
296. सन्दर्भ सआदत यार ख़ां रंगीन, सन्दर्भ पाठ
297. शिंप्रगर, पृ. 599
298. सालार जंग, पृ. 687
299. मसनवी सरापा सोज़ रिसाला नया दौर लखनऊ, जनवरी 1960 ई.
300. उर्दू अदब, मार्च 1953 ई., पृ. 57
301. शिंप्रगर, सन्दर्भ पाठ
302. तारीख़े अदब उर्दू, पृ. 307, ख़ुमख़ानए जावेद पंजुम, तथा सरापा सुख़न, पृ. 107
303. लेखक के नाम पत्र
304. मसनवी सरापा सोज़, लखनऊ 1858 ई.
305. –वही–
306. मसनवियात रासिख़, मसनवी हुस्न व इश्क़, पृ. 1–58
307. मसनवियात रासिख़, पृ. 1–24
308. सधन्यवाद, डॉ. ज्ञान चन्द जैन
309. रिसाला उर्दू, जनवरी 1929 ई., पृ. 65–112
310. मसनवी गुलदस्तए मसर्रत, कानपुर 1285 हि.

अध्याय-चार

हिन्द-ईरानी क़िस्से

मसनवी फूलबन

यह मसनवी दखिनी शायर इब्ने निशाती का सदैव जीवित रहने वाला कारनामा है। इसे मजलिस इशाअते दखिनी मख़तूतात ने प्रोफ़ेसर अब्दुल क़ादिर सरवरी से सम्पादित कराके प्रकाशित कर दिया है।[1] प्रोफ़ेसर उपरोक्त इसका रचना वर्ष 1076 हि. बताते हैं।[2] इंडिया ऑफ़िस के फूलबन की पांडुलिपि में इस मसनवी का रचना वर्ष 1066 हि. बताया गया है।[3] और फूलबन की यही प्रतिलिपि सबसे प्राचीन है। इंडिया ऑफ़िस में फूलबन की एक और पांडुलिपि भी है लेकिन उसमें रचना वर्ष अंकित नहीं है।[4] प्रोफ़ेसर सरवरी को हैदराबाद में इस मसनवी की जो छः प्रतिलिपियाँ उपलब्ध हुई हैं, उनमें से चार में रचना वर्ष 1076 हि. ही अंकित है।[5] इन प्रतियों में से तीन सालार जंग पुस्तकालय में[6] एक जामिया उस्मानिया में और एक आसफ़िया लाइब्रेरी में सुरक्षित हैं।[7] एक प्रति आग़ा हैदर हसन के पास है। इदारा अदबियात उर्दू में फूलबन की तीन प्रतिलिपियाँ पायी गयी हैं।[8]

मसनवी फूलबन का एक संस्करण हाल ही में अंजुमन तरक़्क़ी उर्दू, पाकिस्तान ने भी प्रकाशित किया है।[9]

इब्न निशाती का पूरा नाम शेख़ मुहम्मद मज़हरुद्दीन इब्न शेख़ फ़ख़रुद्दीन था। वह क़ुतुब शाही सल्तनत की राजधानी गोलकुंडा का रहने वाला था। फूलबन के अलावा उसकी किसी और रचना का अभी तक पता नहीं चला। वह सुल्तान अब्दुल्लाह क़ुतुब शाह (1035-1083 हि.) के दरबार का सम्मानित पदाधिकारी और प्रसिद्ध गद्यलेखक था। उसकी मृत्यु का वर्ष अज्ञात है।[10]

इब्न निशाती की मसनवी फूलबन एक फ़ारसी मसनवी 'बिसातें' पर आधारित है, जैसा कि उसने इन अश्आर में स्पष्ट कर दिया है :

अचाहाँ ख़ूब यक ताज़ा हिकायत   अच्छे गा इश्क़ का जिसमें रिवायत
बिसातें जो हिकायत फ़ारसी है   मुहब्बत देखने की आरसी है
उसे हर कस के तीं समजा के तूं बोल   दखिन की बात सूं सरैयां को कि खोल[11]

जिस मसनवी 'बिसातें' का उल्लेख इब्न निशाती ने किया है, उसकी कोई प्रति भारत या यूरोप के किसी लाइब्रेरी में नहीं, लेकिन फूलबन को मात्र अनुवाद या संक्षिप्त नहीं कहा जा सकता। क़िस्सा ईरानी ढंग का है मगर उसमें जगह जगह शायर के स्थानीय परिवेश की झलक मिलती है। दृश्यांकन और चित्रांकन का रंग तो पूरा का पूरा भारतीय जीवन पर आधरित है। इससे सन्देह होता है कि इब्न निशाती ने मूल कथा में कुछ इज़ाफ़ा भी किया, जिससे यह क़िस्सा सही अर्थों में हिन्द-ईरानी बन गया। मसनवी फूलबन का क़िस्सा इस प्रकार है :

पूरब में एक शहर कंचन पटन अर्थात् सोने का नगर कहलाता था। यहाँ के बादशाह ने सपने में एक दरवेश को देखा आंर उसका अनुयायी हो गया। आख़िर वह दरवेश बादशाह को मिल गया और दरबार में आकर बादशाह को रोज़ नये-नये क़िस्से सुनाने लगा। पहला क़िस्सा कश्मीर के बादशाह का है। उसके बाग़ में एक अनुपम और बहुत ही ख़ुश्बूदार फूल था। एक काला बुलबुल रोज़ आकर उसे छेड़ने लगा, जिससे फूल मुरझा गया। आख़िर बुलबुल को पकड़कर बादशाह के सामने पेश किया गया। उसने बताया कि वह वास्तव में ख़तन के सौदागर का लड़का है। फूल गुजरात के ज़ाहिद की बेटी है, जिससे उसे इश्क़ हो गया था। ज़ाहिद ने इज़्ज़त बर्बाद होते देख कर दोनों को बद्दुआ दी जिससे वह इस रूप में परिवर्तित हो गये। बादशाह को गुल व बुलबुल की दशा पर अफ़सोस हुआ। उसने आयतलकुर्सी (क़ुरआन का एक पाठ) पढ़कर दोनों पर विशेष अंगूठी को फिराया। इससे दोनों अपने असल रूप में आ गये। शाह कश्मीर ने बड़ी धूमधाम से उन दोनों का विवाह कर दिया। सौदागर के बेटे को पद व सम्मान से उपकृत किया और वह हर रोज़ नये-नये क़िस्सों से बादशाह का दिल बहलाने लगा। एक राजा जोगियों का बड़ा श्रद्धालु था। जोगियों ने उस पर मेहरबान होकर उसे आत्मा की अनुकृति का मन्त्र सिखाया। राजा ने एक कमज़ोर क्षण में यह मन्त्र अपने मन्त्री को बता दिया। मन्त्री मक्कार और धोखेबाज़ था। एक दिन शिकार के मध्य राजा ने मनोरंजन के लिए अपनी आत्मा का प्रवेश एक मुर्दा शरीर में किया। मन्त्री ने तुरन्त अपनी आत्मा राजा के ख़ाली शरीर में स्थानान्तरित किया और इस तरह धोखे से राज्य का मालिक बन गया। राजा की पतिव्रता रानी सत्वन्ती ने जब राजा की चाल-ढाल में अन्तर महसूस किया, तो उससे कटने लगी। उधर असली राजा ने अपने मन्त्री की ग़द्दारी देख कर हिरन का शरीर छोड़ा और तोते का रूप धारण कर लिया। उस तोते को नक़ली राजा अर्थात मन्त्री ने ख़रीदा। एक दिन मौक़ा पाकर तोते ने अपनी रानी अर्थात् सत्वन्ती से बातचीत की। जब उसे रानी की वफ़ादारी का यक़ीन हो गया, तो उसने मन्त्री की मक्कारी और अपना माजरा कह सुनाया। दोनों ने मिल कर उसे ख़त्म करने की चाल चली। मन्त्री जब रात को रानी से प्रेम प्रदर्शन करने लगा, तो रानी ने कहा कि असली राजा तो आत्मा के स्थानान्तरण की कला जानता था, अगर तुम वही हो

तो सामने की मुर्दा फ़ाख़्ता में अपनी आत्मा स्थानान्तरित करके दिखाओ। मन्त्री हवस में दीवाना हो रहा था, उसने ऐसा ही किया। तोता ताक में था, तुरन्त अपने असल शरीर में आ गया। फ़ाख़्ता को मारकर उसे फेंक दिया और राजा फिर सत्ता पर विराजमान हुआ।

तीसरा और आख़िरी क़िस्सा मिश्र के शहज़ादे हुमायूं फ़ाल और अजम देश की शहज़ादी सुमन बर का है। दोनों के दिल इश्क़ के तीर में छिदे हुए थे। माता-पिता के भय से दोनों ने अपने-अपने देश से निकलकर भारत में शरण ली और सिन्ध देश में रहने लगे। सिन्ध के शाह ने एक मालिन से सुमनबर के सौन्दर्य की प्रसिद्धि सुनी तो हवस के हाथों दीवाना हो गया। मन्त्री से मश्विरा करके बादशाह ने हुमायूं फ़ाल को कश्ती की सैर और शराब पीने की दावत दी। दावत के दौरान शतरंज का दौर चला, शहज़ादे को मात हुई और उसे दरिया में उतरकर कमल का फूल तोड़ लाने के लिए कहा गया। शहज़ादा जैसे ही पानी में उतरा, एक मछली ने उसे निगल लिया। सिन्ध के बादशाह ने सुमनबर पर डोरे डालने चाहे लेकिन सफलता न मिली और सुमनबर जोगन का भेष बदलकर शहज़ादे की तलाश में रवाना हो गयी। मिश्र के शाह को अपने इकलौते बेटे के दरिया में डूबने की ख़बर मिली तो उसने सिन्ध पर धावा बोल दिया। मिश्री विजयी हुए। अपने प्राण की रक्षा के लिए सिन्ध के शाह ने एक तिलिस्मी मछली को आदेश दिया कि वह शहज़ादा हुमायूँ फ़ाल की ख़बर लाये। मालूम हुआ कि जिस मछली ने शहज़ादे को निगला था, वह उसे सुमन द्वीप पर उगल आयी है और अब शहज़ादा परियों की क़ैद में है। इस मध्य सुमनबर शहज़ादे की खोज में एक परी मलिक आरा के राज्य में पहुँची। उसने मदद का वादा किया। सुमनद्वीप के बादशाह को पत्र लिखे गये। अन्ततः परियाँ शहज़ादे को सुमनद्वीप से वापस ले आयीं। शहज़ादा अपनी महबूबा सुमनबर और उसके बाद अपने माता-पिता से मिला और हर तरफ़ ख़ुशी के शादियाने बजने लगे।

इस क़िस्से में संस्कृत और अरबी-फ़ारसी के क़िस्सों का रंग साफ़ नज़र आता है। क़िस्से में क़िस्सा पैदा करने का सिद्धान्त बेद बाए की कहानियों और अलिफ़ लैला से लिया गया है। आरम्भिक क़िस्सों के बाद जिन दास्तानों का वर्णन किया गया है, उनमें भी इस्लामी मूल पर हिन्दी पैबन्दकारी बड़ी सुन्दर ढंग से की गयी है। कंचन पटन, जैसा कि इसके नाम से स्पष्ट है, भारत ही का कोई शहर है। सपने में दरवेश का नज़र आना और बादशाह का स्वप्न फल जानना, क़िस्सागोई का ईरानी ढंग है। पहली कहानी में क़िस्से का नायक ख़तन के सौदागर का लड़का है लेकिन क़िस्से का घटनास्थल कश्मीर और नायिका गुजरात के ज़ाहिद की बेटी है। दूसरा क़िस्सा शुद्ध भारतीय है। राजा की जोगियों से श्रद्धा, आत्मा का स्थानान्तरण और पक्षियों का मानव की तरह बातें करना, शक सप्तती, बैताल पच्चीसी, पंचतन्त्र आदि में पाया जाता है। तीसरा क़िस्सा ईरानी ढंग का है। इसके नायक और नायिका दोनों का सम्बन्ध इस्लामी देशों से है लेकिन जिस बाग़ में उन दोनों की

मुलाक़ात दिखायी गयी है, उसका उल्लेख पढ़कर मन मस्तिष्क सहसा भारत के प्राकृतिक दृश्यों की ओर हस्तान्तरित हो जाता है:

मदन मद की मस्ती आती गह लाले   खड़े थे हत में ले मय के प्याले
हरे होर पीले पात झड़ कर   चमन में हर तरफ हर ठार पड़कर
भंवर फूलां पो बैठे सो दिसे यूं   कि मुख पर गुलरुख़ां के ख़ाल है ज्यों
फिरे फूलां पे बुलबुल खोल यूं बाल   कि उड़ते हैं पतंग ज्यों शम्मा अप्राल
पितम्बर बान्द पीले पलकां आये   कुंवारियों का मंझी क्या अपसीस दिखलाये
होंटवे आये मोरां नाचने कूं   करे थे लाल तूतियां पान खामूं

शहज़ादा व शहज़ादी दोनों मिश्र व अजम से फ़रार होकर भारत में पनाह लेते हैं और शहर सिन्ध में गंगा के किनारे एक महल में रहने लगते हैं। उस ज़माने में दूरियों के कारण संभवतः इब्न निशाती को उत्तर भारत के भूगोल का सही ज्ञान न था वर्ना वह गंगा नदी को सिन्ध में बहता हुआ न दिखाता। शाइर ने सिन्ध और गंगा नदी के दृश्य का वर्णन इस प्रकार किया है :

कते थे नानूं उसका शहर सिदं कर   क़रार यूं था कि वो है असल हिन्द कर
थे घर पर घरेते उस शहर में डाट   कि वां बारे के नीं था शख़्स कूं बाट
अथा नीर उस नदी का दूदते साफ़   मिठाई में करे वो शहद पर लाफ़
निछल नीर उस नदी का देख जीहूं   सटिया ग़ैरत सूं दरिया में आपस कूं
देख उस आबे रवां कूं शते बग़दाद   पड़िया ग़ैरत सूं जा दरिया में आज़ाद
देख उसमें ख़ूब गुन पैदा व पिन्हां   छुपा ज़ुलमात में जा आबे है वां
हुबाब अच्छे जो उस अबरार के थे   मगर दीदे उललअबसार के थे

सिन्ध के शाह और मिश्र के बादशाह में जंग के बाद शहज़ादी अपने 'गौहरे गुमशुदा' (गुमशुदा मोती) की तलाश में निकलती है तो जोगन का रूप धारण करती है। ऐसा कुछ दूसरी मसनवियों में भी पाया गया है। जैसे मसनवी सहरुलबयान में नज्मुननिसा, मसनविए आलम (रचना नवाब बादशाह महल साहिबा 1853 ई.) में बज़्मे अफ़रोज़ और दिलपज़ीर और मसनवी लज़्ज़ते इश्क़ में बेदार बख़्त मीर क़िस्सा के नायक का सुराग़ लगाने के लिए यही रूप धारण करते हैं। गाँव-गाँव घूमने के लिए किसी औरत का जोगन का रूपधारण करना प्राचीन भारतीय परिवेश में सबसे उपयुक्त ढंग था। देखें, इब्न निशाती एक ईरानी शहज़ादी को भारतीय रूप में कैसी कामयाबी से पेश करता है :

भभूती अपने मूं को फिर लगायी   पूनम का चाँद बादल में छुपायी
बिरह के दर्द दिक सूं पद्मिनी वो   चली बनवास ले बैरागनी वो

पड़ी दुक ग़म की आ सीने उपर सिल चली फिरती जंगल की होके कोयल
यू नाज़ुक नाज़ की नारी नवेली यू नाज़ुक छन्द के छब की छबीली
कधें फूलां उपर चलती जो जावे छिले पावां कूं आकर तिलमिलावे
वो ऐसी नाज़ुकी ते हाथ धो शोख़ देखो निकली है क्यों परदेस ते शोख़

यह जोगन जगह-जगह अपने दिलबर की तलाश करती हुई एक द्वीप में पहुंचती है। यहाँ साने-चांदी से जगमगाते हुए महलों में भांति-भांति के चित्र बने हुए हैं। शायर जहाँ तुर्कों के युद्धक्षेत्र का दृश्य दिखाता है, वहाँ क़ुतुब शाहियों के महफ़िल की तस्वीरें भी पेश करता है :

कहीं भंवरे कहीं तीतर लिखे थे कहीं बुलबुल कूं फूलां पर लिखे थे
लिखे थे क़ुतुब शाहाँ की कहीं बज़्म लिखे थे तुर्कनामां की कहीं रज़्म
चित्र ऐसा चितारे थे चितारे थे हैरां चीन के नक़्क़ाश सारे

इब्न निशाती के दिल में वतन की मुहब्बत कूट-कूट कर भरी हुई है। मिश्र का बादशाह जब सिन्ध पर चढ़ाई करता है तो शाह सिन्ध उसे मन्त्री के द्वारा सन्देश भेजता है :

हमें हिन्दी अगर झगड़े पे आवें घड़ी में मार मिश्रियाँ कूं भगावें
हमारा फ़न है करना तर्के ताज़ी हमारा काम है शमशीर बाज़ी
दिलेरी में यू ऐसे हैं दिलेरां उनन को देख जंगल पकड़े शेरां
नहीं चकमक सूं किस कूं काम उस ठार उनों की बात सूं झड़ती है अंगार
अगर निकलें जो लें हाथां में भाले वही बांचे ख़ुदा जिसको संभाले

मसनवी के अध्ययन से मालूम होता है कि इब्न निशाती निहायत ही क़ादिरुल कलाम शायर था। आश्चर्य है कि ऐसे गुणी कलाकार का अभी तक केवल एक कारनामा मालूम हुआ है। प्राचीन दखिनी स्तर की दृष्टि से उसकी भाषा ऐसी साफ और शैली ऐसी मंझी हुई परिपक्व और प्रवाहपूर्ण है कि फूलबन को उसकी प्रथम रचना स्वीकार करने में हमें दुविधा होती है। वली से पूर्व के समस्त दखिनी साहित्य में सिवा मुहम्मद क़ुली के इब्न निशाती ही एक ऐसा वाक्पटु शायर है जिसके कलाम में आवुर्द (लाया हुआ) का नाम व निशान नहीं। इसका स्वभाव एक ऐसा झरना है जिससे मधुर अश्आर का झरना हमेशा बहता रहता है। उसका दावा है कि फूलबन में 39 शिल्प-कौशल का प्रयोग किया गया है। इसके बावजूद मसनवी की भाषा सादा, सुगम, कोमल और आकर्षक है। जो लोग दखिनी शायरी से आनन्दित होने में रुचि रखते हैं, वो जानते हैं कि कल्पना के ज़ोर और प्रवाह में निशाती का वजही और ग़वासी से कोई मुक़ाबला नहीं। कहीं-कहीं तो उसका क़द नुसरती से भी निकलता हुआ मालूम होता है। वह शब्दों का जादूगर है और

उनके उपयुक्त प्रयोग पर हैरत अंगेज़ दक्षता रखता है। दूसरे क़िस्से में राजा तोते के रूप में अपनी पतिव्रता रानी का इत्महान लेने के लिए पूछता है कि ऐ गुले गुलशने ख़ूबी! तेरी जवानी का रंग क्यों बर्बाद हुआ। रानी आह खींच कर जवाब देती है कि 'जब दिया न हो तो रात किसे सुहाती है। जब मुँह में पान न हो तो चेहरा क्योंकर भला लगता है। विरह में जान देना आसान है लेकिन पिया के इन्तज़ार में ज़िन्दा रहना मुश्किल। परेशानी और दुविधा का शिकार हूँ लेकिन मुहब्बत में दृढ़ हूँ। शमा की भांति जल रही हूँ मगर अपनी जगह से टली नहीं।' असल अश्आर ये हैं :

दीवानीं सो सुहावे किस सुन्दर रात
कि सब आलम तेरे उपर रौशन है यू बात
वो क्योंकर खूब दिस्ता मूं सो तूं बोल
जुनीं जिसके अछे गामों में तम्बूल
है जीना पिव बिन मुश्किल किकर जां
बिरह में जीव दिनया भोत आसां
मुहब्बत में वले साबित क़दम हूँ
परेशानी में ग़रचे मैं अलम हूँ
वले जागे ते अपने नीं टली हूँ
अगरचे शम्मा के निमने जली हूँ

इन उपमाओं और रूपकों की दाद (प्रशंसा) न देना ज़ुल्म है। शब्द संयोजन, संवादों की चुस्ती और दृश्यों के चित्रांकन में भी इब्न निशाती अपना जवाब नहीं रखता। उसका स्वभाव ऊँच-नीच किसी चीज़ को स्वीकार नहीं करता और उसके क़लम में बला की रवानी और ब्रश है। उसके अश्आर दिल से निकलते हुए मालूम होते हैं। उसकी आवाज़ में रस है और उसकी भाषा शैली का लोच, उसकी मधुरता, घुलावट और सुरीलापन दिल पर गहरा असर करता है। यही कारण है कि फूलबन दखिनी मसनवियों में शिष्ट स्थान की अधिकारी है। शायराना कोमलता और अन्दाज़ व बयान की ख़ूबियों के बावजूद इस मसनवी की महत्ता का एक पक्ष यह भी है कि इसमें एक मिश्रित क़िस्सा प्रस्तुत करते हुए हिन्द-ईरानी सामाजिक जीवन के आनन्द व एहसास को ध्यान में रखा गया है। दखिनी साहित्य में ऐसी मसनवियों की कमी नहीं जो स्थानीय कथाओं पर आधारित है या लोकपरम्पराओं के आधर पर लिखी गयी हैं। लेकिन हिन्दुओं और मुसलमानों के साझे से जो मिश्रित समाज पैदा हुआ था और उसका जो असर अपने ज़माने के क़िस्सों पर पड़ा, दखिनी मसनवियों में इसकी भरपूर और कामयाब नुमाइंदगी मसनवी फूलबन ही करती है। प्रोफ़ेसर अब्दुल क़ादिर सरवरी ने सही कहा है कि फूलबन की एक शिष्ट विशेषता यह है कि शायर ने क़िस्से को अपने ज़माने और माहौल के चौखटे में बिठाया और उसमें अपने आस-पास के मिश्रित सामाजिक जीवन के विवरण की जीती जागती तस्वीरें पेश की हैं।[12]

मसनवी सहरुलबयान

मीर हसन की यह मसनवी उर्दू साहित्य की अमर कृति है। मीर हसन ने यूं तो कई

मसनवियाँ लिखीं, लेकिन जो लोकप्रियता सहरुलबयान को मिली और किसी मसनवी के हिस्से में न आयी। मीर हसन के अनुसार उन्होंने इस कहानी में अपनी उम्र व्यतीत कर दी तब कहीं जाके बुढ़ापे में यह मसनवी लिखी गयी। (समापन वर्ष 1199 हि./1784 ई.) जान गिल क्राइस्ट की फ़रमाइश से 1802 ई. में मीर बहादुर अली हुसैनी ने इसको गद्य में रूपान्तरित किया।[13] इंडिया आफ़िस लाइब्रेरी, लंदन की मुद्रित भारतीय पुस्तकों की सूची से ज्ञात होता है कि मसनवी मीर हसन का पहला संस्करण कलकत्ता से 1803 ई. में 152 पृष्ठों पर और दूसरा 1805 ई. में 163 पृष्ठों पर प्रकाशित हुआ। इस मसनवी के 1803 ई. से 1883 ई. तक के 19 विभिन्न संस्करण इंडिया आफ़िस में सुरक्षित हैं।[14,15] 1850 ई. में मसनवी सहरुलबयान निहाल चन्द लाहौरी की गुल बकाउली के साथ बम्बई से प्रकाशित हुई। तब से अब तक इसके अनगिनत संस्करण निकल चुके हैं।

इस क़िस्से को निम्न लेखकों ने उर्दू में ड्रामे के रूप में लिखा :

1. नौशेरवां जी मेहरबान जी, आराम[16] (छन्दोबद्ध)
2. रौनक़ बनारसी (पारसी विक्टोरिया थियेट्रिकल कम्पनी)[17]
3. ग़ुलाम हुसैन उर्फ़ हुसैनी मियां, ज़रीफ़[18]
4. हाफ़िज़ मुहम्मद अब्दुल्लाह (तमाशए दिल पज़ीर, आगरा, 1889 ई.)[19]
5. फ़क़ीर मुहम्मद तेग़[20]
6. आग़ाए देहलवी (शगुफ़ए इश्क़)[21]
7. फ़क़ीर मुहम्मद (बम्बई 1879 ई. और 1881 ई.)[22]

अंग्रेज़ी से इसका अनुवाद C.E. Bowdler Bell ने 1871 ई. में कलकत्ते से प्रकाशित किया।[23] M.H. Court ने बहादुर अली हुसैनी की गद्य से अंग्रेज़ी में अनुवाद किया जिसका दूसरा संस्करण 1889 ई. में कलकत्ता से प्रकाशित हुआ।[24]

मसनवी सहरुलबयान का हिन्दी अनुवाद आगरा से 1865 ई. में[25] और कलकत्ता से 1881 ई.[26] में प्रकाशित हुआ। 'संगीत बद्रे मुनीर' के नाम से यह मेरठ से भी 1876 ई. में प्रकाशित हुआ।[27] पंजाबी भाषा में इसे इमामुद्दीन ने 'क़िस्सा बद्रे मुनीर' के नाम से रूपान्तरित किया। यह अनुवाद उर्दू लिपि में लाहौर से 1877 ई. में प्रकाशित हुआ।[28]

पश्तो भाषा में मसनवी मीर हसन का छन्दोबद्ध अनुवाद मुल्ला अहमद त्राही ने किया। यह किताब मरग से 1882 ई. में प्रकाशित हुई।[29]

मसनवी का क़िस्सा सादा और संक्षिप्त है : किसी शहर मेनुस्वाद के बादशाह के यहाँ बड़ी मन्नतों और मुरादों से लड़का पैदा हुआ। बेनज़ीर नाम, रूप और सौन्दर्य से परिपूर्ण था। ज्योतिषों ने भविष्यवाणी की कि यह बारह वर्ष की अवस्था में दुख व कष्ट में गिरफ़्तार होगा। बारहवीं साल की आख़िरी रात को शहज़ादा कोठे पर चाँदनी

में सोया हुआ था कि एक परी उधर से गुज़री, रूप देखते ही मोहित हो गयी और शहज़ादे को तख़्त पर उड़ा कर परिस्तान ले आयी। शहज़ादा एक रात परी के दिये हुए कल के घोड़े पर सैर करता हुआ सरान्दीप जा निकला। यहाँ उसकी नज़रें सरान्दीप के बादशाह मसऊद शाह की फूल जैसी बेटी बद्रे मनीर से चार हुई। दोनों इश्क़ में गिरफ़्तार हो गये। उधर एक देव ने परी को इस घटना की ख़बर दे दी और परी ने इस जुर्म के परिणाम में शहज़ादे को एक कुएं में क़ैद कर दिया। बद्रे मनीर की सहेली वज़ीर ज़ादी नज्मुन्निसा बेनज़ीर की तलाश में जोगन बन के निकली और जिन्नों के बादशाह के बेटे फ़िरोज़ बख़्त की मदद से बेनज़ीर को रिहा करा लायी। सबके बुरे दिन फिरे। बिछुड़े मिले। बेनज़ीर का बद्रे मुनीर से और फ़िरोज़ बख़्त का नज्मुन्निसा से विवाह किया गया और बेनज़ीर राज़ी-ख़ुशी वतन लौट आया।

मीर हसन के जादुई वर्णन और जादुई प्रभाव ने क़िस्से को सचमुच सहरुलबयान बना दिया। मीर हसन ने नयी शैली और नयी भाषा का दावा किया है। यह सही भी है। नयी इसलिए कि जिस ज़माने में यह मसनवी लिखी गयी, लखनऊ के शायर दबिस्तान देहली की शीरीं बयानी और सादा गोई के चलन से विमुख होने लगे थे। नयी शैली इसलिए कि यह न किसी फ़ारसी मसनवी का अनुवाद है और न किसी बँधे-टके क़िस्सों पर आधारित है। मीर हसन का क़िस्सा मूल है और इसका रंग व ढंग मिश्रित संस्कृति व सामाजिक जीवन से लिया गया है। हैरत व आश्चर्य का तत्व पैदा करने के लिए मीर हसन ने क़िस्से के घटनास्थल को गोपनीय रखा है। बेनज़ीर का बाप किसी 'शहरे मेनुस्वाद' का बादशाह था। यह शहर कौन-सा हो सकता है, मसनवी के इन अश्आर पर नज़र डालते ही इसका जवाब मिल जाता है :

इमारत थी गच की वहाँ बेश्तर — कि गुज़रे सफ़ाई से जिस पर नज़र
कहीं चाह मुंबा कहीं हौज़ो नहर — हर इक जा पे आबे लताफ़त की लहर
करूँ उसकी वुस्अत का क्या मैं बयाँ — कि जूं इसफ़हाँ था वो निस्फ़े जहाँ
हुनर मन्द वां अह्ले हरफ़ा तमाम — हर इक नौअ ख़िलक़त का था इज़दहाम
ये दिलचस्प बाज़ार था चौक का — कि ठेरे जहाँ पर वहीं दिल लगा
जहाँ तक कि रस्ते थे बाज़ार के — कहे तो कि दस्ते थे गुलज़ार के
कहूँ क़िला का उसके मैं क्या शिकोह — गये दब बुलन्दी को देख उसकी कोह

क़िला, बाज़ार, चौक, नहर इनका उल्लेख आते ही मस्तिष्क तुरन्त देहली की ओर फिर हो जाता है। मसनवी का दूसरा दृश्य सरान्दीप का है, जहाँ बेनज़ीर और बद्रे मुनीर की मुलाक़ात होती है। यह नाम भी मात्र काल्पनिक है वर्ना वहाँ के प्राकृतिक दृश्यों और सामाजिक जीवन व संस्कृति से भी दिल्ली वालों की याद

ताज़ा होती है। बद्रे मुनीर का लिबास और पहनावा क़िलए मुअल्ला (ऊंचा किला) की शहज़ादियों का सा है। भारत की आबो हवा के मद्दे नज़र यह लिबास अरबी व ईरानी लिबास के मुक़ाबले में बहुत नाज़ुक और हल्का-फुलका है। आबे रवां की पेशवाज़, जाली की हुबाब (बुलबुले) सी ओढ़नी और जवाहर निगार बारीक कुर्ती, ज़ेवरों में बाज़ुओं पर ढलके हुए नौरतन और भुजन्द। गले में जड़ाऊ हार और ढगडगी, कानों में कर्णफूल और बालियाँ, नीचे मोती के दो लड़े और पच लड़े, चम्पा कली चमकती हुई, ज़मुर्द की पहुँची, और पांव में छल्ले। ये सब शृंगार हिन्दी औरत की तस्वीर पेश करते हैं। बद्रे मुनीर की चोटी में किनारी है, माथे पर टीका, आँखों में काजल, होंठों पे मिस्सी और पान का लखौटा :

वो मिस्सी वो उसके लब लाल फ़ाम | सवादे दयारे बदख़शां की शाम
वो आँखों का आलम वो काजल ग़ज़ब | कहे तो पड़ी नरगिसिस्तां में शब
लखौटा वो पानों का मिस्सी के साथ | कि जूं दामने शब शफ़क़ के हो हाथ
वो पेशवाज़ इक डांग की जगमगी | सितारों की थी आँख जिस पर लगी
वो इक ओढ़नी जाली मुक़्क़ैश की | पड़ी चाँदनी सी महे ऐश की
जो देखे वो अंगिया जवाहर निगार | फ़रिश्ता मले हाथ बे अख़्तियार
वो बारीक कुर्ती मिसाले हवा | अयां मू बमू जिससे तन की सफ़ा
डलक सुर्ख़ नेफ़े की उभरी हुई | गुलाबी सी गर्द एक तह दी हुई
भरी माँग मोती सी जलवा कनां | नुमायां शबे तीरह में कहकशां
वो माथे पे टीके की उसके झलक | सहर चाँद तारों की जैसे चमक
वो बाले की ताबंदगी ज़ेरे गोश | जिसे देख उड़ जायें बिजली के होश
वो तकिये पे चम्पा कली की फबन | कि सूरज के आगे हो जैसी किरन
वो छाती पे अलमास की ढगडगी | रहे आँख सूरज की जिस पर झुकी
वो मोती के माले लटकते हुए | रहें दिल जहाँ सर पटकते हुए
वो भुजबन्द बाज़ू के और नौ रतन | कि जूं गुल से हो शाख़ ज़ेरे चमन
वो पहुँची ज़मुर्द की और दस्त बन्द | नज़ाकत में भी शाख़े गुल से दो चन्द
वो बालों की बू रश्के मुश्के ख़तन | वो डूबा हुआ अत्र में पैरहन

और यह सिर्फ़ पहनावे या सजावट की सामग्री ही नहीं, बल्कि सारे का सारा रहन-सहन भारतीय वातावरण को प्रमाणित करता है। बेनज़ीर, बद्रे मुनीर से मुलाक़ात के लिए बाग़ में आने वाला है। देखें, मीर हसन ने अपने ज़माने के दीवानख़ाने की कैसी सच्ची तस्वीर पेश की है :

बिछा फ़र्श और कर छपर खट को साफ़ | मुरस्सा का उस पर ओढ़ा कर ग़िलाफ़
धरी क्यारियाँ इक तरफ़ बेशुमार | चुनी इक तरफ़ डालियों की क़तार

छपर खट के पास इक मसनद बिछा और उस पर तमामी के तकिये लगा
चंगेरीं बना और रख पानदान क़रीने से उसमें रखे हार पान
कई अत्रदां वां मुरस्सा धरे अनोखी गढ़त के कई चौघड़े
धरा इक तरफ गंजफ़ा ख़ुश क़माश धरी इक तरफ चौपड़े ग़म तराश
बिछी एक चौकी, पड़ा तोरा पोश करें देख कर ग़श जिसे बादानोश

एक और स्थान पर बद्रे मुनीर के घर का नक़्शा यूं खींचा है :

ज़मुर्द का मोंढा चमन में बिछा वो बैठी अजब आन से दिलरुबा
ख़वास एक हुक़्क़ा लिये थी खड़ी कि लाले की पत्ती थी उसमें पड़ी
वो शीशे का हुक़्क़ा मुरस्से का काम मुग़र्रक ज़री का वो नेचा तमाम
कोई मोरछल ले कोई पीक दान कोई ले चंगेर और कोई हार पान
रसीली छबीली बनी तंग व चुस्त लिबास और ज़ेवर से हर इक दुरुस्त
खड़ी नीची आँखें किये बा अदब इसी शर्म से पर क़यामत ग़ज़ब

ये ख़वासें, कनीज़ें, लौंडियां, मुग़लानियां वग़ैरह सबकी सब हिन्दुस्तानी हैं और स्थानीय रहन-सहन की झलक पेश करती हैं। इनके लिबास, पोशाक, उठना-बैठना, शिष्टाचार व ढंग मुग़लिया महलों के उस परिवेश की याद दिलाते हैं, जिसमें ईरानी और हिन्दी रंग मिल जुलकर एक हो गये थे। मीर हसन के जादुई क़लम ने उन संग्रहों के चित्र ऐसी दक्षता से उकेरे हैं कि उनकी रंगीनी और आकर्षण सदा के लिए स्थापित होकर रह गयी है।

जहाँ तक मसनवी के आकृति और क्रम का सम्बन्ध है सहरुलबयान में फ़ारसी मसनवियों का अनुसरण किया गया है। आरम्भ में हम्द व ना'त और उसके बाद 'मुनाजात बदरगाह क़ाज़ी अलहाजात' शीर्षक है। शाहे आलम की प्रशंसा में कुछ शे'र हैं। फिर आसिफ़ुद्दौला की प्रशंसा की गयी है और शायर अपने मान व नम्रता के उल्लेख से क़िस्सा शुरू करता है। फ़ारसी मसनवियों की तरह हर क़िस्से के हर नये बयान का शीर्षक है और उसे साक़ीनामे की अनिवार्यता को रखते हुए पेश किया गया है। क़िस्से के पात्रों के नाम भी ईरानी हैं। बेनज़ीर, बद्रे मुनीर, फ़िरोज़बख़्त, नजमुन्निसा, माहरुख़, मसऊद शाह, लेकिन उनकी जीवन शैली, रहन-सहन, शिष्टाचार व चरित्र व बोल-चाल का सम्बन्ध स्थानीय वातावरण से है। बादशाह अपने बेटे की उम्मीद में मन्नतें मानता है और मसजिदों में जा जाकर दिये जलाता है। बेटे की पैदाइश पर शहनाई और शंख बजाया जाता है। भांड और भक्तियों की भीड़ है। ख़वासों और ख़ोजों को जोड़े दिये जाते हैं और शेख़ों व पीरज़ादों को जागीरें दी जाती हैं। फिर बेनज़ीर की कुंडली बनाने को जहाँ ज्योतिष और भविष्यवक्ता बुलाये जाते हैं वहाँ ब्राह्मण भी पोथी खोले ग्रह और नक्षत्र का हिसाब लगाते नज़र आते हैं। बेनज़ीर जब

पांव चलने लगता है तो उसके नाम से बरवे आज़ाद किये जाते हैं। ये सारी रीतियाँ भारतीय मुसलमानों की हैं।

बेनज़ीर के बाग़ में ईरानी और हिन्दी फूल-फल एक साथ बहार दिखलाते हैं। एक तरफ़ अगर लाला, शबो, अशरफ़ी, जाफ़री और गेंदा अपने सैकड़ों रंग के जलवे से आँखों का नूर बढ़ाते हैं तो दूसरी तरफ़ चमेली, मोतिया, मदनवाण, रायबेल और मोगरा भी हमारी नाक को सुगन्धित किये देते हैं। चम्पा के झाड़ के झाड़ अलग खड़े हैं। मौलसिरी और केलों की छांव में आँखें लग जाती हैं। पेड़ों पर बगुले और मुंडेरों पर मोर झंगारते हैं।

शहज़ादे का बारह साल का होने पर सवारी यूं निकलती है जैसे किसी मुग़ल बादशाह के राज्याभिषेक का जुलूस जा रहा है। शहनाई व ढोल की आवाज़, घोड़ों पर नक़्क़ारची, फुर्तीले कहार, ताश की पगड़ियां, ज़रबफ़्त की कुर्तियाँ, चाँदी के तारों के झलकते साइबान, चोबदार और जलवादार, क़िले से शहर तक बादले की झलक और रेशमी कपड़ों से ढके हुए दरो दीवार। ये सब वह दृश्य हैं जिनसे दिल्ली के गली व कूचे अपरिचित नहीं।

नजमुन्निसा का बेनज़ीर की तलाश के लिए जोगन का भेष धारण करना शुद्ध भारतीय कल्पना है। मीर हसन ने उसे मटके ठनके, सीली, सुमिरन, इकतारे, मुन्द्रे, मृगछाला आदि समस्त आवश्यक साज़ो-सामान से लैस दिखाया है।

भारतीय संगीत के तालों और सुखद क्षणों का उल्लेख मसनवी में बेनज़ीर के पैदा होने, ऐश बाई के मुजरा करने और शादी की महफ़िल सजने के मौक़ों पर आया है। उन स्थानों पर मीर हसन ने हिन्दुस्तानी तवायफ़ों नृत्यांगनाओं और कंचनियों के नखशिख और रंग ढंग का जो विवरण प्रस्तुत किया है, वह अनूठा है। मसनवी में जिन साज़ों, और राग रागिनियों का उल्लेख है, यह हैं : परमजोग, लक्ष्मी, परमलो, ध्रुवपत, गीत, गोरी, कदारा, टप्पा गटकरी, ऐमन आदि।

साज़ : शहनाई, अराना, टिकोरे, तुर्ही, शंख, खरज, झांझ, तबला, मृदंग, घुंघरू, पखावज, ढोल आदि।

शादी-विवाह की रस्मों में तो भारतीय मुसलमानों की शायद ही कोई रस्म हो जिसे मीर हसन ने छन्दोबद्ध न किया हो। बेनज़ीर की बरात का नक़्शा बिल्कुल भारतीय शाही बरातों जैसा है। आतिशबाज़ी की रौनक़, बाजों का शोर, रोशनी की चमक-दमक, दुल्हन के घर बारात की अगुवाई, मुजरा, घोड़ियाँ, शहाने, समधिनों के तड़ाके, आरसी मुसहफ़, सरौंज पिसवाना, नबात चुनवाना, टोने सलोने, मुंढा और बिदाई अर्थात् एक-एक रस्म का गिन-गिन कर वर्णन कर दिया है।

मसनवी सहरुलबयान में मीर हसन ने ईरानी ढंग का क़िस्सा बयान किया है, लेकिन आरम्भ से अन्त तक इसमें कोई ऐसा स्थान नहीं जहाँ अजनबियत का

एहसास पैदा हो। बेनज़ीर और बद्रे मुनीर अन्तिम मुग़लों के सांस्कृतिक शिष्टाचार और सामाजिक जीवन की सूक्षमता और उत्तमता का सफल प्रतिनिधित्व करते हैं। शहर मेनुस्वाद से परिस्तान और परिस्तान से सरान्दीप तक हर जगह भारतीय जीवन का सोना पिघला हुआ है। यहाँ के प्राकृतिक दृश्य, बाग़, रविशें, नहरें, फूल-फल, तख़्ते रवां, नौबत और रोशन चौकियाँ, जुलूसों की पालकियाँ, रथ, हाथी, टोने करती हुई औरतें, क़हक़हे लगाती हुई समधिनें वग़ैरह हर मंज़र जाना पहचाना मालूम होता है। मसनवी सहरुलबयान की अप्रत्याशित लोकप्रियता का रहस्य यह भी है कि मीर हसन ने अपने ज़माने की मिश्रित सामाजिक जीवन और सभ्यता व संस्कृति का सफल चित्रण बड़ी ख़ूबी व सुगमता से किया है।

मसनवी गुलज़ारे नसीम

दयाशंकर नसीम (1811-1843 ई.) की मसनवी गुलज़ारे नसीम, गुलबकावली के मशहूर क़िस्से पर आधारित है। इस क़िस्से के मूल के बारे में बहुत कम मालूम है। असग़र गोंडवी[30] और अब्दुल क़ादिर सरवरी[31] क़िस्सये गुलबकावली को भारतीय मूल का बताते हैं, लेकिन यह कथन सही नहीं है। ईरानी दास्तानों से मिलती-जुलती घटनाओं की मौजूदगी में इस क़िस्से को भारतीय मूल का सिद्ध करना साहित्यिक शोध के विरुद्ध है। जहाँ तक हमें मालूम हुआ है, इस क़िस्से का सम्बन्ध भारत के किसी धार्मिक, राष्ट्रीय या लोकपरम्परा से नहीं, न यह किसी संस्कृत किताब से लिया गया है। इस क़िस्से को पूर्णतः ईरानी भी नहीं कह सकते क्योंकि इसके एक हिस्से में भारतीय लोक कथाओं से मिलती-जुलती घटनाओं को प्रस्तुत किया गया है। दरअसल यह एक मिश्रित क़िस्सा है जिसकी संरचना क़िस्से कहानियों की मिली-जुली हिन्द-ईरानी परम्पराओं से हुई है। हिन्दू-मुसलमानों के मेलजोल से भारत की लोककथाओं, क़िस्सों या दास्तानों पर जो प्रभाव पड़े, यह क़िस्सा उनका एक दिलचस्प उदाहरण है।

फ़ारसी पांडुलिपियाँ

1. गुलबकावली द्वारा इज़्ज़तुल्लाह बंगाली, 1134 हि.[32]
   ईथे का कथन है कि इज़्ज़तुल्लाह बंगाली ने क़िस्सा गुलबकावली अपने एक दोस्त मुहम्मद की फ़रमाइश पर 'हिन्दुस्तानी ज़बान' से फ़ारसी में रुपान्तरित किया। अनुवाद का काम 1134 हि. या इससे पहले शुरू हुआ लेकिन अभी यह पूरा न हुआ था कि अचानक मुहम्मद का इन्तक़ाल हो गया और इज़्ज़तुल्लाह बंगाली ने यह क़िस्सा यक्कुम ज़िलहिज्जा 1134 हि. को ख़त्म किया।[33]
2. मसनवी रिफ़अत (क़िस्सए गुलबकावली)[34]

3. मसनवी द्वारा फ़रहत (बारहवीं सदी हिज्री के उत्तरार्ध में) हस्तलिखित प्रति कैम्ब्रिज यूनिवर्सिटी[35], यह सम्भवतः फ़रहत अज़ीमाबादी ही हैं, जो रासिख़ अज़ीमाबादी के शार्गिद थे और 1191 हि. में देहान्त हुआ।[36]

स्पष्टीकरण : 1191 हि. में मरने वाले फ़रहत, रासिख़ के शागिर्द न थे। रासिख़ के शागिर्द का नाम ख़्वाजा फ़ैज़ुल्लाह है।[37] 1191 हि. में मरने वाले फ़रहत का नाम फ़रहतुल्लाह था और ये ख़ान आरज़ू के शार्गिद थे।[38] मसनवी वाले फ़रहत उनसे भिन्न हैं।

उर्दू पांडुलिपियाँ

1. दखिनी पांडुलिपि 1035 हि. में लिखित लेखक अज्ञात। बारुदख़ाना अवध के शाही पुस्तकालय में था।[39] सम्भवतः फ़ारसी–उर्दू में क़िस्सए गुलबकावली से सम्बन्धित यह सबसे प्राचीन प्रतिलिपि है।
   मसनवी गुलबकावली दखिनी प्रतिलिपि, पृष्ठों की संख्या 130, प्रति पृष्ठ 15 छन्द।

आरम्भ :

सुनो नां हूँ इक शहर का ताजदार
धरी माल होर मुमलिकत बेशुमार[40]

2. मसनवी तोहफ़ा मजलिसे सलातीन–श्प्रिंगर ने इस मसनवी के नाम को ऐतिहासिक बताकर इसे 1151 हि. की रचना बताया है।[41] हालांकि इससे यह अंक बरामद नहीं होते।
3. मनसवी तोहफ़ा मजलिसे सलातीन, इसे श्प्रिंगर ने कानपुर के किसी व्यक्तिगत लाइब्रेरी में देखा था। पृष्ठों की संख्या 462, प्रति पृष्ठ 11 अश्आर,

आरम्भ :

हम्द कर उस ख़ुदाए यकता की
चश्मे दिल तेरी जिसने बीना की[42]

4. मसनवी गुलगश्त मंज़ूम या ख़याबाने रेहां–द्वारा रेहानुद्दीन रेहान। भारत विभाजन से पहले यह मसनवी कुतुबख़ानए अंजुमन तरक़्क़ी उर्दू, हिन्द में थी। अब यह मसनवी अंजुमन में नहीं है।

आरम्भः

साक़ी मैं तेरी अदा पे क़ुर्बां
सदक़े मय व जाम के मिरी जां[43]

मसनवी ख़याबाने रेहान का तारीख़ी नाम 'बाग़ो बहार' है।[44] इससे रचना वर्ष

1211 हि. बरामद होता है। श्प्रिंगर ने 1212 हि. लिखा है[45] जो ग़लत है। लेखक 'मसनवियात' ने इसका तारीख़ी नाम 'बाग़ोबहार' बताया है।[46] यह भी सही नहीं क्योंकि इससे 1217 हि. बरामद होता है। नवम्बर 1908 ई. के रिसाला 'मख़ज़न' लाहौर में रेहान की इस मसनवी पर विस्तृत समीक्षा प्रकाशित हुई थी। यहाँ नमूने के कुछ अश्आर दिये जा रहे हैं :

उठ बैठी बकावली पलंग पर — मानिन्द तुलुए मेह्रे ख़ावर
जिस जा कि न हो सबा को जुरअत — ले जावे चुराके गुल को निकहत
है आदमी क्या बिसात क्या माल — जलते हैं यहाँ फ़रिश्ते के बाल
जब हाथ मिलाया होगा हैहात — बाक़ी रही होगी कौन-सी बात
ऐ काश उसे पकड़ने पाती — क्या-क्या मज़े चोरी के चखाती

श्प्रिंगर के अनुसार 1221 हि. में लेखक ने उसकी पुनर्विक्षा की। कुल पृष्ठ 650, प्रति पृष्ठ 15 अश्आर।[47]

5. मज़हबे इश्क़ द्वारा निहाल चन्द लाहौरी, 1217 हि.।[48] यह इज़्ज़तुल्लाह बंगाली के फ़ारसी प्रतिलिपि का अनुवाद है। अनुवाद का काम गिलक्राइस्ट की देखरेख में हुआ। इस पर पुनर्विक्षा दूसरे संस्करण के समय शेर अली अफ़सोस ने किया। यह किताब पहली बार कलकत्ता से 1804 ई. में प्रकाशित हुई।[49] इंडिया ऑफ़िस लाइब्रेरी में मज़हबे इश्क़ (द्वारा निहाल चन्द लाहौरी) के 1804 ई. से 1889 ई. तक के 20 विभिन्न संस्करण मौजूद हैं।[50]
6. मसनवी गुलज़ारे नसीम द्वारा शंकर नसीम 1254 हि.। नसीम के स्रोत रेहाँ की उर्दू मसनवी और रिफ़अत की फ़ारसी मसनवी हैं।[51] सैयद ज़हूर हसन रामपुरी अपने आलेख 'मसनवी गुलज़ारे नसीम के माख़ज़' में लिखते हैं : 'इन तीन मसनवियों (बाग़ो बहार द्वारा रेहान, मसनवी रिफ़अत लखनवी और गुलज़ारे नसीम) का सम्बन्ध एक ही क़िस्से से है। एक ही बह्र है और नाम व मक़ाम भी एक ही हैं। इसके अलावा अकसर मिस्रों (पंक्तियों) और शे'रों का शब्द दर शब्द मसनवी गुलज़ारे नसीम में मौजूद होना ख़ुद इस विचार का समर्थन है कि नसीम की नज़र से पहली या दूसरी या दोनों मसनवियाँ ज़रूर गुज़री हैं।'

मसनवी गुलज़ारे नसीम की रचना वर्ष 1254 हि. है और 'बाग़ो बहार' की रचना 1211 हि. में हुई। इससे यह सिद्ध होता है कि गुलज़ारे नसीम, बाग़ो बहार से 43 वर्ष बाद अस्तित्व में आयी। रिफ़अत लखनवी ने स्पष्ट कर दिया है कि उसने क़िस्सा फ़ारसी गद्य से लिया है। उसका रचना वर्ष नहीं

मिला, लेकिन इसकी कुछ पंक्तियों और शे'रों का हू बहू अनुवाद मसनवी गुलज़ारे नसीम में पाया जाता है। इसके बाद लेखक ने तीन मसनवियों के समविषय अश्आर नक़ल करके उनकी समानता सिद्ध करने की कोशिश की है।[52] मगर ख़ुद नसीम अपनी मसनवी को उर्दू गद्य से लिया गया बताते हैं :

अफ़साना गुले बकावली का   अफ़सूं हो बहार आशिक़ी का
हर चदं सुना गया है इसको   उर्दू की ज़बां में सुख़न गो
वो नस्र है, दादे नज़्म दूँ मैं   इस मय को दो अतिशा करूँ मैं

इन अश्आर की रोशनी में यही साबित होता है कि नसीम के सामने इस क़िस्से की उर्दू गद्य की कोई प्रति थी। अगर रेहान और रिफ़अत की मसनवियों के कुछ अश्आर गुलज़ारे नसीम से समानता रखते हैं तो सम्भव है कि जिस प्रति से दयाशंकर नसीम ने लाभ उठाया हो, वही परम्परा रेहान और रिफ़अत के भी सामने रही हो।

7. 'गुलबाग़ बहार'[53], गुलबकावली छन्दोबद्ध लेखक मुहम्मद दाऊद अली नादां। हस्तलिखित प्रतिलिपि। किताबत का साल दर्ज नहीं है। रचना वर्ष 1269 हि. है। अश्आर की संख्या लगभग 3500। पहला शे'र :

करूं पहले हम्दे ख़ुदाए जहां
किया जिसने है 'कुन' में कौनो मकां

लेखक छन्दोबद्ध भूमिका में इज़्ज़तुल्लाह बंगाली के फ़ारसी क़िस्से और मुंशी निहाल चन्द (लाहौरी) के उर्दू गद्य अनुवाद (मज़हबे इश्क़) का उल्लेख करता है। मगर गुलज़ारे नसीम से अनभिज्ञ मालूम होता है। वह अपने नज़दीक मज़हबे इश्क़ को पहले पहल छन्दोबद्ध करता है और इस काम से यश की उम्मीद रखता है। मगर उसकी यह मसनवी भाषा और शायरी की दृष्टि से हर तरह के दोष से परिपूर्ण है। उसकी दो मसनवियाँ और भी हैं 'नज़्म बहार' और 'तर्ज़े आशिक़ व माशूक़' और चार दीर्घ क़िस्सों का एक संग्रह गद्य में है जिसका नाम 'ज़हूर इस्माए इलाही' किताब के विषय वस्तु से कोई सम्बन्ध नहीं रखता।

लेखक हैदराबाद में पैदा हुआ और कुछ समय श्रीरंगपट्टन, रियासत आसफ़िया मछली पट्टन और रंगून में वास करके कलकत्ता पहुँचा और टीपू सुल्तान के भतीजे नवाब ग़ुलाम अली के यहाँ मुलाज़िम हो गया। उसने अपनी किताब 'ज़हूरे इस्माए इलाही' टीपू सुल्तान के पुत्र शहज़ादा मुहम्मद सुल्तान उर्फ़ ग़ुलाम मुहम्मद को भेंट स्वरूप प्रस्तुत किया। उपरोक्त चारों

किताबें लेखक ने कलकत्ता प्रवास के ज़माने में लिखीं।

दास्तान के आरम्भ के अश्आर ये हैं :

था पूरब के शहरों में इक बादशाह
कि था वो शहंशाह गीती पनाह
ये कहते हैं ज़ैनुलमलूक उसका नाम
सभी अमर से था ब मक़सद तमाम
जमाल उसका जैसा था माहे मुनीर
शुजाअत सख़ावत में था बे नज़ीर
कि क़ुदरत से हक़ की थे फ़र्ज़ंद चार
ये इल्मो फ़ज़्ल में थे वो आश्कार (कज़ा)
सिवा उनके इक और पैदा हुआ
कि शम्सो क़मर जिस पे शैदा हुआ

आख़िरी शे'र :

हुई मसनवी इस जगह पर तमाम
बहक़्क़े मुहम्मद अलैहिस्सलाम[54]

8. गुलबकावली, हस्तलिखित छन्दोबद्ध। 1261 हि. द्वारा मुहम्मद दाऊद अली, मसऊद हसन रिज़वी अदीब, लखनऊ के अधीन।
9. गुलबकावली (उर्दू गद्य) लेखक अज्ञात, लाहौर।[55]

इस क़िस्से को उर्दू में ड्रामे के रूप में निम्नलिखित लेखकों ने लिखा:

— नौशरवां जी मेहरबान जी आराम (बम्बई)[56]
— हुसैन मुहिउद्दीन (गुलशने बेख़ार, मद्रास, 1984 ई.)[57]
— मिर्ज़ा नज़ीर बेग, नज़ीर अकबराबादी (गुलज़ार आशिक़ी, चित्रा बकावली, आगरा 1908 ई.)[58]
— अलिफ़ ख़ां हुबाब रामपुरी[59]
— रौनक़ बनारसी (बम्बई)[60]
— अहमद नदीम क़ासमी (नस्री तश्कील) लाहौर[61]

क़िस्सए गुलबकावली के अनुवाद विदेशी भाषाओं में भी हुए हैं। गारसां दत्तासी ने निहाल चन्द लाहौरी की मज़हबे इश्क़ का सारांश फ्रांसीसी भाषा में 1835 ई. में[62] और पूरा अनुवाद 1858 ई. में पेरिस से प्रकाशित किया।[63] गिल क्राइस्ट का अंग्रेज़ी अनुवाद 1843 ई. में प्रकाशित हुआ।[64] अंग्रेज़ी में गुलबकावली का एक और अनुवाद T.P. Manual ने किया! आर. पी. एंडर्सन ने भी 1851 ई. में क़िस्से को अंग्रेज़ी में लिखा W.A. Clouston ने मेनोल और एंडर्सन के अनुवाद को अपनी किताब A Group of Eastern Romances में शामिल किया, जो 1859 ई. में प्रकाशित हुई।[66] क़िस्सए गुलबकावली का एक और अंग्रेज़ी अनुवाद बावा छज्जू राम ने 'मज़हबे इश्क़' से किया, जो 1903 ई. में लाहौर से प्रकाशित हुआ।[67]

इस क़िस्से को पंजाबी में शेख़ नजमुद्दीन, मिस्कीन सियालकोटी ने लिखा

है।[68] पश्तो भाषा में 'क़िस्सए गुलबकावली' का अनुवाद मुल्ला अहमद तिराही ने किया जो दिल्ली से 1881 ई. में प्रकाशित हुआ।[69] यही किताब 'गुलशने राहत' के नाम से बम्बई से दोबारा 1890 ई. में प्रकाशित हुई।[70] पश्तो का एक और अनुवाद ग़ाज़ीउद्दीन ने 'गुलबकावली अफ़ग़ानी जदीद' के नाम से दिल्ली से 1884 ई. में प्रकाशित किया।[71]

कुछ भारतीय भाषाओं में भी यह क़िस्सा फ़ारसी और उर्दू पुनर्कथनों से लिया गया है। गुजराती में इसे कृष्ण दास ने इ़ज़्ज़तुल्लाह बंगाली की फ़ारसी गुलबकावली से 1863 ई. में अनुवाद किया।[72] हिन्दी में भी बैजू सिंह वर्मा ने इसे इ़ज़्ज़तुल्लाह बंगाली से अनुवाद किया जो 'बकावली सुमन' के नाम से लखनऊ से 1874 ई. में प्रकाशित हुआ।[73] इस क़िस्से का एक और हिन्दी अनुवाद, अनुवादक अज्ञात 1864 ई. में गुलबकावली के नाम से बनारस में छपा था।[74] बंगाली भाषा में इसे किसी व्यक्ति उर्दत मुंशी ने सम्भवतः मज़हबे इश्क़ द्वारा निहाल चन्द लाहौरी से अनुवाद किया जो कलकत्ता से 1879 ई. में प्रकाशित हुआ।[75]

क़िस्सा व समीक्षा

सुल्तान ज़ैनुल मलूक के पाँचवाँ बेटा होने पर ज्योतिषयों ने भविष्य वाणी की कि, अगर सुल्तान की नज़र उसपर पड़ेगी तो अन्धा हो जायेगा। कुछ वर्ष बाद एक दिन संयोगवश बाप-बेटे का सामना हो गया। बाप की आँखें तो जाती रहीं। एक चिकित्सक ने बताया कि इरम के बाग़ में बकावली का फूल है, वह अग़र आँखों को लगाया जाय तो आँखों की रोशनी वापस आ जायेगी। चारों शहज़ादे गुलबकावली की तलाश को निकले और पहली ही मंज़िल पर दिलबर वेश्या से चौसर का खेल हार गये और उसने उन्हें क़ैद में डाल दिया। पाँचवें बेटे अर्थात् ताजुलमलूक ने दिलबर वेश्या को मात दी और दूसरी मंज़िल पर एक देव से मुक़ाबला करके उसे भी राम किया। देव की बहन हमाला देवनी मददगार साबित हुई। उसकी बनायी हुई सुरंग के द्वारा ताजुल मलूक इरम बाग़ में पहुँचा और गुलबकावली तोड़ लाने में कामयाब हो गया। वतन को लौटते हुए ताजुलमुल्क की बड़े भाइयों से मुठभेड़ हुई। उन्होंने धोखे और फ़रेब से बकावली की फूल ताजुलमलूक से छीन लिया। फूल सुल्तान की आँखों को लगाया गया, जिससे उसकी खोयी हुई रोशनी वापस आ गयी। उधर जब बकावली ने इरम के बाग़ से अपने फूल को गायब पाया तो बहुत सिटपिटायी। चोर की तलाश में वह सुराग़ लगाते-लगाते सुल्तान के दरबार तक पहुँची और मर्द का भेष धारण कर उसकी वज़ीर बन गयी। फूल हाथ से निकल जाने के बाद ताजुलमलूक शहर के क़रीब जादू के ज़ोर से गुलशने निगारीं बना कर रहने लगा। लेकिन यह रहस्य ज़्यादा समय तक गुप्त न रहा। बकावली को भी पता चल गया कि असल चोर ताजुलमलूक है। वह उसकी

बहादुरी, दिलेरी और मर्दानगी की क़ाइल तो थी ही, पहली मुलाक़ात में दिल हार गयी। इश्क़ आरम्भ हुआ और दोनों साथ-साथ इरम के बाग़ में दादे ऐश देने लगे। बकावली की माँ को इस बात का पता चला तो उसने बकावली को क़ैद कर दिया और ताजुलमलूक को तिलिस्म के जंगल में फेंकवा दिया। ताजुलमलूक ने सारी कठिनाइयों का बहुत ही हिम्मत और बहादुरी से मुक़ाबला किया और तिलिस्म से रिहाई हासिल की। आख़िर बकावली से उसका विवाह हुआ और दोनों गुलशने निगारीं में आकर मज़े में जीवन यापन करने लगे। असल में बकावली इन्द्रलोक की परी थी। वह हर रात उड़कर इन्द्रलोक पहुँचती और सुबह ताजुलमलूक की आँख खुलने से पहले वापस आ जाती। एक रात ताजुलमलूक ताड़ गया और पखावजी बनकर बकावली के साथ इन्द्रलोक पहुँचा। बकावली ने उस रात इतना उत्तम नृत्य किया कि राजा इन्द्र ने सहसा उसकी मुँह माँगी मुराद पूरी करने का वादा किया। बकावली ने ताजुलमलूक के साथ ज़िन्दगी बसर करने की इजाज़त चाही, मगर इसे सुनते ही राजा के क्रोध की इन्तहा न रही और बकावली को आधा पत्थर का बनाकर एक मठ में क़ैद कर दिया। कुछ समय बाद राजा चतुरसेन की बेटी चित्रावत भी ताजुलमलूक पर आशिक़ हो गयी। उसे ताजुलमलूक का रोज़-रोज़ मठ जाना और बकावली से बातें करना दुख देता था। उसने वह मठ ही खुदवा डाला। मठ के विनाश के बाद उस धरती पर सरसों पैदा हो गयी। जिसके तेल से एक किसान की पत्नी गर्भवती हो गयी और बकावली ने नया जन्म पाया। किसान के घर जवान होकर बकावली फिर ताजुलमलूक से मिली और दोनों के दिलों की मुराद पूरी हुई।

गुलबकावली का यह क़िस्सा चूंकि बहुत प्रसिद्ध व लोकप्रिय रहा है। इसकी असलियत के बारे में भी किंवदंतियाँ गढ़ ली गयी हैं और इसका सम्बन्ध एक ऐसे फूल से बताया जाता है जो कभी हिन्दुस्तान में आँखों की बीमारी के लिए प्रयोग किया जाता था। क़िस्सा गुलबकावली की ऐतिहासिक वास्तविकता से उर्दू में सबसे पहले मुहम्मद याक़ूब पुत्र अकबर ख़ां लखनवी ने अपनी किताब 'गुलदस्तए हैरत मारूफ़ ब तवारीख़ बकावली' में बहस की थी। उन्होंने बकावली के हालात क़स्बा काकोरी ज़िला लखनऊ के रईस मुहम्मद अबदुस्समी पुत्र शेख़ रहीम बासित से मालूम किये और यह संक्षिप्त सी पुस्तक वज़ीर के प्रेस गुलज़ार मुहम्मदी लखनऊ से 1293 हि. में प्रकाशित हुई। मुहम्मद याक़ूब ने लिखा है कि दकन के करंजोट नामक राजा के दो बेटे थे। शास्त्रजोग और राजभोज। छोटे बेटे राज भोज को वीरान और सुनसान इलाक़ा दिया गया। लेकिन उसने गणितज्ञों और जादूगरों की सहायता से वहीं जंगल में एक रहस्यमय क़िले का निर्माण कराया। भोज के बहुत ही सुन्दर और रुपवान लड़की पैदा हुई। उसे फूलों का बहुत शौक़ था। सोहनभद्र नामक एक जोगी ने राजकुमारी को देखा और उसपर आशिक़ हो गया। उसने प्रस्ताव रखा कि वह एक बहुत बड़े जादुगर के बाग़ से एक ऐसा पेड़ ला सकता है जिसके फूल सुन्दरता

और सुगन्ध में अनुपम हैं, बशर्ते कि वह किसी से शादी न करे। राजकुमारी ने स्वीकार कर लिया और एक दिन वह सो कर उठी तो गुलबकावली की निहायत सुहानी सुगन्ध से उसका मस्तिष्क सुवासित हो गया। उसने ख़ुश होकर जोगी को बाग़ में रहने की इजाज़त दे दी और फूल की रिआयत से राजकुमारी भी बकावली के नाम से पुकारी जाने लगी। उसके रूप और सौन्दर्य की ख्याति हुई तो विवाह के प्रस्ताव आने लगे। आख़िर राजा ने एक सम्बन्ध स्वीकार कर लिया। शादी का दिन आया, दुल्हन स्नान के लिए हौज़ पर लायी गयी और जैसे ही जोगी को मालूम हुआ, उसने अभिशाप दिया और जोगी व गुलबकावली दोनों पानी होकर बह गये।

बकावली के क़िले और बाग़ के चिह्न नागपुर कमिश्नरी के जिला मुंडा की तहसील रामगढ़ में अमर कंटक[76] नामक जंगल में मौजूद हैं। सन् 1820 में जंगल विभाग के दारोग़ा मीर क़ुदरत अली ने उस जंगल का जो नक़्शा खींचा था उसमें बकावली के बाग़, क़िले और दूसरी इमारतों की निशानदेही की गयी है। उसकी नक़ल मुहम्मद याक़ूब की किताब में शामिल है। उनका कथन है कि क़िला बकावली के चारों तरफ़ बहुत गहरी दलदल है। उसके आसपास विचित्र प्रकार के सुगन्धित फूल हैं, जिनका रस आँखों के दर्द को दूर करता है, लेकिन दलदल के कारण यह फूल मुश्किल से उपलब्ध होते हैं और क़िले तक पहुँचना कठिन है।

मुहम्मद याक़ूब ने यह भी लिखा है कि 1266 फ़ में नागपुर के चीफ़ कमिश्नर टेम्पल साहब को क़िला देखने की धुन समायी। वह लगभग सवा सौ सशस्त्र अंग्रेज़ों और देसी सिपाहियों के साथ हाथियों पर रवाना हुए। थोड़ी दूरी तय की थी और अभी क़िला नौ कोस दूर था कि दलदल की गहराई ज़्यादा हो गयी और आगे बढ़ना सम्भव न रहा। क़िला से धुंआ उठता हुआ दिखायी देता था, जैसे कहीं बहुत दूर आग लगी हो।[77]

हिन्दी का प्रसिद्ध शब्दकोश 'हिन्दी शब्द सागर' में गुलबकावली से सम्बन्धित यह इबारत मिलती है :

1. एक प्रकार का पेड़ जो नर्मदा नदी के उद्गम के पास अमर कंटक के वन में होता है। यह हल्दी के पेड़ से मिलता-जुलता है।
2. इस पौधे का फूल जो रंगत में सफेद और बहुत सुगन्धित होता है। जिस प्रान्त में यह होता है, उस प्रान्त के लोग इसे पीसकर आयी हुई आँखों पर लगाते हैं। कहते हैं कि यह आँख के कई रोगों की बहुत अच्छी दवा है।[78]

उसे क़िले के बारे में वाक़िफ़ लखनवी ने सन् 1921 में रिसाला अदीब में लिखा था कि उनके एक सम्बन्धी जो पुलिस विभाग में अधिकारी थे, डाकुओं का पीछा करते एकबार अमर कंटक के जंगल में जा निकले। वहाँ उन्हें एक चहार दीवारी नज़र आयी जिसमें सुर्ख़ पत्थर और संगे मरमर की एक बारादरी दिखायी दी जो गहरी दलदल से घिरी हुई थी। शहर आकर इसकी जानकारी दी तो रीवां का इतिहास देखने से मालूम

हुआ कि यह बारादरी बकावली नाम की रानी ने बनवायी थी और यह कि रियासत रीवां में बकावली नाम का एक फूल पैदा होता है जो आँख की बीमारियों के लिए मुफ़ीद है।[79]

इसकी ऐतिहासिक वास्तविकता के बारे में मौलवी सैयद अहमद देहलवी सम्पादक फ़रहंगे आसफ़िया ने भी लिखा है। उनका कथन है : अमर कंटक एक बड़ा ही घना और भयानक जंगल है। उसमें क़िला, हौज़ और बाग़ व मकानों के निशान अभी तक हैं, लेकिन दलदल के कारण उन तक पहुँचना मुश्किल है। आसपास के इलाक़े में यह क़िला एक तिलिस्म समझा जाता है। कहा जाता है कि प्राचीन काल में दकन के एक राजा भोज ने अपने छोटे बेटे से नाराज़ होकर उसे इस निर्जन क्षेत्र में भेज दिया। भोज के साथियों में कुछ असाधारण गणितज्ञ और ज्योतिष भी थे। उन्होंने यहाँ क़िला बनाया और उसके आसपास तिलिस्मी बाग़ की संरचना की। राजा भोज की एक अति सुन्दर पुत्री नर्बदाल पैदा हुई। बड़ी हुई तो उसके सौन्दर्य की ख्याति दूर-दूर तक जा पहुँची। सोनभद्र नामक एक जोगी उस पर आशिक़ हो गया और वहीं क़िले के पास महल बनाकर रहने लगा। सोनभद्र ने इस शर्त पर नर्बदाल को बकावली का अप्राप्य फूल लाकर दिया कि वह किसी से शादी न करेगी। इसी मध्य एक शहज़ादा बकावली से आशिक़ी का दम भरने लगा और राजा भोज ने उसकी याचना स्वीकार कर ली। जब बारात आयी तो सोनभद्र को सारे मामले का पता चला और उसने अभिशाप दिया कि बकावली पानी होकर बह जाये। उसी दिन से यह पानी एक नदी के रूप में जारी है और इसे 'नर्बदाल' के रिआयत से 'नर्बदा' कहा जाता है।[80]

हाल ही में मुहम्मद अबदुल्लाह क़ुरैशी ने गुलबकावली के बारे में एक आलेख प्रकाशित किया है।[81] उनका कथन है कि यह कथा एक सत्य घटना पर आधारित है। पचास वर्ष पहले एक तिलिस्म बकावली एक्सपलोरिंग एसोसिएशन स्थापित की गयी थी। उसने बड़ी छानबीन के बाद यह निष्कर्ष निकाला कि यह क़िस्सा केवल फ़र्ज़ी अफ़साना नहीं। बकावली का क़िला होशंगाबाद और अमर कंटक के क्षेत्र में था। यह क्षेत्र इस वक़्त कोसों लम्बी और बहुत गहरे दलदल में घिरा हुआ है। बकावली का तालाब, मन्दिर और फ़व्वारा दुर्दशाग्रस्त स्थिति में पाये गये हैं। इस क्षेत्र में एक क्षतिग्रस्त इमारत लखापतुरिया का महल कहलाती है। सम्भवतः यह दिलबर बेस्वा का मकान था, जहाँ उसने जुए की बाज़ी में चारों शहज़ादों को मात दी थी। मुहम्मद्दीन फ़ौक़ ने अपने अख़बार कश्मीरी लाहौर में 1910 ई. में लिखा था कि अमर कंटक हिन्दुओं का तीर्थ है। नर्बदा नदी यहीं से निकलती है। आगे चलकर सोन और नर्बदा नदियों की वादी में मोंडा के पास एक बड़ा जंगल है जो अब बकावली का बाग़ कहलाता है। इस जंगल में हल्दी के रंग के फूल आमतौर पर खिलते हैं। मशहूर है कि इनका रस आँखों में डालने से सूजन आदि से फ़ायदा होता है, कहा जाता है कि

बकावली का मूल पेड़ गायब हो चुका है और मौजूदा फूल साथियों के सौन्दर्य के असर से मूल गुलबकावली की कुछ विशेषाएँ रखते हैं। आँखों के रोग से सम्बन्धित इन फूलों के असर का समर्थन ख़ान बहादुर मौलवी रहमान अली वकील दरबार रीवां ने भी अपनी किताब 'तोहफ़ए ख़ान बहादुर' में किया है।

इस प्रकार गुलबकावली की असलियत के बारे में कई तरह की रिवायतें बयान की जाती हैं। ये सही हैं या ग़लत, इतनी बात प्रातःकाल की तरह स्पष्ट है कि अपनी मौजूदा हालत में गुलबकावली के क़िस्से की रचना भारत ही में हुई। हिन्दुओं और मुसलमानों के मेलजोल से भारतीय जीवन में ग्रहण व स्वीकार करने की जो प्रक्रिया शुरू हुई थी, गुलबकावली का क़िस्सा उसका सफल प्रतिनिधित्व करता है।

क़िस्से की दृष्टि से मसनवी गुलज़ारे नसीम के दो हिस्से कहे जा सकते हैं। पहला शहज़ादे के गुलबकावली की तलाश में निकलने से लेकर शादी हो जाने तक और दूसरा इन्द्रसभा की घटना से बकावली के दोबारा पैदा होने तक। यूं तो सारी मसनवी में हिन्दी और ईरानी तत्त्व मिले जुले नज़र आते हैं, लेकिन पहले हिस्से में ईरानी रंग हावी है और दूसरे में भारतीय। क़िस्से का वातावरण उस ज़माने में प्रचलित दास्तानों जैसा है। मसनवी के पात्रों में कुछ नाम फ़ारसी हैं और कुछ हिन्दी। ज़ैनुलमलूक, ताजुलमलूक आदि ईरानी नाम हैं और चतुरसेन, चित्रावत आदि हिन्दी नाम हैं। दिलबर बेस्वा के नाम में दिलबर फ़ारसी शब्द है और बेस्वा हिन्दी। इसी तरह शब्द 'गुल' फ़ारसी है और 'बकावली' तद्भव हिन्दी शब्द है जो संस्कृत बक या बगुला से निकला है। बक संस्कृत में बगुला को कहते हैं। यह शब्द बगुले के साथ कमल के अर्थों में भी पाया गया है। बकुल संस्कृत में एक ऐसे काल्पनिक पेड़ का नाम है, जिस पर अगर कोई नौजवान औरत अपने मुँह से शराब छिड़क दे तो फूल खिल उठें।[82] बकुल 'शीध गन्ध्व' और 'स्नेह केशर' अर्थात मौलसिरी के फूल के अर्थों में भी प्रयोग होता है।[83] अनुमान है कि 'बकावली' का शब्द इसी ब्रकुल से निकला होगा और सम्भव है किसी समय में ऐसा कोई फूल आँखों की बीमारियों के लिए इस्तेमाल होता हो।

मसनवी के पहले हिस्से की कुछ दास्तानें हिन्दी हैं और कुछ इस्लामी। डॉ. ज्ञान चन्द जैन ने इसकी तरफ कुछ संकेत किये हैं।[84] दिलबर बेस्वा का चौसर खेलना स्थानीय परिवेश से ग्रहण किया गया है। क़िस्से में लिंग बदलने का उल्लेख है। यह महाभारत से ग्रहण किया गया है। जहाँ उद्योग पर्व में शिखंडी एक यक्ष से लिंग बदलकर पुरुष बन जाता है। ऐसी घटनाओं का उल्लेख बेताल पचीसी आदि कहानियों में भी मिलता है।

क़िस्सा गुलबकावली के कुछ तत्त्व इस्लामी दास्तानों से भी मिलते-जुलते हैं। जैसे ताजुलमलूक अपने भाइयों को क़ैद से रिहा कराता है, लेकिन वे उसके साथ दग़ा करते हैं। यह मूल रूप से हज़रत यूसुफ़ का क़िस्सा है। फूल या किसी और चीज़ को आँखों से लगाने से रोशनी का वापस आना हज़रत याक़ूब की घटना से भिन्न नहीं। देवों के द्वारा

महल तैयार करना 'अलादीन के चिराग़' में भी पाया जाता है। बकावली के क़िस्सा में तिलिस्म का जो रहस्यमयी वातावरण तैयार किया गया है उसके नमूने अमीर हमज़ा, अलिफ़ लैला और बोस्ताने ख़याल में बहुलता से मिल जाते हैं।

बकावली की शादी के बाद क़िस्से का दूसरा हिस्सा शुरू होता है जो भारतीय लोक कथाओं से ग्रहित हैं। इसमें रुमान का वातावरण राजा इन्द्र और परियों की चर्चा को उकेरा गया है। राजा इन्द्र और अप्सराओं की कहानियाँ भारतीय साहित्य में आमतौर पर मिलती हैं और हर भारतीय इनसे भली-भांति परिचित है।

दयाशंकर नसीम ने राजा इन्द्र को यूं प्रस्तुत किया :

ख़ालिक़ ने दिया है फ़ौक़ उसको — नग़मे से है ज़ौक़ शौक़ उसको
इंसाँ का सरोदो रक़्स क्या है — परियों का नाच देखता है
बारी-बारी से जो परी है — राजा इन्द्र की मुजरई है
लेकिन जो बकावली दिल अफ़गार — बारी पे पहुँच सकी न बीमार
इक शब राजा था महफ़िल आरा — याद आयी बकावली दिल आरा

अतः आदेश हुआ कि बकावली को धरती से लाया जाये। यह घटना विक्रम उर्वशी से मिलती-जुलती है। महाभारत के आदि पर्व में राजा इन्द्र इसी तरह अपनी अप्सरा उर्वशी को तलब करता है जो एक ज़मीनी इंसान विक्रम के प्रेम में गिरफ़्तार हो गयी थी। बकावली शहज़ादे को पखावजी बनाकर इन्द्र सभा में ले जाती है। युक्ति कारगर नहीं होती। बकावली एक मठ में क़ैद कर दी जाती है। रानी चित्रावत उस मठ को खुदवा देती है। उस मिट्टी से उगने वाली सरसों के तेल से किसान की पत्नी गर्भधारण करती है और बकावली फिर से पैदा होती है। ये सारी कल्पनाएँ भारत की प्राचीन कथाओं के रंग में रंगे हुए हैं। अमानत की इन्द्र सभा का पहला चिह्न भी क़िस्से के इसी हिस्से में मिलता है।

गुलज़ारे नसीम में हिन्द-ईरानी तत्त्वों का मेल बहुत अच्छी तरह से हुआ है। मसनवी का आरम्भ हम्द व ना'त से होता है। यहाँ भी दयाशंकर नसीम ने हम्दे बारी के साथ शब्द 'हर' का प्रयोग किया है। इससे दोनों धर्मों के सम्मान को ध्यान में रखा गया है।

एक और स्थान जहाँ पर शकुन-विचार का उल्लेख है वहाँ ज्योतिष विज्ञान की ओर भी संकेत किया है :

सय्यारों से करके इस्तख़ारा
उस बुर्ज के रुख़ वो मह सुधारा

क़िस्से के घटना स्थल के सम्बन्ध में फ़िरदौस, गुलज़ारे इरम, और गुलशन

निगारीं के ईरानी नाम बार-बार आये हैं, लेकिन ये काल्पनिक और फ़र्ज़ी हैं। सिंगलद्वीप भारतीय नाम है जिसका उल्लेख विभिन्न लोक कथाओं में मिलता है। मसनवी के आरम्भ में सुल्तान ज़ैनुल मलूक को पूरब का बादशाह कहा गया है, इससे तात्पर्य भारत ही है। इसकी व्याख्या उस मौक़े पर हो गयी है जहाँ ताजुलमलूक शादी के बाद बकावली के साथ स्वदेश लौटता है :

ग़ुर्बत में वतन की धुन समायी
उस फ़ील को यादे हिन्द आयी

कहने को इस क़िस्से के पात्र स्वर्ग और परिस्तानों में रहते हैं लेकिन उनके शिष्टाचार व रीति-रिवाज भारतीयों जैसे हैं। ताजुलमलूक जब ज़ैनुल मलूक की पेशवाई को आता है तो इस शान से :

जो जो कि तवाज़आत हैं आम   ले आये ख़वास नाज़ुक अंदाम
चिकनी डली, इत्र, इलाइची, पान   नक़ल व मय व जाम व ख़्वाने अलवान

बरात का इन्तज़ाम भी भारतीय ढंग से दिखाया गया है। जुलूस में हाथी शामिल होते हैं। दूल्हा के सेहरा बाँधा जाता है, सिर पर चतर रखा गया है, चंवर हिलाया जाता है और हर ओर 'हरियाले बन्ने' के शोर व ग़ुल में कान पड़ी आवाज़ सुनायी नहीं देती, फूलों के हारों, धुआंधार पेचवानों, पान के बीड़ों और चिकनी सुपारी से सत्कार किया जाता है। आरसी मसहफ़, शहाने, नेग देना, टोना गाना, यह सब भारतीय रस्में हैं।

पुराने ज़माने में विदाई के समय पर आईना पर पानी डालकर देखते और उससे फ़ाल लेते थे :

अश्कों से शगूं लिया निराला
आईनए रुख़ पे पानी डाला

कुछ अश्आर में भारतीय रागों के नाम भी आ गये हैं :

वो पूरबी करके जोगिया भेष   जंगल की राह से चला परदेस
वो नाचने क्या खड़ी हुई थी   ख़ुद रागिनी आ खड़ी हुई थी

दयाशंकर नसीम बहुत ही बुद्धिमान और तीव्र स्वभाव वाले थे। भाषा और शैली पर असाधारण दक्षता प्राप्त थी। बीस पच्चीस वर्ष की अवस्था में शे'र कहने की कला में वह कमाल पैदा किया कि उनकी मसनवी की गणना उर्दू की अमर कृतियों में की जाती है। नसीम चमत्कारपूर्ण शैली और भावपरकता पर जान छिड़कते थे। मीर हसन जैसी तपिश व द्रवित करने का तत्त्व उनके यहाँ नहीं। न वह रोज़मर्रे और मुहावरों के बादशाह हैं लेकिन शब्दों की शान, संक्षेप, शाब्दिक

समानुपात, सूक्ष्मता, रूपकों की नज़ाकत, और उपमाओं की परिपक्वता में उनका एक ख़ास रंग है। वह लखनऊ की रंगीन, लोचदार और अलंकृत भाषा के प्रतिनिधि शायर हैं। स्वभावतः चूँकि मुश्किल पसन्द थे, सहजता और घुलावट उनके कलाम में नहीं। अलबत्ता कहीं-कहीं औपचारिकताओं से हटकर बड़े ही सादा और सहसा शे'र कहे हैं, जो कहावतों की श्रेणी में आते हैं।

आता हो तो हाथ से न दीजै जाता हो तो उसका ग़म न कीजै
मुँह फेर के एक मुस्करायी आँख एक ने एक को दिखायी
चितवनों को मिला के रह गयी एक होंठों को हिला के रह गयी एक

खाते ही हमल का रंग पाया
सरसों सा हथेली पर जमाया

मीठा रस इस देव को खिलाओ
गुड़ से मरे तो ज़हर क्यों दो

काँटों में अगर न हो उलझना
थोड़ा लिखा बहुत समझना

समझाने से था हमें सरोकार
अब मान न मान तू है मुख़्तार

क्या लुत्फ़ जो ग़ैर पर्दा खोले
जादू वो जो सिर चढ़के के बोले

दोनों की रही न जान तन में
काटो तो लहू न था बदन में

क़िस्से के आख़िर में बहराम वज़ीर ज़ादा और रूह अफ़ज़ा दृश्य पर आते हैं। यह एक गौण कथा है जिसका सम्बन्ध क़िस्से से बहुत कम है। मूल क़िस्से का लेखक इस्लामी शरीयत से परिचित मालूम होता है। इसका एक प्रमाण क़िस्से का अन्त भी है जहाँ ताजुलमलूक चार बीवियों के साथ लौटता दिखाया गया है। इस क़िस्से में मसनवी के नायक का साब्क़ा चार औरतों से पड़ता है। दिलबर बेस्वा, देवनी की बेटी महमूदा, रानी चित्रावत और बकावली। फ़लस्वरूप शहज़ादा चारों ही को अपने साथ रखता है।

मुद्दत के बाद घर में आये   खोये हुए जैसे सबने पाये
फ़िरदौस की बेस्वा वो दिलबर   महमूदा देवनी की दुख़्तर
चित्रावत चतुरसेन की जान   आरामे इरम बकावली जान
इन चारों में एक मस्ते बादा   पूरब का बादशाह ज़ादा

इस क़िस्से के विभिन्न हिस्सों पर ध्यान देने से यह बात शोध के निष्कर्ष को पहुँच जाती है कि फूलबन और क़िस्सए बद्रे मुनीर व बेनज़ीर की तरह गुलबकावली के क़िस्से की आमफ़ज़ा भी दास्तानों की सी है। लेकिन मौजूदा हालात में ये क़िस्से न तो हिन्दी मूल के हैं और न फ़ारसी मूल के। इनमें इस्लामी दास्तानों और हिन्दी लोक कहानियों के तत्त्व साथ-साथ शोभित नज़र आते हैं। इनके कुछ हिस्सों में अमीर हमज़ा, अलिफ़ लैला, याक़ूब व युसूफ़ और बोस्ताने ख़याल से मिलती-जुलती घटनाएँ पायी जाती हैं, तो कुछ हिस्से भारतीय क़िस्से कहानियों, राजा इन्द्र से सम्बन्धित प्रसिद्ध लोक कथाओं, पंच-तन्त्र, शक सप्तती और बेताल पचीसी से लिये गये हैं। इन आन्तरिक साक्ष्यों के आधार पर स्वीकार करना पड़ता है कि इन क़िस्सों की रचना हिन्दू-मुस्लिम मेल-जोल के परिणाम से हुई। मुसलमानों और हिन्दुओं के मेल मिलाप के बाद भारत में सामाजिक और सांस्कृतिक स्तर पर शिरकत और अनुराग की जो प्रक्रिया शुरू हुई थी, लोक कथाओं और कहानियों ने भी इससे गहरे प्रभाव क़बूल किये और मिश्रित प्रकार के हिन्द ईरानी क़िस्से अस्तित्व में आये। फूलबन, सहरुलबयान और गुलबकावली इसे ग्रहण करने और स्वीकार करने के श्रेष्ठ उदाहरण हैं। इन मसनवियों के कुछ हिस्से हिन्दी हैं, कुछ इस्लामी, लेकिन मसनवी निगारों ने इन्हें अपनी कल्पना के सांचे में इस ख़ूबी और सुगढ़ता से बिठाया है कि इन में अरब के हृदय की तपिश, अजम की नफ़ास्त और हिन्द की कोमलता ने आपस में मिलकर नज़रों को धोखा देने वाली एक जादुई स्थिति उत्पन्न कर दी है।

सन्दर्भ

1. फूलबन, इब्न निशाती सं. अब्दुलक़ादिर सरवरी, हैदराबाद 1938 ई, पृष्ठों की संख्या 174/119.
2. वही, भूमिका, पृ. 112
3. ब्लूमहार्ट इंडिया, नम्बर 103
4. वही, 'मज्मुआ' में सम्मिलित नं. 122
5. फूलबन, भूमिका, पृ. 112
6. सालारजंग, पृ. 595
7. आसफ़िया, जिल्द 2, पृ. 1500
8. इदारा अदबियात, खंड 1-49 खंड 2-23 और 33
9. फूलबन सं. शेख़ चाँद इब्न हुसैन, कराची, 1955 ई.
10. -वही-

11. फूलबन सन्दर्भ पाठ, पृ. 22
12. अब्दुल क़ादिर सरवरी, उर्दू मसनवी का इर्तिक़ा, पृ. 75
13. ब्लूमहार्ट, ब्रिटिश कुतुब 112
14. इंडिया मतबूआत, पृ. 164
15. ब्लूम हार्ट, ब्रिटिश कुतुब 113
16. उर्दू ड्रामा, इशरत रहमानी, पृ. 183 और 204
17. –वही–, पृ. 212
18. –वही–, पृ. 220
19. –वही–, पृ. 226 और इंडिया मतबूआत, पृ. 99
20. –वही–, पृ. 226
21. सिद्दीक़, पृ. 7
22. इंडिया मतबूआत, पृ. 96
23. ब्लूमहार्ट, ब्रिटिश कुतुब, पृ. 113
24. ब्लूमहार्ट, ब्रिटिश परिशिष्ट 167, इसका पहला संस्करण 1871–72 ई. में इलाहाबाद से प्रकाशित हुआ, मक़ालात दत्तासी पृ. 211
25. हिन्दी कुतुब, ब्रिटिश, कालम 65
26. इंडिया हिन्दी, पृ. 68
27. हिन्दी कुतुब ब्रिटिश, कालम 12
28. इंडिया पंजाबी, पृ. 18 तथा पंजाबी कुतुब, ब्रिटिश कालम 22
29. पश्तो कुतुब, ब्रिटिश कालम 21
30. यादगारे नसीम सं. असग़र, भूमिका, पृ. 11
31. उर्दू मनसवी का इर्तिक़ा, पृ. 115
32. ईथे नम्बर 828 और 829 तथा बर्लिन कैटलाग पृ. 996 (सन्दर्भ बाड्लीन पृ. 1290)
33. –वही–
34. मआरिफ़, अगस्त 1946 ई. पृ. 130 बांकीपुर जि. 7 पृ. 185
35. सन्दर्भ मज़ामीन हाशमी, पृ. 448
36. नस्री दास्तानें, 162
37. मसनवियाते रासिख़ भूमिका पृ. 102
38. सुख़ने शुअरा, पृ. 363
39. शिंप्रगर पृ. 635 तथा दत्तासी, ख़ुतबात 156
40. वही, पृ. 634 और 635
41. –वही–
42. –वही–
43. –वही–
44. मआरिफ़, अगस्त 1946 ई.
45. शिप्रंगर, पृ. 634
46. मसनवियात अमीर अहमद अलवी, पृ. 51
47. शिंप्रगर पृ. 634, दत्तासी इसके बारे में लिखता है कि 'यह नज़्म दूसरी नज़्मों से लम्बी है। इसमें 4 अध्याय हैं और हर अध्याय की कल्पना गुलशन से की गयी है।' ख़ुतबात 156
48. आसारुश्शुअराए हुनुद पृ. 135, बाड्लीन पृ. 1290 तथा एशियाटिक नम्बर 1741, इदारा अदबियात

जिल्द नम्बर 261-97-69 जिल्द दोम 151-121, जिल्द सोम 635

49. ब्लूम हार्ट, ब्रिटिश पृ. 143, (ब्रिटिश म्युज़ियम में इस किताब के ग्यारह 'विभिन्न संस्करण सुरक्षित हैं) हिन्दी में मज़हबे इश्क़ का अनुवाद 'बका व सुमन' के नाम से बीज सिंह वर्मा ने किया। लखनऊ 1974 ई.। निहाल चन्द के क़िस्से के जवाब में शाह फ़क़ीरुल्लाह हैदर वरगंली ने क़िस्सा तनावली लिखा (इदारा अदबियात अव्वल 205)
50. इंडिया मतबुआत, पृ. 140-141
51. मआरिफ़, 1946 ई., पृ. 130
52. मआरिफ़ अगस्त 1946, पृ. 130
53. अगर 'गुलबाग़ बहार' को तारीख़ी नाम स्वीकार किया जाये तो रचना का वर्ष 1261 हि. बरामद होता है।
54. विवरण जनाब मसऊद हसन रिज़वी अदीब लखनऊ द्वारा प्रेषित
55. सूची लाइब्रेरी, पृ. 70
56. उर्दू ड्रामा, इश्रत रहमानी, पृ. 204
57. इंडिया मतबुआत, पृ. 97
58. इदारा मतबुआत, पृ. 147, तथा सिद्दीक़ 308
59. उर्दू ड्रामा, पृ. 209
60. -वही-, पृ. 212
61. -वही-, पृ. 317
62. ब्लूमहार्ट ब्रिटिश, पृ. 88
63. -वही-
64. -वही-, पृ. 100
65. सन्दर्भ नस्री दास्तानें, पृ. 587
66. ब्लूमहार्ट ब्रिटिश, पृ. 100
67. ब्लूमहार्ट परिशिष्ट, पृ. 387
68. अ. क. म. मई 1931 ई., पृ. 63
69. पश्तो कुतुब ब्रिटिश, कालम 10
70. -वही-, कालम 11
71. -वही-, कालम 18
72. कैटलाग गुजराती कुतुब, ब्रिटिश, म्युज़ियम, ब्लूमहार्ट, पृ. 64
73. इंडिया हिन्दी पृ. 61 तथा हिन्दी कुतुब, ब्रिटिश कालम 71
74. हिन्दी कुतुब ब्रिटिश कालम 71
75. कैटलाग बंगाली किताबें, ब्रिटिश म्युज़ियम, ब्लूमहार्ट, पृ. 37
76. अमर कंटक नर्बदा नदी का उद्गम है। यहाँ एक पुराना हौज़ अभी तक मौजूद है जिसके बारे में कहा जाता है कि नर्बदा नदी पहले पहल यहीं से बहना शुरू हुई थी। (इम्पीरियल गज़ेटियर ऑफ़ इंडिया, खंड 5 पृ. 274)
77. संक्षिप्त गुलदस्तए हैरत पृ. 1-22, लखनऊ 1293 हि.
78. हिन्दी शब्दसागर, श्यामसुन्दर दास, नागरी भाषा प्रचारिणी सभा, बनारस, 1916 ई. पृ. 828
79. अदीब, जून 1921 ई., पृ. 10
80. फ़रहंगेआसफ़िया, खंड चार 54-56
81. नक़ूश, लाहौर, जून 1958, पृ. 270-282

82. संस्कृत हिन्दी कोश, ए. ए. मॅकडॉनल्ड, लंदन 1893 ई. पृ. 191

83. शब्दार्थ चिन्तामणी द्वारा सुखानन्दनाथ (संस्कृत) आगरा 1921 वि., खंड 3, पृ. 339

84. डॉ. ज्ञानचन्द जैन, नस्री दास्तानें, पृ. 162

सन्दर्भ ग्रन्थ

- उर्दू ड्रामा, तारीख़ व तन्क़ीद द्वारा इशरत रहमानी, लाहौर 1957 ई.
- उर्दू शहपारे, डॉ. सैयद मुहिउद्दीन क़ादरी ज़ोर, हैदराबाद, 1929 ई.
- उर्दू की नस्री दास्तानें, डॉ. ज्ञानचन्द जैन, कराची, 1954 ई.
- उर्दू मसनवी का इर्तिक़ा, अब्दुल क़ादिर सरवरी, हैदराबाद, 1940 ई.
- उर्दू-ए-क़दीम, शम्सुल्लाह क़ादरी, लखनऊ, 1925 ई.
- अफ़साना पद्मिनी, मु. एहतिशमुद्दीन देहलवी, दिल्ली, 1939 ई.
- अकबर नामा, अबुल ७फ़ज़ल अलामी, जिल्द 3, संशोधन मौलवी अब्दुल रहीम, कलकत्ता, 1886 ई.
- एक मशरिक़ी कुतुब ख़ाना, स्काट ओ क्विंज़ अनुवाद मुबारज़ुद्दीन रिफ़अत, अलीगढ़, 1950 ई.
- बिहार में उर्दू ज़बान व अदब का इर्तिक़ा, अख़्तर ओरीनवी, पटना, 1957 ई.
- बैताल पच्चीसी, रामकुमार प्रेस, लखनऊ 1954 ई.
- पद्मावत (अवधी) मलिक मुहम्मद जायसी, सम्मिलित जायसी ग्रन्थावली सम्पादक माता प्रसाद गुप्त, इलाहाबाद 1952 ई.
- पद्मावत भाषा अनुवादक, इनायत अली बेग इनायत, कानपुर, 1898 ई.
- पद्मावत भाषा अनु. पंडित भगवती प्रसाद पांडेय अनुज, लखनऊ
- पंजाबी क़िस्से फ़ारसी ज़बान में (जिल्द अव्वल) डॉ. मुहम्मद बाक़र, लाहौर,1957 ई.
- पंजाबी अदब की तारीख़, अब्दुल ग़फ़ूर क़ुरैशी, लाहौर, 1956 ई.
- तारीख़े अदब उर्दू, रामबाबू सक्सेना, अनुवाद मिर्ज़ा मुहम्मद अस्करी, लखनऊ 1929 ई.
- तारीख़े फ़रिश्ता, नवल किशोर, लखनऊ, 1874 ई.
- तारीख़े मुबारक शाही, यहिया बिन अहमद बिन अब्दुल्लाह ईसहरन्दी सम्पादक मुहम्मद हिदायत हुसैन, कलकत्ता, 1931 ई.

- तारीख़े मसनवियाते उर्दू, जलालुद्दीन अहमद जाफ़री, लाहौर द्वितीय संस्करण
- (तज़्किरा) आसारुश्शुअराए हुनूद, देवी प्रसाद बश्शाश, लखनऊ, 1299 हि.
- चमनिस्ताने शुअरा, लक्ष्मी नारायण शफ़ीक़, औरंगाबाद, 1928 ई.
- ख़ुमख़ानए, जावेद, श्रीराम, लाहौर, जिल्द 1-5/1908-1940 ई.
- दो तज़्किरे (इश्क़ी व शोरिश) सम्पादक कलीमुद्दीन अहमद, पटना, 1959 ई.
- तज़्किरए रेख्तः गोयान, फ़तह अली हुसैनी गर्देज़ी, औरंगाबाद, 1933 ई.
- सरापासुख़न, मीर मुहसिन अली मुहसिन, लखनऊ, 1277 हि.
- सुख़न शुअरा, अब्दुल ग़फ़ूर ख़ाँ नस्साख़, नवल किशोर, लखनऊ 1874 ई.
- तज़्किरए शुअराए उर्दू, मीर हसन, दिल्ली, 1940 ई.
- शम्मए अंजुमन, नवाब सैयद मुहम्मद सिद्दीक़ हसन ख़ाँ, मत्बा शाहजहानी, भोपाल, 1293 हि.
- तब्क़ाते सुख़न (क़लमी) क़ुदरतुल्लाह शौक़, कुतुबख़ाना आसफ़िया, हैदराबाद
- तज़्किरए गुले राना (क़लमी) शफ़ीक़ औरंगाबादी, मकतूबा 1186 हि. संग्रहालय कुतुबख़ाना सालार जंग, हैदराबाद
- गुल अजाइब, असद अली तमन्ना, औरंगाबाद, 1936 ई.
- गुलज़ारे इब्राहीम मअ गुलशने हिन्द, अली इब्राहीम ख़ाँ व मिर्ज़ा अली लुत्फ़, लाहौर, 1906 ई.
- गुलशने बेख़ार, मुहम्मद मुस्तफ़ा ख़ाँ शैफ़्ता, लखनऊ, 1874 ई.
- मआसरुलउमरा, नवाब समसामुद्दौला शाहनवाज़ ख़ाँ, संशोधित मौलवी मिर्ज़ा अशरफ़ अली, एशियाटिक सोसायटी बंगाल, कलकत्ता जिल्द 3, 1309 हि.
- माअसरुलकराम, दफ़्तर सानी मौसूम ब सरो आज़ाद, मीर ग़ुलाम अली आज़ाद बिलग्रामी संशोधित अब्दुल्लाह ख़ाँ, हैदराबाद, 1913 ई.
- मज्मउलइंतिख़ाब, क़लमी, शाह कमालुद्दीन, सालारजंग म्युज़ियम, हैदराबाद
- मज्मुअए नग़्ज़, क़ुदरतुल्लाह क़ासिम, सम्पादक महमूद शिरानी, लाहौर, 1933 ई.
- महबूबज़्ज़मन (तज़्किरा शुअराए दकन) मुहम्मद अब्दुल जब्बार ख़ाँ सूफ़ी, मल्कापुरी खंड प्रथम व द्वितीय, हैदराबाद, 1329 हि.
- तज़्किरा मक़ालातुश्शुअरा, मीर अली शेर क़ानेअ ठठवी सम्पादक सैयद हिसामुद्दीन राशिदी, कराची, 1957 ई.,
- निकातुश्शुअरा, मीर तक़ी मीर, औरंगाबाद, 1935 ई.
- मख़ज़ने निकात, मुहम्मद, क़ियामुद्दीन क़ाइम, औरंगाबाद, 1929 ई.
- हिन्दू शुअरा, ख़्वाजा इशरत लखनवी, लखनऊ, 1931 ई.
- तज़्किरए हिन्दी, शेख़ ग़ुलाम हमदानी मुसहफ़ी, दिल्ली, 1933 ई.
- यादगार शुअरा, तुफ़ैल अहमद, इलाहाबाद, 1943 ई.

- ख़ज़ाइनुलफ़ुतूह, अमीर ख़ुसरो (अंग्रेज़ी अनुवाद मुहम्मद हबीब) बम्बई 1931 ई.
- ख़ुतबात गारसां दत्तासी, औरंगाबाद, 1935 ई.
- ख़ुलासतुलतवारीख़ द्वारा सुब्हान राय भंडारी सम्पादन एम., ज़फ़र हसन, दिल्ली, 1918 ई.
- दकन में उर्दू, नसीरुद्दीन हाशमी, हैदराबाद 1936 ई.
- दीवान अमानत, सम्पादक सैयद आग़ा हसन लताफ़त, क़ौमी प्रेस, लखनऊ 1307 हि.
- (दीवान) मुहब्बत मज़हर, हरचन्द राय हर चन्द, मेरठ, 1297 हि.
- सस्सी-पुन्नूं, लाहौर, 1904 ई.
- सस्सी हाशिम (पंजाबी) हरनाम सिंह शान, अम्बाला, 1956 ई.
- सआदत यार ख़ाँ रंगीन, डॉ. साबिर अली ख़ाँ, कराची, 1956 ई.
- सौदा, शेख़ चाँद, औरंगाबाद, 1936 ई.
- शब्दार्थ चिन्तामणि (संस्कृत) सुखदानन्द नाथ, आगरा, 1921 विक्रमी
- शेरुलअजम, शिब्ली नोमानी, लाहौर, 1924 ई.
- शकुन्तला मंज़ूम, मुहम्मद, फ़ारुक़ वहशत बरेलवी, 1946 ई.
- शकुन्तला या अंगुश्तर गुमशुदा, अली असग़र हिकमत, दिल्ली, 1957 ई.
- तबक़ाते अकबरी, ख़्वाजा निज़ामुद्दीन अहमद, खंड एक सम्पादन बी.डी., कलकत्ता, 1927 ई.
- फ़तूहुस्सलातीन, मौलाना असामी सम्पादन डॉ. मेहदी हुसैन, आगरा, 1938 ई.
- फ़रहंगे आसफ़िया, सैयद अहमद देहलवी, दिल्ली, 1895 ई.
- कुल्लियाते सौदा, सम्पादक अब्दुल बारी आसी, लखनऊ, 1932 ई.
- कुल्लियाते मुहम्मद क़ुली क़ुतुब शाह, सम्पादक डॉ. मुहिउद्दीन क़ादरी ज़ोर, हैदराबाद, 1940 ई.
- कुल्लियाते मीर तक़ी मीर, सम्पादक अब्दुलबारी आसी, लखनऊ, 1941 ई.
- कैटलाग : विभिन्न हिन्दुस्तानी और यूरोपी पुस्तकालयों में संग्रहित उर्दू, फ़ारसी और हिन्दुस्तानी क्षेत्रीय भाषाओं की पांडुलिपियाँ व प्रकाशनों के विस्तृत सूचियों के विवरण के लिए संक्षेप सूची देखें।
- गारसाँ दत्तासी और उसके हमअस्र बहीख़्वाहाने उर्दू—डॉ. मुहिउद्दीन क़ादरी ज़ोर, हैदराबाद तृतीय संस्करण, 1941 ई.
- गुलदस्तए हैरत, मुहम्मद याक़ूब, लखनऊ, 1876 ई.
- मसनवी अस्रारे मुहब्बत, (क़लमी) मुहब्बत ख़ाँ मुहब्बत, कुतुब ख़ाना रिज़ाइया रामपुर, निशान नज़्म 528

- मसनवी अस्रारे मुहब्बत, सम्पादक हसरत मोहानी, उर्दूए मुअल्ला प्रेस, अलीगढ़
- मसनवी अफ़सानए ग़म, हरचन्द राय हरचन्द, लखनऊ, 1282 हि.
- मसनवी पद्मावत शमा व परवाना (क़लमी) ज़ियाउद्दीन इब्रत व ग़ुलाम अली इशरत, कुतुबख़ाना अंजुमन तरक़्क़ी उर्दू अलीगढ़, निशान 630/75
- शमा व परवाना (क़लमी), लिटन लाइब्रेरी, अलीगढ़, निशान 108/50
- शमा व परवाना, प्रकाशक मुस्तफ़ाई, 1265 हि.
- मसनवी पद्मावत, मुहम्मद क़ासिम अली बरेलवी, नवल किशोर, कानपुर 1873 ई.
- मसनवी फूलबन, इब्न निशाती, सम्पादक अब्दुल क़ादिर सरवरी, हैदराबाद 1938 ई.
- मसनवी फूलबन, इब्न निशाती, सम्पादक शेख़ चाँद इब्न हुसैन, कराची, 1955 ई.
- मसनवी पयाम सावित्री, जिगर बरेलवी, लखनऊ, 1951 ई.
- मसनवी तस्वीरे जानां (क़लमी) शफ़ीक़ औरंगाबादी, कुतुबख़ाना रिज़ाइया रामपुर, निशान 532 ब
- मसनवी चन्द्रबदन व महियार (क़लमी) मुक़ीमी, कुतुबख़ाना अंजुमन तरक़्क़ी उर्दू, अलीगढ़, निशान 619/64
- मसनवी चन्द्रबदन व महियार, मुक़ीमी, सम्पादक मुहम्मद अकबरुद्दीन सिद्दीक़ी, हैदराबाद, 1956 ई.
- मसनवी ख़ुर्शीदे रौशन, इनायतुल्लाह रौशन बदायूनी, लखनऊ, 1904 ई.
- मसनवी सत्वंत मैना, (क़लमी) ग़वासी, कुतुबख़ाना अंजुमन तरक़्क़ी उर्दू, अलीगढ़, निशान 627/72
- मसनवी सरापा सोज़, मुहम्मद सादिक़ ख़ां अख़्तर, लखनऊ, 1885 ई.
- मसनवी सिंहासन बत्तीसी विक्रमाजीत (क़लमी) संग्रह सर शाह सुलेमान, लिटन लाइब्रेरी, अलीगढ़ निशान 115
- मसनवी सिंहासन बत्तीसी (वीर विक्रम) क़लमी, कुतुबख़ाना अंजुमन तरक़्क़ी उर्दू, अलीगढ़, निशान 604/49
- मसनवी सिंहासन बत्तीसी, रंग लाल चमन, नवल किशोर, कानपुर, 1869 ई. मसनवी सोज़ व गुदाज़, शौक़ नीमवी, पटना, 1924 ई.
- मसनवी तालिब व मोहिनी, सैयद मुहम्मद वाला, सम्पादक डॉ. मुहिउद्दीन, क़ादरी ज़ोर, हैदराबाद, 1957 ई.
- मसनवी तूतीनामा, ग़वासी, सम्पादक सआदत अली रिज़वी, हैदराबाद, 1939 ई.
- मसनवी ऊद व सन्दल (क़लमी) अमीरी, कुतुबख़ाना अंजुमन तरक़्क़ी उर्दू, अलीगढ़ निशान 640/85

- मसनवी क़ुतुब मुश्तरी, वजही, सम्पादक मौलवी अब्दुलहक़, दिल्ली 1939 ई.
- मसनवी कामरूप और कलाकाम (क़लमी) कुतुबख़ाना अंजुमन तरक़्क़ी उर्दू, अलीगढ़, निशान 566/13
- मसनवी कामरूप व कला द्वारा तहसीनुद्दीन, सम्पादक गारसां दत्तासी प्रकाशन, पेरिस, 1835 ई.
- मसनवी गुलदस्तए मर्सरत, अता अली ख़ाक, कानपुर, 1285 हि.
- मसनवी गुलज़ारे नसीम (यादगारे नसीम) सम्पादक असग़र गोंडवी, इलाहाबाद, 1930 ई.
- मसनवी गुलशने इश्क़, इनायतुल्लाह रौशन, लखनऊ, 1895 ई.
- मसनवी गुलशने इश्क़, नुसरती, सम्पादक मौलवी अब्दुलहक़, कराची 1952 ई.
- मसनवी लाल व गौहर, आरिफ़ुद्दीन ख़ाँ आजिज़, मुस्तफ़ाई प्रेस मुज़फ़्फ़र नगर
- मसनवी मेह्र व मुश्तरी, अमजद अली क़लक़, लखनऊ, 1277 हि.
- मसनवी नुदरते इश्क़ (क़लमी) मुहम्मद बाक़र आगाह, कुतुबख़ाना अंजुमन तरक़्क़ी उर्दू, अलीगढ़ नंबर 621/66
- मसनवी नसीमे सेहर, जियालाल ख़स्ता देहलवी, दिल्ली, 1884 ई.
- मसनवी नल-दमन, फ़ैज़ी, नवलकिशोर, लखनऊ, 1930 ई.
- मसनवी नल-दमन (क़लमी) मीर नियाज़ अली निकहत, कुतुबख़ाना रिज़ाइया, रामपुर, निशान 582
- मसनवी नल-दमन (क़लमी) भगवन्त राय राहत, मकतूबा 1856 ई. कुतुबख़ाना अंजुमन तरक़्क़ी उर्दू, अलीगढ़, निशान 55
- मसनवी नैरंगे सहर, इक़बाल वर्मा सहर हतगामी, कानपुर, 1916 ई.
- मसनवी हीर राँझा (क़लमी) मूल चन्द मुंशी, कुतुबख़ाना रिज़ाइया रामपुर, निशान 570
- मसनवी हीर राँझा (क़लमी) नजीबुद्दीन नजीब, कुतुबख़ाना अंजुमन तरक़्क़ी उर्दू, अलीगढ़, निशान 657/102
- मसनवी हीर राँझा (अरमुग़ाने गदा) अब्दुल ग़फ़ूर क़ैस, आगरा, 1317 हि.
- मसनवी हीर रांझा, करम इलाही भोपाली, सियालकोट, 1905 ई.
- मसनवियात, अमीर अहमद अलवी, लखनऊ, 1936 ई.
- मसनवियाते जुरअत (क़लमी), कुतुबख़ाना रिज़ाइया रामपुर, निशान 555 ब
- मसनवियाते रासिख़, डॉ. मुमताज़ अहमद, पटना, 1957 ई.
- मसनवियात मीर हसन, सम्पादक अब्दुलबारी आसी, लखनऊ, 1944 ई.
- मक़ालाते हाशमी, नसीरूद्दीन हाशमी, लाहौर

- मक़ालात गारसां दत्तासी खंड 1–2, दिल्ली 1943 ई.
- मलिक मुहम्मद जायसी, कल्बे मुस्तफ़ा, दिल्ली 1941 ई.
- मुंतख़बुत्तवारीख़, अब्दुल क़ादिर बिन मलूक शाह बदायूनी, संशोधित अहमद अली, कलकत्ता खंड 1,2,3, 1865–69 ई.
- महाभारत (संस्कृत) भंडारकर रिसर्च इंस्टिट्यूट, पुणे, 1933 ई.–1956 ई.
- मीर तक़ी मीर, डॉ. ख़्वाजा अहमद फ़ारूक़ी दिल्ली, 1955 ई.
- नज़र मुहम्मद क़ुली क़ुतुबशाह, सम्पादक डॉ. मुहिउद्दीन क़ादरी ज़ोर, हैदराबाद, 1958 ई.
- नुसरती द्वारा मौलवी अब्दुलहक़, प्रकाशन अंजुमन तरक़्क़ी उर्दू, नई दिल्ली
- वक़ाए आलम शाही, कुँवर प्रेम किशोर फ़िराक़ी, रामपुर, 1949 ई.
- हिन्दी साहित्य का इतिहास, रामचन्द्र शुक्ल, नागरी प्रचारिणी सभा, काशी, ग्यारहवाँ संस्करण 2014 सं.
- हिन्दी शब्द सागर, श्याम सुन्दर दास, बनारस, 1916 ई.
- यूरोप में दक्नी मख़्तूतात, नसीरूद्दीन हाशमी, हैदराबाद, 1932 ई.

पत्रिकाएँ

- अदबी दुनिया, लाहौर, सितम्बर, 1939 ई. जुलाई 1946 ई.
- अदीब, जून 1921 ई.
- उर्दू, 1992 ई., 1930 ई., 1931 ई., 1939 ई, 1959 ई. 1956 ई.
- उर्दू अदब, दिसम्बर 1950 ई.
- इंडियन पी ई एन, जनवरी 1960 ई.
- ओरियन्टल कॉलेज मैग्ज़ीन, अगस्त 1927 ई., नवम्बर 1928 ई., मई 1931 ई., नवम्बर 1941 ई., फ़रवरी 1942 ई., मई 1942 ई., अगस्त 1942 ई., नवम्बर 1942 ई., नवम्बर 1943 ई., फ़रवरी 1944 ई.
- बुरहान, दिल्ली, नवम्बर 1951 ई.
- सबरस, हैदराबाद, फ़रवरी 1960 ई.
- माहे नव कराची, दिसम्बर 1958 ई., जून 1959 ई.
- मआरिफ़, अगस्त 1946 ई.
- मआसिर, पटना, अंक 9,10,11 एवं 16
- नक़ूश, लाहौर, जून 1958 ई.
- निगार, जुलाई 1949 ई.
- नवाए अदब, जुलाई 1952 ई., जुलाई 1954 ई., अक्तूबर 1958 ई.
- नया दौर, लखनऊ, जनवरी 1960 ई.

English Books

- Annals and Antiquities of Rajasthan, by James Tod, New York, 1914.
- Chambers Encylopaedia, London, ed. 1950.
- The Encyclopaedia Americana, New York, ed. 1944.
- The Encyclopaedia Britannica, Chicago, ed. 1955.
- The Encyclopaedia of Islam, Leyden and London. Vol. I 1913. Vol. II 1927, Vol. III 1936, Vol. IV 1934.
- The Encyclopaedia of Religion and Ethics by James Hastings, New York, 1951.
- Hindu Mythology by John Wilkins, London, 1957.
- History of Khiljis by K. S. Lal, Allahabad. 1950.
- History of Sanskrit Literature by Arthur A. Macdonell, London. 1900.
- Hitopadeca, edited by F. Johnson, London. 1884.
- Imperial Gazetteer of India, Vol. V & Vol. XVIII, Oxford, 1908.
- Jataka Tales by Ethel Beswick, London, 1956.
- Kathasaritsagara edited and translated by Brockhaus, Leipsic. (Books i - v) 1939, (vi - xviii) 1862 - 66.
- Ocean of Story, Translated by C. H. Tawney, Edited by N. M. Penzer in 10 volumes, London, 1924 - 1928.
- Oriental Biographical Dictionary by Thomas William Beale. ed. Henry George Keene, Calcutta, 1881.
- Panchatantra, edited by Kosegarten, Bonn, 1848.
- Sanskrit - English Dictionary, by A. A. Macdonell, London, 1893.
- Shakuntala, edited by Richard Pischel, Harvard Oriental Series No. 16, 1877.

अनुक्रमणिका

संक्षिप्त रूप

स्टुआर्ट

A Descriptive Catalogue of the Oriental Library of the late Tippoo Sultan of Mysore by Charles Stewart, Cambridge, 1809.

शिंप्रगर

A Catalogue of the Arabic, Persian and Hindustani Manuscripts of the Libraries of the King of Oudh, compiled by A. Sprenger, Calcutta, 1854.

ब्रिटिश

Catalogue of the Hindi, Punjabi and Hindustani Manuscripts in the Library of the British Museum by J.F. Blumhardt, London, 1899.

ब्रिटिश कुतुब

Catalogue of Hindustani Printed Books in the Library of the British Museum by J.F. Blumhardt, London, 1899.

ब्रिटिश परिशिष्ट

A Supplementary Catalogue of Hindustani Books in the Library of the British Museum by J.F. Blumhardt, London, 1909.

हिन्दी, पंजाबी, सिन्धी, पश्तो, कुतुब ब्रिटिश

Catalogue of the Hindi, Punjabi Sindhi and Pushtu Printed books in the Library of the British Museum by J.F. Blumhardt, London, 1893.

हिन्दी

A Supplementary Catalogue of Hindi Books in the Library of the British Museum by J.F. Blumhardt, 1913.

हिन्दी परिशिष्ट (2)

A Second Supplementary Catalogue of Printed Books in Hindi, Nepali and Pahari in the Library of the British Museum, compiled by L.D. Barnett, London, 1957.

रेव

Catalogue of the Persian Manuscripts in the British Museum by Charles Rieu, London Vol. I, 1879, Vol. II, 1881, Vol. III, 1883, Vol. IV, 1895.

इंडिया

Catalogue of the Hindustani Manuscripts in the Library of the India Office by James Fuller Blumhardt, London, 1926.

इंडिया मतबुआत

Catalogue of the Library of the India Office, Vol. II-Part II, Urdu Books, by J.F. Blumhardt, London, 1900.

इंडिया हिन्दी

Catalogue of the Library of the India Office, Vol.II-Part III, Hindi, Punjabi, Pushtu and Sindhi Books by J.F. Blumhardt, London, 1902.

ईथे

Catalogue of Persian Manuscripts in the Library of the India Office, by Hermann Ethe, London Vol.I, 1903, Vol. II, 1937.

आरबरी

Catalogue of the Library of the India Office, Vol. II - Part VI, Persian Books by A.J. Arberry, London, 1937.

बाड्लिन

Catalogue of the Persian Manuscripts in the Bodleian Library, Part I, Part II, by Hermann Ethe, Part III by A.F.L. Beeston, Oxford 1889, 1930 and 1954.

बोहार

Catalogue Raisonne of the Buhar Library, Vol. I, Begun by Maulavi Qasim Hasir Radavi, Revised and Completed by Khan Sahib Maulavi Abd-ul-Muqtadir, Imperial Library, Calcutta, 1921.

एशियाटिक

Descriptive Catalogue of the Persian Manuscripts, Asiatic Society of Bengal, by Wladimir Ivanow, Calcutta, 1924.

कर्ज़न

Descriptive Catalogue of the Persian Manuscripts, Curzon Collection, Asiatic Society of Bengal by Wladimir Ivanow, Calcutta, 1926.

बांकीपुर

Catalogue of the Arabic and Persian Manuscripts in the Oriental Public Library at Banki Pore, Vol. VIII by Maulavi Abdul Muqtadir, Patna, 1925.

बम्बई

A Descriptive Catalogue of the Arabic, Persian and Urdu Manuscripts in the Library of the University of Bombay by Khan Bahadur Shaikh Abdul Kadir-e-Sarfaraz, Bombay, 1935.

लखनऊ

A Catalogue of the Oriental Manuscripts in the Library of the University of Lucknow by Kali Prasad, Lucknow, 1951.

आसफ़िया

पुस्तक सूची अरबी, .फ़ारसी व उर्दू संग्रह पुस्तकालय आसफ़िया द्वारा सैयद तसद्दुक़ हुसैन, हैदराबाद खंड 2,

1333 हि. खंड 3, 1347 हि., खंड 4, 1355 हि.,

अलफ़ेहरिस्त

अलफ़ेहरिस्त सम्पादक मु. सज्जाद मिर्ज़ा बेग
देहलवी, हैदराबाद, 1923 ई.,

नज़ीरिया पांडुलिपियाँ

पुस्तक सूची हस्तलिखित, पांडुलिपि विभाग
अरबी, फ़ारसी, उर्दू, नज़ीरिया पब्लिक लाइब्रेरी,
दिल्ली, सम्पादक, मु. अलमेहंदी जाफ़री, 1360 हि. दिल्ली

नज़ीरिया

पुस्तक सूची उर्दू ज़बान,
नज़ीरिया पब्लिक लाइब्रेरी, दिल्ली
सौजन्य सैयद मुहम्मद अब्दुल रऊफ़, दिल्ली

उस्मानिया

विस्तृत पांडुलिपि सूची, जामिया उस्मानिया,
सम्पादक अब्दुल क़ादिर सरवरी, हैदराबाद 1929 ई.

सुब्हानल्लाह

सूची नस्ख़ क़लमी (अरबी-फ़ारसी व उर्दू) सुब्हानल्लाह
ओरियन्टल लाइब्रेरी, मुस्लिम यूनिवर्सिटी, अलीगढ़
सं. सैयद कामिल हुसैन, अलीगढ़, 1930 ई.

सुब्हानल्लाह मतबूआत

प्रकाशन सूची (अरबी, फ़ारसी व उर्दू) सुब्हानल्लाह
ओरियन्टल लाइब्रेरी, अलीगढ़, सं., मुहम्मद अब्रार हुसैन
फ़ारूक़ी, अलीगढ़, 1931 ई.

शैफ़्ता

पुस्तक सूची संग्रह शैफ्ता, सं. अबूबकर मुहम्मद
शेष, अलीगढ़, 1932 ई.

सिद्दीक़

पुस्तक सूची सिद्दीक़ बुक डिपो, सं. शफ़ीक़ शाहपुरी
लखनऊ, 1940 ई.

सूची कुतुबख़ाना

सूची कुतुब ख़ाना अंजुमन तरक़्क़ी उर्दू (हिन्द)
हैदराबाद, सं. सैयद अली शब्बर हात्मी, हैदराबाद, 1943 ई.

सालार जंग

कुतुबख़ाना नवाब सालार जंग मरहूम की उर्दू हस्तलिखित पुस्तकों की विस्तृत सूची द्वारा नसीरुद्दीन हाशमी, हैदराबाद 1957 ई.

इदारए अदबियात

तज़्किरा मख़्तूतात इदारए अदबियाते उर्दू, डॉ. सैयद मुहिउद्दीन क़ादरी ज़ोर, हैदराबाद खंड–1, 1943 ई. खंड–2, 1951 ई., खंड–3, 1957 ई., खंड–4, 1958, खंड–5 1959 ई.

इदारा मतबूआत

प्रकाशन सूची, कुतुबख़ाना इदारए अदबियाते उर्दू, खंड 1, सं. गुलाम रसूल व मुहम्मद अकबरुद्दीन सिद्दीक़ी हैदराबाद, 1956 ई.

इदारा मतबूआत (2)

सूची कुतुबख़ाना इदारए अदबियात उर्दू– मतबूआत उर्दू, फ़ारसी, अरबी, खंड–2, सं. मुहम्मद अकबरुद्दीन सिद्दीक़ी, हैदराबाद, 1959 ई.

इंसाइक्लोपीडिया ऑफ़ इस्लाम के लिए शब्द 'इस्लाम' और इसी तरह इंसाइक्लोपीडिया ब्रटेनिका के लिए 'ब्रटेनिका' इंसाइक्लोपीडिया अमरीकाना के लिए 'अमरीकाना' और चैम्बर्स इंसाइक्लोपीडिया के लिए 'चैम्बर्स' प्रयोग किया गया है।

किताब के बारे में विद्वानों की राय

इम्तियाज़ अली अर्शी

आपने मवाद के फ़राहम करने और फिर उसे बाज़ब्ता मुरत्तब करने में जो काविश की है, वह सताइश व आफ़रीं की मुस्तहिक़ है। इस राह में पहल करने का शर्फ़ आप ही को हासिल है, और आइन्दा जो कोई भी मसनवियों के इस पहलू से बहस करेगा, वो आपकी राहबरी का इतिराफ़ करने पर मजबूर होगा।

इस बहस ने एक और पहलू को भी रौशन कर दिया, और वो है उर्दू अदब का क़दीम हिन्दुस्तानी ज़ख़ीरए अदब से इस्तिफ़ादा। जज़ाकल्लाह, ख़ुदा आपको मज़ीद तौफ़ीक़ेकार अता फ़रमाए और मुल्क के दूसरे बाज़ौक़ नौजवान आपकी हमपाई की कोशिश करें।

क़ाज़ी अब्दुल वदूद

डॉ. गोपीचन्द नारंग की ज़ेरे नज़र किताब क़ाबिल क़द्र है। उन्होंने मेहनत की है और बहुत-सी गुत्थियाँ सुलझाई हैं।

सैयद मसऊद हसन रिज़वी अदीब

डॉ. गोपीचन्द नारंग ने उर्दू शायरी के देसी अनासिर पर इतनी तहक़ीक़ की है और उस मज़मून के हर पहलू का इतना गहरा मुताला किया है कि उनको उस मज़मून का माहिरे ख़ुसुसी समझना चाहिए। उन्होंने अनगिनत मसनवियों की ज़रूरी और मुनासिब तर्तीब के साथ निशानदेही की है, जो हिन्दुस्तानी क़िस्सों पर आधारित हैं। डॉ. नारंग ने उन मसनवियों को अपनी आलिमाना तहक़ीक़ी किताब का मौज़ू क़रार देकर सिर्फ़ उर्दू अदब की नहीं, बल्कि हिन्दुस्तानी कल्चर की भी क़ाबिले क़द्र ख़िदमत की है।

मौलाना ज़िया अहमद बदायूनी

डॉ. गोपीचन्द नारंग ने पहली बार उर्दू मसनवियों को हिन्दुस्तानियत पर निहायत

लियाक़त व दीदावराना जामईयत के साथ क़लम उठाया है और यह हक़ीक़त है कि हक़ अदा कर दिया है। उन्होंने बड़ी जुस्तजू और काविश से कार आमद मवाद तलाश किया और कमाल सलीक़े से तर्तीब दिया है। यह किताब बेशुब्हा हमारी ज़बान की तारीख़ व तहक़ीक़ के सिलसिले में एक निहायत मुफ़ीद और गिराँ क़द्र इज़ाफ़ा है।

नियाज़ फ़तहपुरी

सिन्फ़े मसनवी पर इस वक़्त तक बहुत कुछ लिखा गया है, लेकिन डॉ. नारंग की यह तस्नीफ़, ज़ोरे दिगरस्त ईं कमां रा...!

सैयद एहतिशाम हुसैन

मौज़ूअ की हदबन्दी और तहज़ीबी अहमियत ने डॉ. गोपीचन्द नारंग की ज़ेरे नज़र किताब को इम्तियाज़ी हैसियत दे दी है, क्योंकि इस वक़्त तक उर्दू मसनवियों का यह पहलू निगाहों से ओझल था। डॉ. नारंग उर्दू के शोधकर्ताओं में अपना एक मक़ाम बना चुके हैं। उनको इस किताब ने अदबी मुताले के एक नए ज़ाविए की तरफ़ इशारा किया है कि शे'र व अदब मुल्की तहज़ीब की पूरी तस्वीर बनाने में मदद देते हैं। डॉ. नारंग की सई व जुस्तजू से इस मुताले के लिए ज़मीन हमवार हो गई है।

आले अहमद सुरूर

'हिन्दुस्तानी क़िस्सों से माख़ूज़ उर्दू मसनवियाँ' डॉ. गोपीचन्द नारंग का कारनामा है। उर्दू मसनवियों में जो फ़िज़ा और माहौल है उसकी तरफ़ अभी तक बहुत कम तवज्जोह की गयी है। डॉ. नारंग ने इस कमी को दूर करने की पूरी कोशिश की है और निहायत तलाश और तहक़ीक़ से उर्दू मसनवियों की हिन्दुस्तानी बुनियाद का जाइज़ा लिया है। नारंग जिस मौज़ूअ पर क़लम उठाते हैं उसके सारे गोशों पर नज़र रखते हैं। उन्होंने तहक़ीक़ के उन नवादिर को जो नज़रों से ओझल थे, यकजा करके एक दास्तान मुरत्तब की है, जिसमें मालूमात के साथ दिलकशी भी है। मुझे यक़ीन है कि उर्दू को हिन्दुस्तानी बुनियाद को वाज़ह करने में यह किताब निहायत मुफ़ीद होगी और इसके असर से उर्दू मसनवी के सरमाए को हमारे अदब की अज़मत मुतअय्यन करने के सिलसिले में मुनासिब अहमियत दी जाएगी।

डॉ. ज्ञानचन्द जैन

डॉ. नारंग ने ग़ैरमामूली मेहनत से यह किताब मुरत्तब की है और उर्दू मसनवियों पर एक

नए और अहम ज़ाविए से रौशनी डाली है। इसमें बहुत-सी ऐसी मसनवियों का तआरुफ़ कराया गया है जिसके ज़िक्र से हमारी तारीख़ें ख़ाली हैं। ज़ेरेनज़र किताब उर्दू मसनवियों से मुताल्लिक़ तहक़ीक़ी मालूमात का गंजीना है जो इस मौज़ूअ से दिलचस्पी रखने वालों के लिए बेहद कारआमद साबित होगा।

डॉ. सैयद मोहिउद्दीन क़ादरी ज़ोर

डॉ. गोपीचन्द नारंग उर्दू के उन नौजवान अदीबों में से हैं जिनकी तहरीर में पुख़्तगी और शाइस्तगी झलकती है। वे उर्दू के मिज़ाजदां हैं और कलासीकी अदब पर उनकी नज़र गहरी है। उनकी तहक़ीक़ से इस ग़लतफ़हमी का अज़ाला हो जाता है कि उर्दू मसनवियाँ गुल व बुलबुल की दास्तान हैं और मुल्की व अवामी रिवायत से उनका कोई ताल्लुक़ नहीं। डॉ. नारंग की ज़ात से उर्दू की बड़ी तवक़्क़ोआत वाबस्ता हैं। तेज बहादुर सप्रू और ब्रजमोहन दत्तात्रिया कैफ़ी के बाद उर्दू दुनिया एक ऐसे दीदावर की मुंतज़िर थी जो अपने अदबी व इल्मी कामों से उर्दू के तहज़ीबी किरदार को ज़्यादा से ज़्यादा वाज़ह कर सके।

डॉ. मुख़्तारुद्दीन अहमद आरज़ू

डॉ. गोपीचन्द नारंग नौजवान शोधकर्ताओं में एक ख़ास इम्तियाज़ के मालिक हैं। उन्हें मवाद तलाश करने और उससे सही काम लेने का फ़न अच्छी तरह आता है। उर्दू मनसवियों पर उनकी नज़र गहरी है। उन्होंने ज़ेरेनज़र किताब बड़ी मेहनत और छानबीन के बाद लिखी है और इस मौज़ूअ पर वह पहली अहम और जामे किताब है। मुझे यक़ीन है कि इसकी इफ़ादियत और बुलंद मेयार के पेशे नज़र इसकी क़दर अफ़ज़ाई की जाएगी।

मालिक राम

उर्दू में तहक़ीक़ी काम अभी बहुत इब्तिदाई हालत में है। चूँकि यह काम मेहनत तलब है, हमारे लिखने वाले इस तरफ़ तवज्जो नहीं करते। इसलिए ख़ुशी हुई कि डॉ. गोपीचन्द नारंग ने हिन्दुस्तानी क़िस्सों से माख़ूज़ उर्दू मसनवियों का तफ़सीली जाइज़ा लिया है। कोई भी तहक़ीक़ी काम हर्फ़े आख़िर नहीं हो सकता, ताहम इतना यक़ीन से कहा जा सकता है कि डॉ. नारंग की इस तालीफ़ में बहुत दिन तक कोई तब्दीली नहीं हो सकेगी।

गोपाल मित्तल

डॉ. नारंग की कोशिश क़ाबिले क़द्र है और उन्हें इस मामले में बजा तौर पर इमाम का मक़ाम हासिल है।

❑ ❑ ❑

णाणं पयासयं

वीर नि.सं. 2470

ई. सन् 1944

भारतीय ज्ञानपीठ